譯註 禮記集說大全

燕義

編　陳澔(元)

附　正義・訓纂・集解

譯註 禮記集說大全

燕義

編　陳澔 (元)

附　正義・訓纂・集解

鄭秉燮 譯

學古房

역자서문

『예기』「연의(燕義)」편은 연례(燕禮)의 의미를 풀이한 문헌이다. 앞의 「관의(冠義)」, 「혼의(昏義)」, 「향음주의(鄕飮酒義)」, 「사의(射義)」편 등과 같이 『의례』의 경문 기록을 부연설명하거나 보충하는 형식을 취하고 있다. 『의례』「연례(燕禮)」편과 깊은 관련이 있지만, 연례라는 것은 사례(射禮)의 한 절차로도 시행되었기 때문에 「대사의(大射儀)」 및 「향사례(鄕射禮)」편과도 관련성이 깊다. 또한 「연의」 첫 부분에 기록된 서자(庶子)에 대한 내용은 『주례』「하관(夏官)·제자(諸子)」편의 기술내용과 거의 동일하다. 그리고 후반부에는 연례와 군신관계 및 상하 신분질서에 대한 내용이 기술되어 있는 것으로 보아 이 문헌은 『예기』의 기록들 중에서도 상당히 후반부에 기술되었을 가능성이 높다.

고대 유가 의례(儀禮)의 발달은 크게 두 가지로 나눌 수 있는데, 첫 번째는 기존에 남아있던 『의례』를 바탕으로 새로운 예제를 창안하거나 보충하는 방식이고, 두 번째는 기존의 예제나 새롭게 창안한 예제에 대해서 그 의미를 설명하는 방식이다. 이 문헌을 분류하자면 후자에 속한다. 『예기』의 각 기록들은 일반적으로 『의례』의 해설 및 주석으로 알려져 있는데, 실제적으로 『예기』의 대다수 편들 중에서 『의례』와 직접적 관련성을 검증할 수 있는 기록들은 많지 않다. 반면 『예기』 후반부에 속한 편들 중 '의(義)'자가 붙어 있는 편들은 『의례』와 직접적으로 관련되어 있다. 따라서 『예기』와 『의례』의 관계를 검증하기 위해서는 이러한 편들에 대한 연구로부터 시작해야 한다.

다시 한권의 책을 내놓는다. 부끄러운 실력에 번역의 완성도를 자부할 수 없지만, 이 책을 발판으로 더 좋은 역서와 연구가 진행되었으면 하는 바람이다.

이 책에 나오는 오역은 전적으로 역자의 실력이 부족해서이다. 본 역서에 나온 오역과 역자의 부족함에 대해 일갈을 해주실 분들이 있다면, bbaja@nate.com으로 연락을 주시거나 출판사에 제 연락처를 문의하셔서 가르침을 주신다면, 부족한 실력이지만 가르침을 받도록 최선을 다할 것이다.

역자는 성균관 대학교에서 유교철학(儒敎哲學)을 전공했으며, 예악학(禮樂學) 전공으로 박사논문을 작성했다. 역자가 본격적으로 유가경전을 읽기 시작한 것은 경서연구회(經書硏究會)의 오경강독을 통해서이다. 이 모임을 만들어 후배들에게 경전에 대한 이해를 넓혀주신 임옥균 선생님, 경서연구회 역대 회장님인 김동민, 원용준, 김종석, 길훈섭 선배님께도 감사를 드리고, 역자의 뒤를 이어 경서연구회 현 회장으로 활동하고 있는 손정민 동학께도 감사를 드린다. 끝으로 「연의」편을 출판할 수 있도록 허락해주신 학고방의 하운근 사장님께도 감사를 전한다.

일러두기

1. 본 책은 역주서(譯註書)로써, 『예기집설대전(禮記集說大全)』의 「연의(燕義)」편을 완역하고, 자세한 주석을 첨부했다. 송대(宋代) 이전의 주석을 포함하고자 하여, 『예기정의(禮記正義)』를 함께 수록하였다. 그리고 송대 이후의 주석인 청대(淸代)의 주석을 포함하고자 하여 『예기훈찬(禮記訓纂)』과 『예기집해(禮記集解)』를 함께 수록하였다.

2. 『예기』 경문(經文)의 경우, 의역으로만 번역하면 문장을 번역한 방식을 확인하기 어렵고, 보충 설명 없이 직역으로만 번역하면 내용을 이해하기 힘들다. 따라서 경문에 한하여 직역과 의역을 함께 수록하였다. 나머지 주석들에 대해서는 의역을 위주로 번역하였다.

3. 『예기』 경문에 대한 해석은 진호의 『예기집설』 주석에 근거하였다. 경문 해석에 있어서, 『예기정의』, 『예기훈찬』, 『예기집해』마다 이견(異見)이 많다. 『예기집섭대전』의 소주(小註) 또한 진호의 주장과 이견을 보이는 곳이 있고, 소주 사이에도 이견이 많다. 따라서 『예기』 경문 해석의 표준은 진호의 『예기집설』 주석에 근거했으며, 진호가 설명하지 않은 부분들은 『대전』의 소주를 참고하였다. 또한 경문 해석에 있어서 『예기정의』, 『예기훈찬』, 『예기집해』에 나타나는 이견들은 특별한 경우를 제외하고는 각각의 문장을 읽어보면, 경문에 대한 이견을 알 수 있기 때문에, 이러한 경우에는 주석처리를 하지 않았다.

4. 본 역서가 저본으로 삼은 책은 다음과 같다.

- 『禮記』, 서울 : 保景文化社, 초판 1984 (5판 1995)
- 『禮記正義』 1~4(전4권, 『十三經注疏 整理本』 12~15), 北京 : 北京大學出版社, 초판 2000
- 朱彬 撰, 『禮記訓纂』 上・下(전2권), 北京 : 中華書局, 초판 1996 (2쇄 1998)
- 孫希旦 撰, 『禮記集解』 上・中・下(전3권), 北京 : 中華書局, 초판 1989 (4쇄 2007)

5. 본 책은 『예기』의 경문, 진호의 『집설』, 호광 등이 찬정한 『대전』의 세주, 정현의 주, 육덕명의 『경전석문』, 공영달의 소, 주빈(朱彬)의 『훈찬』, 손희단(孫希旦)의 『집해』 순으로 번역하였다.

6. 본래 『예기』「연의」편은 목차가 없으며, 내용 구분에 있어서도 학자들마다 의견차이가 있다. 또한 내용의 연관성으로 인하여, 장과 절을 나누기가 애매한 부분이 많다. 본 책의 목차는 역자가 임의대로 나눈 것이며, 세세하게 분절하여, 독자들이 관련내용들을 찾아보기 쉽게 하였다.

7. 본 책의 뒷부분에는 《燕義 人名 및 用語 辭典》을 수록하였다. 본문에 처음으로 등장하는 용어 및 인명에 대해서는 주석처리를 하였다. 이후에 같은 용어가 등장할 때마다 동일한 주석처리를 할 수 없어서, 뒷부분에 사전으로 수록한 것이다. 가나다순으로 기록하여, 번역문을 읽는 도중 앞부분에서 설명했던 고유명사나 인명 등에 대해서 쉽게 찾아볼 수 있도록 하였다.

【711c~d】

古者周天子之官, 有庶子官.

【711c～d】 등과 같이 【 】 안에 숫자가 기입되어 있는 것은 『예기』의 '경문'을 뜻한다. '711'은 보경문화사(保景文化社)판본의 페이지를 말한다. 'c～d'는 c단부터 d단 사이에 기록되어 있다는 표시이다. 밑의 그림은 보경문화사판본의 한 페이지 단락을 구분한 표시이다.

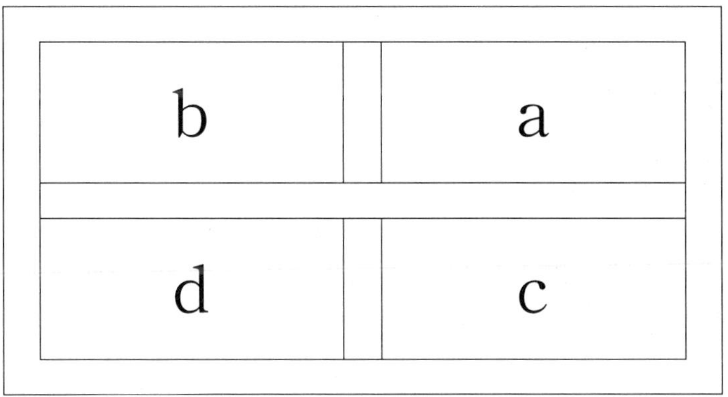

◆ **集說** 庶子, 卽夏官諸子職也.

集說 로 표시된 것은 진호(陳澔)의 『예기집설(禮記集說)』 주석을 뜻한다.

◆ **大全** 馬氏曰: 燕義之設, 始於公族, 而公族之正, 始於庶子官.

大全 으로 표시된 것은 호광(胡廣) 등이 찬정(撰定)한 『예기집설대전』의 세주(細註)를 뜻한다.

◆ **鄭注** 職, 主也. 庶子, 猶諸子也. 周禮諸子之官, 司馬之屬也.

鄭注 로 표시된 것은 『예기정의(禮記正義)』에 수록된 정현(鄭玄)의 주(注)를 뜻한다.

◆ **釋文** 卒, 依注音倅, 七對反, 又蒼忽反, 副也.

釋文 으로 표시된 것은 『예기정의』에 수록된 육덕명(陸德明)의 『경전석문(經典釋文)』을 뜻한다. 『경전석문』의 내용은 글자들의 음을 설명하고, 간략한 풀이를 한 것인데, 육덕명 당시의 음가로 기록이 되었기 때문에, 현재의 음과는 맞지 않는 부분이 많다. 단순히 참고만 하기 바란다.

◆ **孔疏** ●"古者"至"退之". ○正義曰: 此一節明諸侯與庶子燕飮之禮.

孔疏 로 표시된 것은 『예기정의』에 수록된 공영달(孔穎達)의 소(疏)를 뜻한다. 공영달의 주석은 경문과 정현의 주에 대해서 세분화하여 기록되어 있다. 따라서 '●'으로 표시된 부분은 공영달이 경문에 대해 주석을 한 부분이고, '◎'으로 표시된 부분은 정현의 주에 대해 주석을 한 부분이다. 한편 '○'으로 표시된 부분은 공영달의 주석 부분이다.

◆ **訓纂** 呂與叔曰: 古之君臣賓主之相接, 有饗, 有燕, 有食, 饗禮亡矣.

訓纂 으로 표시된 것은 『예기훈찬(禮記訓纂)』에 수록된 주석이다. 『예기훈찬』 또한 기존 주석들을 종합한 책이므로, 『예기집설대전』 및 『예기정의』와 중복되는 부분은 생략하였다.

◆ **集解** 此釋儀禮燕禮之義也. 古者飮食之禮有三, 曰饗, 曰食, 曰燕.

集解 로 표시된 것은 『예기집해(禮記集解)』에 수록된 주석이다. 『예기집해』 또한 기존 주석들을 종합한 책이므로, 『예기집설대전』 및 『예기정의』

와 중복되는 부분은 생략하였다.

◆ 원문 및 번역문 중 '▼'로 표시된 부분은 한글로 표기할 수 없는 한자를 기록한 부분이다. 예를 들어 '▼(冏/皿)'의 경우 맹(盟)자의 이체자인데, '明'자 대신 '冏'자가 들어간 한자를 프로그램상 삽입할 수가 없어서, '▼(冏/皿)'으로 표시한 것이다. 즉 '▼(A/B)'의 형식으로 기록된 경우, A에 해당하는 글자가 한 글자의 상단 부분에 해당하고, B에 해당하는 글자가 한 글자의 하단 부분에 해당한다는 표시이다. 또한 '▼(A+B)'의 형식으로 기록된 경우, A에 해당하는 글자가 한 글자의 좌측 부분에 해당하고, B에 해당하는 글자가 한 글자의 우측 부분에 해당한다는 표시이다. 또한 '▼((A-B)/C)'의 형식으로 기록된 경우, A에 해당하는 글자에서 B 부분을 뺀 글자가 한 글자의 상단 부분에 해당하고, C에 해당하는 글자가 한 글자의 하단 부분에 해당한다는 표시이다.

목차

그림목차

경문목차

【711a】

燕義 第四十七 / 「연의」 제47편

集說 此明君臣燕飮之義.

번역 「연의」편은 군신사이에서 연례(燕禮)를 하며 음주를 하는 의미를 밝히고 있다.

大全 長樂陳氏曰: 先王之爲聘, 所以致親也, 而親親之心, 無所不用, 則燕之之禮, 不得而廢焉. 近自乎九族同姓與夫兄弟朋友之親, 而遠至乎諸侯君臣與夫蠻貊夷狄之邦, 莫不有恩以見其愛, 莫不有愛以盡其禮, 故禮行而人說, 而天下服者, 此乃古之所以爲燕也.

번역 장락진씨[1]가 말하길, 선왕이 빙례(聘禮)를 시행했던 것은 친애함을 지극히 나타내기 위해서이고, 친한 이를 친애하는 마음을 사용하지 않는 곳이 없다면, 그들에게 연회를 베풀어주는 예도 폐지할 수 없다. 가까이로 구족(九族)[2]인 동성(同姓)인 자들과 형제 및 벗들에 대한 친애함으로부터, 멀리로는 제후 및 군신과 만맥(蠻貊)과 이적(夷狄) 등의 나라들에 이르기까지, 은혜로움을 갖추어서 그 친애함을 드러내지 않는 경우가 없고, 친애함을 갖추어서 그 예를 다하지 않은 적이 없다. 그렇기 때문에 예를 시행하여 사람들이 기뻐하는

---

1) 진상도(陳祥道, A.D.1159~A.D.1223) : =장락진씨(長樂陳氏)·진씨(陳氏)·진용지(陳用之). 북송대(北宋代)의 유학자이다. 자(字)는 용지(用之)이다. 장락(長樂) 지역 출신으로, 1067년에 과거에 급제하여 태상박사(太常博士) 등을 지냈다. 왕안석(王安石)의 제자로, 그의 학문을 전파하는데 공헌하였다. 저서에는 『예서(禮書)』, 『논어전해(論語全解)』 등이 있다.

2) 구족(九族)은 친족을 범칭하는 말이다. 자신을 중심으로 위로 고조부(高祖父)까지의 네 세대, 아래로 현손(玄孫)까지의 네 세대까지 포함된 친족을 지칭한다. 『서』「우서(虞書)·요전(堯典)」편에는 "克明俊德, 以親九族."이라는 기록이 있는데, 이에 대한 공안국(孔安國)의 전(傳)에서는 "以睦高祖, 玄孫之親."이라고 풀이하였다. 일설에는 '구족'을 부친쪽 친척 중 4촌, 모친쪽 친척 중 3촌, 처쪽 친척 중 2촌까지를 지칭하는 용어라고도 풀이한다.

것이고, 천하의 모든 사람들이 감복하는 것이니, 이것이 고대인들이 연례를 시행했던 이유이다.

孔疏 陸曰: 鄭云: "名燕義者, 以記君與臣燕飮之禮, 上下相報之義也."

번역 육덕명[3]이 말하길, 정현[4]은 "편명을 '연의(燕義)'라고 지은 것은 군주와 신하가 연회를 하며 음주하는 예법을 기록하였으니, 이것은 상하 계층이 서로에 대해 보답하는 의미에 해당하기 때문이다."라고 했다.

孔疏 正義曰: 按鄭目錄云: "名曰燕義者, 以其記君臣燕飮之禮, 上下相尊之義. 此於別錄屬吉事." 按儀禮目錄云: "諸侯無事, 若卿大夫有勤勞之功, 與群臣燕飮以樂之." 勤勞, 謂征伐·聘問. 詩曰"吉甫燕喜", 是也. 臣有王事之勞亦燕之, 故燕禮記云"若有王事", 是也.

번역 정현의 『목록』[5]을 살펴보면, "편명을 '연의(燕義)'라고 지은 것은 군주와 신하가 연회를 하며 음주하는 예법을 기록하였으니, 이것은 상하 계층이 서로에 대해 보답하는 의미에 해당하기 때문이다. 「연의」편을 『별록』[6]에서는 '길사(吉事)' 항목에 포함시켰다."라고 했다. 『의례목록』을 살펴보면, "제후들

---

3) 육덕명(陸德明, A.D.550~A.D.630) : =육원랑(陸元朗). 당대(唐代)의 경학자이다. 이름은 원랑(元朗)이고, 자(字)는 덕명(德明)이다. 훈고학에 뛰어났으며, 『경전석문(經典釋文)』 등을 남겼다.

4) 정현(鄭玄, A.D.127~A.D.200) : =정강성(鄭康成)·정씨(鄭氏). 한대(漢代)의 유학자이다. 자(字)는 강성(康成)이다. 『주역(周易)』, 『상서(尙書)』, 『모시(毛詩)』, 『주례(周禮)』, 『의례(儀禮)』, 『예기(禮記)』, 『논어(論語)』, 『효경(孝經)』 등에 주석을 하였다.

5) 『목록(目錄)』은 정현이 찬술했다고 전해지는 『삼례목록(三禮目錄)』을 가리킨다. 『십삼경주소(十三經注疏)』에서 인용되고 있지만, 이 책은 『수서(隋書)』가 편찬될 당시에 이미 일실되어 존재하지 않았다. 『수서』「경적지(經籍志)」편에는 "三禮目錄一卷, 鄭玄撰, 梁有陶弘景注一卷, 亡."이라는 기록이 있다.

6) 『별록(別錄)』은 후한(後漢) 때 유향(劉向)이 찬(撰)했다고 전해지는 책이다. 현재는 일실되어 존재하지 않으며, 『한서(漢書)』「예문지(藝文志)」편을 통해서 대략적인 내용만을 추측해볼 수 있다.

에게 특별한 일이 없을 때, 만약 경과 대부들 중 수고로운 일을 처리한 공적이 있다면, 뭇 신하들과 함께 연회를 하며 음주를 하여 즐겁게 만들어준다."라고 했다. '근로(勤勞)'라는 것은 정벌을 하거나 빙문(聘問)[7]을 했다는 뜻이다. 『시』에서 "길보(吉甫)가 연회에서 기뻐하였다."[8]라고 한 말이 바로 이러한 사실을 나타낸다. 신하가 천자에 대한 사안으로 인해 수고로운 일을 했다면 또한 연회를 베풀어준다. 그렇기 때문에 『의례』「연례(燕禮)」편의 기문(記文)에서 '만약 천자에 대한 일이 있다면'이라고 한 것이다.

訓纂 呂與叔曰: 古之君臣賓主之相接, 有饗, 有燕, 有食, 饗禮亡矣, 獨燕食之禮存焉, 儀禮公食大夫禮是也. 見于傳記者, "饗以訓恭儉, 燕以示慈惠. 饗有體薦, 燕有折俎." 又云: "几設而不倚, 爵盈而不飮." 此燕饗之別也. 蓋禮主於接驩, 故至於請安請醉. 旅酬·無算爵, 少紓其敬也. 故其辭曰, "寡君有不腆之酒, 以請吾子之於寡君須臾焉." 此所以示慈惠也. 古之燕禮, 有天子燕諸侯者, 湛露之詩是也. 有燕群臣者, 鹿鳴之詩, 及記云, "君與卿燕則大夫爲賓, 與大夫燕亦大夫爲賓", 是也. 有燕賓客者, 則記云, "若與四方之賓燕", 聘禮云, "燕羞俶獻無常數", 掌客云, "上公三饗·三食·三燕", 是也. 有燕族人者, 文王世子云, "公與族燕則以齒", 是也.

번역 여여숙[9]이 말하길, 고대에는 군신 및 빈객과 주인이 서로 만나볼 때 향례(饗禮)가 있었고, 연례(燕禮)가 있었으며, 사례(食禮)가 있었는데, 향례는 망실되었고 향례와 사례만이 남아있으니, 『의례』「공사대부례(公食大夫禮)」편이 바로 그 기록에 해당한다. 전문과 기문 등에 드러나기로는 "향례로는 공손함

---

7) 빙문(聘問)은 국가 간이나 개인 간에 사람을 보내서 상대방을 찾아가 안부를 묻는 의식 절차를 통칭하는 말이다. 또한 제후가 신하를 시켜서 천자에게 보내, 안부를 묻는 예법을 뜻하기도 한다.

8) 『시』「소아(小雅)·육월(六月)」: 吉甫燕喜, 旣多受祉. 來歸自鎬, 我行永久. 飮御諸友, 炰鱉膾鯉. 侯誰在矣, 張仲孝友.

9) 남전여씨(藍田呂氏, A.D.1040~A.D.1092) : =여대림(呂大臨)·여씨(呂氏)·여여숙(呂與叔). 북송(北宋) 때의 학자이다. 이름은 대림(大臨)이고, 자(字)는 여숙(與叔)이며, 호(號)는 남전(藍田)이다. 장재(張載) 및 이정(二程)형제에게서 수학하였다. 저서로는 『남전문집(藍田文集)』 등이 있다.

과 검소함을 가르치고, 연례로는 자혜로움을 드러낸다."[10]라고 했고, "향례에는 체천(體薦)[11]이 포함되고, 연례에는 절조(折俎)[12]가 포함된다."[13]라고 했다. 또한 "안석을 설치하되 기대지 않고, 술잔을 가득 채우되 마시지 않는다."[14]라고 했다. 이것은 연례와 향례의 구별을 나타낸다. 관련 예법에서는 교제하며 즐거움을 나누는데 주안점을 두고 있기 때문에 편안히 즐기기를 청하고 취하도록 마시는 것 까지도 권하게 된다. 여수(旅酬)[15]와 무산작(無算爵)[16]을 하게 되면 공경스러운 태도를 조금 느슨하게 풀게 된다. 그렇기 때문에 그때 나누는 말에 있어서는 "저희 군주께 변변치 못한 술이 있는데, 그대가 저희 군주와 잠시 연회를 즐기기를 청합니다."[17]라고 한다. 이것은 자혜로움을 드러내기 위해서이다. 고대의 연례에는 천자가 제후에게 연회를 베푸는 경우가 있었으니, 『시』「잠로(湛露)」편의 내용이 여기에 해당한다. 또 뭇 신하들에게 연회를 베푸는 경우가 있었으니, 『시』「녹명(鹿鳴)」편의 내용과 『의례』「연례(燕禮)」편의 기문에서 "군주가 경과 연회를 하게 되면 대부를 빈객으로 삼고, 대부와 연회를

---

10) 『춘추좌씨전』「성공(成公) 12년」: 世之治也, 諸侯間於天子之事, 則相朝也, 於是乎有享·宴之禮. 享以訓共儉, 宴以示慈惠.

11) 체천(體薦)은 제사나 연회 때, 희생물의 몸체를 반으로 갈라서 큰 도마에 올리고, 이것을 통해 제수를 바치는 것을 뜻한다.

12) 절조(折俎)는 제사나 연회를 시행할 때, 희생물을 도축하여, 사지를 해체하고, 그런 뒤에 도마 위에 올리게 되는데, 이 도마를 '절조'라고 부른다.

13) 『춘추좌씨전』「선공(宣公) 16년」: "季氏! 而弗聞乎? 王享有體薦, 宴有折俎. 公當享, 卿當宴. 王室之禮也."

14) 『춘추좌씨전』「소공(昭公) 5년」: 朝聘有珪, 享覜有璋, 小有述職, 大有巡功. 設机而不倚, 爵盈而不飮

15) 여수(旅酬)는 본래 제사가 끝난 후에, 제사에 참가했던 친족 및 빈객(賓客)들이 술잔을 들어 술을 마시고, 서로 공경의 예(禮)를 표하며, 잔을 권하는 의례(儀禮)이다. 연회에서도 서로에게 술을 권하는 절차를 '여수'라고 부른다.

16) 무산작(無筭爵)은 술잔의 수를 헤아리지 않는다는 뜻이다. 여수(旅酬)를 한 이후에, 빈객들의 제자들과 형제들의 자제들은 각각 그들의 수장에게 술을 따르고, 잔을 들어 올리는 것도 각각 그들의 수장에게 한다. 그리고 빈객들이 잔을 가져다가, 형제들 집단에 술을 권하고, 장형제(長兄弟)들은 잔을 가져다가 빈객의 무리들에게 술을 권하게 된다. 이처럼 여러 차례 술을 따르고 권하기 때문에, 이러한 절차를 '무산작'이라고 부르는 것이다.

17) 『의례』「연례(燕禮)」: 公與客燕, 曰, "寡君有不腆之酒, 以請吾子之與寡君須臾焉. 使某也以請."

하게 되면 또한 대부를 빈객으로 삼는다."[18]라고 한 말이 여기에 해당한다. 또 빈객에게 연회를 베푸는 경우가 있었으니, 기문에서 "사방의 제후국에서 찾아온 빈객과 연회를 한다."[19]라고 말하고, 『의례』「빙례(聘禮)」편에서 "연례를 하고 삶은 새고기와 사계절마다 나오는 음식을 베풀 때에는 정해진 횟수가 없다."[20]라고 말하며, 『주례』「장객(掌客)」편에서 "상공(上公)[21]에게는 세 차례 향례를 하고 세 차례 사례를 하며 세 차례 연례를 한다."[22]라고 한 말이 여기에 해당한다. 또 족인들에게 연회를 베푸는 경우가 있었으니, 『예기』「문왕세자(文王世子)」편에서 "군주가 족인들과 연회를 할 경우, 군주는 신분을 따지지 않고 족인들과 나이에 따라 서열을 정한다."[23]라고 한 말이 여기에 해당한다.

集解 此釋儀禮燕禮之義也. 古者飮食之禮有三, 曰饗, 曰食, 曰燕. 饗·食禮重而體嚴, 燕則禮輕而情洽. 有燕來朝之諸侯者, 司儀"王燕則諸侯毛", 是也. 諸侯相朝亦有之. 有燕諸侯來聘之臣者, 聘禮"燕羞俶獻, 無常數", 此諸侯

---

18) 『의례』「연례(燕禮)」: 與卿燕, 則大夫爲賓. 與大夫燕, 亦大夫爲賓.
19) 『의례』「연례(燕禮)」: 若與四方之賓燕, 則公迎之于大門內, 揖·讓升.
20) 『의례』「빙례(聘禮)」: 燕與羞俶獻, 無常數.
21) 상공(上公)은 주(周)나라 제도에 있었던 관직 등급이다. 본래 신하의 관직 등급은 8명(命)까지이다. 주나라 때에는 태사(太師), 태부(太傅), 태보(太保)와 같은 삼공(三公)들이 8명의 등급에 해당했다. 그런데 여기에 1명을 더하게 되면 9명이 되어, 특별직인 '상공'이 된다. 『주례』「춘관(春官)·전명(典命)」편에는 "上公九命爲伯, 其國家宮室車旗衣服禮儀, 皆以九爲節."이라는 기록이 있고, 이에 대한 정현의 주에서는 "上公, 謂王之三公有德者, 加命爲二伯. 二王之後亦爲上公."이라고 풀이하였다. 즉 '상공'은 삼공 중에서도 유덕(有德)한 자에게 1명을 더해주어, 제후들을 통솔하는 '두 명의 백(伯)[二伯]'으로 삼았다. 또한 제후의 다섯 등급을 나열할 경우, 공작(公爵)을 '상공'이라고 부르기도 한다.
22) 『주례』「추관(秋官)·장객(掌客)」: 凡諸侯之禮: 上公五積, 皆視飧牽, 三問皆脩, 群介·行人·宰·史皆有牢. …… 乘禽日九十雙, 殷膳大牢, 以及歸, 三饗·三食·三燕, 若弗酌則以幣致之.
23) 『예기』「문왕세자(文王世子)」【260b~c】: 公族朝于內朝, 內親也. 雖有貴者以齒, 明父子也. 外朝以官, 體異姓也. 宗廟之中以爵爲位, 崇德也. 宗人授事以官, 尊賢也. 登餕受爵以上嗣, 尊祖之道也. 喪紀以服之輕重爲序, 不奪人親也. 公與族燕則以齒, 而孝弟之道達矣. 其族食世降一等, 親親之殺也. 戰則守於公禰, 孝愛之深也. 正室守太廟, 尊宗室而君臣之道著矣. 諸父諸兄守貴室, 子弟守下室, 而讓道達矣.

燕其聘賓也. 天子於諸侯之使臣亦有之. 有君自燕其臣子者, 鹿鳴之詩言"燕樂嘉賓之心", 有駜之詩言"在公載燕", 是也. 有燕其宗族者, 行葦之詩燕父兄宗族, 及文王世子"公與族燕則以齒", 是也. 有養老而燕之者, 王制"養老, 有虞氏以燕禮, 夏后氏以饗禮, 殷人以食禮, 周人修而兼用之", 是也. 儀禮燕禮乃諸侯燕其臣子之禮, 而其記又兼及於燕四方之賓, 其餘禮則不可得而考矣.

번역 「연의」편은 『의례』「연례(燕禮)」편의 의미를 풀이한 문헌이다. 고대에는 술을 마시고 음식을 먹는 의례에 있어서 세 가지가 있었으니, 향례(饗禮), 사례(食禮), 연례(燕禮)가 그것이다. 향례와 사례는 예법이 중대하여 몸가짐을 중엄하게 유지했는데, 연례의 경우에는 예법이 상대적으로 덜 중요하여 정감을 나누도록 했다. 천자의 수도로 찾아와 조회를 하는 제후들에게 연회를 하는 경우가 있었으니, 『주례』「사의(司儀)」편에서 "천자가 연회를 베풀면 제후들은 나이에 따라 서열을 정해서 앉는다."[24]라고 한 말이 이것을 가리키며, 제후들이 서로에게 조회를 할 때에도 이러한 예법이 있었다. 또 제후가 찾아와 빙문을 한 신하에게 연회를 베푸는 경우가 있었으니, 『의례』「빙례(聘禮)」편에서 "연례를 하고 삶은 새고기와 사계절마다 나오는 음식을 베풀 때에는 정해진 횟수가 없다."라고 했는데, 이것은 제후가 빙문을 온 빈객에게 연회를 베푸는 내용에 해당한다. 천자는 제후가 보낸 사신에 대해서도 이러한 예법을 시행했다. 또 군주 본인이 자신의 신하들에게 연회를 베푸는 경우가 있었으니, 『시』「녹명(鹿鳴)」편에서 "연회로 아름다운 손님의 마음을 즐겁게 하는구나."[25]라고 말하고, 『시』「유필(有駜)」편에서 "군주의 곁에서 연회를 하는구나."[26]라고 한 말이 이것을 가리킨다. 또 종족에게 연회를 베푸는 경우가 있었으니, 『시』「행위(行葦)」편의 시는 부형과 종족에게 연회를 베푸는 내용이고, 『예기』「문왕세자(文王世子)」편에서 "군주가 족인들과 연회를 할 경우, 군주는 신분을 따지지 않고 족인들과 나이에 따라 서열을 정한다."라고 한 말이 이것을 가리킨다. 또

---

24) 『주례』「추관(秋官)·사의(司儀)」: 王燕, 則諸侯毛.

25) 『시』「소아(小雅)·녹명(鹿鳴)」: 呦呦鹿鳴, 食野之芩. 我有嘉賓, 鼓瑟鼓琴. 鼓瑟鼓琴, 和樂且湛. 我有旨酒, 以燕樂嘉賓之心.

26) 『시』「노송(魯頌)·유필(有駜)」: 有駜有駜, 駜彼乘駽. 夙夜在公, 在公載燕. 自今以始, 歲其有. 君子有穀, 詒孫子. 于胥樂兮.

노인을 봉양하며 연회를 베푸는 경우가 있었으니, 『예기』「왕제(王制)」편에서 "노인을 봉양함에 있어서 유우씨 때에는 연례로써 하였고, 하후씨 때에는 향례로써 하였으며, 은나라 때에는 사례로써 하였고, 주나라 때에는 세 가지를 잘 다듬어서 함께 사용하였다."[27]라고 한 말이 이것을 가리킨다. 『의례』「연례(燕禮)」편의 내용은 제후가 자신의 신하들에게 연례를 베풀어주는 의례이고, 그 기문에서는 또한 사방의 제후국에서 찾아온 빈객에게 연회를 베풀어주는 내용까지 언급을 했는데, 나머지 의례에 대해서는 고찰할 수 있는 방법이 없다.

集解 陳氏祥道曰: 於司儀, 見王所以燕諸侯者以齒也, 故曰"王燕則諸侯毛". 於膳夫, 見王所以爲燕者非自爲主也, 故曰"王燕飮則爲獻主". 於大僕, 見王所以燕者必於內朝也, 故曰"王燕則相其法". 於酒正, 見王所以燕賓者必有多寡之數也, 故曰"王燕則共其計". 於鞮鞻氏, 見王所以燕者必有樂也, 故曰"掌四夷之樂與其聲歌, 祭祀則歙而歌之, 燕亦如之". 然其牢禮之物, 獻·酬之數, 衣服器皿之用, 與其歌舞節奏, 皆不得而詳. 至諸侯燕禮, 則邦國之相和, 君臣之相接, 禮義之相與, 恩好之相交, 明嫌疑而不瀆, 別貴賤而不亂, 所謂"禮讓爲國"者, 於此可想見焉.

번역 진상도가 말하길, 『주례』「사의(射義)」편에는 천자가 제후들에게 연회를 베풀며 나이에 따라 서열을 정하는 이유가 나타난다. 그렇기 때문에 "천자가 연회를 베풀면 제후들은 나이에 따라 서열을 정해서 앉는다."라고 말한 것이다. 『주례』「선부(膳夫)」편에는 천자가 연회를 시행할 때 본인이 주인의 역할을 맡지 않는다는 이유가 나타난다. 그렇기 때문에 "천자가 연회를 하며 술을 마시게 되면 헌주를 맡는다."[28]라고 했다. 『주례』「대복(大僕)」편에는 천자가 연회를 할 때 반드시 내조(內朝)[29]에서 하는 이유가 나타난다. 그렇기 때문에 "천

---

27) 『예기』「왕제(王制)」【175d~176c】: 凡養老, 有虞氏以燕禮. 夏后氏以饗禮. 殷人以食禮. 周人脩而兼用之.

28) 『주례』「천관(天官)·선부(膳夫)」: 王燕飮酒, 則爲獻主.

29) 내조(內朝)는 천자 및 제후가 정사를 처리하고 휴식을 취하던 장소이다. 외조(外朝)에 상대되는 말이다. '내조'에는 두 종류가 있었는데, 그 중 하나는 노문(路門) 밖에 위치하던 곳으로, 천자 및 제후가 정사를 처리하던 장소이며, 치조(治朝)라

자가 연회를 하게 되면 해당 예법의 진행을 돕는다."[30]라고 했다. 『주례』「주정(酒正)」편에는 천자가 빈객에게 연회를 베풀 때 반드시 많고 적은 수치를 두는 이유가 나타난다. 그렇기 때문에 "천자가 연회를 하게 되면 신하들의 수를 계산한다."[31]라고 했다. 『주례』「제루씨(鞮鞻氏)」편에는 천자가 연회를 베풀 때 반드시 음악을 연주하는 이유가 나타난다. 그렇기 때문에 "사방 오랑캐의 음악과 그 노래를 담당하며, 제사를 지내게 되면 관악기를 연주하고 노래를 부르는데, 연회를 할 때에도 이처럼 한다."[32]라고 했다. 그러나 해당 의례에 사용되는 뇌례(牢禮)[33]의 사물, 술을 따라 바치고 술을 권할 때의 횟수, 의복 및 기물 등의 쓰임, 노래를 부르고 춤을 출 때의 악절과 연주에 대해서는 모두 상세히 고찰할 수 없다. 제후가 시행하는 연례에 있어서는 제후국들이 서로 화합하고 군주와 신하가 서로를 대우하며, 예의에 따라 함께 하고, 은정과 우호에 따라 서로 교제하며, 혐의스러운 것을 밝혀 더럽히지 않고, 귀천을 구별하여 문란하게 하지 않으니, 이른바 "예와 겸양으로 나라를 다스린다."[34]라는 것은 여기에서 미루어 알 수 있다.

고도 불렀다. 다른 하나는 노문 안에 위치하던 곳으로, 천자 및 제후가 정사를 처리한 이후, 휴식을 취하던 장소이며, 연조(燕朝)라고도 불렀다.

30) 『주례』「하관(夏官)·태복(太僕)」: 王燕飮, 則相其法.

31) 『주례』「하관(夏官)·주정(酒正)」: 凡王之燕飮酒, 共其計, 酒正奉之.

32) 『주례』「춘관(春官)·제루씨(鞮鞻氏)」: 鞮鞻氏; 掌四夷之樂與其聲歌. 祭祀, 則龡而歌之, 燕亦如之.

33) 뇌례(牢禮)는 소[牛], 양[羊], 돼지[猪] 등의 세 가지 희생물을 써서, 빈객(賓客)을 대접하는 예(禮)를 말한다. 『주례』「천관(天官)·재부(宰夫)」편에는 "凡朝覲會同賓客, 以牢禮之法, 掌其牢禮委積膳獻飮食賓賜之飧牽, 與其陳數."라는 기록이 있고, 이에 대한 정현의 주에서는 "牢禮之法, 多少之差及其時也. 三牲牛羊豕具爲一牢."라고 풀이하였다. 또 『주례』「지관(地官)·우인(牛人)」편에는 "凡賓客之事, 共其牢禮積膳之牛."라는 기록이 있고, 이에 대한 정현의 주에서는 "牢禮, 飧饔也."라고 풀이하였다.

34) 『논어』「이인(里仁)」: 子曰, "能以禮讓爲國乎何有? 不能以禮讓爲國, 如禮何?"

참고 『시』「소아(小雅)·육월(六月)」

六月棲棲, (육월서서) : 6월에 날날이 검열하여,
戎車既飭. (융거기칙) : 전쟁용 수레가 정돈되었도다.
四牡騤騤, (사모규규) : 네 마리의 수말이 건장하고도 건장하니,
載是常服. (재시상복) : 군복을 수레에 싣는구나.
玁狁孔熾, (험윤공치) : 험윤의 침범이 매우 융성한지라,
我是用急. (아시용급) : 내가 이에 부름을 받아 급히 파견되는구나.
王于出征, (왕우출정) : 천자가 말하길, 군대를 이끌고 험윤을 정벌하여,
以匡王國. (이광왕국) : 내 영토의 경계를 바로잡아라.

比物四驪, (비물사려) : 힘이 동등한 네 마리의 검은 말이여,
閑之維則. (한지유칙) : 한가로울 때 연습을 시켜 법도가 있구나.
維此六月, (유차육월) : 이러한 6월에,
既成我服. (기성아복) : 이미 천자가 나의 군복을 완성하였도다.
我服既成, (아복기성) : 내 군복이 완성된지라,
于三十里. (우삼십리) : 군대를 이끌고 날마다 30리를 가도다.
王于出征, (왕우출정) : 천자가 말하길, 군대를 이끌고 험윤을 정벌하여,
以佐天子. (이좌천자) : 천자의 일을 도와라.

四牡脩廣, (사모수광) : 네 마리의 수말이 건장하면서도 큰데,
其大有顒. (기대유옹) : 그 큰 모습이 힘차구나.
薄伐玁狁, (박벌험윤) : 험윤을 정벌하여,
以奏膚公. (이주부공) : 큰 공적을 아뢰도다.
有嚴有翼, (유엄유익) : 위엄을 갖춘 장수와 공경스러운 신하가 있어,
共武之服. (공무지복) : 함께 전쟁의 일을 도모하는구나.
共武之服, (공무지복) : 함께 전쟁의 일을 도모하여,
以定王國. (이정왕국) : 천자의 나라를 안정시키는구나.

玁狁匪茹, (험윤비여) : 험윤이 제 역량을 헤아리지 못하고,
整居焦穫. (정거초호) : 군대를 정돈하여 초호에 머무는구나.

侵鎬及方, (침호급방) : 호와 방을 침범하여,
至于涇陽. (지우경양) : 경양에 이르렀구나.
織文鳥章, (직문조장) : 새를 새겨놓은 무늬에,
白旆央央. (백패앙앙) : 흰 깃발이 선명하구나.
元戎十乘, (원융십승) : 큰 전쟁용 수레 10대로,
以先啓行. (이선계행) : 전면에 세워 적진을 뚫는구나.

戎車旣安, (융거기안) : 전쟁용 수레가 안정을 찾으니,
如輊如軒. (여지여헌) : 뒤에서 보면 앞이 낮은 수레 같고 앞에서 보면 앞이 높은 수레 같으니라.
四牡旣佶, (사모기길) : 네 마리의 수말이 건장하거늘,
旣佶且閑. (기길차한) : 건장한데도 한가할 때마다 연습을 시키는구나.
薄伐玁狁, (박벌험윤) : 험윤을 정벌하여,
至于大原. (지우대원) : 대원에 이르렀구나.
文武吉甫, (문무길보) : 문무를 갖춘 길보여,
萬邦爲憲. (만방위헌) : 모든 나라가 그대를 본받는구나.

吉甫燕喜, (길보연희) : 길보에게 연회를 열어 즐거워하도록 하니,
旣多受祉. (기다수지) : 이미 많은 복을 받았도다.
來歸自鎬, (내귀자호) : 호로부터 되돌아오니,
我行永久. (아행영구) : 우리 길보가 길을 떠난 지도 오래되었구나.
飮御諸友, (음어제우) : 술을 마시게 하며 여러 벗들로 시중을 들게 하니,
炰鱉膾鯉. (포별회리) : 자라를 굽고 잉어를 회로 뜨는구나.
侯誰在矣, (후수재의) : 누가 여기에 있는가,
張仲孝友. (장중효우) : 효와 우애가 뛰어난 장중이로다.

毛序 六月, 宣王北伐也. 鹿鳴廢則和樂缺矣, 四牡廢則君臣缺矣, 皇皇者華廢則忠信缺矣, 常棣廢則兄弟缺矣, 伐木廢則朋友缺矣, 天保廢則福祿缺矣, 采薇廢則征伐缺矣, 出車廢則功力缺矣, 杕杜廢則師衆缺矣, 魚麗廢則法度缺矣, 南陔廢則孝友缺矣, 白華廢則廉恥缺矣, 華黍廢則蓄積缺矣. 由庚廢則陰陽失其道理矣, 南有嘉魚廢則賢者不安, 下不得其所矣, 崇丘廢則萬物不遂矣,南山有臺廢則爲國之基隊矣, 由儀廢則萬物失其道理矣, 蓼蕭廢則恩澤乖矣, 湛露廢則萬國離矣, 彤弓廢則諸夏衰矣, 菁菁者莪廢則無禮儀矣, 小雅盡廢則四夷交侵中國微矣.

모서 「육월(六月)」편은 선왕이 북쪽으로 정벌한 일을 노래한 시이다. 『시』 「녹명(鹿鳴)」편이 없어지면 화락함이 없어질 것이며, 「사모(四牡)」편이 없어지면 군신관계의 도의가 없어질 것이고, 「황황자화(皇皇者華)」편이 없어지면 충신의 도의가 없어질 것이며, 「상체(常棣)」편이 없어지면 형제관계의 도의가 없어질 것이고, 「벌목(伐木)」편이 없어지면 붕우관계의 도의가 없어질 것이며, 「천보(天保)」편이 없어지면 복록이 없어질 것이고, 「채미(采薇)」편이 없어지면 정벌의 도의가 없어질 것이며, 「출거(出車)」편이 없어지면 공력이 없어질 것이고, 「체두(杕杜)」편이 없어지면 군대의 도의가 없어질 것이며, 「어려(魚麗)」편이 없어지면 법도가 없어질 것이고, 「남해(南陔)」편이 없어지면 효와 우애의 도의가 없어질 것이며, 「백화(白華)」편이 없어지면 염치의 도의가 없어질 것이고, 「화서(華黍)」편이 없어지면 모아서 보관하는 일이 없어질 것이며, 「유경(由庚)」편이 없어지면 음양이 도리를 잃을 것이고, 「남유가어(南有嘉魚)」편이 없어지면 현명한 자가 불안해하고 백성들이 제자리를 얻지 못할 것이며, 「숭구(崇丘)」편이 없어지면 모든 사물이 이루어지지 못할 것이고, 「남산유대(南山有臺)」편이 없어지면 나라를 다스리는 기틀이 무너질 것이며, 「유의(由儀)」편이 없어지면 모든 사물이 도리를 잃을 것이고, 「요소(蓼蕭)」편이 없어지면 은택이 어긋날 것이며, 「잠로(湛露)」편이 없어지면 모든 나라가 떠나갈 것이고, 「동궁(彤弓)」편이 없어지면 중하의 나라들이 쇠망할 것이며, 「청청자아(菁菁者莪)」편이 없어지면 예의가 없어질 것이고, 「소아(小雅)」에 속한 시들이 모두 없어진다면 사방의 오랑캐들이 번갈아 침입하여 중원이 미약해질 것이다.

참고 『춘추좌씨전』 성공(成公) 12년 기록

전문 若讓之以一矢, 禍之大者, 其何福之爲? 世之治也, 諸侯間於天子之事, 則相朝也①, 於是乎有享·宴之禮. 享以訓共儉②.

번역 진(晉)나라 극지(郤至)가 말하길, 만약 한 대의 화살로 두 군주가 서로를 꾸짖는다면, 재앙 중에서도 큰 것인데 어찌 복이라 할 수 있겠습니까? 세상에 다스려졌던 시기에는 제후는 천자의 일에 복무하다 틈이 생기면 서로 조회하였는데, 이때에는 향례(享禮)와 연례(宴禮)가 있었습니다. 향례로는 공손함과 검소함을 가르쳤습니다.

杜注-① 王事間缺, 則脩私好.

번역 천자의 일에 복무하다가 틈이 생기면 사적인 우호를 다진다는 뜻이다.

杜注-② 享有體薦, 設几而不倚, 爵盈而不飮, 肴乾而不食, 所以訓共儉.

번역 향례에는 체천(體薦)이 포함되고, 안석을 설치하되 기대지 않고, 술잔을 가득 채우되 마시지 않으며, 고기가 잘 말라 있더라도 먹지 않으니, 공손함과 검소함을 가르치기 위해서이다.

孔疏 ◎注"享有"至"共儉". ○正義曰: "享有體薦", 宣十六年傳文也. "設几而不倚, 爵盈而不飮", 昭五年傳文也. 禮·聘義記曰: "聘之禮, 至大禮也. 酒淸人渴, 而不敢飮也; 肉乾人飢, 而不敢食也." 彼言聘禮, 卽是享聘賓之禮, 此事皆所以敎訓恭儉也.

번역 ◎杜注: "享有"~"共儉". ○"향례에는 체천(體薦)이 포함된다."라고 했는데, 이것은 선공 16년에 대한 전문의 기록이다. "술잔을 가득 채우되 마시지 않으며, 익힌 고기가 마르더라도 먹지 않는다."라고 했는데, 소공 5년에 대한 전문의 기록이다. 『예기』「빙의(聘義)」편의 기문에서는 "빙례(聘禮)는 예 중에서도 지극히 큰 것이다. 술이 맑고 사람들이 목말라도 감히 그 술을 마시지 못하고, 고기가 잘 말라있고 사람들이 굶주려도 감히 그 고기를 먹지 못한다."[35]라고 했다. 「빙의」편은 빙례를 언급하였는데, 이것은 빙문으로 찾아온 빈객에게 향연을 베풀어주는 예법이다. 따라서 이 사안들은 모두 공손함과 검소함을 가르치기 위한 것이다.

전문 宴以示慈惠.

번역 또 연례로는 자혜로움을 드러냈습니다.

杜注 宴則折俎, 相與共食.

번역 연례를 하게 되면 절조(折俎)가 포함되어 함께 음식을 먹게 된다.

孔疏 ◎注"宴則"至"共食". ○正義曰: 宣十六年傳云: "宴有折俎." 宴則節折其肉, 升之於俎, 相與共啗食之, 所以表示慈惠也.

번역 ◎杜注: "宴則"~"共食". ○선공 16년의 전문에서는 "연례에는 절조(折俎)가 포함된다."라고 했다. 즉 연례를 하게 되면 고기를 마디마디 잘라서 도마에 올려놓고 함께 그것들을 먹으니, 자혜로움을 드러내기 위해서이다.

---

35) 『예기』「빙의(聘義)」【718b~d】: 聘射之禮, 至大禮也. 質明而始行事, 日幾中而后禮成, 非强有力者弗能行也. 故强有力者, 將以行禮也, 酒淸, 人渴而不敢飮也; 肉乾, 人飢而不敢食也. 日莫人倦, 齊莊正齊, 而不敢解惰. 以成禮節, 以正君臣, 以親父子, 以和長幼. 此衆人之所難, 而君子行之, 故謂之有行. 有行之謂有義, 有義之謂勇敢. 故所貴於勇敢者, 貴其能以立義也; 所貴於立義者, 貴其有行也; 所貴於有行者, 貴其行禮也. 故所貴於勇敢者, 貴其敢行禮義也. 故勇敢强有力者, 天下無事, 則用之於禮義; 天下有事, 則用之於戰勝. 用之於戰勝則無敵, 用之於禮義則順治. 外無敵, 內順治, 此之謂盛德. 故聖王之貴勇敢强有力如此也. 勇敢强有力而不用之於禮義戰勝, 而用之於爭鬪, 則謂之亂人. 刑罰行於國, 所誅者亂人也. 如此則民順治而國安也.

전문 共儉以行禮, 而慈惠以布政. 政以禮成, 民是以息. 百官承事, 朝而不夕.

번역 공손함과 검소함으로는 예를 시행하고 자혜로움으로는 정치를 펼쳤기 때문입니다. 정치는 예를 통해 완성되고 백성들은 이로 인해 휴식을 취하게 됩니다. 또 모든 관리들이 정무를 처리할 때에는 낮에만 하고 저녁에는 하지 않았습니다.

杜注 不夕, 言無事.

번역 저녁에는 하지 않았다는 말은 일이 없었다는 뜻이다.

孔疏 ●"朝而不夕". ○正義曰: 旦見君謂之朝, 莫見君謂之夕. 哀十四年傳稱"子我夕", 晉語稱"叔向夕", 皆謂夕見君也. 人息事少, 故百官承奉職事, 皆朝朝而莫不夕. 不夕, 言無事也.

번역 ●傳文: "朝而不夕". ○아침에 군주를 알현하는 것을 '조(朝)'라 부르고, 저녁에 군주를 알현하는 것을 '석(夕)'이라 부른다. 애공 14년에 대한 전문에서는 "자아가 석(夕)을 했다."[36]라고 했고, 『국어』「진어(晉語)」에서는 "숙향이 석(夕)을 했다."[37]라고 했으니, 이 모두는 저녁에 군주를 알현했다는 뜻이다. 사람들이 휴식을 취하고 업무가 적었기 때문에 모든 관리들이 자신의 직무에 종사하며 모두 아침에만 군주를 알현하고 저녁에는 알현하지 않았다. 저녁에 알현하지 않았다는 말은 일이 없었다는 의미이다.

전문 此公侯之所以扞城其民也.

번역 이것은 군주가 백성들을 보호했던 방법입니다.

---

36) 『춘추좌씨전』「애공(哀公) 14년」: 子我夕, 陳逆殺人, 逢之, 遂執以入.
37) 『국어(國語)』「진어팔(晉語八)」: 叔向聞之, 夕, 君告之.

杜注 扞, 蔽也. 言享宴結好鄰國, 所以蔽扞其民.

번역 '한(扞)'자는 가린다는 뜻이다. 향례와 연례를 통해 이웃 제후국과 우호를 맺는 것은 자신의 백성을 보호하기 위해서라는 뜻이다.

孔疏 ◎注"扞蔽"至"其民". ○正義曰: 扞者, 扞禦寇難, 故爲蔽也. 言燕享結好, 與鄰國通和, 甲兵不興, 人得安息, 所以蔽扞其民, 若如城然. 故云"所以扞城其民也".

번역 ◎杜注: "扞蔽"~"其民". ○'한(扞)'은 외구의 환란을 막는다는 뜻이다. 그렇기 때문에 '폐(蔽)'자의 뜻이 된다. 즉 연례와 향례를 통해 우호를 맺어 이웃 나라와 소통하고 화합하여 전쟁이 일어나지 않으니 백성들이 안식을 취할 수 있다. 이것은 자신의 백성들을 보호하는 방법인데, 마치 성을 쌓아서 보호하는 것과 같다. 그렇기 때문에 "백성들을 한성(扞城)하는 방법이다."라고 했다.

참고 『춘추좌씨전』 선공(宣公) 16년 기록

전문 冬, 晉侯使士會平王室. 定王享之, 原襄公相禮①. 殽烝②.

번역 겨울에 진나라 후작은 사회를 시켜 왕실의 분란을 화평하게 했다. 정왕이 그에게 향례를 베풀어주었고 원양공은 의례를 도왔다. 효증(殽烝)[38]을 하였다.

38) 효증(殽烝)은 효증(殽脀)이라고도 부른다. 효(殽)자는 뼈에 살점이 붙어 있는 고기를 뜻하고, 증(烝)자는 도마에 올려서 바친다는 뜻이다. 즉 '효증'은 희생물을 삶은 후, 몸체를 가르게 되는데, 뼈에 살점이 붙은 것을 도마[俎]에 올려서, 빈객(賓客)들에게 베푸는 것을 뜻한다. 『의례』「특생궤식례(特牲饋食禮)」편에는 "衆賓及衆兄弟·內賓宗婦·若有公有司私臣, 皆殽脀."이라는 기록이 있다.

杜注-① 原襄公周大夫. 相, 佐也.

번역 '원양공(原襄公)'은 주나라 왕실의 대부이다. '상(相)'자는 돕는다는 뜻이다.

杜注-② 烝, 升也. 升殽於俎.

번역 '증(烝)'자는 올린다는 뜻이다. 삶은 고기를 도마에 올린다는 의미이다.

孔疏 ◎注"烝, 升也, 升殽於俎". ○正義曰: 禮, 升殽於俎皆謂之烝, 故烝爲升也. 鄭玄詩箋云: "凡非穀而食之曰殽", 則殽是可食之名. 切肉爲殽, 乃升於俎, 故謂之殽烝.

번역 ◎杜注: "烝, 升也, 升殽於俎". ○예법에 따르면 삶은 고기를 도마에 올린 것은 모두 '증(烝)'이라고 부른다. 그렇기 때문에 증(烝)자는 승(升)자의 뜻이 된다. 『시』에 대한 정현의 전문에서는 "곡물이 아닌 그 이외의 먹는 것들은 '효(殽)'라고 부른다."라고 했으니, '효(殽)'라는 것은 먹을 수 있는 음식에 붙이는 이름이 된다. 고기를 자르게 되면 효(殽)가 되고, 이것을 곧 도마에 올리게 된다. 그렇기 때문에 '효증(殽烝)'이라고 한다.

전문 武子私問其故.

번역 무자는 개인적으로 그 연유를 물었다.

杜注 享當體薦而殽烝, 故怪問之. 武, 士會諡; 季, 其字.

번역 향례에서는 마땅히 체천(體薦)을 해야 하는데 효증(殽烝)을 했다. 그렇기 때문에 괴이하게 여겨 질문했던 것이다. '무(武)'자는 사회의 시호이며, '계(季)'자는 그의 자이다.

孔疏 ◎注"享當"至"其字". ○正義曰: 若公侯來朝, 王爲設享, 則當有體薦. 薦其半體, 亦謂之房烝. 武子謂已被王享, 亦當房烝, 今乃殽烝, 故怪而問之.

번역 ◎杜注: "享當"~"其字". ○만약 공작이나 후작이 찾아와서 조회를 했다면 천자는 그들을 위해 향례를 베풀게 되어, 마땅히 체천(體薦)이 포함되어야 한다. 희생물의 몸체 절반을 갈라서 바치는데, 이것을 또한 '방증(房烝)'[39]이라고도 부른다. 무자가 생각하기에 이미 천자로부터 향례를 받았다면 마땅히 방증을 해야 하는데, 지금은 효증을 하였기 때문에 괴이하게 여겨 질문했던 것이다.

전문 王聞之, 召武子曰: "季氏, 而弗聞乎? 王享有體薦."

번역 정왕이 그 소식을 듣고 무자를 불러 말하길, "계씨여, 그대는 듣지 못했단 말인가? 천자가 향례를 베풀 때에는 체천(體薦)이 포함된다."라고 했다.

杜注 享則半解其體而薦之, 所以示共儉.

번역 향례를 하게 되면 희생물의 몸체를 절반으로 갈라서 그것을 바치게 되니, 공손함과 검소함을 드러내기 위해서이다.

孔疏 ◎注"享則"至"共儉". ○正義曰: 王爲公侯設享, 則半解其體而薦之. 爲不食, 故不解折, 所以示其儉也. "示其儉"與下"示慈惠", 成十二年傳文.

---

39) 방증(房烝)은 방증(房脀)이라고도 부른다. 전증(全烝)과 대비되는 말이다. 제사나 연회 때 희생물을 반절로 갈라서 도마 위에 올리는 것을 말한다. 천자의 연회 때 사용된 예법(禮法) 중 하나이다. 『국어(國語)』「주어중(周語中)」편에는 "禘郊之事, 則有全烝. 王公立飫, 則有房烝."이라는 기록이 있고, 이에 대한 위소(韋昭)의 주에서는 "房, 大俎也. 詩云 籩豆大房, 謂半解其體, 升之房也."라고 풀이했다. 즉 '방증'에서의 방(房)자는 큰 도마라는 뜻이며, 증(烝)자는 도마에 올린다는 뜻이다. 『시』「노송(魯頌)·비궁(閟宮)」편에는 "籩豆大房"이라는 기록이 있는데, 이것은 희생물의 몸체를 반절로 갈라서, 큰 도마 위에 올린다는 뜻이다.

번역 ◎杜注: "享則"~"共儉". ○천자가 공작이나 후작을 위해 향례를 베풀게 된다면 희생물의 몸체를 절반으로 갈라서 그것을 바치게 된다. 그것은 먹지 않기 때문에 부위별로 해체하지 않은 것이니, 검소함을 드러내기 위해서이다. "검소함을 드러낸다."라고 한 말과 아래에서 "자혜로움을 드러낸다."라고 한 말은 성공 12년의 전문 기록이다.

전문 "宴有折俎."

번역 또 말하길, "연례를 베풀 때에는 절조(折俎)가 포함된다."라고 했다.

杜注 體解節折, 升之於俎, 物皆可食, 所以示慈惠也.

번역 희생물의 몸체를 부위별로 해체하여 도마에 올린 것이니, 그 음식들은 모두 먹을 수 있는 것으로, 자혜로움을 드러내기 위해서이다.

孔疏 ◎注"體解"至"惠也". ○正義曰: 王爲公侯設宴禮, 體解節折, 升之於俎, 卽殽烝是也. 其物解折, 使皆可食, 共食噉之, 所以示慈惠也. 其宴飮殽烝, 其數無文. 若祭祀體解, 按特牲饋食禮有九體: 則肩一·臂二·臑三·肫四·胳五·正脊六·橫脊七·長脅八·短脅九. 此謂士禮也. 若大夫禮, 則十一體, 加脡脊·代脅. 其諸侯天子無文, 或同十一.

번역 ◎杜注: "體解"~"惠也". ○천자가 공작이나 후작을 위해 연례를 베풀게 되면 희생물의 몸체를 부위별로 해체하여 도마에 올리게 되니 효증(殽烝)이 바로 이것에 해당한다. 그 음식들은 부위별로 해체하고 잘라서 이 모두를 먹을 수 있게끔 하여 모두가 그것을 먹게 한 것이니, 자혜로움을 드러내기 위해서이다. 그런데 연회를 하며 음주를 할 때 효증에 있어서 그 수량을 기록한 문헌은 없다. 제사에서 희생물의 몸체를 해체하는 경우라면, 『의례』「특생궤식례(特牲饋食禮)」편에 9체라는 것이 나오니, 희생물의 어깨[肩]가 첫 번째 부위이고, 앞발[臂]이 두 번째 부위이며, 앞다리[臑]가 세 번째 부위이고, 정강이

[肫]가 네 번째 부위이며, 후경골[胳]이 다섯 번째 부위이고, 정척(正脊)이 여섯 번째 부위이며, 횡척(横脊)이 일곱 번째 부위이고, 장협(長脅)이 여덟 번째 부위이며, 단협(短脅)이 아홉 번째 부위이다. 이것은 사 계층이 따르는 예법을 뜻한다. 대부의 예법이라면 11체가 되니 정척(脡脊)과 대협(代脅)이 추가된다. 제후와 천자의 예법에 대해서는 관련 기록이 남아있지 않은데, 아마도 대부와 동일하게 11체로 했을 것이다.

전문 "公當享, 卿當宴, 王室之禮也."

번역 또 말하길, "제후에게는 향례를 베풀어야 하고, 제후의 경에게는 연례를 베풀어야 하니, 이것이 왕실의 예법이다."라고 했다.

杜注 公謂諸侯.

번역 '공(公)'은 제후를 뜻한다.

孔疏 ◎注"公謂諸侯". ○正義曰: 五等諸侯總名爲公, 故云"公謂諸侯". 言諸侯親來, 則爲之設享, 又設燕也. 享用體薦, 燕用折俎. 若使卿來, 雖爲設享, 仍用公之燕法, 亦用折俎, 是王室待賓之禮也. 周語說此甚詳: "王召士季曰: 子弗聞乎? 禘郊之事, 則有全烝. 王公立飫, 則有房烝. 親戚宴享, 則有殽烝", "今叔父使士季實來", "唯是先王之宴禮, 欲以貽爾". "體解節折, 而共飮食之. 於是乎有折俎", "以示容合好", "將安用全烝?" 注國語者皆云, 禘祭宗廟, 郊祭天地, 則有全其牲體而升於俎, 謂之全烝. 王公立飫, 卽享禮也. 禮之立成者名爲飫. 半解其體而升於俎, 謂之房烝. 傳言體薦, 卽房烝也. 親戚宴享, 則宴享禮同, 皆體解節折, 乃升於俎, 謂之殽烝. 此傳略而爲文, 猶是彼意, 故注皆取彼解之.

번역 ◎杜注: "公謂諸侯". ○다섯 등급의 제후에 대해서 총괄적으로 '공(公)'이라고 한다. 그렇기 때문에 "'공(公)'은 제후를 뜻한다."라고 했다. 즉 제후가 직접 찾아오는 경우라면 그를 위해 향례를 베풀고 또 연례를 베풀게 된다는 의미이다. 향례에서는 체천(體薦)의 방식을 따르고 연례에서는 절조(折俎)의 방식을 따른다. 만약 사신으로 경이 찾아왔다면 비록 그를 위해 향례를 베풀더라도 제후에 대한 연례의 법도에 따르게 되니 또한 절조가 포함된다. 이것은 왕실에서 빈객을 대접하는 예법이다. 『국어』「주어(周語)」에서는 이러한 일화를 상세히 설명하였는데, "천자가 사계를 불러 말하길, 그대는 듣지 못했단 말인가? 체(禘)제사[40]와 교(郊)제사[41]라면 전증(全烝)[42]이 포함된다. 천자와 제후가 자리에 서서 의례를 시행하면 방증(房烝)이 포함된다. 친척들에게 연회를 베풀 때에는 효증(殽烝)이 포함된다."라고 했고, "지금은 숙부가 사계로 하여금 찾아오게 했다."라고 했으며, "다만 선왕이 정한 연례로 너에게 베풀어주고자 한다."라고 했고, "희생물을 해체하고 부위별로 잘라서 함께 먹도록 한다. 그리하여 절조(折俎)가 포함된다."라고 했으며, "이로써 우호를 다지고자 하는 태도를 드러낸다."라고 했고, "어찌 전증을 사용했겠는가?"라고 했다.[43] 그리고 『국

---

40) 체제(禘祭)는 천신(天神) 및 조상신(祖上神)에게 지내는 '큰 제사[大祭]'를 뜻한다. 『이아』「석천(釋天)」편에는 "禘, 大祭也."라는 기록이 있고, 이에 대한 곽박(郭璞)의 주에서는 "五年一大祭."라고 풀이하여, 대제(大祭)로써의 체제사는 5년마다 1번씩 지낸다고 설명한다. 그러나 『예기』「왕제(王制)」에 수록된 각종 제사들에 대한 기록을 살펴보면, 체제사는 큰 제사임에는 분명하나, 반드시 5년마다 1번씩 지내는 제사는 아니었다.

41) 교제(郊祭)는 '교사(郊祀)'라고도 부른다. 교외(郊外)에서 천지(天地)에 제사를 지냈기 때문에 붙여진 명칭이다. 음양설(陰陽說)이 성행했던 한(漢)나라 때에는 하늘에 대한 제사는 양(陽)의 뜻을 따라 남교(南郊)에서 지냈고, 땅에 대한 제사는 음(陰)의 뜻을 따라 북교(北郊)에서 지냈다. 『한서』「교사지하(郊祀志下)」편에는 "帝王之事莫大乎承天之序, 承天之序莫重於郊祀. …… 祭天於南郊, 就陽之義也. 地於北郊, 即陰之象也."라는 기록이 있다. 한편 '교사'는 후대에 제사를 범칭하는 용어로도 사용되었다. '교사' 중의 '교(郊)'자는 규모가 큰 제사를 뜻하며, '사(祀)'는 비교적 규모가 작은 제사들을 뜻한다.

42) 전증(全烝)은 전증(全脀)이라고도 부른다. 방증(房烝)과 대비되는 말이다. 제사 때 희생물의 몸 전체를 도마 위에 올리는 것을 말한다. 주로 천지(天地)의 신(神)에 대한 제사에서 사용된 예법이다. 『국어(國語)』「주어중(周語中)」편에는 "禘郊之事, 則有全烝. 王公立飫, 則有房烝."이라는 기록이 있는데, 이에 대한 위소(韋昭)의 주에서는 "全烝, 全其牲體而升之."라고 풀이했다.

43) 『국어(國語)』「주어중(周語中)」 : 王召士季曰, 子弗聞乎, 禘郊之事, 則有全烝; 王公立飫, 則有房烝; 親戚宴饗, 則有餚烝. 今女非他也, 而叔父使士季實來修舊

어』에 대한 주에서는 모두 종묘에 대한 체제사와 천지에 대한 교제사를 지내게 되면 희생물의 몸체 전체를 도마에 올려두니 이를 '전증(全烝)'이라 부른다. 천자와 제후가 서서 의례를 시행한다는 것은 연례에 해당한다. 의례에 있어서 서서 해당 예법을 진행하는 것을 '어(飫)'라고 부른다. 희생물의 몸체를 반으로 갈라 도마에 올려두니 이를 '방증(房烝)'이라 부른다고 했다. 전문에서는 체천(體薦)을 언급했는데, 이것은 곧 방증에 해당한다. 친척들에게 연회를 베푼다고 했는데, 연례의 예법과 동일하니 모두 희생물의 몸체를 해체하여 부위별로 잘라 도마에 올려두니 이를 효증(殽烝)이라고 부른다. 이곳 전문은 간략히 문장을 기록했는데, 『국어』에 기록된 뜻과 같다. 그렇기 때문에 주석에서는 모두 『국어』의 기록을 취해서 풀이한 것이다.

전문 武子歸而講求典禮, 以脩晉國之法.

번역 무자는 본국으로 되돌아와서 제도와 예법을 조사하여 진나라의 법도를 다듬었다.

杜注 傳言典禮之廢久.

번역 전문은 제도와 예법이 폐지된 것이 오래되었음을 의미한다.

德, 以獎王室. 唯是先王之宴禮, 欲以貽女. 余一人敢設飫禘焉, 忠非親禮, 而干舊職, 以亂前好? 且唯戎·狄則有體薦. 夫戎·狄, 冒沒輕儳, 貪而不讓. 其血氣不治, 若禽獸焉. 其適來班貢, 不俟馨香嘉味, 故坐諸門外, 而使舌人體委與之. 女今我王室之一二兄弟, 以時相見, 將和協典禮, 以示民訓則, 無亦擇其柔嘉, 選其馨香, 潔其酒醴, 品其百籩, 修其簠簋, 奉其犧象, 出其樽彝, 陳其鼎俎, 淨其巾冪, 敬其祓除, 體解節折而共飲食之. 於是乎有折俎加豆, 酬幣宴貨, 以示容合好, 胡有孑然其郊戎·狄也? 夫王公諸侯之有飫也, 將以講事成章, 建大德·昭大物也, 故立成禮烝而已. 飫以顯物, 宴以合好, 故歲飫不倦, 時宴不淫, 月會·旬修, 日完不忘. 服物昭庸, 采飾顯明, 文章比象, 周旋序順, 容貌有崇, 威儀有則, 五味實氣, 五色精心, 五聲昭德, 五義紀宜, 飲食可饗, 和同可觀, 財用可嘉, 則順而德建. 古之善禮者, 將焉用全烝?

참고 『국어(國語)』「초어하(楚語下)」 기록

원문 晉侯使隨會聘于周①, 定王享之餚烝②, 原公相禮③. 范子私於原公④, 曰: “吾聞王室之禮無毁折, 今此何禮也?” 王見其語, 召原公而問之, 原公以告⑤.

번역 진나라 후작이 사회를 사신으로 보내 주나라 왕실에 빙문을 하였는데, 정왕은 그에게 향례를 베풀며 효증(餚烝)을 하였고, 원공이 의례 절차를 도왔다. 범자가 원공에게 개인적으로 물으며, “내가 듣기로 왕실의 예법에 따르면 희생물을 해체하거나 자르는 일이 없다고 했는데, 지금 이처럼 하는 것은 무슨 예법입니까?”라고 했다. 정왕은 그들이 대화를 나누는 모습을 보고 원공을 불러 물으니, 원공이 범자의 말을 아뢰었다.

韋注-① 晉侯, 晉文公之孫·成公之子景公獳也. 隨會, 晉正卿, 士蔿之孫·成伯之子士季武子也.

번역 ‘진후(晉侯)’는 진나라 문공의 손자이자 성공의 아들인 경공 누(獳)이다. ‘수회(隨會)’는 진나라 정경(正卿)[44]으로, 사위의 손자이며 성백의 자식인 사계무자(士季武子)이다.

韋注-② 定王, 襄王之孫·頃王之子定王楡也. 烝, 升也. 升折俎之餚也.

번역 ‘정왕(定王)’은 양왕의 손자이자 경왕의 아들인 정왕 유(楡)이다. ‘증(烝)’자는 올린다는 뜻이다. 절조(折俎)에 해당하는 고기를 올렸다는 의미이다.

韋注-③ 原公, 周卿士原襄公. 相, 佐也.

---

44) 정경(正卿)은 상경(上卿)이다. 춘추시대 제후국의 집정대신으로, 권력이 제후 다음으로 높았다.

번역 ‘원공(原公)’은 주나라 경사(卿士)[45]인 원양공(原襄公)이다. ‘상(相)’자는 보좌한다는 뜻이다.

韋注-④ 范子, 隨會也. 食采於隨·范, 故或曰, “隨會, 范會也.”

번역 ‘범자(范子)’는 수회이다. 수와 범 땅에 채읍을 분봉하였다. 그렇기 때문에 혹자는 “수회(隨會)는 범회이다.”라고 했다.

韋注-⑤ 以士季之言告王也.

번역 사계의 말을 정왕에게 아뢰었다는 뜻이다.

원문 王召士季①, 曰, “子弗聞乎? 禘郊之事, 則有全烝②; 王公立飫, 則有房烝③; 親戚宴饗, 則有餚烝④. 今女非他也, 而叔父使士季實來修舊德, 以奬王室⑤. 唯是先王之宴禮, 欲以貽女⑥. 余一人敢設飫禘焉⑦? 忠非親禮, 而干舊職, 以亂前好⑧. 且唯戎·狄則有體薦⑨. 夫戎·狄, 冒沒輕儳, 貪而不讓⑩. 其血氣不治, 若禽獸焉. 其適來班貢, 不俟馨香嘉味⑪, 故坐諸門外, 而使舌人體委與之⑫.

번역 정왕이 사계를 불러서 말하길, “그대는 듣지 못했단 말인가? 체제사와 교제사라면 전증이 포함되고, 천자와 제후가 서서 의례를 진행하게 되면 방증이 포함되며, 친척에게 연회를 베풀게 되면 효증이 포함된다. 그대는 타인이 아니며, 숙부인 경공이 사계를 시켜 왕실로 와서 오래전부터 이어져온 덕을 닦도록 하여 왕실의 위엄을 이루도록 한 것이다. 다만 선왕이 정한 연례의 법도

---

45) 경사(卿士)는 주(周)나라 때 주왕조의 정사(政事)를 총감독했던 직위이다. 육경(六卿)과 별도로 설치되었으며, 육관(六官)의 일들을 총감독했다. 『시』「소아(小雅)·십월지교(十月之交)」편에는 “皇父卿士, 番維司徒.”라는 기록이 있는데, 이에 대한 주희(朱熹)의 『집주(集注)』에서는 “卿士, 六卿之外, 更爲都官, 以總六官之事也.”라고 풀이하였으며, 『춘추좌씨전』「은공(隱公) 3년」편에는 “鄭武公莊公爲平王卿士.”라는 기록이 있는데, 이에 대한 두예(杜預)의 주에서는 “卿士, 王卿之執政者.”라고 풀이하였다.

가 있어 이를 통해 그대에게 베풀어주고자 한 것이다. 내가 어찌 감히 서서 진행하는 의례에 체제사에 사용하는 예법을 쓸 수 있겠는가? 후하게 대접하는 것은 친척에 대한 예법이 아니며, 옛 사안을 침범하여 이전에 쌓은 우호를 어지럽게 만드는 일이다. 또한 오랑캐가 조회를 오는 경우에만 체천이 포함된다. 오랑캐들은 규정을 어기고 침입하며 경솔하고 질서가 없으며, 탐욕스러워서 사양을 하지 않는다. 그들은 혈기를 다스리지 못하니 마치 금수와 같다. 그들이 가고 오며 부세와 공물을 바칠 때에는 향기롭고 맛있는 것을 준비하지 않는다. 그렇기 때문에 문밖에 앉히고서 설인으로 하여금 희생물을 몸체로 주는 것이다."라고 했다.

韋注-① 季, 范武子字也.

번역 '계(季)'는 범무자의 자(字)이다.

韋注-② 全烝, 全其牲體而升之. 凡郊禘皆血腥.

번역 '전증(全烝)'은 희생물의 몸체를 온전히 하여 도마에 올리는 것이다. 교제사나 체제사를 지내게 되면 모두 희생물의 피와 생고기를 사용한다.

韋注-③ 王, 天子. 公, 諸侯. 禮之立成者爲飫. 房, 大俎也. 詩云, "籩豆大房", 謂半解其體, 升之房也.

번역 '왕(王)'자는 천자를 뜻한다. '공(公)'자는 제후를 뜻한다. 예법을 시행하며 서서 의례의 진행을 마무리하는 것을 '어(飫)'라고 한다. '방(房)'자는 큰 도마를 뜻한다. 『시』에서는 "변(籩)과 두(豆)에 큰 방(房)이여."[46]라고 했는데, 희생물의 몸체를 절반으로 갈라서 큰 도마에 올리는 것을 뜻한다.

---

46) 『시』「노송(魯頌)·비궁(閟宮)」: 秋而載嘗, 夏而楅衡. 白牡騂剛, 犧尊將將. 毛炰胾羹, 籩豆大房. 萬舞洋洋, 孝孫有慶. 俾爾熾而昌, 俾爾壽而臧. 保彼東方, 魯邦是嘗. 不虧不崩, 不震不騰. 三壽作朋, 如岡如陵.

韋注-④ 餚烝, 升體解節折之俎也, 謂之折俎.

번역 '효증(餚烝)'은 희생물의 몸체를 해체하고 부위별로 잘라 올려둔 도마를 뜻하니, '절조(折俎)'를 가리킨다.

韋注-⑤ 奬, 成也.

번역 '장(奬)'자는 완성한다는 뜻이다.

韋注-⑥ 貽, 遺也.

번역 '이(貽)'자는 대접한다는 뜻이다.

韋注-⑦ 飫, 半體也. 禘, 全體也.

번역 어(飫)에 해당한다면 희생물의 몸체 절반을 올린다. 체(禘)에 해당한다면 희생물의 몸체 전체를 올린다.

韋注-⑧ 忠, 厚也. 親禮, 親戚宴饗之禮. 舊職, 故事. 前好, 先王之好也.

번역 '충(忠)'자는 두텁다는 뜻이다. '친례(親禮)'는 친척에게 연회를 베풀어주는 예법을 뜻한다. '구직(舊職)'은 옛 일들을 뜻한다. '전호(前好)'는 선왕이 쌓은 우호를 뜻한다.

韋注-⑨ 體, 委與之也.

번역 '체(體)'는 희생물의 몸체를 그대로 준다는 뜻이다.

韋注-⑩ 冒, 抵觸也. 沒, 入也. 儳, 進退上下無列也.

번역 '모(冒)'자는 위반한다는 뜻이다. '몰(沒)'자는 침입한다는 뜻이다. '참

(僊)'자는 나아가거나 물러나고 오르고 내릴 때 등차가 없다는 뜻이다.

韋注-⑪ 適, 往也. 班, 賦也.

번역 '적(適)'자는 간다는 뜻이다. '반(班)'자는 부세를 뜻한다.

韋注-⑫ 舌人, 能達異方之志, 象胥之官.

번역 '설인(舌人)'은 다른 나라의 말을 전달할 수 있는 자이니, 상서(象胥) 등의 관리이다.

원문 "女今我王室之一二兄弟, 以時相見①, 將和協典禮, 以示民訓則②, 無亦擇其柔嘉③, 選其馨香, 潔其酒醴, 品其百籩④, 修其簠簋⑤, 奉其犧象⑥, 出其樽彝⑦, 陳其鼎俎⑧, 淨其巾冪⑨, 敬其祓除⑩, 體解節折而共飮食之? 於是乎有折俎加豆⑪, 酬幣宴貨⑫, 以示容合好⑬, 胡有孑然其效戎·狄也⑭?"

번역 또 말하길, "너는 우리 왕실의 형제나라에서 온 사신으로, 정해진 시기에 만나보아 상도에 따른 예법을 화합하여 백성들에게 가르침과 법도를 보여주고자 한 것이니, 또한 연하고 좋은 것을 고르고, 향기로운 것을 선택하며, 술을 청결하게 하고, 많은 변(籩)에 올릴 음식들을 고르며, 보(簠)와 궤(簋)에 담을 곡식을 갖추고, 희준과 상준을 받들며, 준(樽)과 이(彝)를 내놓고, 솥과 도마를 진설하며, 술동이를 덮는 천을 청결하게 하고, 청소를 공경스럽게 하며, 희생물의 몸체를 해체하고 부위별로 잘라서 함께 마시고 먹어야 하지 않겠는가? 그리하여 절조(折俎)를 차려내고 추가적으로 두(豆)를 내놓는 것이며, 빈객에게 보답하는 예물로 속백(束帛)을 주어, 우호를 합한다는 모습을 보이는 것인데, 어떻게 희생물을 통째로 내놓아 오랑캐들에게 베푸는 방법을 따르겠는가?"라고 했다.

韋注-① 兄弟, 晉也.

번역 '형제(兄弟)'는 진나라를 뜻한다.

韋注-② 協, 合也. 典, 常也.

번역 '협(協)'자는 합치시킨다는 뜻이다. '전(典)'자는 상도(常道)를 뜻한다.

韋注-③ 無亦, 不亦也. 柔, 脆也. 嘉, 美也.

번역 '무역(無亦)'은 불역(不亦)이라는 뜻이다. '유(柔)'자는 연하다는 뜻이다. '가(嘉)'자는 좋다는 뜻이다.

韋注-④ 籩, 竹器, 容四升, 其實棗栗糗餌之屬也.

번역 '변(籩)'은 대나무로 만든 그릇으로 그 용적은 4승(升)[47]이며, 대추·밤·볶은 쌀·경단 등을 담는다.

韋注-⑤ 修, 備也. 簠簋, 黍稷之器也.

번역 '수(修)'자는 갖춘다는 뜻이다. '보(簠)'와 '궤(簋)'는 서직 등을 담는 그릇이다.

韋注-⑥ 犧, 犧樽, 飾以犧牛; 象, 象樽, 以象骨爲飾也.

번역 '희(犧)'자는 희준(犧樽)이니, 희생물로 사용되는 소를 장식한 술동이이다. '상(象)'자는 상준(象樽)이니, 상아로 장식을 한 술동이이다.

---

47) 승(升)은 용량을 재는 단위이다. 지역 및 각 시대마다 다소 차이를 보이는데, 고대에는 10합(合)을 1승(升)으로 여겼고, 10승(升)을 1두(斗)로 여겼다. 『한서(漢書)』「율력지상(律曆志上)」편에는 "合龠爲合, 十合爲升."이라는 기록이 있다.

韋注-⑦ 樽·彝, 皆受酒之器也.

번역 '준(樽)'과 '이(彝)'는 모두 술을 담는 기물이다.

韋注-⑧ 俎設於左, 牛豕爲一列, 魚腊腸胃爲一列, 膚特於東.

번역 도마는 좌측에 진설하며 소와 돼지가 한 열이 되고, 물고기·포·내장·위가 한 열이 되며, 껍질은 동쪽에 따로 놔둔다.

韋注-⑨ 淨, 潔也. 巾冪, 所以覆樽彝也.

번역 '정(淨)'자는 청결하게 한다는 뜻이다. '건멱(巾冪)'은 준(樽)과 이(彝)를 덮는 것이다.

韋注-⑩ 猶掃除也.

번역 청소한다는 뜻과 같다.

韋注-⑪ 加豆, 謂旣食之後所加之豆也. 其實芹菹兎醢之屬.

번역 '가두(加豆)'는 식사를 마친 이후에 추가적으로 차려내는 두(豆)를 뜻한다. 채소절임 및 토끼고기로 담근 육장 등을 담는다.

韋注-⑫ 酬, 報也. 聘有酬賓束帛之禮. 其宴束帛爲好, 謂之宴貨也.

번역 '수(酬)'자는 보답한다는 뜻이다. 빙례에는 빈객에게 속백(束帛)[48]을

48) 속백(束帛)은 한 묶음의 비단으로, 그 수량은 다섯 필(匹)이 된다. 빙문(聘問)을 하거나 증여를 할 때 가져가는 예물(禮物) 등으로 사용되었다. '속(束)'은 10단(端)을 뜻하는데, 1단의 길이는 1장(丈) 8척(尺)이 되며, 2단이 합쳐서 1권(卷)이 되므로, 10단은 총 5필이 된다. 『주례』「춘관(春官)·대종백(大宗伯)」편에는 "孤執皮帛."이라는 기록이 있고, 이에 대한 가공언(賈公彦)의 소(疏)에서는 "束者十

보답하는 예법이 포함된다. 연회를 할 때 속백을 이용하여 우호를 다지므로 이것을 '연화(宴貨)'라고 부른다.

韋注-⑬ 示容儀, 合和好也.

번역 이러한 행동거지를 드러내어 우호를 다지고 화합한다는 뜻이다.

韋注-⑭ 孑然, 全體之貌也.

번역 '혈연(孑然)'은 전체의 모습을 뜻한다.

원문 "夫王公諸侯之有飫也, 將以講事成章①, 建大德·昭大物也②, 故立成禮烝而已③. 飫以顯物, 宴以合好④, 故歲飫不倦⑤, 時宴不淫⑥, 月會⑦·旬修⑧·日完不忘⑨."

번역 또 말하길, "천자와 제후들이 서서 의례를 시행할 때에는 군대나 중대한 일들을 의론하여 법도를 완성하고, 큰 공적을 세우고 큰 기물을 천명하고자 해서이다. 그렇기 때문에 서서 의례를 진행하며 각종 음식들을 올릴 따름이다. 서서 의례를 진행하여 각종 사물들이 갖춰졌음을 드러내고, 연회를 하여 우호를 다진다. 그렇기 때문에 해마다 어례를 시행하더라도 나태해지지 않고, 한 계절마다 연례를 시행하더라도 방탕해지지 않으며, 1달 동안의 경비와 10일 이내에 이루는 것들과 날마다 행하는 것들에 있어서 그 예법을 잊지 않는다."라고 했다.

韋注-① 講, 講軍旅, 議大事. 章, 章程也.

번역 '강(講)'자는 군대의 일을 논의하고 중대한 일을 의논한다는 뜻이다. '장(章)'자는 법도를 뜻한다.

端, 每端丈八尺, 皆兩端合卷, 總爲五匹, 故云束帛也."라고 풀이했다.

韋注-② 大德, 大功也. 大物, 大器也.

번역 '대덕(大德)'은 큰 공적을 뜻한다. '대물(大物)'은 큰 기물을 뜻한다.

韋注-③ 立成, 不坐也. 烝, 升也. 升其備物而已也.

번역 '입성(立成)'은 앉지 않는다는 뜻이다. '증(烝)'자는 올린다는 뜻이다. 각종 음식들을 올릴 따름이다.

韋注-④ 顯物, 示物備也.

번역 '현물(顯物)'은 사물들이 갖춰졌음을 드러낸다는 뜻이다.

韋注-⑤ 歲行飫禮, 不至於懈倦也.

번역 해마다 어례(飫禮)를 시행하더라도 나태해지는 지경에는 이르지 않는다.

韋注-⑥ 一時之閒必有宴禮, 不至於淫湎也.

번역 한 계절 동안 반드시 연례를 시행하는데, 술에 빠지는 지경에는 이르지 않는다.

韋注-⑦ 會, 計也. 計一月之經用也.

번역 '회(會)'자는 계산한다는 뜻이다. 1달 동안 사용되는 경비를 계산하는 것이다.

韋注-⑧ 旬, 十日之內所成爲也.

번역 '순(旬)'자는 10일 이내에 완성한 것들을 뜻한다.

韋注-⑨ 日完, 一日之所爲. 不忘, 不忘其禮也.

번역 '일완(日完)'은 1일 동안 하는 일들이다. '불망(不忘)'은 그 예법을 잊지 않는다는 뜻이다.

원문 "服物昭庸, 采飾顯明①, 文章比象②, 周旋序順③, 容貌有崇④, 威儀有則⑤, 五味實氣⑥, 五色精心⑦, 五聲昭德⑧, 五義紀宜⑨, 飮食可饗, 和同可觀⑩, 財用可嘉⑪, 則順而德建⑫. 古之善禮者, 將焉用全烝?"

번역 또 말하길, "의복과 기물은 공적을 드러내기 위한 것이며, 채색의 장식은 밝은 덕을 드러내기 위한 것이고, 수를 놓고 무늬를 새기며, 행동거지를 예법에 따라 준수하고, 용모에는 장식을 더하며, 위엄스러운 거동과 예법에 따른 행동에는 법도가 있고, 오미(五味)[49]로 기운을 채우고, 오색(五色)[50]으로 마음을 정밀하게 드러내며, 오성(五聲)[51]으로 덕을 밝히고, 오의(五義)로 기강을 마땅하게 하며, 음식으로는 잔치를 할 수 있고, 화(和)와 동(同)의 도의가 시행되어 손색이 없으며, 답례로 주는 예물은 아름답게 여길 수 있으니, 법도에 따르며 덕을 세운다. 고대에 예법을 잘 알았던 자가 어찌 전증(全烝)을 사용했겠는가?"라고 했다.

---

49) 오미(五味)는 다섯 가지 맛을 뜻한다. 맛의 종류를 총칭하는 용어로도 사용된다. '오미'는 구체적으로 산(酸: 신맛), 고(苦: 쓴맛), 신(辛: 매운맛), 함(鹹: 짠맛), 감(甘: 단맛)을 가리킨다. 『예기』「예운(禮運)」편에는 "五味, 六和, 十二食, 還相爲質也."라는 기록이 있는데, 이에 대한 정현의 주에서는 "五味, 酸, 苦, 辛, 鹹, 甘也."라고 풀이하였다.

50) 오색(五色)은 청색[靑], 적색[赤], 백색[白], 흑색[黑], 황색[黃]을 뜻한다. 고대에는 이 다섯 가지 색깔을 순일한 색깔로 여겨서, 정색(正色)으로 규정하였고, 그 이외의 색깔들은 간색(間色)으로 분류하였다.

51) 오성(五聲)은 오음(五音)이라고도 하며, 일반적으로 궁(宮), 상(商), 각(角), 치(徵), 우(羽) 다섯 가지 음을 뜻한다. 당(唐)나라 이후에는 또한 합(合), 사(四), 을(乙), 척(尺), 공(工)으로 부르기도 했다. 『맹자』「이루상(離婁上)」편에는 "不以六律, 不能正五音."이라는 기록이 있는데, 이에 대한 조기(趙岐)의 주에서는 "五音, 宮商角徵羽"라고 풀이하였다.

韋注-① 庸, 功也. 冕服·旗章所以昭其功, 五采之飾所以顯明德也.

번역 '용(庸)'자는 공적을 뜻한다. 면복(冕服)[52]과 깃발의 장식은 공적을 드러내기 위한 것이며, 다섯 가지 채색의 장식은 밝은 덕을 드러내기 위한 것이다.

韋注-② 黼黻, 繪繡之文章也. 比象, 比文以象山·龍·華蟲之屬也.

번역 '보불(黼黻)'은 수를 놓아 만든 무늬이다. '비상(比象)'은 무늬를 본떠서 산·용·화충 등을 형상화하는 것이다.

韋注-③ 周旋, 容止也. 序, 次也. 各以次比順於禮也.

번역 '주선(周旋)'은 행동거지를 뜻한다. '서(序)'자는 차례를 뜻한다. 각자 차례에 따라 예법을 준수한다는 의미이다.

韋注-④ 崇, 飾也. 容止可觀也.

번역 '숭(崇)'자는 장식을 뜻한다. 행동거지를 남들이 살펴보아도 손색이 없다는 의미이다.

韋注-⑤ 則, 法也. 其威可畏, 其儀可度也.

번역 '칙(則)'자는 법도를 뜻한다. 위엄스러운 거동은 경외할만하고, 예법에 따른 행동은 법도로 삼을 수 있다.

韋注-⑥ 味以實氣, 氣以行志.

번역 맛으로 기운을 채우고 기운으로 뜻을 시행한다.

---

52) 면복(冕服)은 대부(大夫) 이상의 계층이 착용하는 예관(禮冠)과 복식을 뜻한다. 무릇 길례(吉禮)를 시행할 때에는 모두 면류관[冕]을 착용하는데, 복장의 경우에는 시행하는 사안에 따라서 달라진다.

韋注-⑦ 五色之章所以異賢不肖, 精其心也.

번역 다섯 가지 색깔로 만든 무늬는 현명한 자와 불초한 자를 구별하기 위한 것이니, 그 마음을 정밀하게 드러내는 것이다.

韋注-⑧ 昭德, 謂政平者其樂和也, 亦謂見其樂知其德也.

번역 '소덕(昭德)'은 정교가 평탄할 경우 그 음악이 조화롭다는 뜻이며, 또한 그 음악을 들으면 그의 덕을 알 수 있다는 의미도 된다.

韋注-⑨ 五義, 謂父義·母慈·兄友·弟恭·子孝也.

번역 '오의(五義)'는 부친의 의로움, 모친의 자애로움, 형의 우애, 동생의 공손함, 자식의 효를 뜻한다.

韋注-⑩ 餚烝故可饗. 以可去否曰和, 一心不二曰同. 和同之道行, 則德義可觀也.

번역 효증(餚烝)이기 때문에 잔치를 할 수 있는 것이다. 옳은 것으로 그렇지 못한 것을 제거하는 것을 '화(和)'라고 부르며, 마음을 한결같이 하여 두 마음을 품지 않는 것을 '동(同)'이라고 부른다. 화동의 도가 시행되면 덕과 의를 살펴봐도 손색이 없다.

韋注-⑪ 酬幣宴貨以將厚意, 故可嘉也.

번역 빈객에게 답례하는 예물인 연화(宴貨)를 통해 뜻을 돈독하게 한다. 그렇기 때문에 아름답게 여길 수 있다.

韋注-⑫ 則, 法也. 建, 立也.

번역 ‘칙(則)’자는 법도를 뜻한다. ‘건(建)’자는 세운다는 뜻이다.

원문 武子遂不敢對而退①. 歸乃講聚三代之典禮②, 於是乎修執秩以爲晉法③.

번역 무자는 결국 감히 대답하지 못하고 물러났다. 본국으로 되돌아가서 삼대의 제도와 예법을 강구하여, 이에 작위의 질서를 바로잡는 상도를 다듬어서 진나라의 법도로 삼았다.

韋注-① 武子, 隨會也.

번역 ‘무자(武子)’는 수회를 뜻한다.

韋注-② 三代, 夏·殷·周也.

번역 ‘삼대(三代)’는 하·은·주를 뜻한다.

韋注-③ 秩, 常也. 可奉執以爲常也. 晉文公蒐於被廬, 作執秩之法. 自靈公以來, 闕而不用, 故武子修之, 以爲晉國之法也.

번역 ‘질(秩)’자는 상도(常道)를 뜻한다. 받들고 따를 수 있는 것을 상도로 삼았다. 진나라 문공은 피려에서 열병식을 하며 작위의 질서를 바로잡는 법도를 만들었다. 그러나 영공으로부터 그 뒤로는 생략하고 사용하지 않았기 때문에, 무자가 이것을 다듬어서 진나라의 법도로 삼은 것이다.

참고 『춘추좌씨전』 소공(昭公) 5년 기록

전문 及楚, 楚子朝其大夫曰: “晉, 吾仇敵也. 苟得志焉, 無恤其他. 今其來

者, 上卿 · 上大夫也. 若吾以韓起爲閽."

번역 초나라에 이르자 초나라 자작은 대부들과 조회를 열고서 "진나라는 나의 원수이다. 만약 내가 뜻한 바를 이룰 수 있다면 다른 것들은 돌아보지 않겠다. 지금 진나라에서 찾아온 자들은 상경(上卿)[53]과 상대부(上大夫)[54]이다. 만약 내가 한기를 문지기로 삼고,"라고 했다.

杜注 刖足使守門.

번역 다리를 잘라 문을 지키게 한다는 뜻이다.

孔疏 ◎注"刖足使守門". ○正義曰: 周禮 · 掌戮云: "墨者使守門, 劓者使守關, 宮者使守內, 刖者使守囿, 髡者使守積", 則守門者, 當以墨也. 知不以韓起爲墨者, 楚子意在辱晉, 必將加之重罪. 墨是刑之輕者, 知其必非墨也. 旦欲以叔向爲宮刑, 明起刑亦次宮也. 莊十九年傳稱"鬻拳自刖, 楚人以爲大閽", 知此亦是刖也. 欲以叔向爲司宮, 爲奄官之長, 則韓起爲閽, 亦欲令爲門官之長. 刑若鬻拳, 故以鬻拳之刑解之.

번역 ◎杜注: "刖足使守門". ○『주례』「장륙(掌戮)」편에서는 "묵형(墨刑)[55]을 당한 자는 문을 지키게 하고, 의형(劓刑)[56]을 당한 자는 관문을 지키

---

53) 상경(上卿)은 주(周)나라 제도에서, 경(卿) 중에서 가장 높은 자들을 뜻한다. 주나라 제도에서 천자 및 제후들은 모두 경을 두었으며, 상 · 중 · 하 세 등급으로 구분하였다.

54) 상대부(上大夫)는 대부(大夫)의 등급 중 하나이다. 대부는 상(上) · 중(中) · 하(下)로 재차 분류되는데, '상대부'는 대부들 중에서도 가장 높은 작위이다. 한편 제후국에 있어서 '상대부'는 경(卿)으로 분류되기도 하였다.

55) 묵형(墨刑)은 묵벽(墨辟)이라고도 부르며, 오형(五刑) 중의 하나이다. 범죄자의 얼굴 및 이마에 상처를 내고, 먹물로 새겨 넣어서 죄인의 신분임을 표시하는 형벌이다. 『서』「주서(周書) · 여형(呂刑)」편에는 "墨辟疑赦."라는 기록이 있고, 이에 대한 공안국(孔安國)의 전(傳)에서는 "刻其顙而涅之, 曰墨刑."이라고 풀이했다.

56) 의형(劓刑)은 의벽(劓辟)이라고도 부르며, 오형(五刑) 중의 하나이다. 범죄자의 코를 베는 형벌이다. 『서』「주서(周書) · 여형(呂刑)」편에는 "惟作五虐之刑曰

게 하며, 궁형(宮刑)[57]을 당한 자는 궁내를 지키게 하고, 월형(刖刑)[58]을 당한 자는 동산을 지키게 하며, 곤형(髡刑)[59]을 당한 자는 창고를 지키게 한다."[60] 라고 했으니, 문을 지키는 자는 마땅히 묵형을 당한 자로 해야 한다. 한기를 묵형으로 처리하지 않으리라는 사실을 알 수 있는 것은 초나라 자작의 의도는 진나라를 욕보이는데 있으니 반드시 무거운 형벌을 내릴 것이기 때문이다. 묵형은 형벌 중에서도 가벼운 것이니 반드시 묵형으로 처리하지 않으리라는 사실을 알 수 있다. 다만 숙향에 대해 궁형으로 처벌하고자 했으니, 이것은 한기에 대한 형벌 또한 궁형 다음의 것으로 하고자 했음을 드러낸다. 장공 19년에 대한 전문에서는 "죽권이 스스로 자신의 다리를 잘라서 초나라가 그를 대혼(大閽)으로 삼았다."[61]라고 했으니, 여기에서 말한 것 또한 월형에 해당함을 알 수 있다. 숙향을 사궁으로 삼아 환관의 우두머리로 세우고자 했다면, 한기를 문지기로 삼고자 한 것 또한 그로 하여금 문을 지키는 관리들의 우두머리로 세우고자 했던 것이다. 그에게 내릴 형벌이 죽권에 대한 경우와 같았기 때문에 죽권이 스스로 내린 형벌로 풀이한 것이다.

전문 "以羊舌肸爲司宮①, 足以辱晉, 吾亦得志矣, 可乎?" 大夫莫對. 薳啓

法, 殺戮無辜, 爰始淫爲劓刵椓黥."이라는 기록이 있고, 이에 대한 공영달(孔穎達)의 소(疏)에서는 "劓, 截人鼻."라고 풀이했다.

57) 궁형(宮刑)은 궁벽(宮辟)이라고도 부르며, 오형(五刑) 중 하나이다. 남자의 생식기를 자르거나, 여자의 생식 기능을 파괴하는 형벌이다. 일설에는 여자에 대한 '궁형'은 감금을 하여 노비로 전락시키는 것이라고 설명한다. 『서』「주서(周書)·여형(呂刑)」편에는 "宮辟疑赦."라는 기록이 있고, 이에 대한 공안국(孔安國)의 전(傳)에서는 "宮, 淫刑也. 男子割勢, 婦人幽閉, 次死之刑."이라고 풀이했다.

58) 월형(刖刑)은 비벽(剕辟)·비형(剕刑)이라고도 부르며, 오형(五刑) 중의 하나이다. 범죄자의 다리를 자르는 형벌이다. 『춘추좌씨전』「장공(莊公) 16년」편에는 "九月, 殺公子閼, 刖强鉏."라는 용례가 있다.

59) 곤형(髡刑)은 오형(五刑) 중에는 포함되지 않으며, 죄인의 머리를 깎아서 치욕을 주는 형벌이다.

60) 『주례』「추관(秋官)·장륙(掌戮)」: 墨者使守門. 劓者使守關. 宮者使守內. 刖者使守囿. 髡者使守積.

61) 『춘추좌씨전』「장공(莊公) 19년」: 初, 鬻拳强諫楚子. 楚子弗從. 臨之以兵, 懼而從之. 鬻拳曰, "吾懼君以兵, 罪莫大焉." 遂自刖也. 楚人以爲大閽, 謂之大伯.

彊曰: "可. 苟有其備, 何故不可? 恥匹夫不可以無備, 況恥國乎? 是以聖王務行禮, 不求恥人. 朝聘有珪②."

번역 계속하여 말하길, "양설힐을 사궁으로 삼는다면, 진나라를 욕보이기에 충분하며 나 또한 뜻한 바를 이룰 수 있는데 괜찮겠는가?"라고 했다. 그러나 대부들은 대답을 할 수 없었다. 원계강은 "괜찮습니다. 만약 그에 대한 대비가 있다면 어떤 이유로 불가하겠습니까? 필부에 대해 치욕을 안겨줄 때에는 대비가 없어서는 안 되는데, 하물며 한 나라를 욕보이는데 있어서는 어떠하겠습니까? 이러한 까닭으로 성왕은 예를 시행하는데 힘쓰고 남에게 치욕을 안기는 것을 구하지 않았던 것입니다. 그리하여 조빙(朝聘)[62]에는 규(珪)가 포함됩니다."라고 했다.

杜注-① 加宮刑.

번역 궁형을 내린다는 뜻이다.

杜注-② 珪以爲信.

번역 규(珪)는 신표로 삼는다.

孔疏 ●"朝聘有珪". ○正義曰: 周禮·典瑞云: "公執桓珪, 侯執信珪, 伯執

---

62) 조빙(朝聘)은 본래 제후가 주기적으로 천자를 찾아뵙는 것을 뜻한다. 고대에는 제후가 천자에 대해서 매년 1번씩 소빙(小聘)을 했고, 3년에 1번씩 대빙(大聘)을 했으며, 5년에 1번씩 조(朝)를 했다. '소빙'은 제후가 직접 찾아가지 않았고, 대부(大夫)를 대신 파견하였으며, '대빙' 때에는 경(卿)을 파견하였다. '조'에서만 제후가 직접 찾아갔는데, 이것을 합쳐서 '조빙'이라고 부른다. 춘추시대(春秋時代) 때에는 진(晉)나라 문공(文公)과 같은 패주(霸主)에게 '조빙'을 하기도 하였다. 『예기』「왕제(王制)」편에는 "諸侯之於天子也, 比年一小聘, 三年一大聘, 五年一朝."라는 기록이 있고, 이에 대한 정현의 주에서는 "比年, 每歲也. 小聘, 使大夫, 大聘, 使卿, 朝, 則君自行. 然此大聘與朝, 晉文霸時所制也."라고 풀이했다. 후대에는 서로 찾아가서 만나보는 것을 '조빙'이라고 범칭하기도 했다.

躬珪, 子執穀璧, 男執蒲璧. 以朝覲宗遇會同于王, 諸侯相見亦如之." 是朝有珪也. 又曰: "瑑珪璋璧琮, 以覜聘." 是聘有珪也. 聘用珪璧, 其飾雖與君同, 其長降君一等. 聘禮記曰: "所以朝天子, 珪與繅皆九寸. 問諸侯, 朱綠繅八寸." 問卽聘也. 鄭玄云: "九寸, 上公之珪也. 於天子曰朝, 於諸侯曰問, 記之於聘, 文互相備." 鄭云"互相備"者, 言諸侯相朝, 與朝天子同也; 遣使聘天子, 與諸侯同也. 彼典瑞及聘禮記聘圭八寸, 據上公爲文耳. 公之使旣降公一等, 知侯伯之使, 當瑑圭六寸; 子男之使, 當瑑璧四寸. 考工記·玉人云: "瑑圭璋八寸, 璧琮八寸, 以覜聘." 亦謂上公之聘也. 其實子男君臣用璧, 云"朝聘有珪"者, 據公侯伯言之.

번역 ●傳文: "朝聘有珪". ○『주례』「전서(典瑞)」편에서는 "공작은 환규(桓珪)[63]를 잡고 후작은 신규(信珪)[64]를 잡으며 백작은 궁규(躬珪)[65]를 잡고 자작은 곡벽(穀璧)[66]을 잡으며 남작은 포벽(蒲璧)[67]을 잡는다. 이를 통해 천

---

63) 환규(桓圭)는 조회 때 천자 및 각 신하들이 잡게 되는 육서(六瑞) 중의 하나이다. 공작이 잡던 규(圭)이다. 한 쌍의 기둥을 '환(桓)'이라고 부르는데, 이 무늬를 '규'에 새겼기 때문에, '환규'라고 부른다. '규'의 길이는 9촌(寸)으로 만들었다.

64) 신규(信圭)는 신규(身圭)이다. '신(信)'자와 '신(身)'자의 소리가 비슷하기 때문에 잘못 전이된 것이다. '신규'는 후작이 들게 되는 규(圭)이다. 사람의 형상을 새겨 넣었기 때문에 '신규'라고 부르는 것이며, 그 무늬는 궁규(躬圭)에 비해 세밀하다. 신중하게 행동하여 자신의 몸을 잘 보호하고자 이러한 형상을 새겨 넣은 것이다. 그리고 '신규'의 길이는 7촌(寸)이 된다. 『주례』「춘관(春官)·대종백(大宗伯)」편에는 "侯執信圭. 伯執躬圭."라는 기록이 있고, 이에 대한 정현의 주에서는 "信當爲身, 聲之誤也. 身圭·躬圭, 蓋皆象以人形爲瑑飾, 文有麤縟耳. 欲其愼行以保身. 圭皆長七寸."이라고 풀이했다.

65) 궁규(躬圭)는 백작이 들게 되는 규(圭)이다. 사람의 형상을 새겨 넣었기 때문에 '궁규'라고 부르는 것이며, 그 무늬는 신규(信圭)에 비해 거칠다. 신중하게 행동하여 자신의 몸을 잘 보호하고자 이러한 형상을 새겨 넣은 것이다. 그리고 '궁규'의 길이는 7촌(寸)이 된다. 『주례』「춘관(春官)·대종백(大宗伯)」편에는 "侯執信圭. 伯執躬圭."라는 기록이 있고, 이에 대한 정현의 주에서는 "信當爲身, 聲之誤也. 身圭·躬圭, 蓋皆象以人形爲瑑飾, 文有麤縟耳. 欲其愼行以保身. 圭皆長七寸."이라고 풀이했다.

66) 곡벽(穀璧)은 조회 때 천자 및 각 신하들이 잡게 되는 육서(六瑞) 중의 하나이다. 자작이 잡던 벽(璧)이다. 곡식을 무늬로 새겨 넣었기 때문에 '곡(穀)'자를 붙여서 '곡벽'이라고 부르는 것이다. '벽'의 지름은 5촌(寸)이었다.

67) 포벽(蒲璧)은 조회 때 천자 및 각 신하들이 잡게 되는 육서(六瑞) 중의 하나이다.

자에게 조·근·종·우·회·동[68]을 하며, 제후들끼리 서로 만나볼 때에도 이처럼 한다."[69]라고 했는데, 이것은 조회를 할 때 규가 포함됨을 나타낸다. 또한 "규·장·벽·종을 새겨 조빙(覜聘)[70]을 한다."[71]라고 했으니, 이것은 빙문을 할 때 규가 포함됨을 나타낸다. 빙문에는 규와 벽이 사용되는데 해당 장식이 비록 군주의 경우와 동일하지만 길이에 있어서 군주보다 1등급을 낮춘다. 『의례』「빙례(聘禮)」편의 기문에서는 "천자에게 조회를 할 때 사용하는 규와 받침은 모두 9촌이다. 제후를 빙문할 때에는 주색과 녹색으로 받침을 만드는데 그 길이는 8촌이다."[72]라고 했다. 여기에서 말한 문(問)은 곧 빙(聘)에 해당한다. 정현은 "9촌은 상공이 잡는 규를 뜻한다. 천자에 대해서 조(朝)라 말하고 제후에 대해서 문(問)이라 말한 것은 빙례에 이러한 기문을 작성하여 문장이 서로 보완되도록 한 것이다."라고 했다. 정현이 "서로 보완되도록 했다."라고 한 것은 제후가 서로 조회를 하는 것은 천자를 조회하는 것과 동일하다는 뜻이며, 사신을 보내 천자를 빙문하는 것은 제후에 대한 경우와 동일하다는 뜻이다. 「전서」편과 「빙례」편의 기문에서는 빙문을 할 때 사용하는 규가 8촌이라고 했

남작이 잡던 벽(璧)이다. '포(蒲)'는 자리를 짜는 왕골을 뜻하는데, 왕골이 만개하여 꽃을 피운 모습을 무늬로 새겨 넣었기 때문에 '포벽'이라고 부르는 것이다. '벽'의 지름은 5촌(寸)이었다.

68) 조근(朝覲)은 군주가 신하를 만나보는 예법(禮法)을 뜻한다. 군주가 신하를 만나보는 예법에는 조(朝), 근(覲), 종(宗), 우(遇), 회(會), 동(同) 등이 있었는데, 이것을 총칭하여 '조근'으로 부르기도 한다. 한편 '조근'은 신하가 군주를 찾아뵙는 예법을 뜻하기도 한다. 고대에는 제후가 천자를 찾아뵐 때, 각 계절별로 그 명칭을 다르게 불렀다. 봄에 찾아뵙는 것을 조(朝)라고 부르며, 여름에 찾아뵙는 것을 종(宗)이라고 부르고, 가을에 찾아뵙는 것을 근(覲)이라고 부르며, 겨울에 찾아뵙는 것을 우(遇)라고 부른다. '조근'은 이러한 예법들을 총칭하는 말이다.

69) 『주례』「춘관(春官)·전서(典瑞)」: 公執桓圭, 侯執信圭, 伯執躬圭, 繅皆三采三就, 子執穀璧, 男執蒲璧, 繅皆二采再就, 以朝覲宗遇會同于王. 諸侯相見亦如之.

70) 조빙(覜聘)은 신하가 군주를 찾아뵙거나 서로 만나볼 때의 예법에 해당한다. 찾아갈 때 딸려오는 대부(大夫) 무리가 많을 때 그것을 '조(覜)'라고 부르며, 무리가 적을 때에는 '빙(聘)'이라고 부른다. 『주례』「춘관(春官)·전서(典瑞)」편에는 "瑑圭璋璧琮, 繅皆二采一就, 以覜聘."이라는 기록이 있고, 이에 대한 정현의 주에서는 "大夫衆來曰覜, 寡來曰聘."이라고 풀이했다.

71) 『주례』「춘관(春官)·전서(典瑞)」: 瑑圭璋璧琮, 繅皆二采一就, 以覜聘.

72) 『의례』「빙례(聘禮)」: 所以朝天子, 圭與繅皆九寸, 剡上寸半, 厚半寸, 博三寸. 繅三采六等, 朱白倉. 問諸侯, 朱綠繅八寸. 皆玄纁繫, 長尺, 絢組.

는데, 이것은 상공을 기준으로 문장을 작성한 것일 뿐이다. 공작이 보낸 사신은 이미 공작보다 1등급을 낮추게 되므로, 후작이나 백작이 보낸 사신 또한 마땅히 규를 새기며 6촌으로 하고, 자작과 남작이 보낸 사신은 마땅히 벽을 새기며 4촌으로 해야 함을 알 수 있다. 『고공기』「옥인(玉人)」편에서는 "규와 장을 새겨 8촌으로 하고 벽과 종을 새겨 8촌으로 하여, 이를 통해 조빙을 한다."[73]라고 했는데, 이 또한 상공의 빙문을 뜻한다. 실제적으로 자작과 남작에 해당하는 나라의 군주와 신하는 벽을 사용했다. 그런데 "조빙에는 규가 포함된다."라고 말한 것은 공작·후작·백작을 기준으로 말했기 때문이다.

孔疏 ◎注"珪以爲信". ○正義曰: 鄭玄典瑞注云: "人執以見曰瑞. 禮神曰器. 瑞, 符信也." 用珪朝聘, 所以爲信, 故執之.

번역 ◎杜注: "珪以爲信". ○「전서」편에 대한 정현의 주에서는 "사람이 잡고서 만나볼 때에는 '서(瑞)'라 부른다. 신을 예우할 때에는 '기(器)'라 부른다. '서(瑞)'는 신표로 나눠준 것이다."라고 했다. 규를 사용하여 조빙을 하는 것을 신표로 삼는다. 그렇기 때문에 이것을 잡게 된다.

전문 "享覜有璋."

번역 계속하여 말하길, "향조(享覜)[74]에는 장(璋)이 포함됩니다."라고 했다.

杜注 享, 饗也. 覜, 見也. 旣朝聘而享見也. 臣爲君使執璋.

번역 '향(享)'자는 향연을 뜻한다. '조(覜)'자는 뵙는다는 뜻이다. 조빙을 끝내고서 향례를 시행할 때 만나보는 것이다. 신하는 군주의 사신이 되었으므로 장을 잡는다.

---

73) 『주례』「동관고공기(冬官考工記)·옥인(玉人)」: 瑑圭璋八寸, 璧琮八寸, 以覜聘.
74) 향조(享覜)는 향례를 할 때 방문을 한 제후국의 군주를 조회하는 것을 뜻한다.

孔疏 ●"享覜有璋". ○正義曰: 鄭氏·先儒以爲, 朝聘之禮, 使執玉以授主國之君, 乃行享禮, 獻國之所有. 覜, 見也, 謂行享禮以見主國之君也. 按: 小行人: "合六幣: 圭以馬, 璋以皮, 璧以帛, 琮以錦, 琥以繡, 璜以黼." 鄭玄云: "上公享王, 圭以馬; 享后, 璋以皮. 侯·伯·子·男享王, 璧以帛; 享后, 琮以錦. 公·侯·伯於諸侯, 則享用璧琮. 子·男於大國, 享君琥以繡; 於夫人璜以黼." 此云"享覜有璋"者, 據上公享后言之. 所以特擧享后者, 擧璋與圭相對. 其實享禮, 圭與璧·琮·琥·璜皆有. 今檢杜注意, 義則不然, 謂王國設酒食以饗賓, 賓則執璋以行禮, 故云"享覜有璋", 注云"享, 饗也", 破享獻之"享"爲饗食之"饗". 杜必然者, 以此傳下云: "設机而不倚, 爵盈而不飮; 宴有好貨, 飧有陪鼎."皆論饗禮及饗宴之事, 故破"享"爲"饗", 卽大行人三饗·三食·三宴之類是也. 但饗禮旣亡, 執璋無文耳, 故杜云"臣爲君使執璋", 則詩云: "奉璋峨峨", 尙書"大保秉璋以酢"之類是也.

번역 ●傳文: "享覜有璋". ○정현과 선대 학자들은 조빙의 의례를 시행할 때 사신은 옥을 잡고서 찾아간 나라의 제후에게 건네고, 그런 뒤에 향례를 시행하니, 나라에서 소유하고 있던 것을 바치는 뜻이라 여겼다. '조(覜)'자는 뵙는다는 뜻이니, 향례를 시행할 때 찾아간 나라의 제후를 만나본다는 의미이다. 『주례』「소행인(小行人)」편을 살펴보면, "여섯 가지 폐물을 조화롭게 사용하도록 하니, 규(圭)는 말과 함께 바치고 장(璋)은 가죽과 함께 바치며 벽(璧)은 비단 백(帛)과 함께 바치고 종(琮)은 비단 금(錦)과 함께 바치며 호(琥)는 수놓은 비단 수(繡)와 함께 바치고 황(璜)은 보(黼)무늬가 들어간 비단과 함께 바친다."[75]라고 했고, 정현은 "상공이 천자에게 예물을 바칠 때에는 규에 말을 곁들이고, 후작에게 예물을 바칠 때에는 장에 가죽을 곁들인다. 후작·백작·자작·남작이 천자에게 예물을 바칠 때에는 벽에 백을 곁들이고, 후작에게 예물을 바칠 때에는 종에 금을 곁들인다. 공작·후작·백작이 제후를 대하는 경우라면 예물을 바칠 때 벽과 종을 사용한다. 자작과 남작이 대국을 대하는 경우, 군주에게 예물을 바칠 때에는 호에 수를 곁들이고, 대부에 대해서는 황에 보를 곁들

75) 『주례』「추관(秋官)·소행인(小行人)」: 合六幣: 圭以馬, 璋以皮, 璧以帛, 琮以錦, 琥以繡, 璜以黼. 此六物者, 以和諸侯之好故.

인다."라고 했다. 이곳에서는 "향조(享覜)에는 장(璋)이 포함됩니다."라고 했는데, 이것은 상공이 후작에게 예물을 바치는 것을 기준으로 말한 것이다. 특별히 후작에게 예물을 바치는 것을 기준으로 든 것은 장과 규가 서로 대비가 된다는 것에 기준을 두었기 때문이다. 실제적으로 향례를 시행할 때 규·벽·종·호·황은 모두 포함된다. 현재 두예[76]의 주에 나온 뜻을 살펴보니 그 의미가 그렇지 않으며, 천자가 술과 음식을 차려져 빈객에게 향연을 베풀고 빈객은 장을 잡고서 의례를 시행한다고 했다. 그렇기 때문에 "향조에는 장이 포함됩니다."라고 했고, 두예의 주에서는 "향(享)은 향연을 뜻한다."라고 한 것이니, 이것은 향헌(享獻)의 '향(享)'자를 향사(饗食)의 향(饗)자로 파자한 것이다. 두예가 기어코 이처럼 풀이한 것은 이곳 전문 뒤의 기록에서 "안석을 설치하되 기대지 않고, 술잔을 가득 채우되 마시지 않습니다. 연(宴)에는 호화(好貨)가 포함되고 손(飧)에는 배정(陪鼎)이 포함됩니다."라고 했는데, 이것은 향례(饗禮) 및 향연의 일들을 논의한 것이다. 그렇기 때문에 '향(享)'자를 향(饗)자로 파자한 것이니, 『주례』「대행인(大行人)」편에서 삼향(三饗)·삼사(三食)·삼연(三宴)이라고 했던 부류에 해당한다. 다만 향례(饗禮)의 기록은 망실되었으므로, 장을 잡는다는 기록이 없을 따름이다. 그렇기 때문에 두예는 "신하는 군주의 사신이 되었으므로 장을 잡는다."라고 한 것이니, 『시』에서 "장을 받든 것이 융성하고도 장엄하도다."[77]라고 말하고, 『상서』에서 "태보가 장을 잡고서 술을 따랐다."[78]라고 한 부류가 여기에 해당한다.

전문 "小有述職."

번역 계속하여 말하길, "제후는 천자에게 찾아가 직무를 조술합니다."라고 했다.

---

76) 두예(杜預, A.D.222～A.D.284) : =두원개(杜元凱). 서진(西晉) 때의 유학자이다. 경조(京兆) 두릉(杜陵) 출신이다. 자(字)는 원개(元凱)이다. 『춘추경전집해(春秋經典集解)』를 저술하였는데, 이 책은 현존하는 『춘추(春秋)』의 주석서 중 가장 오래된 것이며, 『십삼경주소(十三經注疏)』의 『춘추좌씨전정의(春秋左氏傳正義)』에도 채택되어 수록되었다.

77) 『시』「대아(大雅)·역박(棫樸)」 : 濟濟辟王, 左右奉璋. 奉璋峨峨, 髦士攸宜.

78) 『서』「주서(周書)·고명(顧命)」 : 太保受同, 降盥, 以異同秉璋以酢.

杜注 諸侯適天子曰述職.

번역 제후가 천자에게 찾아가는 것을 '술직(述職)'이라고 부른다.

孔疏 ◎注"諸侯"至"述職". ○正義曰: 孟子云: "天子適諸侯曰巡狩. 巡狩者, 巡所守也. 諸侯朝天子曰述職. 述職者, 述所職也." 其意言諸侯職在治國家, 事天子, 以時入朝, 述脩其所職也. 天子職在立諸侯, 撫下民, 以時巡狩, 省視其功勞也.

번역 ◎杜注: "諸侯"~"述職". ○『맹자』에서는 "천자가 제후에게 가는 것을 '순수(巡狩)'라고 부릅니다. 순수라는 것은 지키는 곳을 둘러본다는 뜻입니다. 제후가 천자에게 조회하는 것을 '술직(述職)'이라고 부릅니다. 술직이라는 것은 직무를 조술한다는 뜻입니다."[79]라고 했다. 그 뜻은 제후의 직무는 자신의 나라를 다스리고 천자를 섬기는데 있어서, 정해진 시기마다 천자의 수도로 찾아가 조회하며 자신의 직무를 조술한다는 의미이다. 그리고 천자의 직무는 제후를 세워서 백성들을 보살피는데 있으며, 정해진 시기마다 순수를 하여 그들의 공적을 살핀다는 의미이다.

전문 "大有巡功①. 設机而不倚, 爵盈而不飮②."

번역 계속하여 말하길, "천자는 순수를 하며 제후의 공적을 살펴봅니다. 안석을 설치하되 기대지 않고, 술잔을 가득 채우되 마시지 않습니다."라고 했다.

杜注-① 天子巡守曰巡功.

번역 천자가 순수(巡守)[80]하는 것을 '순공(巡功)'이라고 부른다.

---

79) 『맹자』「양혜왕하(梁惠王下)」: 晏子對曰, 善哉問也! 天子適諸侯曰巡狩. 巡狩者, 巡所守也. 諸侯朝於天子曰述職. 述職者, 述所職也. 無非事者. 春省耕而補不足, 秋省斂而助不給.

80) 순수(巡守)는 '순수(巡狩)'라고도 부른다. 천자가 수도를 벗어나 제후의 나라를 시찰하는 것을 뜻한다. '순수'의 '순(巡)'자는 그곳으로 행차를 한다는 뜻이고, '수

杜注-② 言務行禮

번역 예를 시행하는데 힘썼다는 의미이다.

孔疏 ●"設机"至"不飮". ○正義曰: 朝聘之禮, 有設几進爵之時. 朝禮雖亡, 而聘禮有其略也. 聘義曰: "聘射之禮, 至大禮也, 質明而始行事, 日幾中而後禮成. 非强有力者, 弗能行也. 酒淸, 人渴而不敢飮也. 肉乾, 人飢而不敢食也." 是言務在行禮, 不敢倚机, 不敢飮酒也.

번역 ●傳文: "設机"~"不飮". ○조빙의 의례에서는 안석을 설치하고 술잔을 바치는 시기가 있다. 조례는 비록 망실되었지만 빙례에 간략한 내용이 남아있다. 『예기』「빙의(聘義)」편에서는 "빙례(聘禮)와 사례(射禮)는 예 중에서도 지극히 큰 것이다. 날이 밝아올 때 비로소 해당 사안을 시작하고, 한낮이 된 이후에야 의례가 완성되니, 이것은 굳세고 힘을 갖춘 자가 아니라면, 능히 해낼 수 없는 일이다. 술이 맑고 사람들이 목말라도 감히 그 술을 마시지 못한다. 고기가 잘 말라있고 사람들이 굶주려도 감히 그 고기를 먹지 못한다."[81]라

(守)'자는 제후가 지키는 영토를 뜻한다. 제후는 천자가 하사해준 영토를 대신 맡아서 수호하는 것이기 때문에, 천자가 그곳에 방문하여, 자신의 영토를 어떻게 관리하고 있는지를 시찰하게 된다. 『서』「우서(虞書)·순전(舜典)」편에는 "歲二月, 東巡守, 至于岱宗, 柴."라는 기록이 있고, 이에 대한 공안국(孔安國)의 전(傳)에서는 "諸侯爲天子守土, 故稱守. 巡, 行之."라고 풀이했으며, 『맹자』「양혜왕하(梁惠王下)」편에서는 "天子適諸侯曰巡狩. 巡狩者, 巡所守也."라고 기록하였다. 한편 『예기』「왕제(王制)」편에는 "天子, 五年, 一巡守."라는 기록이 있고, 『주례』「추관(秋官)·대행인(大行人)」편에는 "十有二歲王巡守殷國."이라는 기록이 있다. 즉 「왕제」편에서는 천자가 5년에 1번 순수를 시행하고, 「대행인」편에서는 12년에 1번 순수를 시행한다고 기록하고 있는데, 이러한 차이점에 대해서 정현은 「왕제」편의 주에서 "五年者, 虞夏之制也. 周則十二歲一巡守."라고 풀이했다. 즉 5년에 1번 순수를 하는 제도는 우(虞)와 하(夏)나라 때의 제도이며, 주(周)나라에서는 12년에 1번 순수를 했다.

81) 『예기』「빙의(聘義)」【718b~d】: 聘射之禮, 至大禮也. 質明而始行事, 日幾中而后禮成, 非强有力者弗能行也. 故强有力者, 將以行禮也, 酒淸, 人渴而不敢飮也; 肉乾, 人飢而不敢食也. 日莫人倦, 齊莊正齊, 而不敢解惰. 以成禮節, 以正君臣, 以親父子, 以和長幼. 此衆人之所難, 而君子行之, 故謂之有行. 有行之謂

고 했다. 이것은 힘쓰는 대상이 의례를 시행하는데 있어서, 감히 안석에 기대지 않고 감히 술을 마시지 않는다는 뜻을 나타낸다.

전문 "宴有好貨."

번역 계속하여 말하길, "연례에는 우호를 다지는 예물이 포함됩니다."라고 했다.

杜注 宴飮以貨爲好. 衣服·車馬, 在客所無.

번역 연회를 하며 술을 마실 때에는 예물로 우호를 다진다. 의복과 거마 등으로, 빈객이 가지고 있지 않은 것을 사용한다.

孔疏 ◎注"宴飮"至"所無". ○正義曰: 謂主國宴賓, 以貨才爲恩好. 謂"衣服·車馬, 在客所無"者, 與之也. 明年, 晉享季武子, 重其好貨. 僖二十九年, 介葛盧來, 禮之加宴好. 詩·序云: "鹿鳴, 燕群臣嘉賓也. 旣飮食之, 又實幣帛筐篚以將其厚意", 是也.

번역 ◎杜注: "宴飮"~"所無". ○방문을 받은 나라에서 빈객에게 연회를 베풀고 예물로 은정과 우호를 표한다는 뜻이다. "의복과 거마 등으로 빈객이 가지고 있지 않은 것을 사용한다."라고 했는데, 빈객에게 준다는 의미이다. 소공 6년의 기록에서 진나라는 계무자에게 연회를 베풀며 호화를 후하게 주었다고 했고,[82] 『시』의 「모서」에서 "「녹명(鹿鳴)」편은 뭇 신하들과 아름다운 손님

有義, 有義之謂勇敢. 故所貴於勇敢者, 貴其能以立義也; 所貴於立義者, 貴其有行也; 所貴於有行者, 貴其行禮也. 故所貴於勇敢者, 貴其敢行禮義也. 故勇敢强有力者, 天下無事, 則用之於禮義; 天下有事, 則用之於戰勝. 用之於戰勝則無敵, 用之於禮義則順治. 外無敵, 內順治, 此之謂盛德. 故聖王之貴勇敢强有力如此也. 勇敢强有力而不用之於禮義戰勝, 而用之於爭鬪, 則謂之亂人. 刑罰行於國, 所誅者亂人也. 如此則民順治而國安也.

82) 『춘추좌씨전』「소공(昭公) 6년」: 夏, 季孫宿如晉, 拜莒田也. 晉侯享之, 有加籩. …… 固請徹加, 而後卒事. 晉人以爲知禮, 重其好貨.

들에 대해 연회를 베푸는 내용이다. 술과 음식을 대접하고 또 폐백을 광주리에 담아 후덕한 정감을 나눈다."라고 한 말이 바로 이것을 나타낸다.

전문 "飧有陪鼎."

번역 계속하여 말하길, "익힌 음식을 먹을 때에는 추가적으로 차려내는 솥이 있었습니다."라고 했다.

杜注 熟食爲飧. 陪, 加也, 加鼎所以厚殷勤.

번역 음식을 익히는 것을 '손(飧)'이라고 한다. '배(陪)'자는 추가한다는 뜻으로, 솥을 추가하여 깊은 정감을 두터이 하기 위해서이다.

孔疏 ◎注"熟食"至"殷勤". ○正義曰: 聘禮: "賓始入館, 宰夫朝服設飧, 飪一牢, 在西鼎九, 羞鼎三." 鄭玄云: "食不備禮曰飧. 飪, 熟也. 其鼎實如饔餼. 羞鼎, 則陪鼎也. 以其實言之則曰羞, 以其陳言之則曰陪." 是飧有陪鼎. 鄭以飧禮小, 饔餼禮大, 故云"食不備禮曰飧". 言饔餼備而飧不備也. 杜以餼生而飧熟, 故云"熟食爲飧". 聘禮又云: "君使卿韋弁, 歸饔餼五牢, 飪一牢, 鼎九, 設于西階前, 陪鼎當內廉." 鄭玄云: "陪鼎三牲臛: 膷·臐·膮也. 陪之庶羞, 加也." 服虔云: "陪牛·羊·豕鼎, 故云陪鼎." 周禮·掌客云: "凡諸侯之禮, 上公飧五牢, 饔餼九牢; 侯伯飧四牢, 饔餼七牢; 子男飧三牢, 饔餼五牢." 是朝聘皆有飧也. 按: 聘禮"歸饔餼五牢": 於賓館, 飪一牢, 鼎九, 設于西階前. 牛鼎一·羊鼎一·豕鼎一·魚鼎一·腊鼎一·腸胃鼎一·膚鼎一·鮮魚鼎一·鮮腊鼎一, 凡九鼎, 從北向南而陳. 又有陪鼎三, 其一曰膷鼎, 牛臛也, 在牛鼎之西; 其一曰臐鼎, 羊臛也, 在羊鼎之西; 其一曰膮鼎, 豕臛也, 在豕鼎之西; 其陪所設, 當西階之內廉. 腥二牢, 陳于東階之前, 南陳, 牢別七鼎, 無鮮魚·鮮腊也. 並上飪一牢, 所謂死牢三. 又餼二牢, 陳于門內之西. 是卿之饔餼五牢. 按: 鄭注掌客: "其子男饔餼五牢, 與卿同, 其腥鼎加鮮魚鮮腊, 牢別有九也, 其陳設如卿之禮. 侯伯饔餼七牢, 死牢四, 飪一牢在西, 腥三牢在東, 餼三牢在門西.

其陳設如子男之禮. 上公饔餼九牢, 死五牢, 飪七牢在西, 腥四牢在東, 餼四牢陳于門西. 其陳皆如侯伯之禮也." 掌客注云: "爵卿也, 則飧二牢, 饔餼五牢. 爵大夫也, 則飧大牢, 饔餼二牢."

번역 ◎杜注: "熟食"~"殷勤". ○『의례』「빙례(聘禮)」편에서는 "빈객이 비로소 숙소로 들어가면 재부는 조복(朝服)[83]을 입고 손(飧)을 차리고, 1개의 태뢰(太牢)[84]를 익혀 서쪽에 두는데 솥은 9개이고, 추가적으로 설치하는 솥은 3개이다."[85]라고 했고, 정현은 "음식에 대해 예법대로 융성하게 갖추지 않는 것을 '손(飧)'이라고 부른다. '임(飪)'자는 익힌다는 뜻이다. 솥에 음식을 채우는 것은 옹희(饔餼)[86]와 같다. '수정(羞鼎)'은 추가적으로 차려내는 솥이다. 그 안에 담긴 음식물을 기준으로 말하면 '수(羞)'라고 부르며, 진설하는 것을 기준으로 말하면 '배(陪)'라고 부른다."라고 했다. 이것은 손(飧)을 할 때 추가적으로 차려내는 솥이 있음을 뜻한다. 정현은 손의 예법이 상대적으로 작고 옹희의 예법이 상대적으로 융성한 것이라고 여겼다. 그렇기 때문에 "음식에 대해 예법대로 융성하게 갖추지 않는 것을 '손(飧)'이라고 부른다."라고 말한 것이다. 즉 옹희는 예법대로 융성하게 갖추는 것이고, 손은 모두 갖추지 않는다는 의미이다. 두예는 날 것을 익혀 익힌다고 여겼기 때문에 "음식을 익히는 것을 '손(飧)'이라고 한다."라고 했다. 「빙례」편에서는 또한 "군주는 경을 시켜 위변복(韋弁服)을 입고 옹희 5개의 태뢰를 보내고, 1개의 태뢰는 익히며 솥은 9개로 하여

---

83) 조복(朝服)은 군주와 신하가 조회를 열 때 착용하는 복장을 뜻한다. 중요한 의식을 치를 때 착용하는 예복(禮服)을 가리키기도 한다.

84) 태뢰(太牢)는 제사에서 소[牛], 양(羊), 돼지[豕] 3가지 희생물을 갖춘 것을 뜻한다. 『장자』「지악(至樂)」편에는 "具太牢以爲膳."이라는 기록이 있는데, 이에 대한 성현영(成玄英)의 소(疏)에서는 "太牢, 牛羊豕也."라고 풀이하였다.

85) 『의례』「빙례(聘禮)」: 大夫帥至于館. 卿致館. 賓迎再拜. 卿致命. 賓再拜稽首. 卿退, 賓送再拜. 宰夫朝服設飧, 飪一牢在西, 鼎九, 羞鼎三, 腥一牢在東, 鼎七, 堂上之饌八, 西夾六.

86) 옹희(饔餼)는 빈객(賓客)과 상견례(相見禮)를 하고 나서 성대하게 음식을 마련해 접대하는 것을 뜻한다. 『주례』「추관(秋官) · 사의(司儀)」편에는 "致飧如致積之禮."라는 기록이 있는데, 이에 대한 정현의 주에서는 "小禮曰飧, 大禮曰饔餼."라고 풀이하였다. 즉 '옹희'와 '손'은 모두 빈객 등을 접대하는 예법들인데, '옹희'는 성대한 예법에 해당하여, '손'보다도 융숭하게 대접하는 것이다.

서쪽 계단 앞에 진설하고, 추가적으로 차려내는 솥은 안쪽 당 모서리에 해당하는 곳에 둔다."[87]라고 했으며, 정현은 "추가적으로 진설하는 솥에는 3가지 희생물로 고깃국을 끓이는데, 쇠고깃국·양고깃국·돼지고깃국이다. 추가적으로 여러 음식들을 올린다."라고 했고, 복건[88]은 "우정(牛鼎)·양정(羊鼎)·시정(豕鼎)을 더하기 때문에 '배정(陪鼎)'이라 부른다."라고 했다. 『주례』「장객(掌客)」편에서는 "제후에 대한 예법에 있어서, 상공에 대해서는 손은 5개의 태뢰로 하고 옹희는 9개의 태뢰로 한다. 후작과 백작에 대해서는 손은 4개의 태뢰로 하고 옹희는 2개의 태뢰로 한다. 자작과 남작에 대해서는 손은 3개의 태뢰로 하고 옹희는 5개의 태뢰로 한다."[89]라고 했다. 이것은 조빙에 모두 손이 포함됨을 나타낸다. 「빙례」편을 살펴보면 "옹희 5개의 태뢰를 보낸다."라고 했고, 빈객이 머무는 숙소에서 1개의 태뢰는 익히며 솥 9개로 서쪽 계단 앞에 진설한다고 했다. 이것은 우정(牛鼎) 1개, 양정(羊鼎) 1개, 시정(豕鼎) 1개, 어정(魚鼎) 1개, 석정(腊鼎) 1개, 장위정(腸胃鼎) 1개, 부정(膚鼎) 1개, 선어정(鮮魚鼎) 1개, 선석정(鮮腊鼎) 1개 등 총 9개의 솥을 뜻하는데, 북쪽으로부터 남쪽을 향하도록 진설한다. 또 추가적으로 차리는 솥이 3개라고 했는데, 첫 번째는 향정(膷鼎)으로 쇠고깃국을 담은 것이며 우정의 서쪽에 둔다. 두 번째는 훈정(臐鼎)으로 양고깃국을 담은 것이며 양정의 서쪽에 둔다. 세 번째는 효정(膮鼎)으로

---

87) 『의례』「빙례(聘禮)」 : 君使卿韋弁歸饔餼五牢. 上介請事. 賓朝服, 禮辭. 有司入陳. 饔. 飪一牢, 鼎九, 設于西階前. 陪鼎當內廉.

88) 복건(服虔, ?~?) : 후한대(後漢代)의 유학자이다. 자(字)는 자신(子愼)이다. 초명은 중(重)이었으며, 기(祇)라고도 불렸다. 후에 이름을 건(虔)으로 고쳤다. 『춘추좌씨전(春秋左氏傳)』에 주석을 남겼지만, 산일되어 전해지지 않는다. 현재는 『좌전가복주집술(左傳賈服注輯述)』로 일집본이 편찬되었다.

89) 『주례』「추관(秋官)·장객(掌客)」 : 凡諸侯之禮: 上公五積, 皆視飧牽, 三問皆脩, 群介·行人·宰·史皆有牢. 飧五牢, 食四十, 簠十, 豆四十, 鉶四十有二, 壺四十, 鼎簋十有二, 牲三十有六, 皆陳. 饔餼九牢, 其死牢如飧之陳, 牽四牢, 米百有二十筥, 醯醢百有二十罋, 車皆陳. …… 侯伯四積, 皆視飧牽, 再問皆脩. 飧四牢, 食三十有二, 簠八, 豆三十有二, 鉶二十有八, 壺三十有二, 鼎簋十有二, 腥二十有七, 皆陳. 饔餼七牢, 其死牢如飧之陳, 牽三牢, 米百筥, 醯醢百罋, 皆陳. 米三十車, 禾四十車, 芻薪倍禾, 皆陳. …… 子男三積, 皆視飧牽, 壹問以脩. 飧三牢, 食二十有四, 簠六, 豆二十有四, 鉶十有八, 壺二十有四, 鼎簋十有二, 牲十有八, 皆陳. 饔餼五牢, 其死牢如飧之陳, 牽二牢, 米八十筥, 醯醢八十罋, 皆陳.

돼지고깃국을 담은 것으로 시정의 서쪽에 둔다. 추가적으로 차려내는 솥을 진설하는 위치는 서쪽 계단 안쪽의 당 모서리에 해당한다. 생고기는 2개의 태뢰로 하여 동쪽 계단 앞에 진설하는데 남쪽으로 진설하며 태뢰는 별도로 7개의 솥에 두는데 선어(鮮魚)와 선석(鮮腊)을 담은 솥은 없다. 앞에서 1개의 태뢰를 익힌다고 했던 것과 합하면 이른바 사뢰(死牢) 3개라는 것이 된다. 또 희는 2개의 태뢰로 하여 문 안의 서쪽에 진설한다. 이것은 경에 대한 옹희에 5개의 태뢰가 사용됨을 뜻한다. 「장객」편에 대한 정현의 주를 살펴보면 "자작과 남작에 대한 옹희는 5개의 태뢰로 하여 경에 대한 것과 동일하며, 생고기를 담은 솥에 추가적으로 선어(鮮魚)와 선석(鮮腊)이 되며 태뢰는 별도로 9개의 솥에 두며, 진설하는 것은 경에 대한 예법과 같다. 후작과 백작의 옹희는 7개의 태뢰로 하며 사뢰는 3개이고 1개의 태뢰는 익혀서 서쪽에 두며 생고기를 담은 3개의 태뢰는 동쪽에 두며, 희는 3개의 태뢰로 하여 문의 서쪽에 둔다. 진설하는 것은 자작과 남작의 예법과 같다. 상공의 옹희는 9개의 태뢰이며 사뢰는 5개이고 7개의 태뢰는 익혀서 서쪽에 두며, 생고기를 담은 4개의 태뢰는 동쪽에 두며, 희는 4개의 태뢰로 문의 서쪽에 둔다. 진설하는 것은 모두 후작과 백작의 예법과 같다." 라고 했다. 「장객」편에 대한 주에서는 "작위가 경이라면 손은 2개의 태뢰로 하고 옹희는 5개의 태뢰로 한다. 작위가 대부라면 손은 태뢰로 하고 옹희는 2개의 태뢰로 한다."라고 했다.

전문 "入有郊勞①, 出有贈賄②, 禮之至也."

번역 계속하여 말하길, "들어올 때에는 교외에서 맞이하며 노고를 위로해주고, 나갈 때에는 예물을 증여해줌이 있었으니, 예가 지극한 것입니다."라고 했다.

杜注-① 賓至, 逆勞之於郊.

번역 빈객이 도착하면 교외에서 그를 맞이하며 노고를 위로해준다.

杜注-② 去則贈之以貨賄.

번역 떠나게 되면 예물을 증여한다.

참고 『의례』「연례(燕禮)」 기록

경문 公與客燕,

번역 군주가 빈객과 연회를 하면,

鄭注 謂四方之使者.

번역 빈객은 사방의 나라에서 사신으로 찾아온 자들을 뜻한다.

賈疏 ●"公與客燕". ◎注"謂四方之使者". ○釋曰: 自此盡"敢拜賜命", 論與異國臣將燕, 使卿大夫就館戒客之辭事. 但燕異國卿大夫與臣子同, 唯戒賓爲異, 故於禮末特見之也. 云"謂四方之使"者, 以其云"客", 以寡君對之, 故知四方使卿大夫來聘, 主君將燕之也.

번역 ●經文: "公與客燕". ◎鄭注: "謂四方之使者". ○이곳 구문으로부터 "감히 하사하신 명령에 절을 합니다."라는 구문까지는 다른 나라의 신하와 연회를 하려고 할 때, 경과 대부를 시켜 그가 머물고 있는 숙소로 찾아가 빈객에게 일러주는 말과 일을 논의하고 있다. 다만 다른 나라의 경 및 대부와 연회를 하는 것과 신하들과 연회를 하는 것은 동일한데, 빈객에게 일러주는 것이 차이를 보인다. 그렇기 때문에 관련 예법의 말미에서 특별히 이러한 사실을 나타낸 것이다. 정현이 "사방의 나라에서 사신으로 찾아온 자들을 뜻한다."라고 했는데, '객(客)'이라고 말한 것은 과군(寡君)과 상대적으로 나타낸 것이다. 그렇기 때문에 사방의 나라에서 경과 대부를 사신으로 파견하여 찾아와 빙문을 하였고, 빙문을 받은 나라의 군주가 그들에게 연회를 베풀어주려는 상황임을 알 수 있다.

경문 曰: "寡君有不腆之酒, 以請吾子之與寡君須臾焉, 使某也以請."

번역 "저희 군주께 변변치 못한 술이 있는데, 그대가 저희 군주와 잠시 연회를 즐기기를 청하여, 아무개를 보내 청하도록 했습니다."라고 한다.

鄭注 君使人戒客辭也. 禮使人各以其爵. 寡, 鮮也, 猶言少德, 謙也. 腆, 善也. 上介出請入告. 古文腆皆作殄, 今文皆曰不腆酒, 無之.

번역 군주가 사람을 시켜 빈객에게 알리는 말에 해당한다. 예법에 따르면 사람을 시킬 때에는 각각 빈객과 대등한 작위를 가진 자로 한다. '과(寡)'자는 "적다[鮮]."는 뜻이니, 덕이 적다고 말하는 것과 같으며, 겸사에 해당한다. '전(腆)'자는 "좋다[善]."는 뜻이다. 상개(上介)[90]가 밖으로 나가 연유를 청해서 묻고 들어와서 그 사실을 아뢴다. 고문에서는 '전(腆)'자를 모두 '진(殄)'자로 기록했고, 금문에서는 모두 '불전주(不腆酒)'라고 기록하여 '지(之)'자가 없다.

賈疏 ●"曰寡"至"以請". ◎注"君使"至"無之". ○釋曰: 云"禮使人各以其爵"者, 按公食大夫云: "使大夫戒, 各以其爵." 以其大聘使卿, 小聘使大夫, 爵不同, 故主君亦以其爵戒之也. 云"上介出請入告"者, 亦約公食, 使者至館門外, 客使者上介出請事, 入告賓. 但彼食禮重, 故三辭, 此燕禮輕, 故再辭, 爲異耳. 又彼見賓出, 拜辱, 大夫不答拜, 此不言者, 文不具.

번역 ●經文: "曰寡"~"以請". ◎鄭注: "君使"~"無之". ○정현이 "예법에 따르면 사람을 시킬 때에는 각각 빈객과 대등한 작위를 가진 자로 한다."라고 했는데, 『의례』「공사대부례(公食大夫禮)」편을 살펴보면 "대부를 시켜 알릴

90) 상개(上介)는 개(介) 중에서도 가장 직위가 높았던 자를 뜻한다. 빈객(賓客)이 방문했을 때, 빈객의 부관이 되어, 주인(主人)과의 사이에서 시행해야 할 일들을 도왔던 부관들을 '개'이라고 부른다.

때에는 각각 그들과 동등한 작위로 한다."[91]라고 했다. 대빙(大聘)[92]에는 경을 사신으로 보내고, 소빙(小聘)[93]에는 대부를 사신으로 보내서 작위가 동일하지 않다. 그렇기 때문에 빙문을 받은 나라의 군주 또한 각각 사신으로 찾아온 자의 작위와 동등한 자를 시켜 일러주는 것이다. 정현이 "상개(上介)가 밖으로 나가 연유를 청해서 묻고 들어와서 그 사실을 아뢴다."라고 했는데, 이 또한 「공사대부례」편을 요약한 것으로,[94] 사신이 숙소의 문밖에 당도하면 사신으로 온 빈객의 상개가 밖으로 나가서 어떤 일인지 청해서 묻고 다시 들어와서 빈객에게 연유를 아뢴다. 다만 「공사대부례」에 나온 사례는 중대한 의례이기 때문에 세 차례 사양을 하는데, 여기에서 말한 연례는 상대적으로 덜 중요하기 때문에 두 차례 사양을 하는 것만이 차이를 보일 따름이다. 또 「공사대부례」에서는 빈객이 밖으로 나오면 수고롭게 찾아온 일에 대해 절을 하고 대부는 답배를 하지 않는다고 했는데, 이곳에서는 이러한 사실을 언급하지 않았다. 그것은 문장을 자세히 기록하지 않았기 때문이다.

---

91) 『의례』「공사대부례(公食大夫禮)」: 公食大夫之禮. 使大夫戒, 各以其爵.

92) 대빙(大聘)은 본래 제후가 경(卿)을 시켜서 매해 천자를 찾아뵙는 것을 뜻한다. 제후는 천자에 대해서, 매년 소빙(小聘)을 하고, 3년에 1번 '대빙(大聘)'을 하며, 5년에 1번 조(朝)를 한다. 소빙을 할 때에는 대부(大夫)를 시키고, 조를 할 때에는 제후가 직접 찾아간다. 『예기』「왕제(王制)」편에는 "諸侯之於天子也, 比年一小聘, 三年一大聘, 五年一朝."라는 기록이 있고, 이에 대한 정현의 주에서는 "比年, 每歲也. 小聘使大夫, 大聘使卿, 朝則君自行."이라고 했다.

93) 소빙(小聘)은 본래 제후가 대부(大夫)를 시켜서 매해 천자를 찾아뵙는 것을 뜻한다. 제후는 천자에 대해서, 매년 '소빙'을 하고, 3년에 1번 대빙(大聘)을 하며, 5년에 1번 조(朝)를 한다. 대빙을 할 때에는 경(卿)을 시키고, 조를 할 때에는 제후가 직접 찾아간다. 『예기』「왕제(王制)」편에는 "諸侯之於天子也, 比年一小聘, 三年一大聘, 五年一朝."라는 기록이 있고, 이에 대한 정현의 주에서는 "比年, 每歲也. 小聘使大夫, 大聘使卿, 朝則君自行."이라고 했다.

94) 『의례』「공사대부례(公食大夫禮)」: 上介出請, 入告. 賓出拜辱. 大夫不答拜, 將命. 賓再拜稽首. 大夫還. 賓不拜送, 遂從之. 賓朝服卽位于大門外, 如聘.

참고 『시』「소아(小雅)·잠로(湛露)」

湛湛露斯, (잠잠로사) : 무수하게 맺혀 있는 이슬이여,
匪陽不晞. (비양불희) : 햇볕이 아니라면 마르지 않는구나.
厭厭夜飮, (염염야음) : 편안하게 밤에 술을 마시니,
不醉無歸. (불취무귀) : 취하지 않으면 돌아가지 않는구나.

湛湛露斯, (잠잠로사) : 무수하게 맺혀 있는 이슬이여,
在彼豐草. (재피풍초) : 저 무성한 풀에 있구나.
厭厭夜飮, (염염야음) : 편안하게 밤에 술을 마시니,
在宗載考. (재종재고) : 종실(宗室)에서 술마시는 예법을 완성하는구나.

湛湛露斯, (잠잠로사) : 무수하게 맺혀 있는 이슬이여,
在彼杞棘. (재피기극) : 저 기나무와 가시나무에 있구나.
顯允君子, (현윤군자) : 영명하고 진실한 군자여,
莫不令德. (막불령덕) : 아름다운 덕 아닌 것이 없구나.

其桐其椅, (기동기의) : 오동나무와 의나무여,
其實離離. (기실리리) : 열매가 주렁주렁 매달려 있구나.
豈弟君子, (기제군자) : 화락하고 평이(平易)한 군자여,
莫不令儀. (막불령의) : 아름다운 행동거지 아닌 것이 없구나.

毛序 湛露, 天子燕諸侯也.

모서 「잠로(湛露)」편은 천자가 제후에게 연회를 베풀어주는 일을 읊은 시이다.

참고 『시』「소아(小雅)·녹명(鹿鳴)」

呦呦鹿鳴, (유유록명) : 우우하고 우는 사슴의 울음소리여,
食野之苹. (식야지평) : 들판의 풀들을 뜯고 있구나.

我有嘉賓, (아유가빈) : 나에겐 아름다운 손님이 있어,
鼓瑟吹笙. (고슬취생) : 비파를 타며 생황을 불고 있노라.
吹笙鼓簧, (취생고황) : 생황을 불어 연주하니,
承筐是將. (승광시장) : 광주리를 받들어 올리는구나.
人之好我, (인지호아) : 나를 좋아하는 사람이여,
示我周行. (시아주행) : 나에게 지극히 선한 도를 보여줄지어다.

呦呦鹿鳴, (유유록명) : 우우하고 우는 사슴의 울음소리여,
食野之蒿. (식야지호) : 들판의 풀들을 뜯고 있구나.
我有嘉賓, (아유가빈) : 나에겐 아름다운 손님이 있어,
德音孔昭. (덕음공소) : 덕음이 매우 밝구나.
視民不恌, (시민불조) : 백성들에게 보여 경박하지 않게 하니,
君子是則是傚. (군자시칙시효) : 군자는 이를 본받고 따르리라.
我有旨酒, (아유지주) : 나에게 맛있는 술이 있어,
嘉賓式燕以敖. (가빈식연이오) : 아름다운 손님이 연회를 하며 노니는구나.

呦呦鹿鳴, (유유록명) : 우우하고 우는 사슴의 울음소리여,
食野之芩. (식야지금) : 들판의 풀들을 뜯고 있구나.
我有嘉賓, (아유가빈) : 나에겐 아름다운 손님이 있어,
鼓瑟鼓琴. (고슬고금) : 비파와 거문고를 타고 있노라.
鼓瑟鼓琴, (고슬고금) : 비파와 거문고를 타니,
和樂且湛. (화락차담) : 화락하고도 즐겁구나.
我有旨酒, (아유지주) : 나에게 맛있는 술이 있어,
以燕樂嘉賓之心. (이연락가빈지심) : 연회로 아름다운 손님의 마음을 즐겁게 하는구나.

毛序 鹿鳴, 燕群臣嘉賓也. 旣飮食之, 又實幣帛筐篚, 以將其厚意, 然後, 忠臣嘉賓, 得盡其心矣.

모서 「녹명(鹿鳴)」편은 뭇 신하들과 아름다운 손님들에 대해 연회를 베푸는 내용이다. 음식을 대접하고 또 폐백을 광주리에 담아 후덕한 정감을 나눠야

하니, 그런 뒤에야 충신과 아름다운 손님이 그 마음을 다할 수 있게 된다.

참고 『의례』「연례(燕禮)」 기록

기문 與卿燕, 則大夫爲賓, 與大夫燕, 亦大夫爲賓.

번역 군주가 경과 연회를 하게 되면 대부를 빈객으로 삼고, 대부와 연회를 하게 되면 또한 대부를 빈객으로 삼는다.

鄭注 不以所與燕者爲賓者, 燕爲序歡心, 賓主敬也. 公父文伯飮南宮敬叔酒, 以路堵父爲客, 此之謂也. 君恒以大夫爲賓者, 大夫卑, 雖尊之, 猶遠于君. 今文無則, 下無燕.

번역 연회에 참여하는 자를 빈객으로 삼지 않는 것은 연회는 즐거운 마음을 풀어놓고자 하는 것인데, 빈객은 공경함을 위주로 하기 때문이다. 공보문백이 남궁경숙을 불러 술을 마실 때 노도보를 빈객으로 삼은 것이 바로 이러한 경우를 뜻한다. 군주는 항상 대부를 빈객으로 삼는데, 대부는 신분이 미천하니 비록 그를 존귀하게 높이더라도 여전히 군주와는 신분적 차이가 크기 때문이다. 금문에는 '즉(則)'자가 없고 그 뒤의 '연(燕)'자도 없다.

賈疏 ●"與卿"至"爲賓". ◎注"不以"至"無燕". ○釋曰: 此謂與已臣子燕法. 若與異國賓燕, 皆用上介爲賓, 如上說也. 云"公父文伯"已下, 是魯語文. 此三人皆魯大夫, 自相燕法. 云"此之謂也"者, 此謂不使所爲燕者爲賓之義. 云"君恒以大夫爲賓者, 大夫卑, 雖尊之, 猶遠於君"者, 按禮記·燕義云: "不以公卿爲賓, 而以大夫爲賓, 爲疑也, 明嫌之義也." 注云: "公卿尊矣, 復以爲賓, 則尊與君大相近." 是不用公卿爲賓, 恐逼君. 用大夫爲賓, 雖尊之, 猶遠於君, 不畏逼君也.

번역 ●記文: "與卿"~"爲賓". ◎鄭注: "不以"~"無燕". ○이것은 자신의 신하들과 연회를 하는 법도를 뜻한다. 만약 다른 나라에서 찾아온 빈객과 연회를 한다면 모든 경우에 상개(上介)를 빈객으로 삼으니, 앞에서 설명한 것과 같다. '공보문백(公父文伯)'이라고 한 말로부터 그 이하의 내용은 『국어』「노어(魯語)」의 기록이다.[95] 여기에서 말한 세 사람은 모두 노나라의 대부인데, 자신들끼리 연회를 하는 법도를 나타낸다. 정현이 "바로 이러한 경우를 뜻한다."라고 했는데, 이것은 연회에 참여하는 자를 빈객으로 삼지 않는다는 뜻을 의미한다. 정현이 "군주는 항상 대부를 빈객으로 삼는데, 대부는 신분이 미천하니 비록 그를 존귀하게 높이더라도 여전히 군주와는 신분적 차이가 크기 때문이다."라고 했는데, 『예기』「연의」편을 살펴보면 "공이나 경을 빈객으로 삼지 않고, 대부를 빈객으로 삼는 것은 공이나 경을 빈객으로 삼게 되면 의심스러운 일이 되기 때문이니, 이처럼 하는 것은 혐의를 밝히는 도리에 해당한다."라고 했고, 정현의 주에서는 "공과 경은 존귀하므로, 재차 그들을 빈객으로 삼는다면, 그 존귀함이 군주와 너무 가깝게 된다."라고 했다. 이것은 공과 경을 빈객으로 삼지 않는 것이 군주를 핍박하는 뜻으로 보일까 염려되기 때문이다. 대부를 빈객으로 삼게 되면 비록 그를 존귀하게 높이더라도, 여전히 군주와는 신분적 차이가 많이 나게 되므로, 군주를 핍박한다는 혐의를 걱정하지 않게 된다.

참고 『의례』「연례(燕禮)」 기록

기문 若與四方之賓燕, 則公迎之于大門內, 揖讓升.

번역 만약 사방의 제후국에서 찾아온 빈객과 연회를 한다면, 군주는 대문 안에서 그를 맞이하고, 읍과 사양을 하며 당상에 올라간다.

鄭注 四方之賓, 謂來聘者也. 自戒至於拜至, 皆如公食, 亦告饌具而後公卽席. 小臣請執冪·請羞者, 乃迎賓也.

---

95) 『국어(國語)』「노어하(魯語下)」: 公父文伯飮南宮敬叔酒, 以露睹父爲客.

번역 사방에서 찾아온 빈객은 찾아와 빙문을 하는 자들을 뜻한다. 연회에 참여할 것을 알리는 절차로부터 찾아온 것에 절을 하는 절차까지는 모두『의례』「공사대부례(公食大夫禮)」처럼 하며, 또한 앞의 경우와 같이 음식이 모두 갖춰진 것을 아뢴 이후에 군주가 자리로 나아간다. 그리고 소신은 술동이 덮개를 잡는 자와 음식을 올리는 자를 누구로 할지 청해 묻고, 그런 뒤에 빈객을 맞이한다.

賈疏 ●"若與"至"讓升". ◎注"四方"至"賓也". ○釋曰: 云"自戒至於拜至, 皆如公食"者, 此燕用狗, 彼用大牢; 此戒賓再辭, 彼三辭; 至於卿大夫立位, 皆不同. 而云如公食者, 謂除此之外如之. 若然, 依公食從首"使大夫戒, 各以其爵, 上介出請入告"已下, 至"北面再拜稽首", 皆如之, 饌具之等, 不如之也. 云"亦告饌具而後公卽席. 小臣請執冪·請羞者, 乃迎賓也"者, 言此者, 欲見燕四方賓, 此等依上文與燕己臣子同, 亦不如公食. 以其公食公無席, 又無入廟之事, 又公食無請執冪羞膳, 故別言此也.

번역 ●記文: "若與"~"讓升". ◎鄭注: "四方"~"賓也". ○정현이 "연회에 참여할 것을 알리는 절차로부터 찾아온 것에 절을 하는 절차까지는 모두『의례』「공사대부례(公食大夫禮)」처럼 한다."라고 했는데, 이곳에서 말한 연회에서는 희생물로 개를 사용하고, 「공사대부례」에서는 태뢰를 사용하며, 이곳에서는 빈객에게 연회의 사실을 알릴 때 두 차례 사양을 하는데, 「공사대부례」에서는 세 차례 사양을 했으며, 경과 대부가 서는 위치에 있어서도 모두 차이를 보인다. 그런데도 「공사대부례」처럼 한다고 말한 것은 이러한 것들을 제외한 나머지 절차들을 「공사대부례」의 기록처럼 한다는 뜻이다. 만약 그렇다면 「공사대부례」의 첫 부분에서 "대부를 시켜 알릴 때에는 각각 그들과 동등한 작위로 하며, 상개가 밖으로 나와 찾아온 연유를 청해 묻고 들어가서 그 사실을 아뢴다."라고 한 말로부터 "북쪽을 바라보며 재배를 하고 머리를 조아린다."라고 한 절차까지는 모두 「공사대부례」처럼 따르고, 갖추는 음식 등은 동일하게 따르지 않는다. 정현이 "또한 음식이 모두 갖춰진 것을 아뢴 이후에 군주가 자리로 나아간다. 그리고 소신은 술동이 덮개를 잡는 자와 음식을 올리는 자를 누구로 할지 청해 묻고, 그런 뒤에 빈객을 맞이한다."라고 했는데, 이러한 말을 한 것은 사방의 나라에서 찾아온 빈객에게 연회를 할 때 시행하는 이러한 등등의 절차는 앞의 기록에 따라 자신의 신하에게 연회를 베풀 때와 동일하며, 「공사대부례」처럼 따르지 않는다는 사실을 드러내고자 한 것이다. 「공사대부례」에는 군주에게는 자리가 없고 또 종묘로 들어가는 일이 없으며, 또한 「공사대부례」에는 술동이 덮개를 잡는 자나 음식을 올리는 자에 대해서 청해 묻는 절차가 없다. 그렇기 때문에 별도로 이러한 사실을 언급한 것이다.

참고 『의례』「빙례(聘禮)」 기록

경문 燕與羞俶獻, 無常數.

번역 연례를 하고 삶은 새고기와 사계절마다 나오는 음식을 베풀 때에는 정해진 횟수가 없다.

鄭注 羞, 謂禽羞, 鴈鶩之屬, 成孰煎和也. 俶, 始也. 始獻, 四時新物, 聘義所謂時賜無常數, 由恩意也. 古文俶作淑.

번역 '수(羞)'자는 새로 요리한 음식으로, 기러기나 집오리 등을 삶고 익혀서 조미를 한 것이다. '숙(俶)'자는 시(始)자의 뜻이다. '시헌(始獻)'은 사계절마다 새로 나온 음식으로, 『예기』「빙의(聘義)」편에서 "제철에 맞는 선물을 줄 때에는 특별히 정해진 횟수가 없다."[96]라고 한 것을 가리키니, 은정의 뜻에 따르기 때문이다. 고문에서는 '숙(俶)'자를 숙(淑)자로 기록했다.

---

96) 『예기』「빙의(聘義)」【717c~d】: 主國待客, 出入三積. 餼客於舍, 五牢之具陳於內. 米三十車, 禾三十車, 芻薪倍禾, 皆陳於外. 乘禽日五雙, 群介皆有餼牢. 壹食再饗, 燕與時賜無數. 所以厚重禮也. 古之用財者不能均如此, 然而用財如此其厚者, 言盡之於禮也. 盡之於禮, 則內君臣不相陵而外不相侵, 故天子制之, 而諸侯務焉爾.

賈疏 ●"燕與"至"常數". ◎注"羞謂"至"作淑". ○釋曰: 按周禮·掌客: 上公三燕, 侯伯再燕, 子男一燕. 皆有常數. 此臣無常數者, 亦是君臣各爲一, 不得相決. 知"羞, 謂禽羞鴈鶩之屬"者, 按下記云"禽羞俶獻", 故知是禽. 知"成孰煎和"者, 以其言羞鼎臐之類, 故知成孰煎和者也. 知禽是鴈鶩之屬者, 按下記云: "宰夫歸乘禽, 日如饔餼之數." 鄭注: "乘禽, 乘行之禽也, 亦云鴈鶩之屬." 以無正文, 故以意解之.

번역 ●經文: "燕與"~"常數". ◎鄭注: "羞謂"~"作淑". ○『주례』「장객(掌客)」편을 살펴보면 상공은 세 차례 연례를 하고, 후작과 백작은 두 차례 연례를 하며, 자작과 남작은 한 차례 연례를 한다고 했다. 따라서 모두 정해진 수치가 있다. 그런데 이곳에서 신하에 대해 연례를 시행하며 정해진 수치가 없다고 말한 것은 군주와 신하는 각기 다른 주체가 되어 상호 가를 수 없다. 정현이 "'수(羞)'자는 새로 요리한 음식으로, 기러기나 집오리 등이다."라고 했는데, 아래 기문을 살펴보면 '금수숙헌(禽羞俶獻)'이라고 했기 때문에, 이것이 새고기임을 알 수 있다. 정현이 "삶고 익혀서 조미를 한 것이다."라고 했는데, 추가적으로 차려내는 솥과 양고깃국 등을 말하는 것이기 때문에 이것들이 삶고 익혀서 조미를 한 것들임을 알 수 있다. 새가 기러기나 집오리 등에 해당한다는 사실을 알 수 있는 것은 아래 기문을 살펴보면 "재부는 승금(乘禽)을 보내주는데, 날마다 옹희(饔餼)를 하는 수에 맞춰서 한다."라고 했고, 정현은 "승금(乘禽)은 무리를 이루어 다니는 새이니 또한 기러기나 집오리 등을 뜻한다."라고 했다. 그러나 이와 관련된 경문의 기록이 없기 때문에, 추론을 토대로 이처럼 풀이한 것이다.

참고 『예기』「문왕세자(文王世子)」 기록

경문-260b~c 公族朝于內朝, 內親也. 雖有貴者以齒, 明父子也. 外朝以官, 體異姓也. 宗廟之中以爵爲位, 崇德也. 宗人授事以官, 尊賢也. 登餕受爵以上嗣, 尊祖之道也. 喪紀以服之輕重爲序, 不奪人親也. 公與族燕則以齒, 而孝弟之道達矣. 其族食世降一等, 親親之殺也. 戰則守於公禰, 孝愛之深也. 正室守太廟, 尊宗室而君臣之道著矣. 諸父諸兄守貴室, 子弟守下室, 而讓道達矣.

번역 군주가 공족(公族)[97]들을 내조(內朝)에서 조회하는 것은 친족들을 친근하게 대하기 위해서이다. 비록 친족들 중에 존귀한 신분을 가진 자가 있더라도 나이에 따라 서열을 정하는 것은 소목(昭穆)의 질서를 밝히기 위해서이다. 외조(外朝)[98]에서 나이가 아닌 관직의 등급에 따라 서열을 정하는 것은 이성(異姓)인 신하들까지도 예로 대우하기 위해서이다. 종묘 안에서 작위의 등급에 따라 위치를 정하는 것은 덕을 숭상하기 위해서이다. 종인(宗人)이 일을 분배할 때 관직의 등급에 따르는 것은 현명한 자를 높이기 위해서이다. 당상에 올라가서 제사에서 남은 음식을 먹거나 술잔을 받는 경우에 적장자를 가장 우선시하는 것은 선조를 존숭하는 도리이다. 상사에서 상복의 수위에 따라 서열을 정하는 것은 친소(親疎)의 관계를 문란하게 만들지 않기 위해서이다. 군주가 족인(族人)들과 연회를 할 경우 군주는 신분을 따지지 않고 족인들과 나이

97) 공족(公族)은 제후 및 군왕과 성(姓)이 같은 친족들을 뜻한다. '공족'에서의 '공'자는 본래 제후를 뜻하는 글자이다. 『시』「위풍(魏風)·서리(黍離)」편에는 "殊異乎公族."이라는 기록이 있고, 이에 대한 정현의 전(箋)에서는 "公族, 主君同姓昭穆也."라고 풀이했다.

98) 외조(外朝)는 내조(內朝)와 대비되는 말이며, 천자 및 제후가 정사(政事)를 처리하던 곳이다. 『주례』「춘관(秋官)·조사(朝士)」편에 대한 정현의 주에서는 "周天子諸侯皆有三朝. 外朝一, 內朝二. 內朝之在路門內者, 或謂之燕朝."라는 기록이 있다. 즉 천자 및 제후는 3개의 조(朝)를 두는데, 1개는 '외조'이며, 나머지 2개는 내조가 된다. 『국어(國語)』「노어하(魯語下)」편에는 "天子及諸侯合民事於外朝, 合神事於內朝. 自卿以下, 合官職於外朝, 合家事於內朝."라는 기록이 있고, 이 문장에 나타난 '외조'에 대해서, 위소(韋昭)는 "言與百官考合民事於外朝也."라고 풀이했다. 즉 '외조'는 모든 관료들과 함께, 백성들과 관련된 정무를 처리하던 장소이다.

에 따라 서열을 정함으로써, 효제의 도리를 온 천하에 두루 통용되게 한다. 군주가 족인들과 연회를 할 때 촌수마다 한 등급씩 낮춰서 시행하는 이유는 친친(親親)의 도리가 등급에 따라 낮춰지기 때문이다. 전쟁에 참전하게 되면, 공녜(公禰)를 수호하는데, 이것은 효애(孝愛)의 마음이 깊은 것이다. 족인들 중 적장자들이 태묘를 수호하는 것은 종실(宗室)[99]을 높여서 군신의 도리가 밝게 드러나도록 하는 것이다. 또한 백부 및 숙부의 항렬에 속한 족인들이 귀실(貴室)을 수호하고, 아들과 손자 항렬에 속한 족인들이 하실(下室)을 수호하여, 온 세상에 겸양의 도리가 두루 퍼지게 된다.

鄭注 謂以宗族事會. 體猶連結也. 崇, 高也. 官各有能. 上嗣, 祖之正統. 紀猶事也. 以至尊不自異於親之列. 殺, 差也. 行主, 君父之象. 以其不敢以庶守君所重. 以其貴者守貴, 賤者守賤. 上言父子孫, 此言兄弟, 互相備也.

번역 내조(內朝)에서 모인다는 말은 친족과 관련된 일 때문에 모인다는 뜻이다. '체(體)'자는 "연결한다[連結]."는 뜻이다. '숭(崇)'자는 "높인다[高]."는 뜻이다. 관리들에게는 각각 유능한 분야가 있다. 상사(上嗣)는 선조의 적통을 계승한 자이다. '상기(喪紀)'는 상사(喪事)와 같은 말이다. 군주는 지극히 존엄한 지위를 가지고 있음에도, 제 스스로 친족들의 대오에서 자리를 달리 하지 않는다. '쇄(殺)'자는 '차등[差]'이라는 뜻이다. '행주(行主)'는 군주와 부친을 상징한다. 정실(正室)로 태묘(太廟)를 지키게 한 것은 적통이 아닌 자들로 하여금 감히 군주가 가장 중요시하는 곳을 지키게 할 수 없기 때문이다. 제부(諸父) 등이 귀실(貴室)을 지키고 자제(子弟)들이 하실(下室)을 지키는 것은 존귀한 자가 존귀한 곳을 지키고, 천한 자가 천한 곳을 지켜야 하기 때문이다. 앞의 문장에서는 '제부(諸父)', '제자(諸子)', '제손(諸孫)'들을 언급하였고,[100] 이곳

99) 종실(宗室)은 종묘(宗廟)를 뜻한다. 『시』「소남(召南)·채평(采苹)」편에는 "于以奠之, 宗室牖下."라는 기록이 있고, 이에 대한 모전(毛傳)에서는 "宗室, 大宗之廟也. 大夫士祭于宗廟, 奠于牖下."라고 풀이하였다. 또한 '종실'은 동성(同姓)인 족인(族人)들을 지칭하기도 한다. 이 문장에서는 첫 번째 의미로 해석하였다.

100) 『예기』「문왕세자」【258d】: 公若有出疆之政, 庶子以公族之無事者守於公宮,

문장에서는 '제형(諸兄)'과 '자제(子弟)'들을 언급하고 있는데, 이러한 차이가 생긴 이유에는 특별한 것이 없고, 상호 언급하지 않은 부분들을 언급하여, 미진한 곳을 서로 보충해주도록 기록했기 때문이다.

孔疏 ●"公與族燕則以齒, 而孝弟之道達矣"者, 此覆釋前第六條, 公所以降己尊而與族人燕會齒列, 是欲使孝弟之道通達於下也. 君尙有親而與族人燕, 則民有親屬者, 豈得相遺棄? 此孝弟之道達於下也.

번역 ●經文: "公與族燕則以齒, 而孝弟之道達矣". ○이 문장은 앞서 제시한 제 6조목[101]에 대해서 재차 해석하고 있으니, 군주는 자신의 존엄함을 낮춰서 족인(族人)들과 연회를 할 때에는 나이로 서열을 정하는데, 이것은 곧 효제의 도리를 천하에 두루 통하게 하기 위해서이다. 군주가 항상 친족들을 친근하게 대하는 마음을 가지고서 족인들과 함께 연회를 한다면, 백성들 중 친속 관계를 가지고 있는 자들이 어찌 군주조차 따르고 있는 효제의 도리를 버릴 수 있겠는가? 이것이 바로 효제의 도리가 천하에 두루 통하게 되는 이유이다.

참고 『주례』「추관(秋官)·사의(司儀)」 기록

경문 王燕, 則諸侯毛.

번역 천자가 연회를 베풀면 제후들은 나이에 따라 서열을 정해서 앉는다.

鄭注 謂以須髮坐也. 朝事尊尊上爵, 燕則親親上齒. 鄭司農云: "謂老者在上也. 老者二毛, 故曰毛."

正室守太廟, 諸父守貴宮貴室, 諸子諸孫守下宮下室.

101) 『예기』「문왕세자」【258b】: 若公與族燕, 則異姓爲賓, 膳宰爲主人, 公與父兄齒. 族食世降一等.

번역 수염과 머리카락의 색깔로 구분해서 앉는다는 뜻이다. 조정의 일에 있어서는 존귀한 자를 존귀하게 여겨 작위를 높이게 되는데, 연회를 하게 되면 친근한 자를 친근하게 여겨 나이를 높이게 된다. 정사농[102]은 "노인이 상석에 위치한다는 뜻이다. 노인은 흰색과 검은색의 털이 뒤섞여 있기 때문에 '모(毛)'라고 했다."라고 했다.

賈疏 ◎注"謂以須髮坐也"至"老者二毛故曰毛". ○釋曰: 此燕則公三燕, 侯伯再燕, 子男一燕. 云"朝事尊尊上爵"者, 依爵尊卑爲先後. 云"燕則親親上齒"者, 此乃不問爵之尊卑, 取以年齒爲先後也.

번역 ◎鄭注: "謂以須髮坐也"~"老者二毛故曰毛". ○여기에서 말한 연회란 공작은 3차례 연례를 하고 후작과 백작은 2차례 연례를 하며 자작과 남작은 1차례 연례를 한다고 했을 때의 연례를 뜻한다. 정현이 "조정의 일에 있어서는 존귀한 자를 존귀하게 여겨 작위를 높인다."라고 했는데, 작위의 존비에 따라 선후의 순서를 정한다는 뜻이다. 정현이 "연회를 하게 되면 친근한 자를 친근하게 여겨 나이를 높인다."라고 했는데, 이것은 곧 작위의 존비를 따지지 않고 나이에 따라 선후를 정하는 것이다.

102) 정중(鄭衆, ?~A.D.83) : =정사농(鄭司農). 후한(後漢) 때의 경학자이다. 자(字)는 중사(仲師)이다. 부친은 정흥(鄭興)이다. 부친에게 『춘추좌씨전(春秋左氏傳)』의 학문을 전수받았다. 또한 그는 대사농(大司農) 등의 관직을 역임하였기 때문에, '정사농'이라고도 불렀다. 한편 정흥과 그의 학문은 정현(鄭玄)에게 많은 영향을 주었기 때문에, 후대에서는 정현을 후정(後鄭)이라고 불렀고, 정흥과 그를 선정(先鄭)이라고도 불렀다. 저서로는 『춘추조례(春秋條例)』, 『주례해고(周禮解詁)』 등을 지었다고 하지만, 현재는 전해지지 않았다.

참고 『시』「노송(魯頌)·유필(有駜)」

有駜有駜, (유필유필) : 말이 살찌고도 살찌니,
駜彼乘黃. (필피승황) : 살찐 저 네 필의 황색 말을 타도다.
夙夜在公, (숙야재공) : 아침부터 밤늦게까지 군주가 있는 곳에 있으니,
在公明明. (재공명명) : 군주가 있는 곳에서 도의를 밝히고 덕을 밝히도다.
振振鷺, (진진로) : 무리를 지어 날아가는 백로여,
鷺于下. (노우하) : 백로가 이곳에 내려 앉아 모이는구나.
鼓咽咽, (고인인) : 북을 울려 악절을 맞추니,
醉言舞, (취언무) : 취하여 군주가 일어나 춤을 추어,
于胥樂兮. (우서락혜) : 모두가 즐거워하는구나.

有駜有駜, (유필유필) : 말이 살찌고도 살찌니,
駜彼乘牡. (필피승모) : 살찐 저 네 필의 수컷 말을 타도다.
夙夜在公, (숙야재공) : 아침부터 밤늦게까지 군주가 있는 곳에 있으니,
在公飮酒. (재공음주) : 군주가 있는 곳에서 술을 마시는구나.
振振鷺, (진진로) : 무리를 지어 날아가는 백로여,
鷺于飛. (노우비) : 백로가 날아오르려 하는구나.
鼓咽咽, (고인인) : 북을 울려 악절을 맞추니,
醉言歸, (취언귀) : 취하여 물러나려 하여,
于胥樂兮. (우서락혜) : 모두가 즐거워하는구나.

有駜有駜, (유필유필) : 말이 살찌고도 살찌니,
駜彼乘駽. (필피승현) : 살찐 저 네 필의 검푸른 말에 타도다.
夙夜在公, (숙야재공) : 아침부터 밤늦게까지 군주가 있는 곳에 있으니,
在公載燕. (재공재연) : 군주가 있는 곳에서 연회를 하는구나.
自今以始, (자금이시) : 지금으로부터 시작을 하니,
歲其有. (세기유) : 그 해에 풍년이 드는구나.
君子有穀, (군자유곡) : 군자에게 선함이 있어,
詒孫子, (이손자) : 자손들에게 물려주니,
于胥樂兮. (우서락혜) : 모두가 즐거워하는구나.

毛序 有駜, 頌僖公君臣之有道也.

모서 「유필(有駜)」편은 희공에게는 군신간의 도의가 있었음을 찬송한 시이다.

참고 『시』「대아(大雅)·행위(行葦)」

敦彼行葦, (단피행위) : 수북한 저 길가의 갈대를,
牛羊勿踐履. (우양물천리) : 소와 양이 밟지 않게 하라.
方苞方體, (방포방체) : 무성하게 자라나며 성체가 되리니,
維葉泥泥. (유엽니니) : 그 잎은 부드럽고 매끈하리라.
戚戚兄弟, (척척형제) : 가깝고도 친한 형제들에게,
莫遠具爾. (막원구이) : 관계가 먼 것을 따지지 않고 모두를 나아가게 하라.
或肆之筵, (혹사지연) : 나이가 어린 자에게는 대자리를 깔아주고,
或授之几. (혹수지궤) : 나이가 많은 자에게는 안석을 주어라.

肆筵設席, (사연설석) : 대자리를 펴고 자리를 겹으로 설치하며,
授几有緝御. (수궤유집어) : 안석을 주고 교대로 시중을 드는 자가 있구나.
或獻或酢, (혹헌혹초) : 술을 따라주기도 하고 술을 권하기도 하며,
洗爵奠斝. (세작전가) : 술잔을 씻고 술잔을 놓아두는구나.
醓醢以薦, (탐해이천) : 육장을 바치고,
或燔或炙. (혹번혹적) : 구운 고기를 올리기도 하고 구운 간을 올리기도 하는구나.
嘉殽脾臄, (가효비갹) : 좋은 안주에 지라와 혀 고기를 곁들이고,
或歌或咢. (혹가혹악) : 노래를 부르기도 하고 북을 치기도 하는구나.

敦弓既堅, (조궁기견) : 그림을 새겨놓은 활이 견고하고,
四鍭既鈞. (사후기균) : 네 발의 화살이 고르게 정돈되어 있구나.
舍矢既均, (사시기균) : 화살을 쏨에 모두 적중하니,
序賓以賢. (서빈이현) : 빈객의 차례를 정하며 현명함을 기준으로 하는구나.
敦弓既句, (조궁기구) : 그림을 새겨놓은 활이 당겨지거늘,

旣挾四鍭. (기협사후) : 잡은 네 발의 화살을 두루 쏘았구나.
四鍭如樹, (사후여수) : 네 발의 화살이 과녁에 적중하니,
序賓以不侮. (서빈이불모) : 빈객의 차례를 정하며 공경함을 기준으로 하는구나.

曾孫維主, (증손유주) : 증손인 성왕(成王)이 주인이 되거늘,
酒醴維醹. (주례유유) : 술과 단술의 맛이 짙구나.
酌以大斗, (작이대두) : 대두(大斗)[103]로 술을 따라,
以祈黃耉. (이기황구) : 노인에게 아뢰는구나.
黃耉台背, (황구태배) : 매우 늙어 등에 복어 무늬가 난 노인을,
以引以翼. (이인이익) : 앞에서 인도하고 옆에서 부축하는구나.
壽考維祺, (수고유기) : 장구하게 길하여,
以介景福. (이개경복) : 큰 복을 받도록 도와주리라.

毛序 行葦, 忠厚也. 周家忠厚, 仁及草木. 故能內睦九族, 外尊事黃耉, 養老乞言, 以成其福祿焉.

모서 「행위(行葦)」편은 충직함과 후덕함을 노래한 시이다. 주나라 왕실은 충직하고 후덕하여 인자함이 초목에까지 미쳤다. 그렇기 때문에 내적으로 구족(九族)들을 화목하게 하고 외적으로는 노인들을 존귀하게 섬기니, 노인을 봉양하여 좋은 말씀을 구하여 복을 이룬 것이다.

참고 『예기』「왕제(王制)」 기록

경문-175d 凡養老,

103) 대두(大斗)에서 두(斗)는 술동이에서 술을 풀 때 쓰는 국자이다. '대두'는 그 중에서도 큰 국자로, 손잡이의 길이는 3척(尺)이었다. 『시』「대아(大雅)·행위(行葦)」편에는 "酌以大斗, 以祈黃耉."라는 기록이 있는데, 이 문장에 대한 모전(毛傳)에서는 "大斗, 長三尺也."라고 풀이했다.

번역 무릇 노인을 봉양함에는

集說 養老之禮, 其目有四. 養三老五更, 一也. 子孫死於國事, 則養其父祖, 二也. 養致仕之老, 三也. 養庶人之老, 四也. 一歲之間, 凡七行之. 飮養陽氣, 則用春夏. 食養陰氣, 則用秋冬. 四時各一也. 凡大合樂, 必遂養老. 謂春入學, 舍菜合舞, 秋頒學合聲, 則通前爲六. 又季春大合樂, 天子視學亦養老, 凡七也.

번역 노인을 봉양하는 예는 그 절목에 네 가지가 있다. 삼로(三老)와 오경(五更)[104]을 봉양하는 것이 첫 번째이다. 자손이 국가의 공무를 수행하다 죽었다면, 그의 부친과 조부를 봉양하는 것이 두 번째이다. 나이가 들어 관직에서 퇴임한 노인을 봉양하는 것이 세 번째이다. 서인들 중에서 나이든 노인을 봉양하는 것이 네 번째이다. 한 해 동안에는 모두 일곱 번 봉양의 예를 시행한다. 술을 마시게 하여 양기를 키워주는 것은 봄과 여름에 한다. 맛좋은 음식을 먹게 하여 음기를 키워주는 것은 가을과 겨울에 한다.[105] 네 계절에 각각 1번씩 시행

---

104) 삼로오경(三老五更)은 삼로(三老)와 오경(五更)을 뜻한다. 이들은 국가의 요직에 있다가 나이가 들어 퇴직한 자들이다. 정현은 '삼로'와 '오경'은 3명과 5명이 아닌 각각 1명씩이라고 풀이했다. 그리고 1명씩인데도 '삼(三)'자와 '오(五)'자를 붙여서 부르는 이유에 대해서, '삼신(三辰)'과 '오성(五星)'에서 명칭을 빌려왔기 때문이라고 해석하였고, 또한 '삼덕(三德)'과 '오사(五事)'를 알고 있는 자들이기 때문에, 이러한 명칭이 붙었다고 풀이하기도 한다. 『예기』「문왕세자」편에는 "適東序, 釋奠於先老, 遂設三老, 五更, 群老之席位焉."이란 기록이 있는데, 이에 대한 정현의 주에서는 "三老五更各一人也, 皆年老更事致仕者也. 天子以父兄養之, 示天下之孝悌也. 名以三五者, 取象三辰五星, 天所因以照明天下者."라고 풀이했고, 또한 『예기』「악기(樂記)」편에는 "食三老五更於大學."이란 기록이 있는데, 이에 대한 정현의 주에서는 "三老五更, 互言之耳, 皆老人更知三德五事者也."라고 풀이했다. 그리고 참고적으로 공영달(孔穎達)의 소(疏)에서는 "三德謂正直, 剛, 柔. 五事謂貌, 言, 視, 聽, 思也."라고 해석하여, '삼덕'은 정직(正直), 강직함[剛], 부드러움[柔]이라고 풀이했고, 오사(五事)는 '올바른 용모[貌]', '올바른 말[言]', '올바르게 봄[視]', '올바르게 들음[聽]', '올바르게 생각함[思]'이라고 풀이했다.

105) 『예기』「교특생(郊特牲)」【318c~d】 : 饗禘有樂, 而食嘗無樂, 陰陽之義也. 凡飮, 養陽氣也. 凡食, 養陰氣也. 故春禘而秋嘗, 春饗孤子, 秋食耆老, 其義一也. 而食嘗無樂, 飮, 養陽氣也. 故有樂, 食, 養陰氣也, 故無聲. 凡聲陽也.

한다. 성대하게 대합악(大合樂)[106]을 할 때에는 반드시 노인을 봉양하는 의식까지 치른다. 봄에 학사들이 학궁에 입학하게 되면, 향기 있는 풀인 채(菜)를 들고 춤을 조화롭게 추게 하고, 가을에는 재목에 따라 배우는 과정을 구분하고, 노래를 화합되게 부르게 한다고 했으니,[107] 앞의 봄과 가을에 합무(合舞)를 하고 합성(合聲)을 하면서 시행하는 이 두 가지를 통틀어 다섯 번째와 여섯 번째가 된다. 또한 계춘에는 대합악을 하며 천자가 태학에 친히 가서 보게 되는데,[108] 이 때에도 노인을 봉양하니, 이것이 일곱 번째이다.

경문-176a 有虞氏以燕禮.

번역 유우씨 때에는 연례(燕禮)로써 노인을 봉양했다.

集說 燕禮者, 一獻之禮旣畢, 皆坐而飮酒, 以至於醉. 其牲用狗, 其禮亦有二, 一是燕同姓, 二是燕異姓也.

번역 '연례(燕禮)'라는 것은 한 차례 술을 따라주는 예법이 끝나면 모두 자리에 앉아서 술을 마시는데 취할 때까지 마시는 것이다. 사용하는 희생물은 개를 쓰고, 그 예법에도 또한 두 가지가 있으니, 첫 번째는 동성인 자들에게 연회를 베풀어주는 것이며, 두 번째는 이성인 자들에게 연회를 베풀어주는 것이다.

---

106) 대합악(大合樂)은 일반적으로 음악을 합주한다는 합악(合樂)의 뜻과 같다. 한편 계춘(季春)의 달에 국학(國學)에서 성대하게 시행한 합주를 뜻하기도 한다. 계춘에는 천자가 직접 주요 신하들을 이끌고 국학에 와서 합악을 관람하기 때문에, 성대하다는 의미에서 '대(大)'자가 붙여진 것이다.

107) 『주례』「춘관(春官)·대서(大胥)」: 大胥, 掌學士之版以待致諸子. 春入學舍采合舞. 秋頒學合聲.

108) 『예기』「월령(月令)」【198b】: 是月之末, 擇吉日大合樂, 天子乃率三公九卿諸侯大夫親往視之.

경문-176a 夏后氏以饗禮.

번역 하후씨 때에는 향례(饗禮)로써 노인을 봉양했다.

集說 饗禮者, 體薦而不食, 爵盈而不飮, 立而不坐, 依尊卑爲獻, 數畢而止. 然亦有四焉, 諸侯來朝, 一也. 王親戚及諸侯之臣來聘, 二也. 戎狄之君使來, 三也. 享宿衛及耆老孤子, 四也. 惟宿衛及耆老孤子, 則以酒醉爲度, 酒正云.

번역 '향례(饗禮)'라는 것은 희생물을 통째로 바치지만 그것을 먹지 않으며, 술잔을 가득 채우지만 마시지 않으며, 서 있고 자리에 앉지 않으며, 신분의 존비에 의거해서 술잔을 바치며, 정해진 술잔 바치는 횟수가 끝나면 의식을 끝낸다. 그러나 또한 이 예법에도 네 가지 종류가 있으니, 제후가 천자의 수도로 찾아와 조회를 할 때 시행하는 것이 첫 번째이다. 천자의 친척이나 제후의 신하가 찾아와서 조회를 할 때 시행하는 것이 두 번째이다. 오랑캐 군주나 그 사신이 찾아왔을 때 시행하는 것이 세 번째이다. 경호를 담당하는 숙위들과 기로(耆老)[109] 및 고아들에게 잔치를 열어줄 때 시행하는 것이 네 번째이다. 이때 숙위들과 기로 및 고아들에게 잔치를 열어줄 때 시행하는 경우에 한해서만, 술을 취할 때까지 마시게 하는 것을 법도로 삼았으니, 『주례』「주정(酒正)」에서 그렇게 이야기했다.[110]

경문-176b 殷人以食禮.

번역 은나라 때에는 사례(食禮)로써 노인을 봉양했다.

集說 食禮者, 有飯有殽, 雖設酒而不飮, 其禮以飯爲主, 故曰食也. 然亦有二焉, 大行人云, 食禮九擧, 及公食大夫之類, 謂之禮食. 其臣下自與賓客旦夕

---

109) 기로(耆老)에서의 기(耆)자는 60세 이상의 노인을 뜻하고, 노(老)자는 70세 이상의 노인을 뜻한다. 또한 '기로'는 노인들을 일반적으로 지칭하는 용어로도 사용된다.

110) 『주례』「천관(天官)·주정(酒正)」: 凡饗士庶子, 饗耆老孤子, 皆共其酒, 無酌數.

共食, 則謂之燕食也. 饗食禮之正, 故行之於廟. 燕以示慈惠, 故行之於寢也.

번역 '사례(食禮)'라는 것은 그 행사에 밥이 있고 반찬이 있는 것이니, 비록 술도 두었지만 마시지는 않고, 그 예법에서는 밥을 위주로 한 것이기 때문에 '사(食)'라고 부른 것이다. 그러나 또한 이 예법에도 두 가지가 있으니, 첫 번째로 『주례』「대행인(大行人)」편에서 상공의 사례에서 9거(擧)를 한다는 것과 『의례』「공사대부례(公食大夫禮)」편에서 언급한 것 등은 '예사(禮食)'라고 부른다. 두 번째로 신하들이 스스로 빈객과 더불어 아침저녁으로 함께 식사하는 것이니, 이를 '연사(燕食)'라고 부른다. 하후씨 때의 향례와 은나라 때의 사례는 정식 예법이기 때문에, 종묘에서 시행한다. 유우씨 때의 연례는 그것으로 자혜로움을 보이는 것이기 때문에 침에서 시행한다.

경문-176c 周人脩而兼用之.

번역 주나라 때에는 이 세 가지 제도를 잘 다듬어서 함께 사용했다.

集說 春夏則用虞之燕, 夏之饗, 秋冬則用殷之食. 周尙文, 故兼用三代之禮也.

번역 봄과 여름에는 유우씨 때의 제도인 연례를 사용했고, 하후씨 때의 제도인 향례를 사용했으며, 가을과 겨울에는 은나라 때의 사례를 사용했다. 주나라는 문화를 숭상했기 때문에, 우·하·은의 예를 겸하여 사용한 것이다.

鄭注 兼用之, 備陰陽也. 凡飮養陽氣, 凡食養陰氣. 陽用春夏, 陰用秋冬.

번역 주나라에서는 이 세 가지 제도를 겸하여 사용하여서, 음양을 갖춘 것이다. 무릇 술을 마시는 것은 양기를 봉양하는 것이고, 무릇 밥을 먹는 것은 음기를 봉양하는 것이다. 양기를 봉양하는 방법은 봄과 여름에 사용하고, 음기를 봉양하는 방법은 가을과 겨울에 사용한다.

참고 『주례』「천관(天官)·선부(膳夫)」 기록

경문 王燕飮酒, 則爲獻主.

번역 천자가 연회를 하여 술을 마시게 되면, 헌주를 맡는다.

鄭注 鄭司農云: "主人當獻賓, 則膳夫代王爲主, 君不敵臣也. 燕義曰: '使宰夫爲獻主, 臣莫敢與君亢禮.'"

번역 정사농은 "주인은 마땅히 빈객에게 술을 따라주어야 하니, 선부가 천자를 대신해서 주인을 맡는 것은 군주는 신하와 대등하지 않기 때문이다. 『예기』「연의」편에서는 '재부(宰夫)를 헌주로 삼는 것은 신하는 감히 군주와 함께 대등한 예법을 시행할 수 없기 때문이다.'"라고 했다.

賈疏 ●"王燕"至"獻主". ○釋曰: 謂王與臣以禮燕飮, 則膳夫爲獻主. 按儀禮使宰夫爲主人, 此天子使膳夫爲獻主, 皆是飮食之官, 代君酌臣.

번역 ●經文: "王燕"~"獻主". ○천자가 신하들과 예법에 따라 연회를 하며 술을 마시게 되면, 선부가 헌주를 맡는다는 뜻이다. 『의례』를 살펴보면 재부(宰夫)를 주인으로 삼는데, 이곳에서 천자는 선부를 시켜 헌주로 삼았다. 이 둘은 음식을 담당하는 관리이므로, 군주를 대신해서 신하에게 술을 따라주는 것이다.

賈疏 ◎注"鄭司"至"亢禮". ○釋曰: 言當獻賓則膳夫代王爲主, 此約燕禮而知. 按燕禮, 主人酌酒獻賓, 賓酢主人, 主人酌酒獻君, 君酢主人, 主人酬賓以後, 爲賓擧旅. 又引燕義"臣莫敢與君亢禮"者, 飮酒之禮, 使大夫爲賓, 遣宰夫爲主人, 獻酢相亢答. 若君爲主人, 則是臣與君相亢, 故云臣莫敢亢禮.

번역 ◎鄭注: "鄭司"~"亢禮". ○마땅히 빈객에게 술을 따라주어야 하니, 선부가 천자를 대신해서 주인을 맡는다고 했는데, 이것은 『의례』「연례(燕禮)」

편의 내용을 요약해보면 이러한 사실을 알 수 있다. 「연례」편을 살펴보면 주인이 술을 따라 빈객에게 바치고, 빈객은 다시 주인에게 술을 권하며, 주인은 술을 따라 군주에게 바치고, 군주는 주인에게 술을 권하며, 주인이 빈객에게 술을 권하고, 그런 이후 빈객을 위해 여수(旅酬)를 시행한다. 또 「연의」편에서 "신하는 감히 군주와 함께 대등한 예법을 시행할 수 없기 때문이다."라고 한 말을 인용했는데, 음주를 하는 예법에 있어서 대부를 빈객으로 삼고 재부를 주인으로 삼는 것은 술을 바치고 따라 권할 때 서로 대등하게 주고받아야 하기 때문이다. 만약 군주가 주인의 역할을 한다면, 이것은 신하가 군주와 대등하게 되는 것이기 때문에 "신하는 감히 대등한 예법을 시행할 수 없기 때문이다."라고 했다.

참고 『주례』「하관(夏官)·태복(太僕)」 기록

경문 王燕飮, 則相其法.

번역 천자가 연회를 하며 술을 마시게 되면, 그 예법의 진행을 돕는다.

鄭注 相, 左右.

번역 '상(相)'자는 돕는다는 뜻이다.

賈疏 ◎注"相左右". ○釋曰: 此"燕飮", 謂與諸侯燕, 若公三燕·侯伯再燕·子男一燕之等, 或與群臣燕之等, 皆是. 其法, 有主人酌酒獻賓, 賓酢主人, 主人酬賓, 洗爵升降之法, 皆左右相助王, 故云"相其法"也.

번역 ◎鄭注: "相左右". ○이곳에서 '연음(燕飮)'이라고 한 것은 제후와 연회를 하는 것이니, 공작과 세 차례 연회를 하고 후작 및 백작과 두 차례 연회를 하며 자작 및 남작과 한 차례 연회를 한다는 것 등이며, 혹은 여러 신하들과 연회를 하는 것 등이 모두 이러한 경우에 해당한다. '기법(其法)'은 주인이 술을 따라 빈객에게 바치고, 빈객이 주인에게 술을 권하며, 주인이 빈객에게 술을 되갚으며 술잔을 씻고 당상에 오르고 내리는 법도를 뜻하니, 이러한 것들에 대해서 모두 그 예법의 진행을 도와 천자를 보좌한다. 그렇기 때문에 "예법의 진행을 돕는다."라고 했다.

참고 『주례』「하관(夏官)·주정(酒正)」 기록

경문 凡王之燕飮酒, 共其計, 酒正奉之.

번역 무릇 천자가 연회를 하며 술을 마실 때에는 그 수치에 맞게 공급을 하고, 주정이 그것을 받든다.

鄭注 共其計者, 獻酬多少, 度當足也. 故書"酒正"無酒字. 鄭司農云: "正奉之, 酒正奉之也."

번역 '공기계(共其計)'는 술을 따라주고 되갚는 수치에 있어서 그 회수를 충족시킨다는 뜻이다. 옛 기록에는 '주정(酒正)'의 주(酒)자가 기록되지 않았다. 정사농은 "정봉지(正奉之)는 주정이 받든다는 뜻이다."라고 했다.

賈疏 ●"凡王"至"奉之". ○釋曰: 謂王與群臣燕飮之酒. 共其計者, 謂計群臣多少, 以足爲度. 酒正奉之者, 以其共王, 故酒正自奉之.

번역 ●經文: "凡王"~"奉之". ○천자가 신하들과 연회를 하며 술을 마시는 것을 뜻한다. '공기계(共其計)'는 신하들의 수치를 계산하여 수치를 충족시킨다는 뜻이다. '주정봉지(酒正奉之)'는 이것을 천자에게 공급하기 때문에 주정이 직접 그것을 받드는 것이다.

참고 『주례』「춘관(春官)·제루씨(鞮鞻氏)」 기록

경문 鞮鞻氏; 掌四夷之樂與其聲歌.

번역 제루씨는 사방 오랑캐의 음악과 그 노래를 담당한다.

鄭注 四夷之樂, 東方曰韎, 南方曰任, 西方曰株離, 北方曰禁. 詩云"以雅以南", 是也. 王者必作四夷之樂, 一天下也. 言與其聲歌, 則云樂者主於舞.

번역 사방 오랑캐의 음악이라고 했는데, 동쪽 오랑캐의 음악은 '매(韎)'라 부르고, 남쪽 오랑캐의 음악은 '임(任)'이라 부르며, 서쪽 오랑캐의 음악은 '주리(株離)'라 부르고, 북쪽 오랑캐의 음악은 '금(禁)'이라 부른다. 『시』에서 "아(雅)로써 하며 남(南)으로써 한다."[111]라고 한 말이 이것을 가리킨다. 천자가 반드시 사방 오랑캐의 음악을 연주하도록 시키는 것은 온 천하를 다스리기 때문이다. '여기성가(與其聲歌)'라고 한 것은 음악이라는 것은 춤을 추는 것을 위주로 한다는 뜻이다.

賈疏 ◎注"四夷"至"於舞". ○釋曰: 四夷樂名, 出於孝經緯·鉤命決, 故彼云: "東夷之樂曰韎, 持矛助時生. 南夷之樂曰任, 持弓助時養. 西夷之樂曰侏離, 持鉞助時殺. 北夷之樂曰禁, 持楯助時藏. 皆於四門之外, 右辟", 是也. 按明堂位亦有東夷之樂曰韎, 南夷之樂曰任. 又按虞傳云: "陽伯之樂舞侏離", 則東夷之樂亦名侏離者, 東夷樂有二名, 亦名侏離. 鄭注云: "侏離, 舞曲名. 言象萬物生株離, 若詩云'彼黍離離', 是物生亦曰離." 云"王者必作四夷之樂, 一天下也"者, 按白虎通云"王者制夷狄樂, 不制夷狄禮"者, 所以拘中國. 不制禮, 恐夷人不能隨中國禮故也. 四夷之樂誰舞, 使中國之人也. 云"與其聲歌, 則云樂者主於舞"者, 凡樂止有聲歌及舞, 旣下別云聲歌, 明上云樂主於舞可知也. 按月令·仲春云: "命樂正, 入學習樂." 注云: "歌與八音", 知非舞. 以其下季

111) 『시』「소아(小雅)·고종(鼓鍾)」: 鼓鍾欽欽, 鼓瑟鼓琴. 笙磬同音. 以雅以南, 以籥不僭.

春云"大合樂", 明所合多, 故知非直舞, 而有歌與八音也.

번역 ◎鄭注: "四夷"~"於舞". ○사방 오랑캐의 악곡 명칭은 『효경』의 위서인 『구명결』에서 나온 것이다. 그렇기 때문에 『구명결』에서는 "동쪽 오랑캐의 음악을 '매(靺)'라고 부르니, 창을 들고 계절에 따라 생겨나는 것을 돕기 때문이다. 남쪽 오랑캐의 음악을 '임(任)'이라 부르니, 활을 들고 계절에 따라 길러주는 것을 돕기 때문이다. 서쪽 오랑캐의 음악을 '주리(侏離)'라고 부르니, 도끼를 들고 계절에 따라 숙살하는 것을 돕기 때문이다. 북쪽 오랑캐의 음악을 '금(禁)'이라고 부르니, 방패를 들고 계절에 따라 보관하는 것을 돕기 때문이다. 이 모두는 사문 밖에서 우측으로 조금 뒤로 물린 장소에서 한다."라고 했다. 『예기』「명당위(明堂位)」편을 살펴보면 또한 동쪽 오랑캐의 음악을 '매(靺)'라고 부르고, 남쪽 오랑캐의 음악을 '임(任)'이라고 했다.[112] 또 『상서대전』「우전(虞傳)」을 살펴보면 "양백의 악무는 '주리(侏離)'이다."라고 했으니, 동쪽 오랑캐의 음악 또한 '주리(侏離)'라고 부르는 것이니, 동쪽 오랑캐의 음악에 대해서는 두 가지 명칭이 있어서 주리라고도 부르는 것이다. 정현의 주에서는 "'주리(侏離)'는 무곡의 명칭이다. 만물이 생장하며 그루터기를 떠나는 것을 상징하니, 『시』에서 '저 기장이 무르익어 늘어지고 늘어졌구나.'[113]라고 한 말과 같으니, 이것은 사물이 성장하여 떨어져 나가는 것을 이(離)라고 부른다는 사실을 뜻한다."라고 했다. 정현이 "천자가 반드시 사방 오랑캐의 음악을 연주하도록 시키는 것은 온 천하를 다스리기 때문이다."라고 했는데, 『백호통』[114]을 살펴보면 "천자는 오랑캐의 음악은 제어하지만 오랑캐의 예법은 제어하지 않는다."라고 했으니, 중국과 오랑캐를 구분하기 위해서이다. 예법을 제어하지 않는 것은 오랑캐들이 중국의 예법을 따르지 못할까 염려했기 때문이다. 오랑캐의 음

---

112) 『예기』「명당위(明堂位)」【400d】: 升歌淸廟, 下管象. 朱干玉戚, 冕而舞大武. 皮弁素積, 裼而舞大夏. 昧, 東夷之樂也. 任, 南蠻之樂也. 納夷蠻之樂於太廟, 言廣魯於天下也.

113) 『시』「왕풍(王風)·서리(黍離)」: 彼黍離離, 彼稷之苗. 行邁靡靡, 中心搖搖. 知我者, 謂我心憂, 不知我者, 謂我何求. 悠悠蒼天, 此何人哉.

114) 『백호통(白虎通)』은 후한(後漢) 때 편찬된 서적이다. 『백호통의(白虎通義)』라고도 부른다. 후한의 장제(章帝)가 학자들을 불러 모아서, 백호관(白虎觀)에서 토론을 시키고, 각 경전 해석의 차이점을 기록한 서적이다.

악은 어떤 사람을 시켜 춤을 추냐면, 중국의 사람을 시키게 된다. 정현이 "'여기성가(與其聲歌)'라고 한 것은 음악이라는 것은 춤을 추는 것을 위주로 한다는 뜻이다."라고 했는데, 음악에 있어서는 단지 성가(聲歌) 및 무(舞)가 있을 따름인데, 이미 아래에서 별도로 '성가(聲歌)'라고 했으니, 이것은 앞에서 말한 악(樂)이 춤을 위주로 한다는 사실을 알 수 있다. 『예기』「월령(月令)·중춘(仲春)」을 살펴보면, "악정에게 명령하여 학궁으로 들어가서 학자들에게 음악을 익히게 시킨다."[115]라고 했고, 정현의 주에서는 "노래와 팔음(八音)[116]을 익히는 것이다."라고 했으므로, 춤을 가리키는 것이 아님을 알 수 있다. 그리고 아래 「월령·계춘」에서는 "대합악(大合樂)을 한다."[117]라고 했으니, 합주되는 것이 많다는 사실을 나타낸다. 그렇기 때문에 단지 춤만을 가리키는 것이 아니라 노래와 팔음의 연주가 포함된다는 사실을 알 수 있다.

경문 祭祀, 則歙而歌之, 燕亦如之.

번역 제사를 지내게 되면 관악기를 연주하고 노래를 부르는데, 연회를 할

---

115) 『예기』「월령(月令)·중춘(仲春)」【195c】: 命樂正, 習舞釋菜, 天子乃帥三公九卿諸侯大夫, 親往視之. 仲丁, 又命樂正, 入學習樂.

116) 팔음(八音)은 여덟 가지의 악기들을 뜻한다. 여덟 종류의 악기에는 8종류의 서로 다른 재질이 사용되기 때문에, 붙여진 이름이다. 여기에서 여덟 가지 재질이란 통상적으로 쇠[金], 돌[石], 실[絲], 대나무[竹], 박[匏], 흙[土], 가죽[革], 나무[木]를 가리킨다. 『서』「우서(虞書)·순전(舜典)」편에는 "三載, 四海遏密八音."이란 기록이 있는데, 이에 대한 공안국(孔安國)의 전(傳)에서는 "八音, 金石絲竹匏土革木."이라고 풀이하였다. 또한 여덟 가지 재질에 따른 악기에 대해서 설명하자면, 금(金)에는 종(鐘)과 박(鎛)이 있고, 석(石)에는 경(磬)이 있으며, 토(土)에는 훈(塤)이 있고, 혁(革)에는 고(鼓)와 도(鼗)가 있으며, 사(絲)에는 금(琴)과 슬(瑟)이 있고, 목(木)에는 축(柷)과 어(敔)가 있으며, 포(匏)에는 생(笙)이 있고, 죽(竹)에는 관(管)과 소(簫)가 있다. 『주례』「춘관(春官)·대사(大師)」편에는 "皆播之以八音, 金石土革絲木匏竹."이라는 기록이 있는데, 이에 대한 정현의 주에서는 "金, 鐘鎛也. 石, 磬也. 土, 塤也. 革, 鼓鼗也. 絲, 琴瑟也. 木, 柷敔也. 匏, 笙也. 竹, 管簫也."라고 풀이하였다.

117) 『예기』「월령(月令)·계춘(季春)」【198b】: 是月之末, 擇吉日, 大合樂, 天子, 乃帥三公九卿諸侯大夫, 親往視之.

때에도 이처럼 한다.

鄭注 吹之以管籥爲之聲.

번역 관악기로 불어서 소리를 내는 것이다.

賈疏 ◎注"吹之"至"之聲". ○釋曰: 知"吹之以管籥爲之聲"者, 以其歌者在上, 管籥在下, 旣言吹之用氣, 明據管籥爲之聲可知, 是以笙師教吹管籥之等.

번역 ◎鄭注: "吹之"~"之聲". ○정현이 "관악기로 불어서 소리를 내는 것이다."라고 했는데, 이 말이 사실임을 알 수 있는 이유는 노래를 부르는 자는 당상에서 하고, 관악기는 당하에 있는데, 이미 호흡을 이용해서 분다고 했다면, 이것은 관악기로 소리를 내는 것에 기준을 두었다는 사실을 알 수 있다. 이러한 까닭으로 생사(笙師)가 관악기를 부는 방법 등을 가르치는 것이다.

참고 『논어』「이인(里仁)」 기록

경문 子曰: "能以禮讓爲國乎何有①? 不能以禮讓爲國, 如禮何②?"

번역 공자가 말하길, "예와 겸양으로 나라를 다스린다면 무슨 어려움이 있겠는가? 예와 겸양으로 나라를 다스릴 수 없다면 예를 어찌하겠는가?"라고 했다.

何注-① 何有者, 言不難.

번역 '하유(何有)'라는 말은 어렵지 않다는 뜻이다.

何注-② 包曰: 如禮何者, 言不能用禮.

번역 포씨가 말하길, '여례하(如禮何)'라는 말은 예를 사용할 수 없다는 뜻이다.

邢疏 ●"子曰"至"禮何". ○正義曰: 此章言治國者必須禮讓也.

번역 ●經文: "子曰"~"禮何". ○이 문장은 나라를 다스리는 자는 반드시 예와 겸양에 따라야 함을 나타내고 있다.

邢疏 ●"能以禮讓爲國乎"者, 爲, 猶治也. 禮節民心, 讓則不爭. 言人君能以禮讓爲敎治其國乎.

번역 ●經文: "能以禮讓爲國乎". ○'위(爲)'자는 다스린다는 뜻이다. 예로 백성들의 마음을 조절하고 겸양을 시행한다면 다투지 않는다. 군주가 예와 겸양으로 나라를 다스리고 백성들을 가르칠 수 있어야 한다는 뜻이다.

邢疏 ●云"何有"者, 謂以禮讓治國, 何有其難. 言不難也.

번역 ●經文: "何有". ○예와 겸양으로 나라를 다스리는데 어떤 어려움이 있겠느냐는 뜻이다. 어렵지 않다는 의미이다.

邢疏 ●"不能以禮讓爲國"者, 言人君不能明禮讓以治民也.

번역 ●經文: "不能以禮讓爲國". ○군주가 예와 겸양을 밝혀서 백성들을 다스릴 수 없다는 뜻이다.

邢疏 ●"如禮何"者, 言有禮而不能用, 如此禮何!

번역 ●經文: "如禮何". ○예가 있더라도 사용할 수 없다면 이러한 예를 어찌하겠느냐는 의미이다.

集註 讓者, 禮之實也. 何有, 言不難也. 言有禮之實以爲國, 則何難之有? 不然, 則其禮文雖具, 亦且無如之何矣, 而況於爲國乎?

번역 겸양은 예의 실덕이다. '하유(何有)'는 어렵지 않다는 뜻이다. 예의 실덕을 갖추고서 나라를 다스린다면 어떤 어려움이 있겠는가? 이처럼 하지 않는다면 예와 절문이 비록 갖춰져 있더라도 어찌할 수 없는데, 하물며 나라를 다스리는 일에 있어서는 어떻겠느냐는 의미이다.

그림 0-1 ▣ 고문설구족도(古文說九族圖)

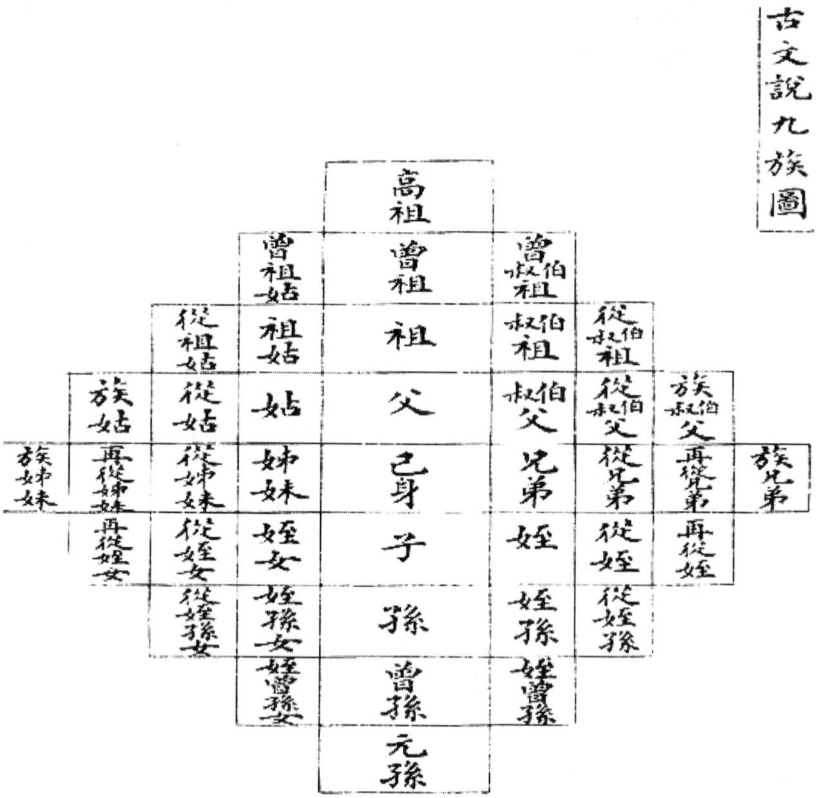

古文說九族圖

				高祖				
			曾祖姑	曾祖	曾叔伯祖			
		從祖姑	祖姑	祖	叔伯祖	從叔伯祖		
	族姑	從姑	姑	父	叔伯父	從叔伯父	族叔伯父	
族姊妹	再從姊妹	從姊妹	姊妹	己身	兄弟	從兄弟	再從兄弟	族兄弟
	再從姪女	從姪女	姪女	子	姪	從姪	再從姪	
		從姪孫女	姪孫女	孫	姪孫	從姪孫		
			姪曾孫女	曾孫	姪曾孫			
				元孫				

※ 출처: 『흠정서경도설(欽定書經圖說)』 1권

그림 0-2 ▣ 금문설구족도(今文說九族圖)

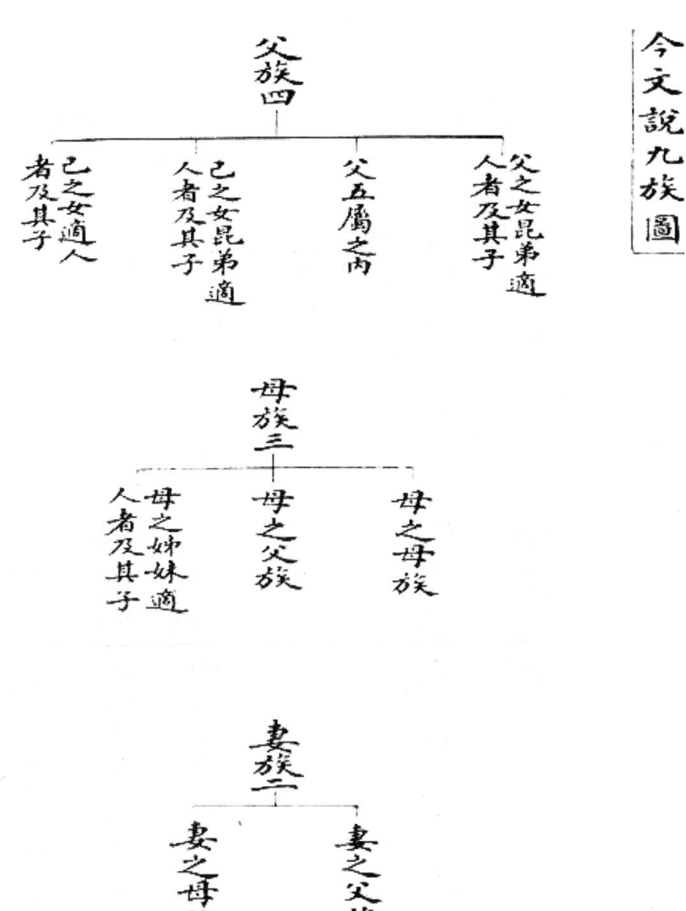

※ **출처:** 『흠정서경도설(欽定書經圖說)』 1권

그림 0-3 ▣ 궤(几)와 연(筵)

※ 출처: 『삼재도회(三才圖會)』「기용(器用)」 2권

그림 0-4 ▣ 천자오문삼조도(天子五門三朝圖)

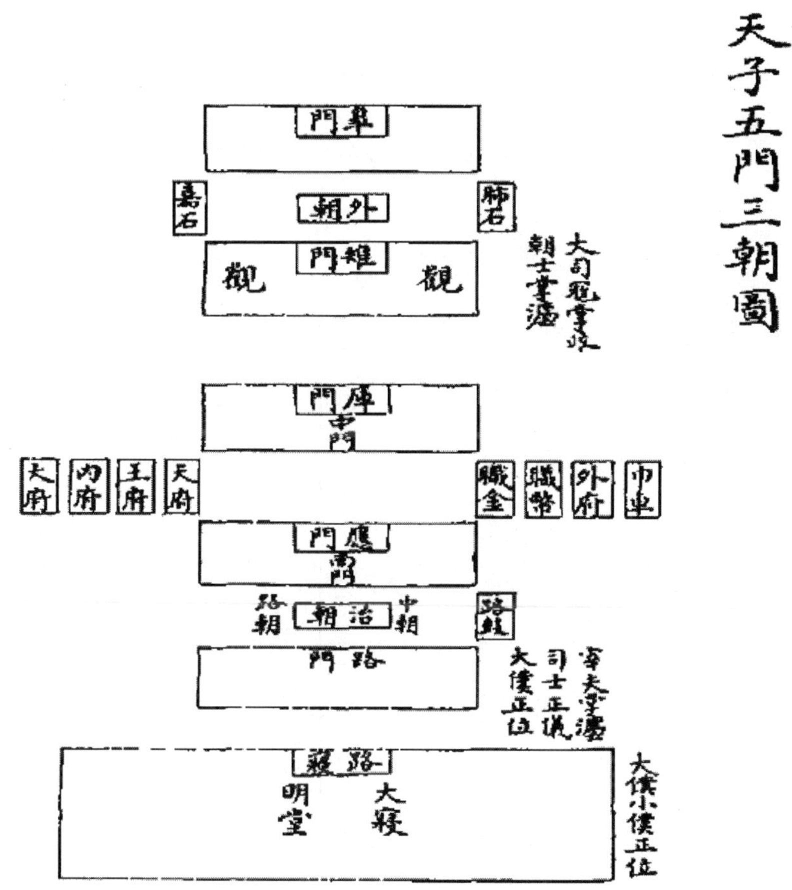

◎ 노침(路寢)의 앞마당=연조(燕朝)

※ 출처: 『주례도설(周禮圖說)』 상권

그림 0-5 ▣ 주(周)나라 세계도(世系圖) Ⅰ

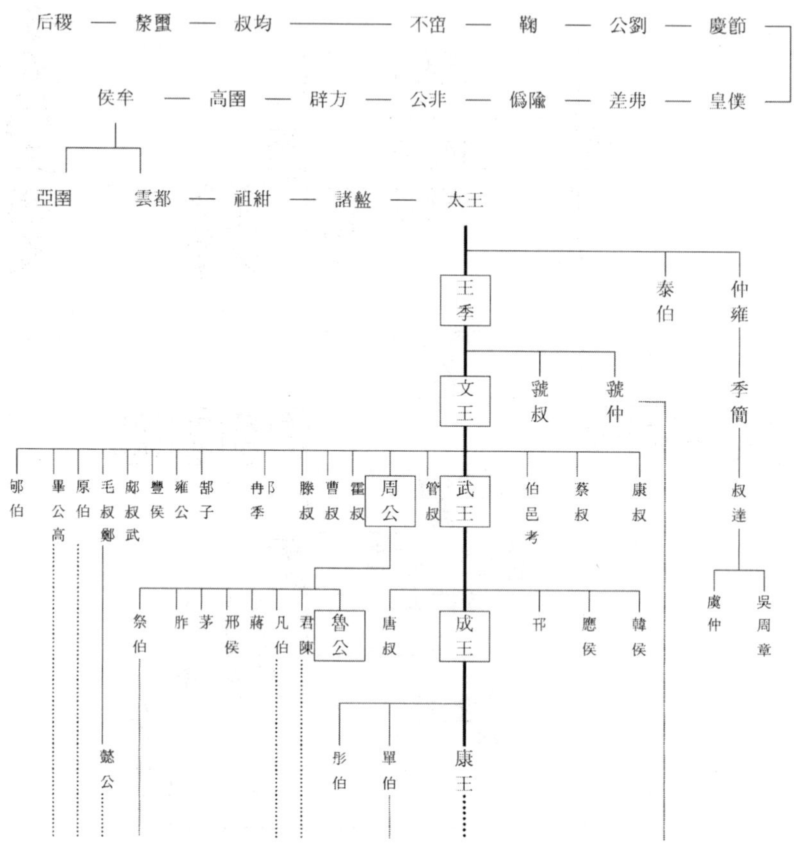

※ **출처:**『역사(繹史)』 1권「역사세계도(繹史世系圖)」

그림 0-6 ▣ 주(周)나라 세계도(世系圖) Ⅱ

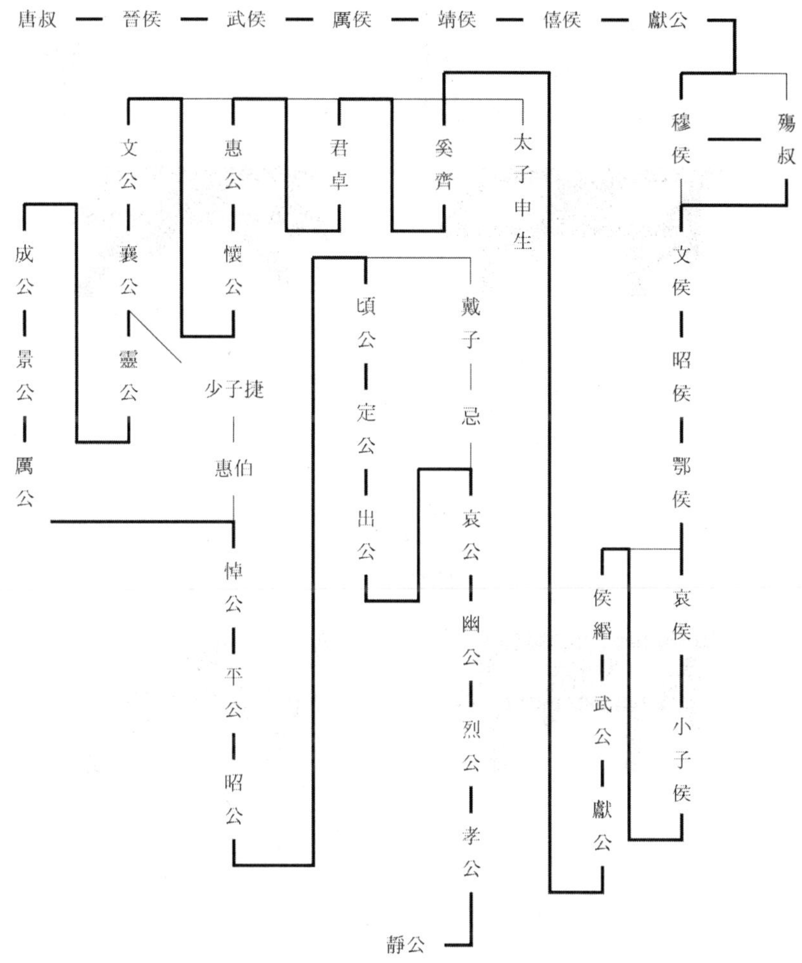

※ **출처:** 『역사(繹史)』 1권 「역사세계도(繹史世系圖)」

그림 0-7 ▣ 조(俎)

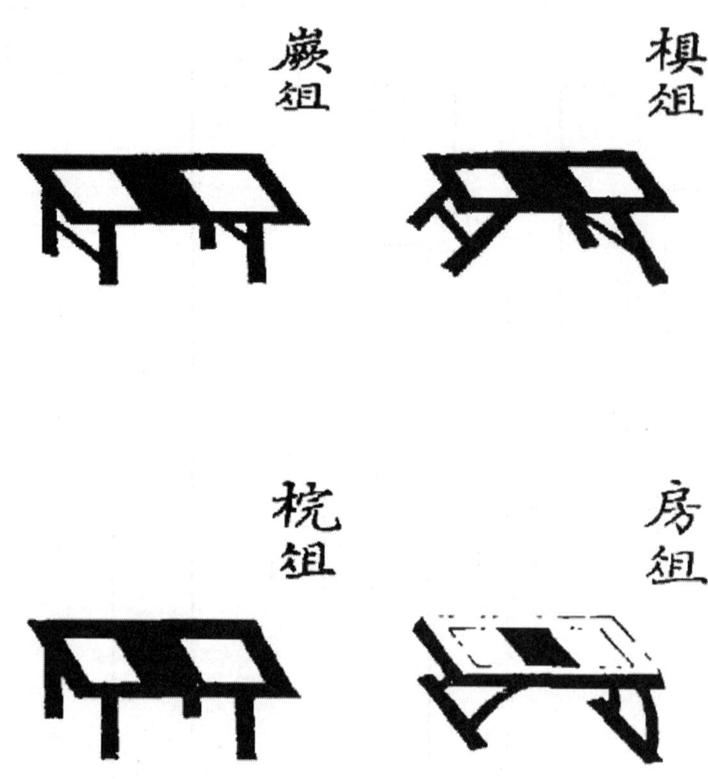

※ **출처:**『삼례도집주(三禮圖集注)』13권

그림 0-8 ▣ 진(晉)나라 세계도(世系圖)

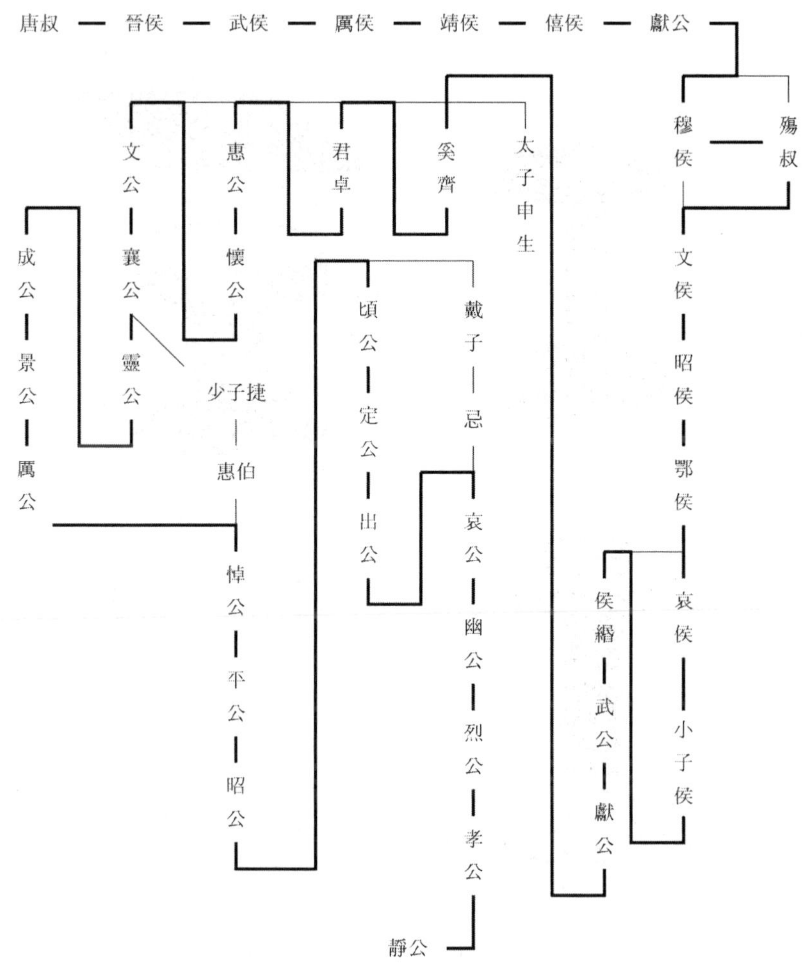

※ **출처:** 『역사(繹史)』 1권 「역사세계도(繹史世系圖)」

그림 0-9 ■ 변(籩)

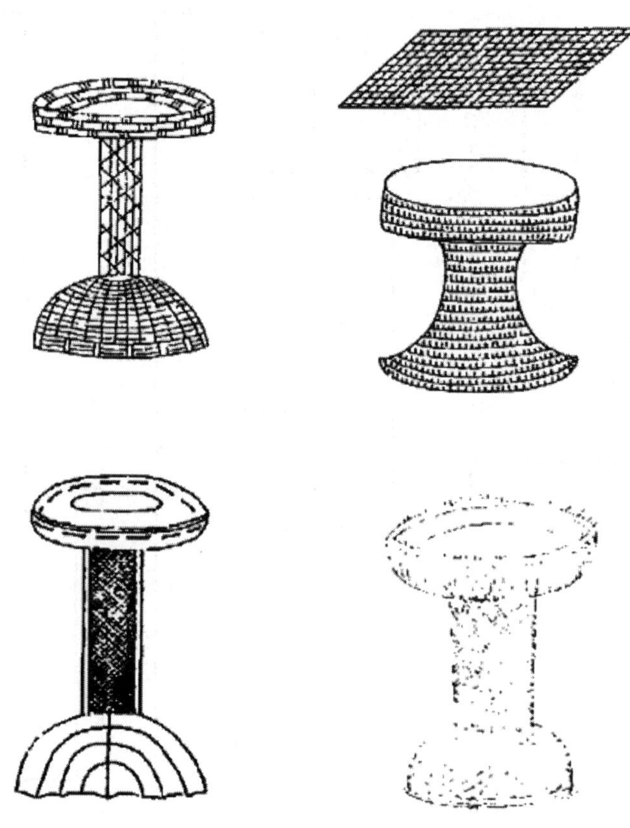

※ 출처: 상좌-『삼례도집주(三禮圖集注)』 13권; 상우-『삼례도(三禮圖)』 4권
하좌-『육경도(六經圖)』 6권;하우-『삼재도회(三才圖會)』「기용(器用)」 2권

그림 0-10 ▣ 두(豆)

※ **출처:** 상좌-『육경도(六經圖)』 6권; 상우-『삼례도(三禮圖)』 4권
하좌-『삼례도집주(三禮圖集注)』 13권; 하우-『삼재도회(三才圖會)』「기용(器用)」 1권

그림 0-11 ▣ 보(簠)

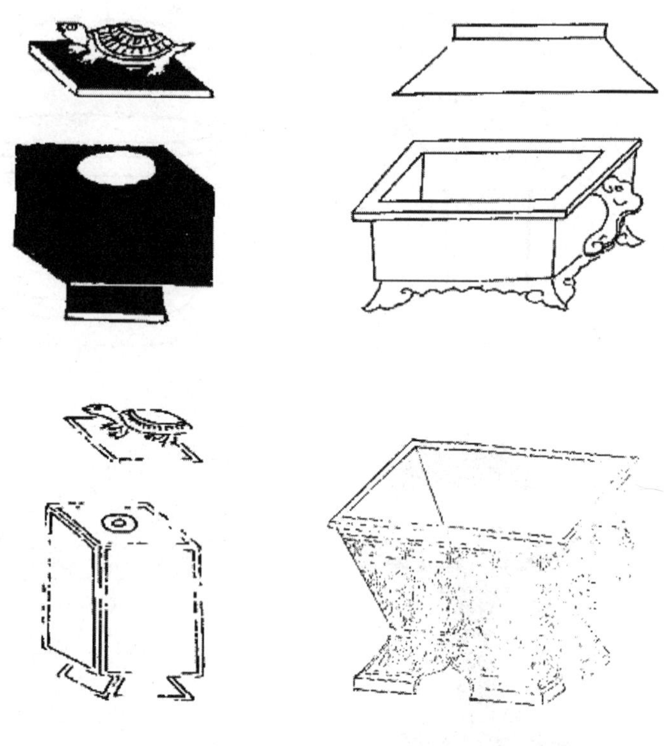

※ 출처: 상좌-『삼례도집주(三禮圖集注)』 13권 ; 상우-『삼례도(三禮圖)』 4권
하좌-『육경도(六經圖)』 6권; 하우-『삼재도회(三才圖會)』「기용(器用)」 1권

그림 0-12 ▣ 궤(簋)

※ **출처:** 상좌-『삼례도집주(三禮圖集注)』 13권 ; 상우-『삼례도(三禮圖)』 4권
하좌-『육경도(六經圖)』 6권; 하우-『삼재도회(三才圖會)』「기용(器用)」 1권

그림 0-13 ▣ 희준(犧尊)과 상준(象尊)

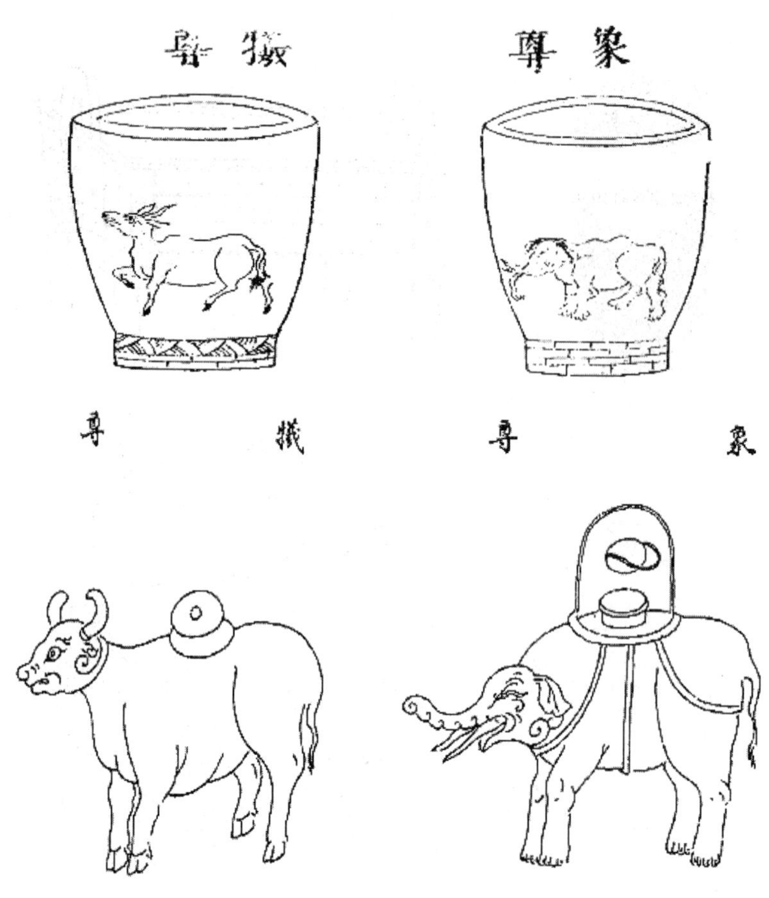

※ **출처:** 상단-『삼재도회(三才圖會)』「기용(器用)」 2권
하단-『삼례도(三禮圖)』 4권

그림 0-14 ▣ 희준(犧尊: =獻尊)과 상준(象尊)-정중(鄭衆)과 완심(阮諶)의 설

※ 출처: 『삼례도집주(三禮圖集注)』 14권

그림 0-15 ▣ 준(尊)과 이(彝)

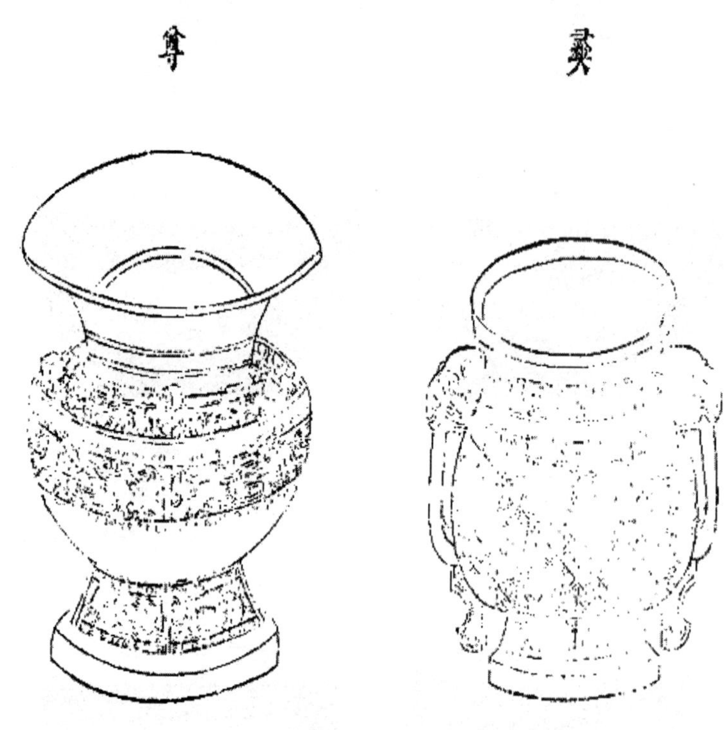

※ 출처: 『삼재도회(三才圖會)』「기용(器用)」 1권

그림 0-16 ▣ 정(鼎)

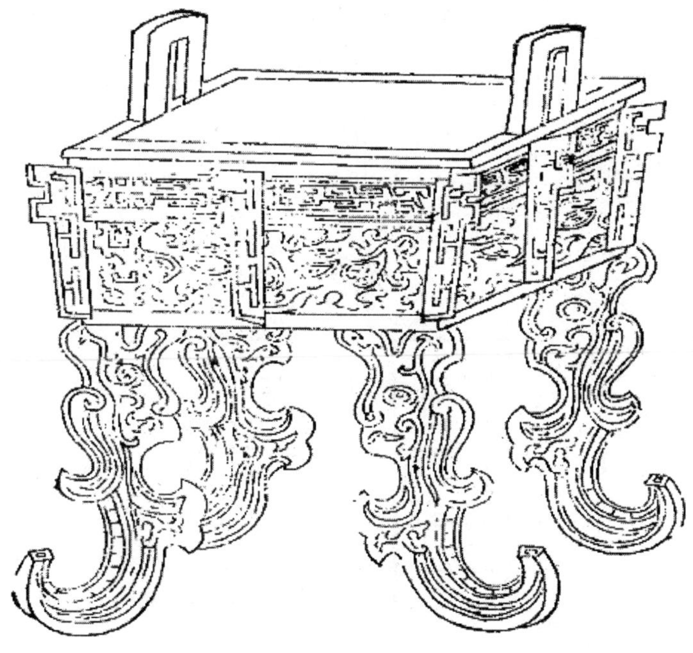

※ **출처:** 『삼재도회(三才圖會)』「기용(器用)」 1권

그림 0-17 ■ 보(黼)와 불(黻)

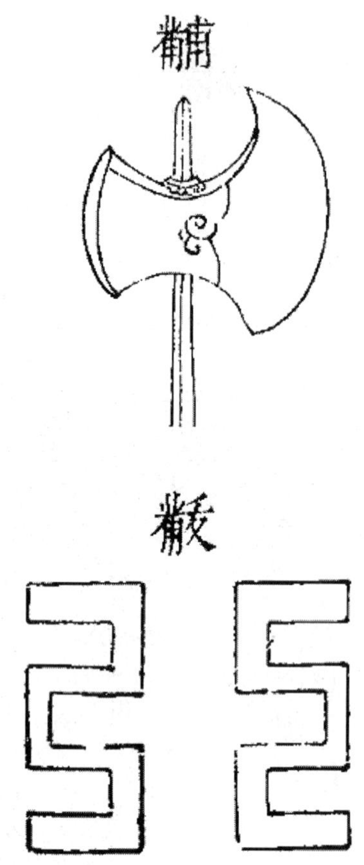

※ 출처: 『삼재도회(三才圖會)』「의복(衣服)」 1권

그림 0-18 ▣ 산(山) · 용(龍) · 화충(華蟲)

※ 출처: 『삼재도회(三才圖會)』「의복(衣服)」 1권

그림 0-19 ▣ 오옥(五玉) : 황(璜) · 벽(璧) · 장(璋) · 규(珪) · 종(琮)

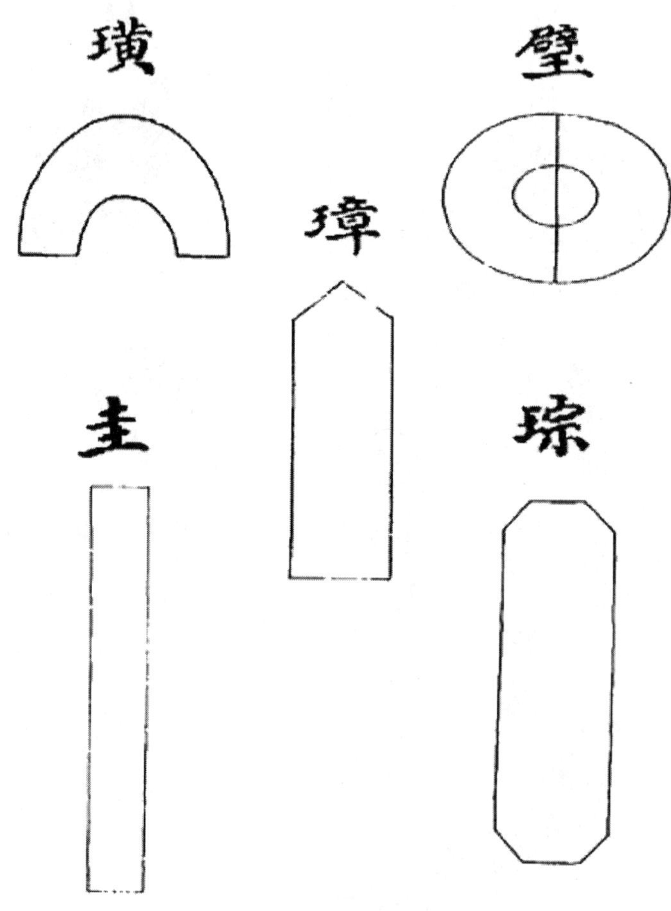

※ **출처:** 『주례도설(周禮圖說)』 하권

그림 0-20 ▣ 호(琥)

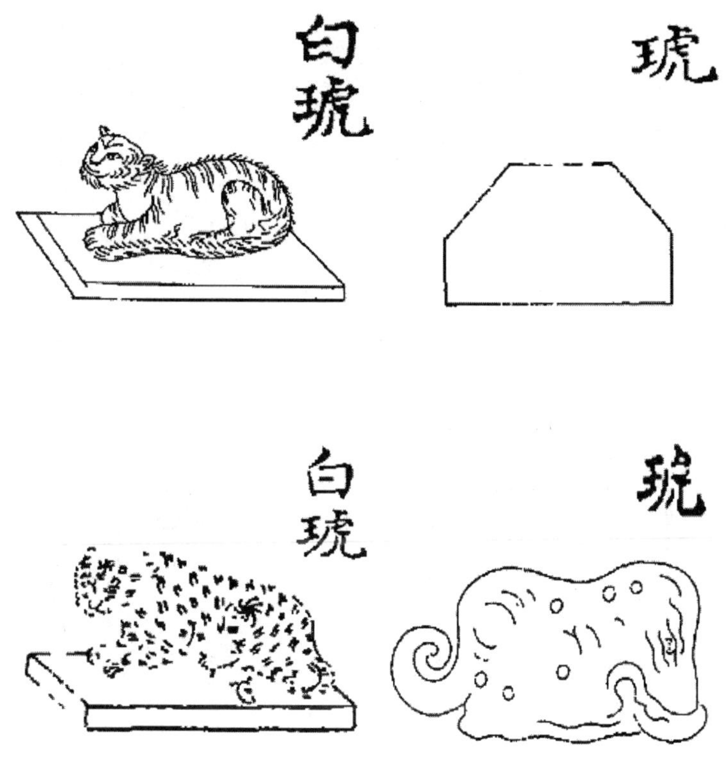

※ 출처: 상우-『주례도설(周禮圖說)』 하권; 상좌-『삼례도집주(三禮圖集注)』 11권
하우-『삼례도(三禮圖)』 3권; 하좌-『육경도(六經圖)』 5권

그림 0-21 ▣ 황(璜)

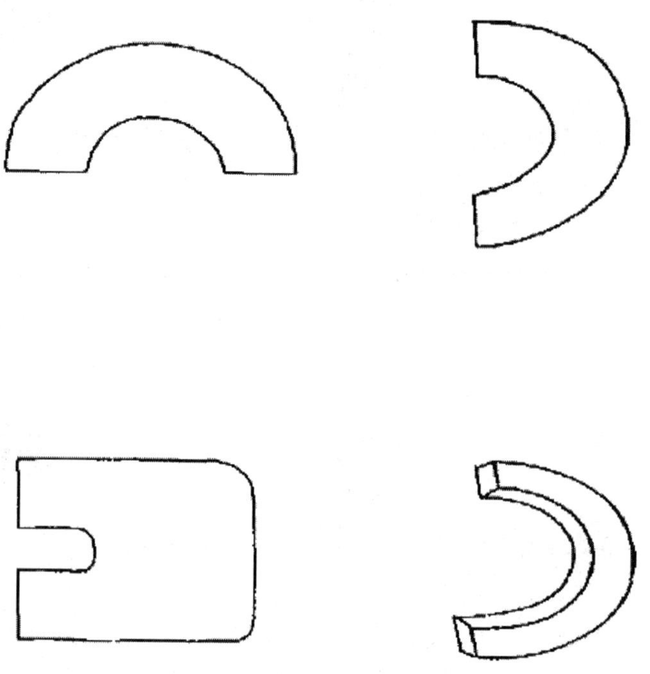

※ 출처: 상좌-『주례도설(周禮圖說)』 하권 ; 상우-『삼례도집주(三禮圖集注)』 11권
하좌-『삼례도(三禮圖)』 3권 ; 하우-『육경도(六經圖)』 5권

그림 0-22 ■ 환규(桓圭)·신규(信圭)·궁규(躬圭)

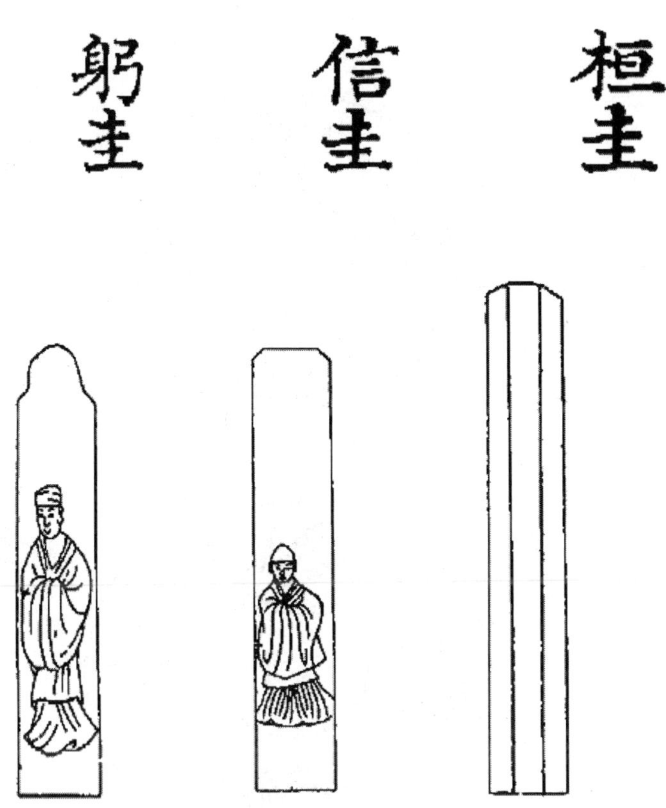

◎ 공작의 환규, 후작의 신규, 백작의 궁규

※ **출처:** 『삼례도집주(三禮圖集注)』 10권

그림 0-23 ▣ 곡벽(穀璧)과 포벽(蒲璧)

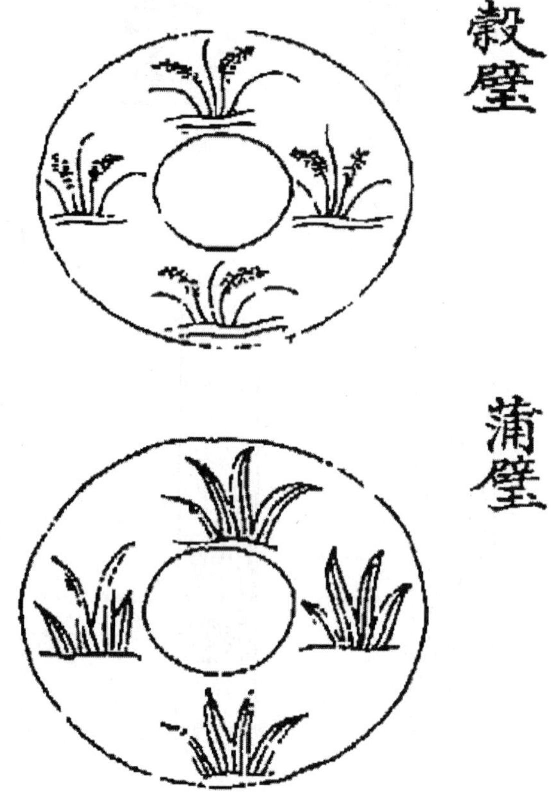

◎ 자작의 곡벽, 남작의 포벽

※ 출처: 『삼례도집주(三禮圖集注)』 10권

그림 0-24 ▣ 소자(繅藉)

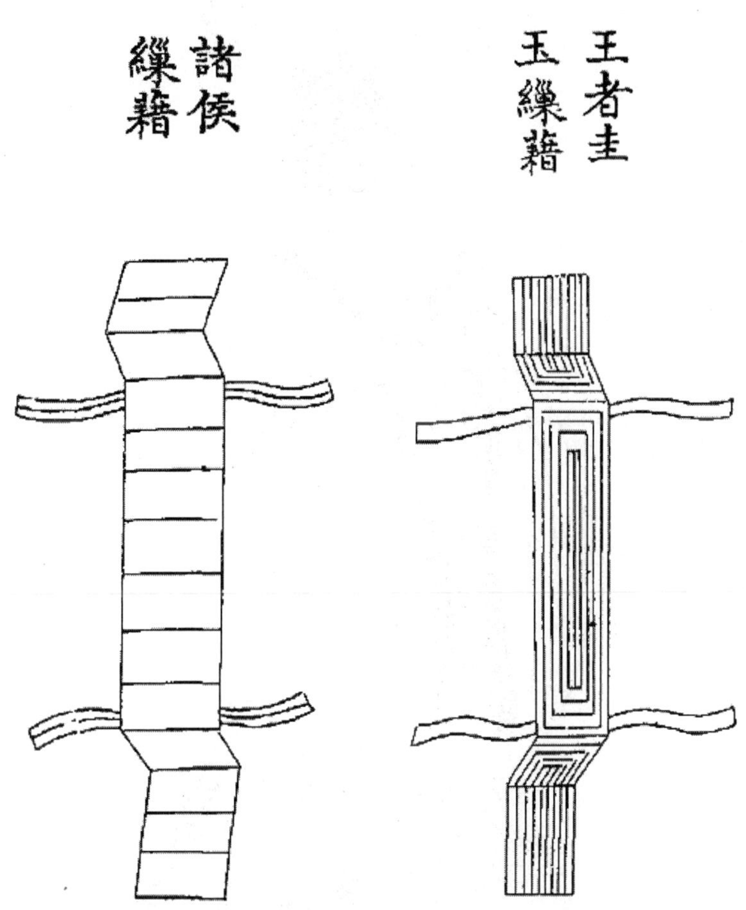

※ **출처:** 『삼례도집주(三禮圖集注)』 10권

그림 0-25 ▣ 제후의 조복(朝服)

※ **출처:** 『삼례도집주(三禮圖集注)』 1권

그림 0-26 ▣ 위변(韋弁)

※ **출처:** 『삼례도집주(三禮圖集注)』 1권

그림 0-27 ▣ 우정(牛鼎)과 경(扃: =鉉)

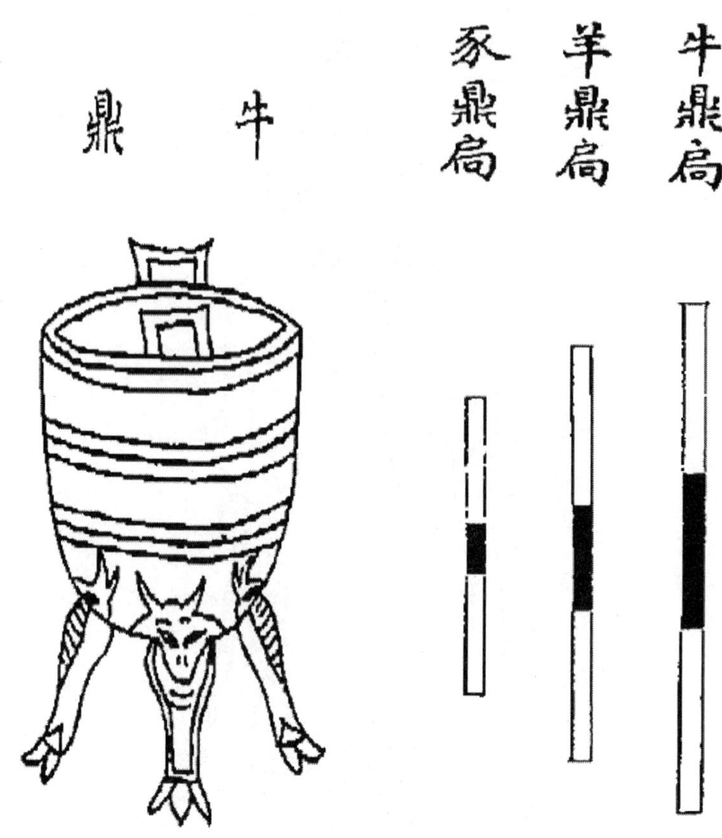

※ **출처:**『삼례도집주(三禮圖集注)』13권

그림 0-28 ▣ 양정(羊鼎)과 시정(豕鼎)

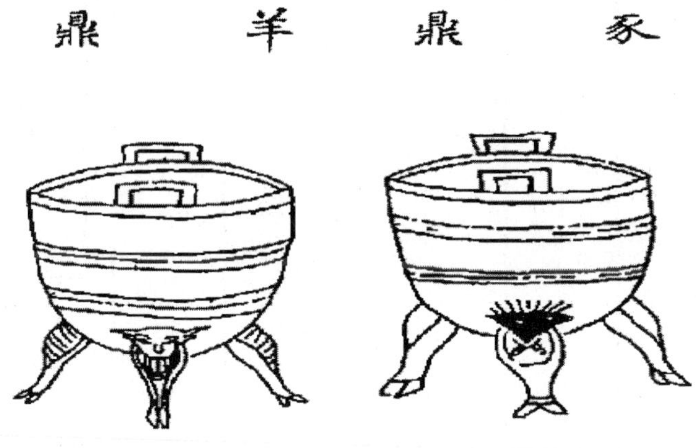

※ **출처:**『삼례도집주(三禮圖集注)』13권

그림 0-29 ▣ 노(魯)나라 세계도(世系圖)

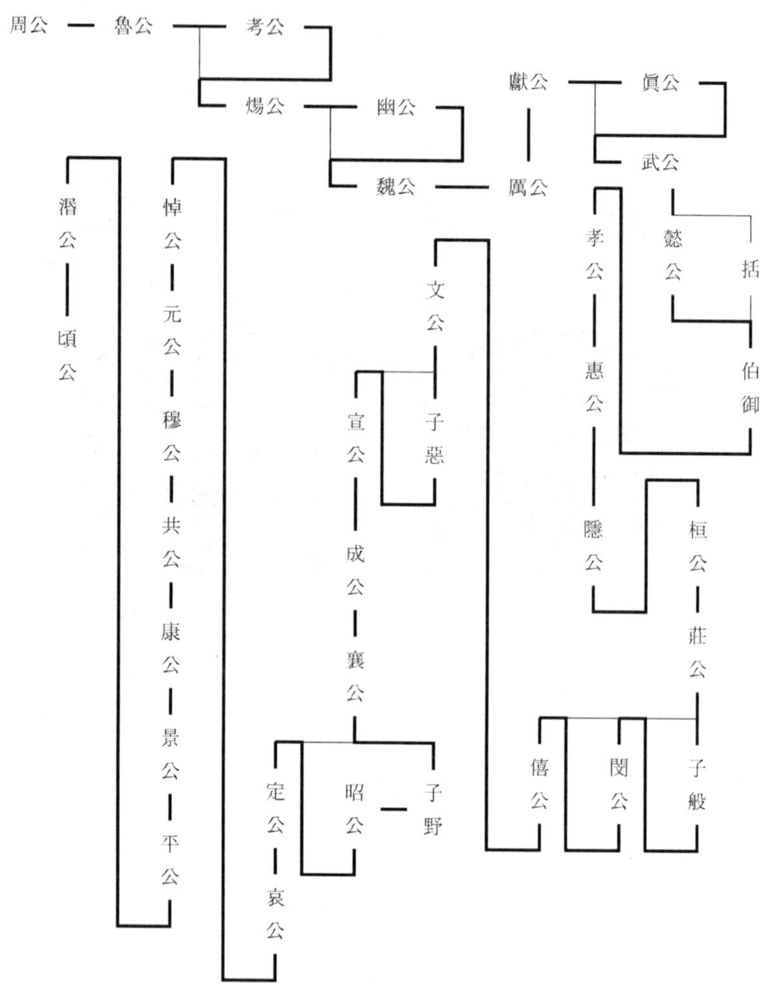

※ 출처: 『역사(繹史)』 1권 「역사세계도(繹史世系圖)」

• 제 1 절 •

서자(庶子)와 국자(國子)

【711c~d】

古者周天子之官, 有庶子官. 庶子官職諸侯·卿·大夫·士之庶子之卒, 掌其戒令, 與其教治, 別其等, 正其位. 國有大事, 則率國子而致於大子, 唯所用之. 若有甲兵之事, 則授之以車甲, 合其卒伍, 置其有司, 以軍法治之. 司馬弗正. 凡國之政事, 國子存游卒, 使之修德學道, 春合諸學, 秋合諸射, 以考其藝而進退之.

직역 古者에 周天子의 官에는 庶子官이 有했다. 庶子官은 諸侯 · 卿 · 大夫 · 士의 庶子의 卒을 職하여, 그 戒令과 그 敎治를 與하여 掌해서, 그 等을 別했고, 그 位를 正했다. 國에 大事가 有하면, 國子를 率하여 大子에게 致하니, 唯히 用한 所이다. 若히 甲兵의 事가 有하면, 授하길 車甲으로써 하고, 그 卒伍를 合하며, 그 有司를 置하여, 軍法으로써 治했다. 司馬는 正을 弗했다. 凡히 國의 政事에, 國子의 游卒을 存하여, 使하여 德을 修하고 道를 學하여, 春에는 學에 合하고, 秋에는 射에 合하여, 이로써 그 藝를 考하여 進退했다.

의역 옛날 주나라 천자의 조정에는 서자(庶子)라는 관리가 있었다. 서자라는 관리는 제후 · 경 · 대부 · 사들의 적자(適子)인 부친 다음 서열에 있는 자들을 담당하여, 그들에게 내리는 경계지침 및 임무와 그들을 가르치고 다스리는 일들을 맡아서, 그들을 등급별로 구분하고, 그들의 자리를 서열에 따라 바르게 정했다. 나라에 중대한 일이 있다면, 국자(國子)들을 통솔하여 태자(太子)에게 보냈으니, 이들은 오직 태자만이 부릴 수 있었다. 만약 군대와 관련된 일이 발생한다면, 그들에게 수레와 병장기를 지급하였고 그들을 각각의 대오에 편입시켰으며, 그 대오를 담당하는 유사(有司)를 두어 군법에 따라 다스렸다. 그러나 사마(司馬)는 이들을 부리는 일을 하지 않았다. 무릇 나라에 중대사가 아닌 일반적인 사안에 있어서는 국자들 중 아직 등용이 되지 못한 자들을 남겨두어서, 그들로 하여금 덕을 수양하고 도를 배우도록 하여, 봄에는 태학(太學)에 불러 모으고 가을에는 사궁(射宮)에 불러 모아서, 그들의 재예를 시험하여 등용을 시키거나 내쳤다.

集說 庶子, 卽夏官諸子職也. 下大夫二人, 掌其戒令以下, 皆周禮文. 卒, 讀爲倅, 副貳也, 此官專主諸侯以下衆庶之子副倅於父之事. 戒令, 謂任之征役也. 敎治, 謂脩德學道也. 別其等者, 分別其貴賤也. 此屬皆未命, 以父之爵爲上下也. 正其位者, 朝廷之位尙爵, 學校之位尙齒也. 大事, 謂大祭祀·大喪紀·大賓客·大燕享之類也. 唯所用之, 唯太子之所役使也. 百人爲卒, 五人爲伍. 有司, 統領卒伍者也. 司馬弗征者, 以其統屬於太子, 故司馬不得而征役之也. 凡國之政事, 非上文所言大事也. 游卒, 倅之未仕者也. 此旣小事, 乃民庶所爲, 不使國子之未仕者爲之, 蓋欲存之使修德學道以成其材也. 故春則合聚之於大學, 秋則合聚之於射宮, 考藝而爲之進退焉.

번역 '서자(庶子)'는 곧 『주례』「하관(夏官)」에 속해 있는 제자(諸子)라는 직책에 해당한다. 하대부(下大夫) 2명이 담당하였으며,[1] 경계지침을 담당한다는 것으로부터 그 이하의 내용은 모두 『주례』에 기록된 문장이다. '졸(卒)'자는 '졸(倅)'자로 읽으니, '다음 서열[副貳]'을 뜻하며, 이 관리는 제후 이하의 계층에 있는 여러 자제들 중 부친 다음 서열에 있는 자들에 대한 일들을 전적으로 담당하였다. '계령(戒令)'은 세금 및 부역 등의 일을 맡긴다는 뜻이다. '교치(敎治)'는 덕을 수양하고 도를 배운다는 뜻이다. "그 등급을 분별한다."는 말은 신분의 등급에 따라 서열을 구분한다는 뜻이다. 이러한 부류에 속한 자들은 모두 명(命)의 등급을 아직 받지 않은 상태이므로, 그들 부친의 작위에 따라서 신분 계층을 정하게 된다. "그 위(位)를 바르게 한다."는 말은 조정에서 자리를

1) 『주례』「하관사마(夏官司馬)」: 諸子, 下大夫二人, 中士四人, 府二人, 史二人, 胥二人, 徒二十人.

정할 때에는 작위를 숭상하고, 학교에서 자리를 정할 때에는 나이를 숭상한다는 뜻이다. '대사(大事)'는 큰 제사, 큰 상사(喪事), 빈객을 접대하는 큰 예법, 성대한 연회 등의 부류를 뜻한다. '유소용지(唯所用之)'라는 말은 오직 태자만이 부리는 자들이라는 뜻이다. 100명을 1졸(卒)로 삼고, 5명을 1오(伍)로 삼는다. 여기에서 말하는 유사(有司)는 졸(卒)과 오(伍)로 편성된 자들을 통솔하는 자이다. '사마불정(司馬弗征)'이라는 말은 태자에게 통솔되어 종속되기 때문에 사마(司馬)[2]는 그들을 부릴 수 없다는 뜻이다. '범국지정사(凡國之政事)'는 앞서 언급한 중대한 일들이 아닌 경우를 뜻한다. '유졸(游卒)'이라는 말은 졸(倅) 중에 아직 등용이 되지 못한 자들을 뜻한다. 이러한 일들 자체가 중대한 일이 아니므로 백성들이 떠맡아서 하게 되고, 국자(國子)[3]들 중 아직 등용이 되지 못한 자들을 시키지는 않으니, 무릇 그들을 남겨두어서 그들로 하여금 덕을 수양하고 도를 배워서, 그들의 자질을 완성시키고자 했기 때문이다. 그래서 봄에는 태학에 그들을 모으고 가을에는 사궁(射宮)[4]에 그들을 모아서, 재예를

---

2) 사마(司馬)라는 관직은 전설상으로는 소호(少昊) 시대부터 설치되었다고 전해진다. 주(周)나라 때에는 육경(六卿) 중 하나였으며, 하관(夏官)의 수장이며, 대사마(大司馬)라고도 불렀다. 군대와 관련된 일을 담당했다. 한(漢)나라 무제(武帝) 때에는 태위(太尉)라는 관직명을 고쳐서 대사마(大司馬)라고 불렀고, 후한(後漢) 때에는 다시 태위(太尉)로 고쳐 불렀다. 남북조시대(南北朝時代)에는 대장군(大將軍)과 함께 이대(二大)로 칭해지기도 했으나, 청(淸)나라 때 폐지되었다. 후세에서는 병부상서(兵部尙書)의 별칭으로 사용하기도 했고, 시랑(侍郎)을 소사마(少司馬)로 칭하기도 하였다.

3) 국자(國子)는 천자 및 공(公), 경(卿), 대부(大夫)의 자제들을 말한다. 때론 상황에 따라 천자의 태자(太子) 및 왕자(王子)를 포함시키지 않는 경우도 있다. 『주례』「지관(地官)·사씨(師氏)」편에는 "以三德敎<u>國子</u>"라는 기록이 있고, 이에 대한 정현의 주에서 "國子, 公卿大夫之子弟."라고 풀이한 용례와 『한서(漢書)』「예악지(禮樂志)」편에서 "朝夕習業, 以敎國子. <u>國子</u>者, 卿大夫之子弟也."라고 풀이한 용례가 바로 여기에 해당한다. 그러나 이것은 천자에 대한 언급을 가급적 회피했기 때문에, 생략하여 기술하지 않은 것이다. 청대(淸代) 유서년(劉書年)의 『유귀양설경잔고(劉貴陽說經殘稿)』「국자증오(國子證誤)」편에서 "國子者, 王大子, 王子, 諸侯公卿大夫士之子弟, 皆是, 亦曰國子弟."라고 풀이하고 있는 것처럼, '국자'에는 천자의 태자와 왕자들까지도 포함된다.

4) 사궁(射宮)은 천자가 대사례(大射禮)를 시행하던 장소이며, 또한 이곳에서 사(士)들을 시험하기도 했다. 『춘추곡량전』「소공(昭公) 8년」편에는 "以習射於<u>射宮</u>."이라는 기록이 있고, 『예기』「사의(射義)」편에는 "諸侯歲獻貢士於天子, 天

시험하여 그들을 등용시켜주거나 내치게 된다.

集說 疏曰: 庶者, 衆也. 適子衆多, 故總謂之庶子, 非適子庶弟而稱庶子也. 必知適子者, 以其倅, 是副貳於父之言.

번역 공영달[5]의 소에서 말하길, '서(庶)'는 무리[衆]라는 뜻이다. 적자(適子)들이 무리를 이루어 있기 때문에, 그들을 총괄하는 자를 '서자(庶子)'라고 부르는 것이지, 적자의 나머지 동생들을 뜻할 때 서자(庶子)라고 지칭하는 말을 가리키는 것이 아니다. 이들이 적자임을 분명히 알 수 있는 이유는 '졸(倅)'이 부친에 버금가는 다음 서열을 뜻하는 말이기 때문이다.

集說 呂氏曰: 燕禮有主人升自西階, 獻庶子阼階之上, 又宵則執燭於阼階上, 故此篇因陳庶子官之所掌, 且明所以建官之義也.

번역 여씨가 말하길, 『의례』「연례(燕禮)」편에는 주인이 당상으로 오를 때 서쪽 계단을 통해서 오르고, 동쪽 계단 위에서 서자(庶子)에게 술을 따라주며,[6] 또 밤이 되면 서자가 동쪽 계단 위에서 횃불을 든다고 했다.[7] 그렇기 때문에 이곳에서는 그 내용에 따라 서자라는 관리가 담당하는 일들을 나열하고, 또한 이러한 관직을 세운 의미에 대해서도 나타내고 있다.

大全 馬氏曰: 燕義之設, 始於公族, 而公族之正, 始於庶子官. 記者之言燕義必先述其燕與鄕飮之禮, 凡以本其始而已. 司馬治之, 則處之以義, 司馬弗征, 則優之以恩. 春合諸學而敎之以文, 所以順陽, 秋合諸射而敎之以武, 所以順陰.

子試之於射宮."이라는 기록이 있다.

5) 공영달(孔穎達, A.D.574～A.D.648) : =공씨(孔氏). 당대(唐代)의 경학자이다. 자(字)는 중달(仲達)이고, 시호(諡號)는 헌공(憲公)이다. 『오경정의(五經正義)』를 찬정(撰定)하는데 중심적인 역할을 했다.

6) 『의례』「연례(燕禮)」 : 主人洗, 升自西階, 獻庶子于阼階上, 如獻士之禮. 辯, 降洗, 遂獻左右正與內小臣, 皆于阼階上, 如獻庶子之禮.

7) 『의례』「연례(燕禮)」 : 宵則庶子執燭於阼階上, 司宮執燭於西階上, 甸人執大燭於庭, 閽人爲大燭於門外.

번역 마씨[8]가 말하길, 연회의 의식을 베푸는 것은 공족(公族)을 통해 시작하고, 공족을 올바르게 하는 것은 서자(庶子)라는 관리를 통해 시작된다. 『예기』를 기록한 자가 연회의 의미를 기술하면서, 가장 먼저 연회 및 향음주례의 예법을 기술한 것은 모두 그 시초에 근본을 두었기 때문이다. 사마(司馬)가 다스리게 된다면 의(義)에 따라서 처우하게 되니, 사마가 직접 다스리지 않는다면 은정에 따라 보살펴주는 것이다. 봄에 태학에 모아서 문(文)을 가르쳤던 것은 양기에 순응하기 위해서이며, 가을에 사궁(射宮)에 모아서 무(武)를 가르쳤던 것은 음기에 순응하기 위해서이다.

大全 盱江李氏曰: 王者之師, 其備矣乎. 非直興於閭里, 抑又取於世族, 彼以父祖貴富, 宜有報上之心, 而況學習德行道藝, 孰不知忠孝之美? 佐之以金革, 則與夫干賞蹈利傭徒鬻賣者, 蓋有間矣. 且太子將爲君, 國子將爲臣, 君臣之分未定, 而恩義固已接矣, 則今日之游卒, 未必不爲嗣王之將帥也, 轡長馭遠有如是哉.

번역 우강이씨[9]가 말하길, 천자의 군대는 진실로 완비가 되어 있구나. 단지 백성들에서만 선발하는 것이 아니라 또한 세족(世族)[10]에서도 선발하였으니, 그들은 자신의 부친 및 조상들이 부귀하므로, 마땅히 군주에 대해 보답하려는 마음을 가지고 있고, 하물며 학습을 하고 덕행을 실천하고 도덕과 재예를 익혔으니, 그 누가 충효의 아름다움에 대해 알지 못하겠는가? 그들에게 전쟁에 대한 일들로 권유하더라도, 무릇 일반적으로 상을 노리고 이로움을 탐하며 단순히

---

8) 마희맹(馬晞孟, ?~?) : =마씨(馬氏) · 마언순(馬彦醇). 자(字)는 언순(彦醇)이다. 『예기해(禮記解)』를 찬술했다.

9) 이구(李覯, A.D.1009~A.D.1059) : =우강이씨(盱江李氏). 북송(北宋) 때의 학자이다. 자(字)는 태백(泰白)이다. 태학(太學)의 직강(直講) 등을 역임하였다. 우강서원(盱江書院)을 지었다. 저서로는 『직강이선생문집(直講李先生文集)』 등이 있다.

10) 세족(世族)은 세공(世功)과 관족(官族)을 합쳐 부르는 말이다. '세족'은 선대(先代)에 공적(功績)을 쌓았던 관족(官族)을 뜻한다. 후대에는 대대로 녹봉을 받는 명문 있는 가문을 뜻하는 용어로도 사용하였다. 『춘추좌씨전』「은공(隱公) 8년」편에는 "官有世功, 則有官族."라는 기록이 있다.

품을 파는 자들이나 장삿속이 있는 자들과는 차이가 있을 것이다. 또한 태자는 장차 군주가 될 것이고, 국자들은 장차 신하들이 될 것인데, 군주와 신하의 구분이 아직 확정되지 않았지만 은혜와 의로움은 진실로 이미 교류된 상태이며, 현재의 유졸(游卒)들이 반드시 천자의 지위를 계승할 자의 장졸이 되는 것은 아니지만, 훗날에 대해 제어하고 다스림에 이와 같음이 있었던 것이다.

鄭注 職, 主也. 庶子, 猶諸子也. 周禮諸子之官, 司馬之屬也. 卒, 讀皆爲"倅", 諸子副代父者也. 戒令, 致於大子之事. 教治, 脩德學道. 位, 朝位也. 國子, 諸子也. 軍法: 百人爲卒, 五人爲伍. 弗, 不也. 國子屬大子, 司馬雖有軍事不賦也. 游卒, 未仕者也. 學, 大學也. 射, 射宮也. 燕禮有庶子官, 是以義載此以爲說.

번역 '직(職)'자는 "주관하다[主]."는 뜻이다. '서자(庶子)'는 제자(諸子)와 같다. 『주례』에는 제자(諸子)라는 관리가 사마(司馬)에게 소속되어 있다. '졸(卒)'자는 모두 '졸(倅)'자로 읽으니, '여러 자식들[諸子]' 중 부친의 대를 잇게 되는 다음 서열인 자들을 뜻한다. '계령(戒令)'은 태자(太子)에게 인도하는 일을 뜻한다. '교치(教治)'는 덕을 수양하고 도를 익힌다는 뜻이다. '위(位)'자는 조정에서의 자리를 뜻한다. '국자(國子)'는 제자(諸子)에 해당한다. 군법에 따르면, 100명은 1졸(卒)이 되고, 5명은 1오(伍)가 된다. '불(弗)'자는 '불(不)'자의 뜻이다. 국자들은 태자에게 소속되어 사마(司馬)가 비록 군대와 관련된 일을 담당하더라도 그들에게 부역을 시키지 않는 것이다. '유졸(游卒)'은 아직 등용되지 못한 자들이다. '학(學)'자는 태학(太學)을 뜻한다. '사(射)'자는 사궁(射宮)을 뜻한다. 『의례』「연례(燕禮)」편에 서자(庶子)라는 관리가 기록되어 있기 때문에, 이곳 「연의」편에서는 이러한 사실을 수록하여, 그 의미를 설명하고 있는 것이다.

釋文 卒, 依注音倅, 七對反, 又蒼忽反, 副也. 治, 直吏反, 注及下同. 別, 彼列反. 大子音泰, 後"大子學"同. 朝音直遙反. 合如字, 徐音閤. 卒伍, 子忽反, 注同. 伍音五. 正音征. 卒, 七内反, 注同.

번역 '卒'자는 정현의 주에 따르면 그 음이 '倅(졸)'이니, '七(칠)'자와 '對(대)'자의 반절음이고, 또한 '蒼(창)'자와 '忽(홀)'자의 반절음도 도며, 버금간다는 뜻이다. '治'자는 '直(직)'자와 '吏(리)'자의 반절음이며, 정현의 주 및 아래문장에 나오는 글자도 그 음이 이와 같다. '別'자는 '彼(피)'자와 '列(렬)'자의 반절음이다. '大子'에서의 '大'자는 그 음이 '泰(태)'이며, 이후에 나오는 '大子學'에서의 '大'자도 그 음이 이와 같다. '朝'자의 음은 '直(직)'자와 '遙(요)'자의 반절음이다. '合'자는 글자대로 읽는데, 서음(徐音)은 '閤(합)'이다. '卒伍'에서의 '卒'자는 '子(자)'자와 '忽(홀)'자의 반절음이며, 정현의 주에 나오는 글자도 그 음이 이와 같다. '伍'자의 음은 '五(오)'이다. '正'자의 음은 '征(정)'이다. '卒'자는 '七(칠)'자와 '內(내)'자의 반절음이며, 정현의 주에 나오는 글자도 그 음이 이와 같다.

孔疏 ●"古者"至"退之". ○正義曰: 此一節明諸侯與庶子燕飮之禮, 從篇首至末, 皆明燕飮之義. 但燕飮之禮, 有庶子官, 故方說燕禮之初, 先陳庶子之事. 各隨文解之.

번역 ●經文: "古者"~"退之". ○이곳 문단은 제후가 서자(庶子)와 연회를 하며 음주를 하는 예법에 대해 밝히고 있는데, 편의 첫머리부터 끝까지는 모두 연회에서 음주를 하는 의미를 나타내고 있다. 다만 연회를 하며 음주를 하는 예법에는 서자(庶子)라는 관리가 있게 된다. 그렇기 때문에 연례(燕禮)를 설명하는 초반부에 먼저 서자가 담당하는 일들을 진술한 것이다. 각각의 문장에 따라서 풀이하겠다.

孔疏 ●"周天子之官有庶子官"者, 此明"庶子"之義也. 謂作記之人在於周末, 追述周初之事, 故云"古者". 言周之天子, 其下立官有庶子之官, 天子謂之"諸子", 諸侯謂之"庶子", 其所職掌, 諸子·庶子同也. 故此記雖明諸侯庶子職掌, 其所載之事皆諸子職文也.

번역 ●經文: "周天子之官有庶子官". ○이 문장은 '서자(庶子)'라는 뜻을

나타내고 있다. 즉 『예기』를 기록한 자는 주나라 말엽에 생존했던 자인데, 주나라 초기에 있었던 일을 미루어 기술하였기 때문에, '고자(古者)'라고 말한 것이다. 이 내용은 주나라 때의 천자는 그 밑에 관직을 세우며 서자라는 관리를 두었다는 의미이다. 천자에 대한 일을 언급할 때에는 그 관리를 '제자(諸子)'라고 부르고, 제후에 대한 일을 언급할 때에는 그 관리를 '서자(庶子)'라고 부르는데, 그들이 담당했던 일은 제자나 서자나 동일했다. 그렇기 때문에 이곳 『예기』의 기록에서는 비록 제후에게 소속된 서자라는 관리의 직무와 담당하는 일을 나타냈지만, 그 일을 수록하고 있는 것은 모두 『주례』「제자(諸子)」편에 기록된 직무에 해당한다.

孔疏 ●"庶子官職諸侯·卿·大夫·士之庶子之卒"者, 言此官職主諸侯及卿·大夫·士衆庶之子副倅於父之事, 所以官名"庶子".

번역 ●經文: "庶子官職諸侯·卿·大夫·士之庶子之卒". ○이 관직은 제후 및 경·대부·사들에게 있는 여러 자식들 중 부친에 버금가는 적자에 대한 일을 담당하니, 이러한 이유로 그 관직명을 '서자(庶子)'라고 지은 것이다.

孔疏 ●"掌其戒令"者, 此等衆子須有戒法政令, 而庶子官掌之.

번역 ●經文: "掌其戒令". ○앞서 언급한 여러 계층의 자식들에게 경계지침과 정령을 내려야 할 필요가 있는데, 서자(庶子)라는 관리가 이러한 일들을 담당했다.

孔疏 ●"與其教治"者, 與, 猶及也. 教, 謂教學. 治, 謂治身. 言非但掌戒令而已, 及其教治亦皆掌之.

번역 ●經文: "與其教治". ○'여(與)'자는 '~과[及]'라는 뜻이다. '교(教)'자는 가르치고 익히게 한다는 뜻이다. '치(治)'자는 제 자신을 다스린다는 뜻이다. 즉 단지 경계지침이나 정령에 대한 일을 담당할 뿐만이 아니라, 그들을 가르치고 다스리는 일들 또한 모두 담당한다는 의미이다.

孔疏 ●"別其等"者, 謂分別其貴賤之等.

번역 ●經文: "別其等". ○신분의 귀천에 따라 등급을 분별한다는 뜻이다.

孔疏 ●"正其位"者, 正其朝廷所立之位也. 此記云"諸侯·卿·大夫·士之庶子之卒", 周禮·諸子職則云"掌國子之倅", 唯此爲別. 但諸子職總謂之"國子", 此云"諸侯·卿·大夫·士之庶子"者, 是其適子也. 謂之"庶"者, 庶, 衆也. 以其適子衆多, 故衆謂之"庶子", 非適子庶弟而稱庶子也. 必知"適子"者, 以其云"倅", 是副貳於父之言. 故鄭注諸子職云: "國子者, 是公·卿·大夫·士之副貳." 又引王制云"王大子, 王子, 群后之大子, 卿·大夫·元士之適子", 是也.

번역 ●經文: "正其位". ○조정에서 서 있게 되는 위치를 바르게 한다는 뜻이다. 이곳 『예기』 기록에서는 '제후·경·대부·사들의 아들 중 부친에 버금가는 대를 잇는 자들'이라고 기록했고, 『주례』「제자(諸子)」편의 직무 기록에서는 "국자(國子)들 중 졸(倅)에 대한 일을 담당한다."[11]라고 하였으니, 오직 이러한 차이만이 있을 뿐이다. 다만 「제자」편의 직무 기록에서는 총괄적으로 '국자(國子)'라고 했고, 이곳 기록에서는 '제후·경·대부·사들의 서자(庶子)'라고 하였지만, 이들은 모두 적자(適子)들을 뜻한다. 적자에 대해서 '서(庶)'자를 붙여서 부른 이유는 이때의 '서(庶)'자는 무리[衆]라는 뜻이기 때문이다. 즉 적자들이 많기 때문에 여러 무리들에 대해서 '서자(庶子)'라고 부른 것이니, 적자의 여러 동생들을 뜻할 때 '서자(庶子)'라고 지칭한 말을 가리키는 것이 아니다. 이들이 적자에 해당한다는 사실을 분명히 알 수 있는 이유는 '졸(倅)'이라고 했기 때문이니, 이것은 부친에 버금가는 다음 서열의 자를 뜻하는 말이기 때문이다. 그래서 「제자」편의 직무 기록에 대한 정현의 주에서는 "'국자(國子)'는

---

11) 『주례』「하관(夏官)·제자(諸子)」: 諸子國子之倅, 掌其戒令與其敎治, 辨其等, 正其位.

공·경·대부·사의 자식들 중 부친에 버금가는 자들이다."라고 했던 것이고, 또 가공언[12]의 소에서는 『예기』「왕제(王制)」편의 내용을 인용하여, '천자의 태자와 나머지 왕자들, 여러 제후들의 태자, 경(卿)·대부(大夫)·원사(元士)의 적자들'[13]이라고 했는데, 이 기록이 바로 이러한 사실을 나타낸다.

孔疏 ◎注"職主"至"位也". ○正義曰: 云"周禮諸子之官, 司馬之屬也"者, 按周禮, 諸子, 下大夫, 屬司馬. 云"卒, 讀皆爲倅"者, 以經云"庶子之卒", 下文云"國子存游卒", 以"卒"字非一, 故云卒皆爲倅. 若旁置"人"者, 是副倅之"倅". 若不置人者, 則百人爲卒之"卒". 故讀"卒"從"倅"也. 云"諸子副代父者也", 此諸適子皆副代於父, 與父爲倅, 故稱"倅"也. 云"戒令, 致於大子之事"者, 則下文云: "國有大事, 則率國子而致於大子." 其事非一, 故云"戒令, 致於大子之事". 云"位, 朝位也"者, 此等諸子雖未爲官, 皆從父尊卑以爲等級, 故有別其等·正其位也.

번역 ◎鄭注: "職主"~"位也". ○정현이 "『주례』에는 제자(諸子)라는 관리가 사마(司馬)에게 소속되어 있다."라고 했는데, 『주례』를 살펴보면, '제자(諸子)'라는 관리는 하대부(下大夫)가 담당했으며, 사마(司馬)에게 소속되어 있었다. 정현이 "'졸(卒)'자는 모두 '졸(倅)'자로 읽는다."라고 했는데, 경문에서 '서자(庶子)의 졸(卒)'이라고 했고, 아래문장에서 "국자(國子) 중 졸(卒)을 남긴다."라고 했는데, '졸(卒)'자가 하나가 아니기 때문에, "'졸(卒)'자는 모두 '졸(倅)'자로 읽는다."라고 한 것이다. 만약 옆에 '인(人)'자가 붙게 된다면, 이것은 '버금가는 자[副倅]'를 뜻할 때의 '졸(倅)'자가 되고, 만약 '인(人)'자를 붙이지 않는다면, 100명을 1졸(卒)로 삼는다고 했을 때의 '졸(卒)'이 된다. 그렇기 때문에 '졸(卒)'자를 '졸(倅)'자로 읽은 것이다. 정현이 "'여러 자식들[諸子]' 중 부친의 대를 잇게 되는 다음 서열인 자들을 뜻한다."라고 했는데, 여기에서 말한

---

12) 가공언(賈公彦, ?~?) : 당(唐)나라 때의 유학자이다. 정현(鄭玄)을 존숭하였다. 예학(禮學)에 조예가 깊었다. 『주례소(周禮疏)』, 『의례소(儀禮疏)』 등의 저서를 남겼으며, 이 저서들은 『십삼경주소(十三經注疏)』에 포함되었다.

13) 『예기』「왕제(王制)」【168c】: 王大子, 王子, 群后之大子, 卿大夫元士之適子, 國之俊選, 皆造焉. 凡入學, 以齒.

여러 적자(適子)들은 모두 부친의 대를 잇게 되는 다음 서열인 자들이니, 부친에 대해서 '졸(倅)'이 된다. 그렇기 때문에 '졸(倅)'이라고 지칭한 것이다. 정현이 "'계령(戒令)'은 태자에게 인도하는 일을 뜻한다."라고 했는데, 아래문장에서 "나라에 중대한 일이 발생하면, 국자(國子)들을 인솔하여 태자에게 보낸다."라고 했다. 그런데 그 사안은 한 종류가 아니다. 그렇기 때문에 "'계령(戒令)'은 태자에게 인도하는 일을 뜻한다."라고 말한 것이다. 정현이 "'위(位)'자는 조정에서의 자리를 뜻한다."라고 했는데, 이러한 여러 자식들은 비록 관직에 오르지 않았지만, 모두들 부친의 신분에 따라 등급을 정하게 된다. 그렇기 때문에 그 등급을 분별하고, 그 자리를 바르게 하는 일이 생기는 것이다.

孔疏 ●"唯所用之"者, 若國有大事之時, 而進致諸子於大子, 唯任大子隨時所用也.

번역 ●經文: "唯所用之". ○만약 나라에 중대한 일이 발생한다면 여러 자식들을 태자에게 보내게 되니, 이들은 오직 태자를 따를 때 소용되는 일들을 맡게 된다.

孔疏 ●"合其卒伍, 置其有司"者, 言若國有甲兵之事, 則庶子之官, 付授以車甲, 合會之以卒伍, 置立之以有司. 謂立其主將, 使統領之, 用軍旅之法治理之.

번역 ●經文: "合其卒伍, 置其有司". ○만약 나라에 군대와 관련된 일이 발생하게 된다면, 서자(庶子)라는 관리는 수레와 병장기를 지급해주고, 그들을 모아서 졸(卒)과 오(伍)를 나누고, 그들을 담당하는 유사(有司)를 둔다는 뜻이다. 즉 그들의 수장을 세워서 그로 하여금 통솔하도록 하며, 군대에 적용하는 법도를 이용해서 그들을 부린다는 뜻이다.

孔疏 ●"司馬弗正"者, 弗, 不也. 正, 役也. 以此等諸子既統屬大子, 隨大子徵發, 王家之事, 司馬不得征役之也.

번역 ●經文: "司馬弗正". ○'불(弗)'자는 '불(不)'자의 뜻이다. '정(正)'자는 "부린다[役]."는 뜻이다. 이러한 여러 자식들은 이미 태자에게 통솔되어, 태자를 따르며 일을 수행하게 되니, 왕가에 대한 일들에 대해 사마(司馬)는 임무를 맡겨서 부릴 수 없다.

孔疏 ●"凡國之政事, 國子存游卒"者, 前經云"國有大事", 謂祭祀, 或宿衛, 又云"甲兵之事". 此經別云"國之政事", 則非大事與甲兵也. 是國之尋常小小之政事, 謂力役·士功·胥徒之屬, 不與干國子, 唯民庶所爲.

번역 ●經文: "凡國之政事, 國子存游卒". ○앞의 경문에서 "나라에 중대사가 발생했다."라고 했는데, 이것은 제사나 혹은 숙직을 서며 호위를 맡는 일을 뜻하며, 또 '군대와 관련된 일'이라고 했다. 그런데 이곳 경문에서는 별도로 '나라의 정사'라고 했으니, 이것은 중대사나 군대와 관련된 일을 뜻하는 것이 아니다. 따라서 이것은 나라에서 일상적으로 발생하는 소소한 정무를 뜻하는 것으로, 곧 부역, 토목 공사, 백성들을 부리는 일 등을 뜻하니, 이러한 일들은 국자에게 시킬 수 없고 오직 백성들이 담당하게 된다.

孔疏 ●"國子存游卒", 未仕者之中, 不干其事也.

번역 ●經文: "國子存游卒". ○아직 등용이 되지 않은 자는 그 사안에 간여하지 않는다.

孔疏 ●"使之脩德學道"者, 旣不與國子之尋常政事, 但使之脩行其德, 學習道藝也.

번역 ●經文: "使之脩德學道". ○이미 국자들에게는 일반적인 정무를 맡기지 않으니, 단지 그들로 하여금 덕을 수양하여 실천에 옮기도록 하고, 도와 재예를 익히도록 만든다.

孔疏 ●"春合諸學"者, 謂仲春之時, 合此諸子在於大學.

번역 ●經文: "春合諸學". ○중춘(仲春) 때 이러한 여러 적자들을 태학에 불러 모은다는 뜻이다.

孔疏 ●"秋合諸射"者, 謂仲秋之時, 合其諸子在於射宮, 使之脩德學道, 或容習射也.

번역 ●經文: "秋合諸射". ○중추(仲秋) 때 여러 적자들을 사궁(射宮)에 불러 모아서, 그들로 하여금 덕을 수양하고 도를 익히도록 하며, 혹은 그들에게 활쏘기를 연습시킨다는 뜻이다.

孔疏 ●"以考其藝而進退之"者, 是庶子之官, 考校其藝之高下, 而進退其能否, 能者進之, 否者退之.

번역 ●經文: "以考其藝而進退之". ○서자(庶子)라는 관리가 그들이 익힌 재예의 수준을 평가하여, 능력이 있는 자와 그렇지 못한 자에 대해 등용을 시키거나 내치게 되니, 능력이 있는 자를 등용시키고 그렇지 못한 자를 내치는 것이다.

孔疏 ◎注"游卒"至"爲說". ○正義曰: "游卒, 未仕者也", 按師氏職云: "凡國之貴游子弟學焉." 鄭注云: "貴游子弟, 王公之子弟. 游, 無官司者." 則此游卒, 是游逸以爲副倅, 故云"未仕者". 云"學, 大學也"者, 以大胥云"春釋菜合舞", 文王世子云"春夏學干戈, 秋冬學羽籥, 皆於東序." 初敎在東序, 至合時則在周之大學, 故云"學, 大學也". 云"射, 射宮也", 擇士習射之宮也. 又周禮·大胥云: "秋頒學合聲." 其合聲之時, 則亦在大學. 文王世子云: "凡大合樂, 必遂養老." 鄭云"春合舞, 秋合聲". 是養老在東序也, 故知大合樂在東序. 云"燕禮有庶子官, 是以義載此以爲說"者, 按燕禮云: "主人升自西階, 獻庶子于阼階上." 又云: "庶子執燭." 是燕禮有庶子官也. 以庶子於燕有事, 是以燕義於此說庶子職掌, 故云"載此以爲說"也.

번역 ◎鄭注: "游卒"~"爲說". ○정현이 "'유졸(游卒)'은 아직 등용되지 못한 자들이다."라고 했는데, 『주례』「사씨(師氏)」편의 직무 기록을 살펴보면, "무릇 나라에 있는 귀유(貴游)[14]의 자제들을 가르친다."[15]라고 했고, 이 문장에 대한 정현의 주에서는 "귀유자제(貴游子弟)는 중신들의 자제를 뜻한다. 유(游)자는 아직 담당하는 관직이 없는 자들이다."라고 했으니, 여기에서 말한 '유졸(游卒)'을 특별히 임무를 맡고 있지 않지만 부친의 대를 잇는 자로 여긴 것이다. 그렇기 때문에 "아직 등용되지 못한 자들이다."라고 말했다. 정현이 "'학(學)'자는 태학(太學)을 뜻한다."라고 했는데, 『주례』「대서(大胥)」편에서는 "봄에 석채(釋菜)[16]를 지내고, 합무(合舞)를 한다."[17]라고 했고, 『예기』「문왕제사(文王世子)」편에서는 "봄과 여름에는 방패와 창을 들고 추는 춤을 가르치고, 가을과 겨울에는 깃털과 피리를 들고 추는 춤을 가르치되, 이러한 교육 모두를 동서(東序)[18]에서 시행한다."[19]라고 했다. 즉 최초 교육을 할 때에는 동서(東序)에서 시행하다가 합동으로 시행할 때가 되면, 주나라의 태학(太學)에서 시행한다. 그렇기 때문에 "'학(學)'자는 태학(太學)을 뜻한다."라고 말한 것이다. 정현이 "'사(射)'자는 사궁(射宮)을 뜻한다."라고 했는데, 사를 선발하며 활쏘기를 익히는 건물을 뜻한다. 또한 『주례』「대서」편에서는 "가을에 학생들을 분반하여 합성(合聲)을 한다."[20]라고 했는데, 합동으로 노래를 부르는 때

---

14) 귀유(貴游)는 귀유(貴遊)라고도 부른다. 천자나 제후의 친척들 중에서 관직이 없는 귀족들을 가리킨다. '유(遊)'자는 담당하는 관직이 없다는 뜻에서 붙여진 글자이다. 『주례』「지관(地官)·사씨(師氏)」편에는 "掌國中失之事以敎國子弟, 凡國之貴遊子弟學焉."이라는 기록이 있고, 이에 대한 정현의 주에서는 "貴遊子弟, 王公之子弟. 遊, 無官司者."라고 풀이하였다.

15) 『주례』「지관(地官)·사씨(師氏)」: 凡國之貴游子弟學焉.

16) 석채(釋菜)는 국학(國學)에서 거행되었던 전례(典禮) 중 하나이다. 희생물 없이 소채 등으로 간소하게 차려놓고, 선성(先聖)과 선사(先師)에게 지내는 제사이다.

17) 『주례』「춘관(春官)·대서(大胥)」: 春入學, 舍采, 合舞.

18) 동서(東序)는 본래 하후씨(夏后氏) 때의 태학(太學)을 가리킨다. 『예기』「왕제(王制)」편에는 "夏后氏, 養國老於東序, 養庶老於西序."라는 기록이 있다. 후대에는 일반적인 학교 기관을 가리키는 용어로도 사용되었다.

19) 『예기』「문왕제사(文王世子)」【248d】: 凡學世子及學士, 必時, 春夏學干戈, 秋冬學羽籥, 皆於東序.

20) 『주례』「춘관(春官)·대서(大胥)」: 秋頒學合聲.

가 되면 또한 태학에서 시행한다. 「문왕세자」편에서는 “무릇 성대한 규모로 음악을 합주할 경우에는 반드시 노인을 봉양하는 의식까지도 시행한다.”[21]라고 했고, 이 문장에 대해 정현은 “봄에는 합무(合舞)를 하고, 가을에는 합성(合聲)을 한다.”라고 했다. 이 말은 노인을 봉양하는 의식을 동서(東序)에서 실시한다는 사실을 나타낸다. 그렇기 때문에 대합악(大合樂)을 동서에서 시행한다는 사실을 알 수 있다. 정현이 “『의례』「연례(燕禮)」편에는 서자(庶子)라는 관리가 기록되어 있기 때문에, 이곳 「연의」편에서는 이러한 사실들을 수록하여 그 의미를 설명하고 있다.”라고 했는데, 「연례」편을 살펴보면, “주인은 서쪽 계단을 통해 당상에 올라가서, 동쪽 계단 위에서 서자(庶子)에게 술잔을 건넨다.”[22]라고 했고, 또한 “서자(庶子)는 횃불을 든다.”[23]라고 했으니, 이것은 「연례」편에 서자(庶子)라는 관리가 기록되어 있다는 사실을 나타낸다. 서자(庶子)라는 관리는 연회에서 담당하는 일이 있으므로, 「연의」편에서는 이곳에서 서자가 담당하는 직무를 설명한 것이다. 그렇기 때문에 “이러한 사실들을 수록하여 그 의미를 설명하고 있다.”라고 말한 것이다.

集解 庶子官, 周禮夏官之諸子也. 諸·庶, 皆衆也. 此官掌公·卿·大夫·士之子, 因以名其官. 公·卿·大夫·士, 適·庶之子非一, 故曰諸子, 亦曰庶子也. 諸侯, 謂畿內之諸侯爲王朝公卿者也. 卒, 周禮作倅, 副也. 庶子之倅, 謂公·卿·大夫之衆子, 爲適子之副貳者也. 戒令, 卽下文“致於大子”之事也. 敎治, 卽下文“脩德學道”之事也. 別其等, 謂別其材藝之優劣也. 正其位, 謂正其位序之高下, 在朝則尙爵, 在學則尙齒也. 大事, 謂若大祭祀及征伐·會同之事也. 國子, 公·卿·大夫之適子也. 公·卿·大夫之適子, 則師氏·保氏及大司樂之屬敎之, 其政令·敎治與別等·正位之事, 非諸子之所掌, 諸子所掌者

---

21) 『예기』「문왕제사(文王世子)」【251d】: 凡釋奠者, 必有合也. 有國故, 則否. 凡大合樂, 必遂養老.

22) 『의례』「연례(燕禮)」: 主人洗, 升自西階, 獻庶子于阼階上, 如獻士之禮. 辯, 降洗, 遂獻左右正與內小臣, 皆于阼階上, 如獻庶子之禮.

23) 『의례』「연례(燕禮)」: 宵則庶子執燭於阼階上, 司宮執燭於西階上, 甸人執大燭於庭, 閽人爲大燭於門外.

獨其倅耳. 至有事而致於大子, 則適·庶之子並庶子率之. 故上云"庶子之倅", 而此變言"國子", 見不徒率其衆子, 而並率其適子也. 有甲兵之事, 謂軍旅之事, 從大子而出也. 百人爲卒, 五人爲伍. 有司, 謂將帥也. 司馬弗正, 謂國子別屬於大子, 司馬不得以軍事役之也. 國之政事, 謂力役·甸徒·追胥之類也. 存, 猶留也. 國有用民之政事, 國子之倅存留不用, 使得游暇無事以脩其業也. 國子之倅不用, 則國子可知. 獨言其倅者, 亦據此官之所掌者言之也. 德, 德行. 道, 道藝也. 合, 聚也, 聚之而考察其所業也. 王制, "春秋敎以禮樂, 冬夏敎以詩書." 州長職, "春秋以禮會民而射于州序", 則國學亦春秋習射可知. 於春言學, 於秋言射, 互相備也. 考其藝, 謂考其德行·道藝也. 獨言藝者, 擧輕以見重也. 藝優則進之, 而與俊選同升; 藝劣則退之, 而仍歸於學也. 此節皆周禮諸子職文. 此篇釋儀禮燕禮之義, 下文"諸侯燕禮之義"以下者是也. 此諸子職之文, 與燕禮本無所當, 蓋後人因篇末有獻庶子之事, 誤以卽庶子之官, 遂引此冠於篇首耳.

번역 서자(庶子)라는 관리는 『주례』「하관(夏官)」에 속한 제자(諸子)라는 관리를 뜻한다. '제(諸)'자와 '서(庶)'자는 모두 무리[衆]를 뜻한다. 이 관리는 공·경·대부·사의 자식들에 대한 일을 담당하여, 이로 인해 그 관직을 이처럼 부르는 것이다. 즉 공·경·대부·사의 자식들 중 적자와 서자에 해당하는 자들은 한 둘이 아니다. 그렇기 때문에 '제자(諸子)'라고 부르는 것이며 또한 '서자(庶子)'라고 부르는 것이다. '제후(諸侯)'는 천자의 수도 안에 속한 제후들로 천자의 조정에서 공이나 경 등을 맡고 있는 자들을 뜻한다. '졸(卒)'자를 『주례』에서는 '졸(倅)'자로 기록했으니, "버금가다[副]."는 뜻이다. 따라서 '서자지졸(庶子之倅)'은 공·경·대부의 여러 자식들 중 적자의 신분이 되어 부친과 버금가는 자들을 의미한다. '계령(戒令)'은 아래문장에서 "태자에게 보낸다."라고 한 사안에 해당한다. '교치(敎治)'는 아래문장에서 "덕을 닦고 도를 배운다."라고 한 사안에 해당한다. '별기등(別其等)'은 재예의 우열에 따라 구분한다는 뜻이다. '정기위(正其位)'는 자리의 서열을 바르게 한다는 뜻이니, 조정에 있을 때에는 작위를 높이고 학교에 있을 때에는 나이를 높이게 된다. '대사(大事)'는 큰 제사 및 정벌과 회동(會同)[24] 등의 사안을 의미한다. '국자(國子)'는 공·

경 · 대부의 적자를 뜻한다. 공 · 경 · 대부의 적자는 사씨(師氏) · 보씨(保氏) 및 대사악(大司樂)의 휘하에 있는 자들이 가르치게 되고, 정령(政令)과 교치(敎治) 및 별등(別等)과 정위(正位) 등의 사안은 제자가 담당하는 것이 아니며, 제자가 담당하는 것은 오직 졸(倅)에 대한 것일 뿐이다. 어떠한 사안이 발생했을 때 태자에게 보낸다면, 적자 및 서자 모두 서자(庶子)가 이끌게 된다. 그렇기 때문에 앞에서는 '서자지졸(庶子之倅)'이라고 했고, 이곳에서는 그 말을 바꿔 '국자(國子)'라고 한 것이니, 이것은 적자를 제외한 나머지 아들만을 이끌고 가는 것이 아니라 적자들까지도 통솔하게 됨을 나타낸다. '유갑병지사(有甲兵之事)'라고 했는데, 군대와 관련된 일이 생기면 태자를 따라서 출전한다는 의미이다. 100명은 1졸(卒)이 되고, 5명은 1오(伍)가 된다. '유사(有司)'는 장수를 뜻한다. '사마불정(司馬弗正)'은 국자는 별도로 태자에게 소속되어 사마가 군대에 대한 일을 그들에게 시킬 수 없다는 뜻이다. '국지정사(國之政事)'는 부역에 종사하거나 사냥의 몰이꾼 역할을 하거나 도적을 잡는 등의 부류를 뜻한다. '존(存)'자는 "머무르다[留]."는 뜻이다. 나라에 백성들을 부려야 하는 정무가 발생하면, 국자들 중 졸에 해당하는 자들은 머물게 하며 그들을 부리지 않고, 그들로 하여금 머물며 한가한 틈을 이용해 과업에 정진할 수 있도록 하는 것이다. 국자들 중 졸에 해당하는 자들을 부리지 않는다면, 국자들에 대해서도 그들을 부리지 않는다는 사실을 알 수 있다. 그런데 유독 졸에 해당하는 자만을 언급한 것은 이 관리가 담당하는 대상을 기준으로 말했기 때문이다. '덕(德)'자는 덕행을 뜻한다. '도(道)'자는 도예를 뜻한다. '합(合)'자는 "취합하다[聚]."는 뜻이니, 그들을 모아서 그들이 닦은 과업을 시험하고 살핀다는 의미이다. 『예기』「왕제(王制)」편에서는 "봄과 가을에는 예와 악으로 가르치고, 겨울과 여름에는 시와 서로 가르친다."[25]라고 했고, 『주례』「주장(州長)」편의 직무기록에서는

---

24) 회동(會同)은 제후들이 천자를 찾아뵙는 예법을 통칭하는 용어이다. 또한 각 계절마다 정기적으로 찾아뵙는 것을 회(會)라고 부르고, 제후들이 대규모로 찾아뵙는 것을 동(同)이라고 불러서, 구분을 짓기도 한다. 각종 회견 등을 가리키는 용어로도 사용된다. 『시』「소아(小雅) · 거공(車攻)」편에는 "赤芾金舄, 會同有繹." 이라는 기록이 있는데, 이에 대한 모전(毛傳)에서는 "時見曰會, 殷見曰同. 繹, 陳也."라고 풀이했다.

25) 『예기』「왕제(王制)」【168b】: 樂正, 崇四術, 立四敎, 順先王詩書禮樂, 以造士.

“봄과 가을에는 예법에 따라 백성들을 모아서 주에 있는 서(序)에서 활쏘기를 한다.”[26]라고 했으니, 국성에 있는 학교에서도 봄과 가을에 활쏘기를 익혔다는 사실을 알 수 있다. 봄에 대해서 ‘학(學)’이라 말하고 가을에 대해서 ‘사(射)’라 말한 것은 상호 호환이 되도록 말한 것이다. ‘고기예(考其藝)’는 그들의 덕행과 도예를 고찰한다는 뜻이다. 유독 ‘예(藝)’만을 언급한 것은 가벼운 것을 제시하여 중요한 것까지도 드러낸 것이다. 도예가 뛰어난 자는 진출시켜 준선(俊選)[27]과 함께 관직에 오르게 하고, 도예가 떨어지는 자들은 물리쳐서 학교로 돌아가게 한다. 이러한 절차는 모두 『주례』「제자」편의 직무 기록에 나온다. 「연의」편은 『의례』「연례(燕禮)」편의 의미를 해석한 것이니, 아래문장에서 ‘제후연례지의(諸侯燕禮之義)’라고 한 말로부터 그 이하의 내용이 여기에 해당한다. 이곳 문장은 「제자」편의 직무 기록에 해당하는데, 「연례」편과는 본래 해당하는 내용이 없다. 아마도 후대 사람들이 편의 말미에 서자에게 술을 따라준다는 내용이 나오기 때문에, 이것을 서자(庶子)라는 관리로 오인하여 그 내용을 끌어다가 이곳 「연의」편의 첫 부분에 기술한 것일 뿐이다.

참고 구문비교

예기·연의 古者周天子之官, 有庶子官. 庶子官職諸侯·卿·大夫·士之庶子之卒, 掌其戒令, 與其教治, 別其等, 正其位. 國有大事, 則率國子而致於大子, 唯所用之. 若有甲兵之事, 則授之以車甲, 合其卒伍, 置其有司, 以軍法治之. 司馬弗正. 凡國之政事, 國子存游卒, 使之修德學道, 春合諸學, 秋合諸射,

---

春秋, 教以禮樂, 冬夏, 教以詩書.

26) 『주례』「지관(地官)·주장(州長)」: 若以歲時祭祀州社, 則屬其民而讀法, 亦如之. 春秋以禮會民而射于州序.

27) 준선(俊選)은 준사(俊士)와 선사(選士)를 합쳐 부르는 말이다. 향학(鄕學)의 사(士)들 중에서 덕행과 재예(才藝)가 뛰어난 사를 수사(秀士)라고 불렀고, 수사들 중에서도 뛰어난 사람은 사도(司徒)에게 천거되는데, 그 사람을 선사(選士)라고 불렀다. 준사(俊士)는 선사(選士)들 중에서도 덕행과 재주가 뛰어나서, 국학(國學)에 입학하였던 자들을 뜻한다.

以考其藝而進退之.

주례 · 하관(夏官) · 제자(諸子) 諸子掌國子之倅, 掌其戒令與其敎治, 辨其等, 正其位. 國有大事, 則帥國子而致於大子, 惟所用之. 若有兵甲之事, 則授之車甲, 合其卒伍, 置其有司, 以軍法治之. 司馬弗正. 凡國正弗及. 大祭祀, 正六牲之體. 凡樂事, 正舞位, 授舞器. 大喪, 正群子之服位. 會同 · 賓客, 作群子從. 凡國之政事, 國子存遊倅, 使之脩德學道, 春合諸學, 秋合諸射, 以攷其藝而進退之.

참고 『주례』「하관사마(夏官司馬)」 기록

경문 諸子, 下大夫二人, 中士四人, 府二人, 史二人, 胥二人, 徒二十人.

번역 제자(諸子)는 하대부(下大夫) 2명이 담당하고, 그 휘하에는 중사(中士) 4명이 있으며, 하급관리로는 부(府) 2명, 사(史) 2명, 서(胥) 2명, 도(徒) 20명이 배속되어 있다.

鄭注 諸子, 主公卿大夫士之子者, 或曰庶子.

번역 '제자(諸子)'는 공 · 경 · 대부 · 사의 자식들에 대한 일을 담당하는 자이며, 혹은 '서자(庶子)'라고도 부른다.

賈疏 ◎注"諸子"至"庶子". ○釋曰: 在此者, 按其職云: "若有甲兵之事, 則授之車甲." 故亦在此也. 鄭云: "諸子, 主公卿大夫士之子者." 按其職云: "掌國子之倅." 倅, 副代父者, 是公卿大夫士之適子皆是倅, 故鄭歷言之. 云"或曰庶子"者, 按禮記 · 燕義稱此諸子爲庶子, 故言或曰, 以其燕禮有庶子執燭之事, 彼稱諸子謂之庶子, 故燕義兼說天子諸子之事, 諸庶爲一, 皆掌公卿大夫士之適, 故通謂之庶子也.

번역 ◎鄭注: "諸子"~"庶子". ○이 관직이 이곳에 기록된 것은 그 직무기록을 살펴보면 "만약 전쟁 등의 사안이 발생하면 수레와 갑옷을 지급한다."라고 했다. 그렇기 때문에 이곳에 기록된 것이다. 정현은 "'제자(諸子)'는 공·경·대부·사의 자식들에 대한 일을 담당하는 자이다."라고 했는데, 그 직무기록을 살펴보면 "국자(國子) 중 졸(倅)에 대한 일을 담당한다."라고 했다. '졸(倅)'은 부친의 대를 이어 버금가는 자를 뜻하니, 공·경·대부·사의 적자들은 모두 졸(倅)에 해당한다. 그렇기 때문에 정현이 각 계층을 두루 언급한 것이다. 정현이 "혹은 '서자(庶子)'라고도 부른다."라고 했는데, 『예기』「연의」편을 살펴보면 여기에서 말한 제자(諸子)를 서자(庶子)라고 지칭했다. 그렇기 때문에 '혹왈(或曰)'이라고 말한 것이니, 『의례』「연례(燕禮)」편에는 서자가 횃불을 든다는 사안이 기록되어 있고, 그 기록에서도 제자를 서자라고 지칭했다. 그렇기 때문에 「연의」편에서는 천자에게 소속된 제자의 사안을 함께 설명한 것이며, 제자와 서자는 동일한 관직으로, 둘 모두 공·경·대부·사의 적자에 대한 일을 담당한다. 그렇기 때문에 통칭하여 '서자(庶子)'라고도 부른다.

참고 『주례』「하관(夏官)·제자(諸子)」 기록

경문 諸子掌國子之倅, 掌其戒令與其教治, 辨其等, 正其位.

번역 제자는 국자(國子) 중 졸(倅)에 대한 일을 담당하여, 그들에 대한 계령(戒令)과 교치(教治)를 담당하고, 그들의 등위를 변별하며, 그들의 자리를 바르게 정한다.

鄭注 故書"倅"爲"卒". 鄭司農云: "卒讀如物有副倅之倅. 國子, 謂諸侯卿大夫士之子也. 燕義曰: '古者周天子之官, 有庶子官', 與周官·諸子職同文." 玄謂四民之業, 而士者亦世焉. 國子者, 是公卿大夫士之副貳. 戒令, 致於大子之事. 教治, 脩德學道也. 位, 朝位.

번역 옛 기록에서는 '졸(倅)'자를 졸(卒)자로 기록했다. 정사농은 "'졸(卒)'자는 사물에 있어 버금가는 것이 있다고 했을 때의 졸(倅)자로 풀이한다. '국자(國子)'는 제후·경·대부·사의 자식을 뜻한다. 『예기』「연의」편에서는 '옛날 주나라 천자의 조정에는 서자(庶子)라는 관리가 있었다.'라고 했는데, 그 기록이 『주례』「제자」편에 나온 직무 기록과 동일하다."라고 했다. 내가 생각하기에, 사·농·공·상의 과업에 있어서 사 또한 대대로 계승하는 과업이 있다. '국자(國子)'는 공·경·대부·사의 자식들 중 부친의 대를 잇는 자들이다. '계령(戒令)'은 태자에게 보내는 일을 뜻한다. '교치(敎治)'는 덕을 닦고 도를 배운다는 뜻이다. '위(位)'자는 조정의 자리를 뜻한다.

賈疏 ●"諸子"至"其位". ○釋曰: 云"掌國子之倅"者, 倅謂副代父, 則國子爲副代父者也.

번역 ●經文: "諸子"~"其位". ○"국자(國子) 중 졸(倅)에 대한 일을 담당한다."라고 했는데, '졸(倅)'자는 부친에 버금가며 그 대를 잇는 자를 뜻하니, 국자들 중에서 부친의 대를 잇는 자들에 해당한다.

賈疏 ◎注"故書"至"朝位". ○釋曰: 先鄭云"國子, 謂諸侯卿大夫士之子也"者, 王制云"王大子·王子·群后之大子·卿大夫元士之適子, 皆造焉", 則王大子·王子亦曰國子. 不言者, 彼不據諸子職而言, 故含有王大子·王子, 亦以四術成之, 故文王世子成王猶在學, 學君臣·父子·長幼之禮也. 此據諸子主國子, 致與天子使用, 故不得通王大子·王子也. 引"燕義云'古者, 周天子之官有庶子官', 與周官·諸子職同文"者, 彼燕義本釋燕禮之事, 但燕禮有庶子執燭及獻庶子之文, 更不見餘義, 故記人欲釋燕禮庶子之義, 故取天子諸子職解庶子, 諸庶俱訓爲衆. 天子之諸子, 諸侯之庶子, 皆掌卿大夫士之適子, 適子衆多, 故云"諸", 或言"庶", 諸庶通名, 故天子諸子爲庶子也. "玄謂四民之業而士者亦世焉"者, 此齊語, 桓公謂管仲曰: "成民之事若何?" 管仲對曰: "民無使雜處." 公曰: "處士農工商若何?" 管仲曰: "昔者聖王之處士就閑燕, 處工就官府, 處商就市井, 處農就田野, 少而習焉, 其心安焉. 士之子恒爲士, 農之子恒爲農, 工之子恒爲工, 商之子恒爲商." 是四民之業爲世也. 引之者, 見士之子亦入倅中也. 按王制"大夫不世", 今亦有倅入世者, 以大夫有功德亦得世, 故詩云"凡周之士, 不顯亦世"也. 云"國子者, 是公卿大夫士之副貳"者, 增成先鄭義. 云"戒令, 致於大子之事"者, 卽下文是也. 云"敎治, 脩德學道也"者, 云敎, 故知脩德學道也. 經云"辨其等", 謂才藝高下等級也. 國子所學道德, 卽師氏職三德三行幷保氏六藝者是也. 云"位, 朝位"者, 謂朝大子時, 依父蔭高下爲列也.

번역 ◎鄭注: "故書"~"朝位". ○정사농은 "'국자(國子)'는 제후·경·대부·사의 자식을 뜻한다."라고 했는데, 『예기』「왕제(王制)」편에서는 "천자의 태자, 나머지 왕자들, 여러 제후들의 태자, 경·대부·원사(元士)[28]의 적자들은 모두 태학에서 악정에게 교육을 받는다."[29]라고 했으니, 천자의 태자와 왕자 또한 '국자(國子)'라고 부르는 것이다. 그런데 이 계층을 언급하지 않은 것은 「왕제」편은 「제자」편의 직무 기록에 기준을 두고 말한 것이 아니다. 그렇기 때문에 천자의 태자와 왕자들에 대한 내용까지도 포함한 것이며, 또한 시·서·예·악으로 완성을 시키기 때문에 『예기』「문왕세자(文王世子)」편에서 성왕도 오히려 태학에 들어가서 군신·부자·장유 관계에서 지켜야 하는 예법을 배웠던 것이다. 그런데 이곳 기록은 제자(諸子)라는 관리가 국자들에 대한 일을 주관하여 천자가 어떤 일을 시킬 때 그들을 보내는 데 기준을 두고 있다. 그렇기 때문에 천자의 태자와 왕자들까지 포함시킬 수 없는 것이다. 정사농이 인용을 하여 "『예기』「연의」편에서는 '옛날 주나라 천자의 조정에는 서자(庶子)라는 관리가 있었다.'라고 했는데, 그 기록이 『주례』「제자」편에 나온 직무 기록과 동일하다."라고 했는데, 「연의」편은 본래 『의례』「연례(燕禮)」편에 기

28) 원사(元士)는 천자에게 소속된 사(士) 계층 중 하나이다. '사' 계층은 상·중·하로 구분되어, 상사(上士), 중사(中士), 하사(下士)로 나뉜다. 다만 천자에게 소속된 '상사'에게는 제후에게 소속된 '상사'보다 높여서 '원(元)'자를 붙이게 된다. 그래서 '원사'라고 부르는 것이다.

29) 『예기』「왕제(王制)」【168c】: 王大子, 王子, 群后之大子, 卿大夫元士之適子, 國之俊選, 皆造焉. 凡入學, 以齒.

록된 사안을 풀이한 것이다. 다만 「연례」편에는 서자(庶子)가 횃불을 들고 서자에게 술을 따라주는 기록이 나오며, 그에 대한 다른 의미가 드러나지 않았기 때문에 『예기』를 기록한 자가 「연례」편에 나온 서자의 의미를 풀이하고자 했던 것이다. 그래서 천자에게 소속된 제자라는 관리의 직무 기록을 가져다가 서자의 의미를 풀이한 것이니, 제(諸)자와 서(庶)자는 모두 무리[衆]라는 뜻이 된다. 천자에게 소속된 제자라는 관리와 제후에게 소속된 서자라는 관리는 모두 경·대부·사의 적자에 대한 일을 담당하는데, 적자들의 수가 많기 때문에 '제(諸)'자를 붙여서 부르기도 하고 '서(庶)'자를 붙여서 부르기도 하며, 제(諸)자와 서(庶)자는 통용되는 명칭이다. 그렇기 때문에 천자에게 소속된 제자라는 관리가 서자도 되는 것이다. 정현이 "내가 생각하기에, 사·농·공·상의 과업에 있어서 사 또한 대대로 계승하는 과업이 있다."라고 했는데, 이것은 『국어』「제어(齊語)」편의 기록으로, 환공은 관중에게 "백성들의 일을 완성하려면 어떻게 해야 하는가?"라고 하자 관중은 "백성들이 뒤섞여 살지 못하도록 해야 합니다."라고 대답했다. 환공은 "사·농·공·상을 거처하게 하려면 어떻게 해야 하는가?"라고 하자 관중은 "옛날 성왕이 사를 거처하게 할 때에는 한가롭고 조용한 곳에 나아가 살도록 했고, 공인을 거처하게 할 때에는 관청과 가까운 곳으로 나아가 살도록 했으며, 상인을 거처하게 할 때에는 시장과 가까운 곳으로 나아가 살도록 했고, 농부를 거처하게 할 때에는 농지와 가까운 곳으로 나아가 살도록 했는데, 젊었을 때부터 익숙하게 되어 마음이 편안하게 되었습니다. 따라서 사의 자식은 항상 사가 되고 농부의 자식은 항상 농부가 되며 공인의 자식은 항상 공인이 되고 상인의 자식은 항상 상인이 됩니다."라고 대답했다. 이것은 네 부류의 백성들이 담당하는 과업은 대대로 계승된다는 의미이다. 이 내용을 인용한 것은 사의 자식 또한 졸(倅)에 포함된다는 사실을 드러내고자 했기 때문이다. 「왕제」편을 살펴보면 "대부는 작위를 세습하지 않는다."[30]라고 했다. 그런데 이곳에는 대대로 졸(倅)에 포함되는 경우도 있다고 했다. 그 이유는 대부에게 공덕이 있을 경우에는 세습을 할 수 있기 때문이다. 그래서 『시』에

---

30) 『예기』「왕제(王制)」【185a】: 諸侯世子世國, <u>大夫不世</u>爵. 使以德, 爵以功. 未賜爵, 視天子之元士, 以君其國. 諸侯之大夫, 不世爵祿.

서는 "주나라의 선비들도 대대로 덕을 드러내지 않겠는가."[31]라고 한 것이다. 정현이 "'국자(國子)'는 공·경·대부·사의 자식들 중 부친의 대를 잇는 자들이다."라고 했는데, 정사농의 주장을 보강하여 완성시킨 것이다. 정현이 "'계령(戒令)'은 태자에게 보내는 일을 뜻한다."라고 했는데, 아래문장에 나온 내용이 이러한 사실을 가리킨다. 정현이 "'교치(敎治)'는 덕을 닦고 도를 배운다는 뜻이다."라고 했는데, '교(敎)'라고 했기 때문에, 덕을 닦고 도를 배운다는 사실을 알 수 있다. 경문에서는 "그들의 등위를 변별한다."라고 했는데, 이것은 재예의 수준에 따른 등급을 뜻한다. 국자들이 배운 것은 도와 덕에 해당하니, 『주례』「사씨(師氏)」편의 직무기록에 나오는 삼덕(三德)[32]·삼행(三行)[33]과 『주례』「보씨(保氏)」편에 나온 육예(六藝)[34]가 여기에 해당한다. 정현이 "'위(位)'자

---

31) 『시』「대아(大雅)·문왕(文王)」: 亹亹文王, 令聞不已. 陳錫哉周, 侯文王孫子. 文王孫子, 本支百世. 凡周之士, 不顯亦世.

32) 삼덕(三德)은 세 종류의 덕(德)을 가리키는데, 문헌에 따라 해당하는 덕성(德性)들에는 차이가 나타난다. 『서』「주서(周書)·홍범(洪範)」편에는 "三德, 一曰正直, 二曰剛克, 三曰柔克."이라는 기록이 있다. 즉 『서』에서는 '삼덕'을 정직(正直), 강극(剛克), 유극(柔克)으로 풀이하고 있다. 그리고 이 문장에 대한 공영달(孔穎達)의 소(疏)에서는 "此三德者, 人君之德, 張弛有三也. 一曰正直, 言能正人之曲使直, 二曰剛克, 言剛强而能立事, 三曰柔克, 言和柔而能治."라고 풀이한다. 즉 '정직'은 사람들의 바르지 못한 점을 바로잡아서, 정직하게 만드는 능력을 뜻한다. '강극'은 강건한 자세로 사업을 수립하고, 그런 일들을 추진할 수 있는 능력을 뜻한다. '유극'은 화락하고 유순한 태도로 다스릴 수 있는 능력을 뜻한다. 다음으로 『주례』「지관(地官)·사씨(師氏)」편에는 "以三德敎國子, 一曰至德, 以爲道本, 二曰敏德, 以爲行本, 三曰孝德, 以知逆惡."이라는 기록이 있다. 즉 『주례』에서는 '삼덕'을 지덕(至德), 민덕(敏德), 효덕(孝德)으로 풀이하고 있다. '지덕'은 도(道)의 근본이 되는 것이며, '민덕'은 행실의 근본이 되는 것이고, '효덕'은 나쁘고 흉악한 것들을 알아내는 능력을 뜻한다. 다음으로 『국어(國語)』「진어사(晉語四)」편에는 "晉公子善人也, 而衛親也, 君不禮焉, 棄三德矣."라는 기록이 있다. 이에 대한 위소(韋昭)의 주에서는 "三德, 謂禮賓, 親親, 善善也."라고 풀이한다. 즉 위소가 말하는 '삼덕'은 예빈(禮賓), 친친(親親), 선선(善善)이다. '예빈'은 빈객들에게 예법(禮法)에 따라 대접하는 것이며, '친친'은 부모를 친애하는 것이고, '선선'은 착한 사람을 착하게 대하는 것이다.

33) 삼행(三行)은 세 종류의 덕행(德行)을 뜻하며, 효행(孝行), 우행(友行), 순행(順行)을 가리킨다. '효행'은 부모를 섬기는 덕행이고, '우행'은 현명하고 어진 사람을 존귀하게 받드는 덕행이며, '순행'은 스승과 어른을 섬기는 덕행이다.

34) 육예(六藝)는 기본적으로 갖춰야 하는 여섯 가지 과목을 뜻한다. 여섯 가지 과목

는 조정의 자리를 뜻한다."라고 했는데, 태자를 조회할 때 부친의 작위에 따라서 서열을 정한다는 뜻이다.

경문 國有大事, 則帥國子而致於大子, 惟所用之. 若有兵甲之事, 則授之車甲, 合其卒伍, 置其有司, 以軍法治之. 司馬弗正.

번역 나라에 중대한 일이 발생하면, 국자들을 인솔하여 태자에게 보내니, 오직 태자만이 그들을 부린다. 만약 전쟁의 사안이 발생하면, 수레와 갑옷을 지급하고, 졸(卒)과 오(伍)를 취합하여 그들을 담당하는 유사(有司)를 두고, 군법으로 그들을 다스리게 한다. 그러나 사마(司馬)는 그들을 부리지 못한다.

鄭注 軍法, 百人爲卒, 五人爲伍. 弗, 不也. 國子屬太子, 司馬雖有軍事, 不賦之.

번역 군법에 따르면, 100명은 1졸(卒)이 되고 5명은 1오(伍)가 된다. '불(弗)'자는 불(不)자의 뜻이다. 국자는 태자에게 배속되어 사마에게 비록 군대와 관련된 일이 있더라도 그들에게 세금을 부여하지 않는다.

賈疏 ●"國有"至"弗正". ○釋曰: 云"大事", 下有兵甲之事, 則此大事謂祭祀也. 故左氏傳云"國之大事, 在祀與戎", 此經二事當之也.

번역 ●經文: "國有"~"弗正". ○'대사(大事)'라고 했는데, 그 뒤에 '유병갑지사(有兵甲之事)'라는 말이 나오므로, 여기에서 말한 대사는 제사를 뜻한다. 그렇기 때문에 『좌씨전』에서는 "나라의 대사는 제사와 전쟁에 있다."[35]라고 한 것이니, 이곳 경문에 나온 두 사안이 그에 해당한다.

은 예(禮), 음악[樂], 활쏘기[射], 수레몰기[御], 글쓰기[書], 셈하기[數]이며, 구체적으로 말하자면 오례(五禮), 육악(六樂), 오사(五射), 오어(五馭: =五御), 육서(六書), 구수(九數)를 가리킨다.

35) 『춘추좌씨전』「성공(成公) 13년」: 敬在養神, 篤在守業. 國之大事, 在祀與戎.

賈疏 ◎注"軍法"至"賦之". ○釋曰: 軍法從五人爲伍, 至萬二千五百人爲軍, 有六節, 今注直云百人與五人, 略擧之耳. 云"不賦之", 解經"正"爲賦稅, 謂不賦田稅·泉稅者也.

번역 ◎鄭注: "軍法"~"賦之". ○군법에 따르면 5명을 1오(伍)로 삼는 것으로부터 12,500명을 1군(軍)으로 삼게 되어, 여섯 등급이 있게 되는데, 이곳 주석에서는 단지 100명과 5명에 대해서만 언급했으니, 이것은 간략히 제시한 것일 뿐이다. 정현이 "그들에게 세금을 부여하지 않는다."라고 했는데, 경문에 나온 '정(正)'자를 세금을 부여한다는 뜻으로 풀이한 것으로, 전세(田稅)와 천세(泉稅) 등을 부여하지 않는다는 의미이다.

경문 凡國正弗及.

번역 무릇 나라에서 부여하는 부역과 조세의 의무가 그들에게 미치지 못하게 한다.

賈疏 ●"凡國"至"弗及". ○釋曰: 上文云弗正, 謂兵賦. 此云國正, 謂鄕遂之中所有甸徒力征之等, 並不及也.

번역 ●經文: "凡國"~"弗及". ○앞에서는 '부정(弗正)'이라고 했는데, 이것은 군대와 관련된 부역과 세금이다. 이곳에서 '국정(國正)'이라고 한 것은 향(鄕)과 수(遂)에서 부여하는 세금이나 부역 등을 뜻하니, 이러한 것까지도 그들에게 미치지 않는 것이다.

경문 大祭祀, 正六牲之體.

번역 큰 제사를 지내게 되면 육생(六牲)[36]의 몸체를 건져내고 도마에 올린다.

---

36) 육생(六牲)은 여섯 가지 가축이다. 말[馬], 소[牛], 양(羊), 돼지[豕], 개[犬], 닭[雞]을 뜻한다. 『주례』「천관(天官)·선부(膳夫)」편에는 "凡王之饋, 食用六穀, 膳用<u>六牲</u>."이라는 기록이 있고, 이에 대한 정현의 주에서는 "六牲, 馬牛羊豕犬雞也."라고 풀이했다.

鄭注 正, 謂朼載之.

번역 '정(正)'자는 수저로 건져내고 도마에 올린다는 뜻이다.

賈疏 ◎注"正謂朼載之". ○釋曰: 按特牲·少牢, 移鼎入陳, 卽有一人鼎中匕出牲體, 一人在鼎西, 北面, 載之於俎. 旣言正六牲之體, 明是此二事也.

번역 ◎鄭注: "正謂朼載之". ○『의례』「특생궤식례(特牲饋食禮)」편과 「소뢰궤식례(少牢饋食禮)」편을 살펴보면, 솥을 옮겨 들여와 진열하게 되면 한 사람이 솥 안에서 희생물의 몸체를 수저로 꺼내고, 다른 한 사람은 솥의 서쪽에서 북쪽을 바라보고 있다가 그것을 받아 도마에 올린다고 했다. 이미 '정륙생지체(正六牲之體)'라고 했으니, 이것은 바로 이 두 사안을 나타낸다.

경문 凡樂事, 正舞位, 授舞器.

번역 무릇 음악에 대한 일을 처리하게 되면 무용수의 자리를 정돈하고 무용 도구를 지급한다.

鄭注 位, 佾處.

번역 '위(位)'자는 춤추는 대열과 지점을 뜻한다.

賈疏 ◎注"位佾處". ○釋曰: 云"凡樂事"者, 則諸作樂有舞之處, 皆使正舞人八八六十四人之位. 幷授舞者之器, 文舞則授羽籥, 武舞授干鍼之等. 云"位, 佾處"者, 卽謂天子八佾, 諸公六佾, 諸侯四佾之等也.

번역 ◎鄭注: "位佾處". ○'범악사(凡樂事)'라고 했는데, 음악을 연주하며 춤이 포함되는 장소에 있어서는 모든 경우 무용수의 숫자인 8곱하기 8인 64명의 자리를 정돈하게 시킨다. 아울러 무용수들이 드는 도구를 지급하는데, 문무(文舞)[37]의 경우라면 깃털과 피리를 지급하고, 무무(武舞)[38]의 경우라면 방패와 도끼를 지급하는 일 등을 뜻한다. 정현이 "'위(位)'자는 춤추는 대열과 지점을 뜻한다."라고 했는데, 천자는 팔일무를 추고 공작은 육일무를 추고 후작은 사일무를 추는 것 등을 뜻한다.

경문 大喪, 正群子之服位. 會同·賓客, 作群子從.

번역 큰 상사가 발생하면 여러 자식들의 복장과 자리를 정돈한다. 회동(會同)이나 빈객을 접대하는 일이 있으면 여러 자식들을 따르게 한다.

鄭注 從於王.

번역 천자에 대한 사안을 따르도록 하는 것이다.

賈疏 ◎注"從於王". ○釋曰: 云"大喪, 正群子之服位"者, 位謂在殯宮外內哭位也. 正其服者, 公卿大夫之子爲王斬衰, 與父同, 故雜記大夫之子得行大夫禮故也. 云"會同·賓客, 作群子從"者, 作, 使也, 使國子從王也.

번역 ◎鄭注: "從於王". ○"큰 상사가 발생하면 여러 자식들의 복장과 자리를 정돈한다."라고 했는데, 자리는 빈궁 내외의 곡하는 자리를 뜻한다. "복장을 정돈한다."라고 했는데, 공·경·대부의 자식은 천자를 위해서 참최복(斬衰服)[39]을 착용하니, 부친에 대한 경우와 동일하다. 그러므로 『예기』「잡기(雜記)」편에서는 대부의 자식이 대부의 예법을 따를 수 있다고 한 것이다. "회동(會同)

---

37) 문무(文舞)는 무무(武舞)와 상대되는 용어이다. 무용수들이 피리 및 깃털 등의 도구를 들고 추는 춤이다. 통치자의 치적(治積)을 기리는 뜻을 춤으로 표현한 것이다.

38) 무무(武舞)는 문무(文舞)와 상대되는 용어이다. 주(周)나라 때에 생겨났다. 무용수들이 도끼와 방패 등의 병장기를 들고 추는 춤이다. 통치자의 무공(武功)을 기리는 뜻을 춤으로 표현한 것이다.

39) 참최복(斬衰服)은 상복(喪服) 중 하나로, 오복(五服)에 속한다. 상복 중에서도 가장 수위가 높은 상복이다. 거친 삼베를 사용해서 만들며, 자른 부위를 꿰매지 않기 때문에 참최(斬衰)라고 부른다. 이 복장을 입게 되는 기간은 일반적으로 3년에 해당하며, 죽은 부모를 위해 입거나, 처 또는 첩이 죽은 남편을 위해 입는다.

이나 빈객을 접대하는 일이 있으면 여러 자식들을 따르게 한다."라고 했는데, '작(作)'자는 "시킨다[使]."는 뜻이니, 국자들로 하여금 천자를 따르도록 시키는 것이다.

경문 凡國之政事, 國子存遊倅, 使之脩德學道, 春合諸學, 秋合諸射, 以攷其藝而進退之.

번역 무릇 나라의 정사에 있어서는 국자들 중 아직 관직에 나아가지 않은 졸(倅)에 대해서는 그들을 머물게 하여 덕을 닦고 도를 배우도록 하며, 봄에는 태학에 불러 모으고 가을에는 사궁에 불러 모아서 그들의 재예를 시험하여 등용시키거나 내친다.

鄭注 遊倅, 倅之未仕者. 學, 大學也. 射, 射宮也. 王制曰: "春秋教以禮·樂, 冬夏教以詩·書, 王太子·王子·群后之太子·卿大夫元士之適子·國之俊選, 皆造焉."

번역 '유졸(遊倅)'은 졸(倅) 중에서 아직 관직에 나아가지 않은 자를 뜻한다. '학(學)'자는 태학을 뜻한다. '사(射)'자는 사궁(射宮)을 뜻한다. 『예기』「왕제(王制)」편에서는 "봄과 가을에는 예와 악으로 가르치고, 겨울과 여름에는 시와 서로 가르치며, 천자의 태자, 나머지 왕자들, 여러 제후들의 태자, 경·대부·원사의 적자들과 민간에서 선발된 나라의 인재들은 모두 태학에서 악정에게 교육을 받는다."[40]라고 했다.

賈疏 ●"凡國"至"退之". ○釋曰: 云"凡國之政事"者, 謂國內有繇役之事皆是也. 云"國子存遊倅, 使之脩德學道"者, 謂國有事時, 此國子存遊暇無事之倅中, 使脩德學道二事也. 云"春合諸學"者, 謂於大學之中使之學也. 云"秋

40) 『예기』「왕제(王制)」【168b~c】: 樂正, 崇四術, 立四教, 順先王詩書禮樂, 以造士. 春秋, 教以禮樂, 冬夏, 教以詩書. 王大子, 王子, 群后之大子, 卿大夫元士之適子, 國之俊選, 皆造焉. 凡入學, 以齒.

合諸射者, 使在射宮習射也. 云"以考其藝"者, 考較才藝長短. 云"而進退之"者, 才藝長, 進與官爵. 才藝短者, 退之, 使更服膺受業也.

번역 ●經文: "凡國"~"退之". ○'범국지정사(凡國之政事)'라고 했는데, 국내에 발생하는 요역이 필요한 일들은 모두 여기에 해당한다. "국자들 중 아직 관직에 나아가지 않은 졸(倅)에 대해서는 그들을 머물게 하여 덕을 닦고 도를 배우도록 한다."라고 했는데, 나라에 어떠한 사안이 발생했을 때, 이러한 국자들 중 관직에 나아가지 않아 특별한 일이 없는 졸(倅)을 남겨서 그들로 하여금 덕을 닦고 도를 배우는 두 사안에 종사토록 시킨다. "봄에는 태학에 불러 모은다."라고 했는데, 태학 안에서 그들로 하여금 공부하도록 만든다는 뜻이다. "가을에는 사궁에 불러 모은다."라고 했는데, 사궁에서 활쏘기를 익히게 만든다는 뜻이다. "그들의 재예를 시험한다."라고 했는데, 재예의 우열을 시험하고 비교한다는 뜻이다. "등용시키거나 내친다."라고 했는데, 재예가 뛰어난 자는 나아가게 하여 관직과 작위를 부여한다. 재예가 변변치 못한 자는 물러나게 하여 재차 마음에 새겨 수업을 받게 한다.

賈疏 ◎注"遊倅"至"造焉". ○釋曰: 倅是副代, 已是未在仕, 復云遊, 遊是遊暇, 亦是未仕之稱. 云"學, 大學也"者, 周禮若言異代之學, 則擧其學名, 卽成均·瞽宗之類. 今此直言學, 明是周之大學也. 周禮云大學在國中, 卽夏后氏東序, 在王宮之左也. 云"射, 射宮也"者, 射義云: "已射於澤, 然後射於射宮." 射宮卽國之小學, 在西郊, 則虞庠是也. 王制曰"春秋敎以禮·樂, 冬夏敎以詩·書"者, 按彼鄭注云"春夏, 陽也, 詩·樂者聲, 聲亦陽也. 秋冬, 陰也, 書·禮者事, 事亦陰也. 因時順氣, 於功易成也". 云"王太子·王子·群后之大子·卿大夫元士之適子·國之俊選皆造焉"者, 若王之子, 得適庶俱在學. 若群后畿內諸侯已下, 則庶子賤, 不得在學, 故皆云適子也. 引之者, 證貴賤皆在敎科也.

번역 ◎鄭注: "遊倅"~"造焉". ○'졸(倅)'은 부친에 버금가며 그 대를 이을 자들인데, 아직 관직에 나아가지 않은 상태이다. 그런데 재차 '유(遊)'라고 말했으니, '유(遊)'는 한가하다는 뜻으로, 아직 관직에 나아가지 않았을 때 부르는 말이다. 정현이 "'학(學)'자는 태학을 뜻한다."라고 했는데, 『주례』에서는 다른 왕조의 학교를 말하게 되면 그 학교의 명칭을 제시하니, 성균(成均)[41]이나 고종(瞽宗)[42] 등의 부류가 그에 해당한다. 그런데 이곳에서는 단지 '학(學)'이라고만 했으니, 이것은 주나라에서 세운 태학을 의미한다. 『주례』에 따르면 태학은 국성 안에 있다고 했으니, 하후씨 때의 동서(東序)로 왕궁의 좌측에 있었다. 정현이 "'사(射)'자는 사궁(射宮)을 뜻한다."라고 했는데, 『예기』「사의(射義)」편에서는 "택에서 활쏘기 연습을 끝낸 이후에는 사궁(射宮)에서 활쏘기를 한다."[43]라고 했다. '사궁(射宮)'은 나라에서 세운 소학으로 서쪽 교외에 있었으니, 우상(虞庠)[44]이 이에 해당한다. 「왕제」편에서는 "봄과 가을에는 예와 악으로 가르치고, 겨울과 여름에는 시와 서로 가르친다."라고 했는데, 「왕제」편에 대한 정현의 주를 살펴보면 "봄과 여름은 양에 해당하고, 시와 악은 소리인데 소리 또한 양에 해당한다. 가을과 겨울은 음에 해당하고, 서와 예는 사안인데 사안 또한 음에 해당한다. 그 계절에 따라 해당 기운에 순응하면 공력에 있어서 쉽게 성취한다."라고 했다. 「왕제」편에서 "천자의 태자, 나머지 왕자들, 여러

---

41) 성균(成均)은 고대의 태학(太學) 명칭이다. 오제(五帝) 때 태학의 명칭을 '성균'으로 정했다고 전해진다.

42) 고종(瞽宗)은 본래 은(殷)나라 때의 학교 명칭이다. 주(周)나라 때에는 태학의 건물들 중 하나로 여겼다.

43) 『예기』「사의(射義)」【710a】 : 天子將祭, 必先習射於澤. 澤者, 所以擇士也. 已射於澤而后射於射宮. 射中者得與於祭, 不中者不得與於祭. 不得與於祭者有讓, 削以地. 得與於祭者有慶, 益以地. 進爵絀地是也.

44) 우상(虞庠)은 주(周)나라 때의 소학(小學)으로 서교(西郊)에 위치하였다. 주나라에서는 유우씨(有虞氏) 때의 상(庠)에 대한 제도를 본떠서, 소학을 지은 것이기 때문에, 그 학교를 '우상'이라고 부른 것이다. 『예기』「왕제(王制)」편에는 "周人養國老於東膠, 養庶老於虞庠. 虞庠在國之西郊."라는 기록이 있고, 이에 대한 정현의 주에서는 "虞庠亦小學也. 西序在西郊, 周立小學於西郊 …… 周之小學爲有虞氏之庠制, 是以名庠云."이라고 풀이했다. 한편 '우상'에는 두 가지 뜻이 포함되어 있는데, 하나는 태학(太學)의 건물들 중 북쪽에 있는 학교를 뜻하는 것으로, 이것을 또한 상상(上庠)이라고도 불렀고, 다른 하나는 앞서 설명한 것처럼 교외(郊外)에 설치했던 소학을 뜻한다. 『주례』「춘관(春官)·대사악(大司樂)」편에는 "掌成均之灋."이라는 기록이 있는데, 이에 대한 손이양(孫詒讓)의 『정의(正義)』에서는 "案虞庠有二, 一爲大學之北學, 亦曰上庠, 一爲四郊之小學, 曰虞庠."이라고 풀이했다.

제후들의 태자, 경·대부·원사의 적자들과 민간에서 선발된 나라의 인재들은 모두 태학에서 악정에게 교육을 받는다."라고 했는데, 천자의 자식들은 적자나 서자 모두 태학에 들어갈 수 있다. 그러나 천자의 수도 안에 있는 제후로부터 그 이하의 계층인 경우 서자는 신분이 미천하므로 태학에 들어갈 수 없다. 그렇기 때문에 모두 '적자(適子)'라고 말한 것이다. 이 문장을 인용한 것은 존귀한 자와 미천한 자 모두 학교에서 수업을 받게 됨을 증명하기 위한 것이다.

참고 『의례』「연례(燕禮)」 기록

경문 主人洗, 升自西階, 獻庶子于阼階上, 如獻士之禮. 辯, 降洗, 遂獻左右正與內小臣, 皆於阼階上, 如獻庶子之禮.

번역 주인이 술잔을 씻고서 서쪽 계단을 통해 당상으로 올라가면 동쪽 계단 위에서 서자(庶子)에게 술을 따라주니, 사에게 술을 따라주었을 때의 예법처럼 한다. 두루 술을 따라주고서 당하로 내려와 술잔을 씻고 좌우정(左右正)과 내소신(內小臣)에게 술을 따라주는데, 모두 동쪽 계단 위에서 하며, 서자에게 술을 따라주었을 때의 예법처럼 한다.

鄭注 庶子, 掌正六牲之體及舞位, 使國子脩德學道, 世子之官也, 而與膳宰·樂正聯事. 樂正亦學國子以舞. 左右正, 謂樂正·僕人正也. 小樂正立于西縣之北, 僕人正·僕人師·僕人士立于其北, 北上. 大樂正立于東縣之北. 若射, 則僕人正·僕人士陪于工後. 內小臣, 奄人掌君陰事陰令, 后夫人之官也, 皆獻于阼階上, 別於外內臣也. 獻正下及內小臣, 則磬人·鍾人·鑮人·鼓人·僕人之屬盡獻可知也. 凡獻皆薦也.

번역 '서자(庶子)'는 육생(六牲)의 몸체를 건져서 도마에 올리고 무용수들의 자리를 정돈하는 일을 담당하며, 국자들이 덕을 닦고 도를 배우도록 하니, 세자에게 소속된 관리이다. 그러나 선재(膳宰) 및 악정(樂正)과 해당하는 업무가 관련된다. 악정 또한 국자들에게 무용을 가르친다. '좌우정(左右正)'은 악정(樂正)과 복인정(僕人正)을 뜻한다. 소악정(小樂正)은 서쪽에 걸어둔 악기의 북쪽에 서 있고, 복인정 · 복인사(僕人師) · 복인사(僕人士)는 그 북쪽에 서 있게 되는데, 북쪽 끝에서부터 서열대로 정렬한다. 대악정(大樂正)은 동쪽에 걸어둔 악기의 북쪽에 서 있는다. 만약 활쏘기를 하게 된다면 복인정 · 복인사는 악공의 뒤에 배석한다. '내소신(內小臣)'은 엄인(奄人)으로 군주의 은밀한 일과 은밀한 명령을 담당하며, 왕후와 부인에게 소속된 관리이다. 이들에 대해서는 모두 동쪽 계단 위에서 술을 따라주어 외신 및 내신과 구별하는 것이다. 정(正) 이하 및 내소신에게 술을 따라주었다면, 경인(磬人) · 종인(鍾人) · 박인(鎛人) · 고인(鼓人) · 복인(僕人) 등까지도 모두 술을 따라준다는 사실을 알 수 있다. 무릇 술을 따라주게 되면 모든 경우 음식도 함께 올린다.

賈疏 ●"卒主"至"之禮". ◎注"庶子"至"薦也". ○釋曰: 此一經獻庶子以下之節. 云"庶子, 掌正六牲之體及舞位, 使國子脩德學道, 世子之官也"者, 按周禮 · 諸子職云: "大祭祀, 正六牲之體. 凡樂事, 正舞位. 國子存游倅, 使之脩德學道", 彼天子諸子之官, 屬大子. 若據諸侯, 爲世子之官. 引之者, 以天子謂之諸子, 諸侯謂之庶子, 掌公卿大夫士之適子, 掌事寔同, 故取諸子職解此庶子之事. 云"而與膳宰 · 樂正聯事"者, 以掌正六牲之體, 得與膳宰聯事; 掌國子脩德學道, 得與樂正聯事; 以其樂正亦掌教國子故也. 言此者, 欲見膳宰得獻, 此庶子亦得獻之意. 云"樂正亦教國子之舞"者, 欲見庶子掌國子得與樂正聯事. 云"左右正, 謂樂正 · 僕人正也", 僕人正以下至"北上", 鄭知義然者, 見大射禮而知. 云"左右正"者, 據中庭爲左右, 大射禮工遷於東, 僕人正亦與樂正同處, 名曰左正, 復云右正, 明是小樂正在西爲右也. 若小樂正不在西, 大射之禮不得有左右正之文. 又兩面俱縣, 明大 · 小樂正各監一縣. 又知僕人正以下在小樂正之北北上者, 以鄉射弟子相工皆在西, 今僕人正以下亦是相工之人, 故知亦在西方也. 又工堂上西階之東相工者, 宜近其事, 故在西方樂正之北也. 又知"北上"者, 以大射 · 鄉射工遷在下之時, 皆北上統於樂正, 今相者以工爲主, 明在堂下, 則宜北統於堂上矣. 又知"大樂正在東縣北"者, 約鄉射云: "縣于洗東北." 至射時遷樂於阼階下之東南, 堂前三笴西面, 北上坐. 樂正北面, 立于其南, 是得爲一證也. 云"若射"以下至"工後"者, 按大射將射之時, 工遷於下東坫之東南, 西面, 北上坐, 相者以工爲主, 故知相工陪於東, 卽在工後也. 云"內小臣, 奄人掌君陰事陰令, 后夫人之官也"者, 按天官·小臣·序官云: "內小臣奄上士四人." 其職云: "掌王之陰事陰令." 鄭注云: "陰事, 群妃御見之事. 陰令, 王所求爲於北宮." 彼后之官, 兼云夫人者, 欲見諸侯夫人內小臣亦與后之內小臣職同, 故雙言之. 云"皆獻於阼階上, 別於外內臣也"者, 臣云外內者, 按周禮有外內命夫, 鄭注云: "外命夫六鄕以出." 按內命夫, 朝廷卿大夫, 則諸侯臣在鄕遂及采地者爲外臣, 在朝廷者爲內臣. 但外內臣皆獻於西階上, 此獻於阼階, 故云"別於外內臣"也. 云"則磬人"以下至"盡獻可知也"者, 此據周禮天子有此官, 諸侯並以下士爲之, 則諸侯亦有此官, 以其庭中之樂, 軒縣別有鍾·磬·鎛·鼓, 故知也. 兼言僕人者, 此經直見僕人正, 不見僕人師·僕人士, 大射見之. 內小臣·奄人之賤者尙得獻, 明此等皆得獻可知也. 知"凡獻皆薦"者, 以經云"如獻士", 獻士有薦, 凡此等獻訖, 明皆有薦也.

번역 ●經文: "卒主"~"之禮". ◎鄭注: "庶子"~"薦也". ○이곳 경문은 서자(庶子)에게 술을 따라주는 것으로부터 그 이하의 절차를 나타내고 있다. 정현이 "'서자(庶子)'는 육생(六牲)의 몸체를 건져서 도마에 올리고 무용수들의 자리를 정돈하는 일을 담당하며, 국자들이 덕을 닦고 도를 배우도록 하니, 세자에게 소속된 관리이다."라고 했는데, 『주례』「제자(諸子)」편의 직무기록을 살펴보면 "큰 제사를 지내게 되면 육생(六牲)의 몸체를 건져내고 도마에 올린다. 무릇 음악에 대한 일을 처리하게 되면 무용수의 자리를 정돈한다. 국자들 중 아직 관직에 나아가지 않은 졸(倅)에 대해서는 그들을 머물게 하여 덕을 닦고 도를 배우도록 한다."라고 했는데, 『주례』에 나온 천자에게 소속된 제자라는 관리는 태자에게 소속되어 있다. 만약 제후를 기준으로 든다면 세자에게 소속된 관리가 된다. 정현이 이 내용을 인용한 것은 천자에게 소속된 관리는 '제자(諸子)'라 부르고, 제후에게 소속된 관리는 '서자(庶子)'라고 부르는데, 이들은 공·경·대부·사의 적자들에 대한 일을 담당하여 담당하는 일이 동일하다. 그렇기 때문에 「제자」편의 직무기록을 인용하여 서자에 대한 사안을 풀이한 것이다. 정현이 "그러나 선재(膳宰) 및 악정(樂正)과 해당하는 업무가 관련된다."라고 했는데, 육생의 몸체를 건져서 도마에 올리는 일을 담당하니, 선재의 일과 관련될 수 있다. 또 국자들에게 덕을 닦고 도를 배우게 하는 일을 담당하니 악정의 일과 관련될 수 있다. 악정 또한 국자들의 교육을 담당하는 자이기 때문이다. 이러한 사실을 언급한 것은 선재가 술을 받을 수 있으니, 서자 또한 술을 받을 수 있다는 뜻을 드러내고자 했기 때문이다. 정현이 "악정 또한 국자들에게 무용을 가르친다."라고 했는데, 서자는 국자들에 대한 일을 담당하여 악정의 일과 관련될 수 있음을 드러내고자 한 것이다. 정현이 "'좌우정(左右正)'은 악정(樂正)과 복인정(僕人正)을 뜻한다."라고 했는데, 복인정으로부터 그 이하로 "북쪽 끝에서부터 서열대로 정렬한다."라는 말까지, 정현이 이러한 의미를 알 수 있었던 것은 『의례』「대사례(大射禮)」편의 기록을 통해 알았던 것이다. '좌우정(左右正)'이라고 했는데, 이것은 마당을 기준으로 좌우로 삼은 것이니, 「대사례」에서 악공은 동쪽으로 이동하여 복인정 또한 악정과 동일한 곳에 있게 된다. 그래서 '좌정(左正)'이라고 했는데, 재차 '우정(右正)'이라고 한 것은 소악정이 서쪽에 있어서 우측이 됨을 드러내고자 한 것이다. 만약 소악정이 서쪽에 있지 않다면 대사례에서는 좌우정이라는 기록이 있을 수 없다. 또 양쪽 면에 악기를 걸어두니, 이것은 대악정과 소악정이 각각 한쪽 면에 걸린 악기를 감독한다는 사실을 나타낸다. 또 복인정으로부터 그 이하의 자들이 소악정의 북쪽에 위치하여 북쪽 끝에서부터 차례대로 정렬한다는 사실을 알 수 있는 것은 『의례』「향사례(鄕射禮)」편에서 제자(弟子)들이 악공을 도우며 모두 서쪽에 있는다고 했는데, 현재 복인정으로부터 그 이하의 자들 또한 악공을 돕는 사람에 해당한다. 그렇기 때문에 이들 또한 서쪽에 있게 됨을 알 수 있다. 또 악공과 당상의 서쪽 계단 동쪽에서 악공을 돕는 자들은 마땅히 시행하는 일과 가까운 곳에 있어야 한다. 그렇기 때문에 서쪽 방면에서도 악정의 북쪽에 있게 됨을 알 수 있다. 또 "북쪽 끝에서부터 서열대로 정렬한다."라고 했는데, 이 말이 사실임을 알 수 있는 이유는 「대사례」와 「향사례」편에서 악공이 당하로 이동했을 때, 모두들 북쪽 끝에서부터 차례대로 정렬하여 악정에게 통솔된다. 현재 돕는 자들은 악공을 위주로 하여 당하에 있게 되므로, 마땅히 북쪽에 있어 당상에 있는 자에게 통솔되는 것이다. 또 "대악정(大樂正)은 동쪽에 걸어둔 악기의 북쪽에 서 있는다."라고 했는데, 이 말이 사실임을 알 수 있는 이유는 「향사례」편에서 "씻는 곳 동북쪽에 악기를 걸어둔다."라고 했고, 활 쏘는 시기가 되면 악기를 동쪽 계단 아래의 동남쪽으로 이동시키며, 당 앞에서 3개의 화살대만큼 벌려 서쪽을 바라보고 북쪽 끝에서부터 차례대로 정렬하여 앉는다. 악정은 북쪽을 바라보며 그 남쪽에 서 있게 된다고 했다. 이것이 그 증거가 된다. '약사(若射)'라는 말로부터 '공후(工後)'라는 말까지는 「대사례」편을 살펴보면 활을 쏘려고 할 때 악공은 당하의 동쪽 점(坫)의 동남쪽으로 옮겨서 서쪽을 바라보며 북쪽 끝에서부터 차례대로 정렬하여 앉고, 돕는 자들은 악공을 위주로 하기 때문에 악공을 돕는 자들이 동쪽에 배석하게 됨을 알 수 있는데, 이것은 곧 악공의 뒤에 있는 것이다. 정현이 "'내소신(內小臣)'은 엄인(奄人)으로 군주의 은밀한 일과 은밀한 명령을 담당하며, 왕후와 부인에게 소속된 관리이다."라고 했는데, 『주례』「천관(天官)」편의 소신에 대한 서관(序官)을 살펴보면 "내소신은 엄상사(奄上士) 4명이 담당한다."[45]라고 했고, 그 직무기록에서는 "천자의 음사(陰事)와 음령(陰令)을 담당한다."[46]라고 했으며, 정현의 주에서는 "'음사(陰事)'는 여러 비들이 시중을 들고 찾아뵙는 일을 뜻한다. '음령(陰令)'은 천자가 북궁(北宮)[47]에서 요구하는 것들을 뜻한다."라고 했다. 이 관리는 왕후에게 소속된 관리인데도 제후의 정부인을 뜻하는 '부인(夫人)'이라는 말도 함께 기록했는데, 이것은 제후의 부인에게 소속된 내소신 또한 왕후에게 소속된 내소신의 직무와 동일한 일을 하게 됨을 나타내고자 한 것이다. 그래서 함께 언급하였다. 정현이 "모두 동쪽 계단 위에서 술을 따라주어 외신 및 내신과 구별하는 것이다."라고 했는데, 신하에 대해 외내(外內)라고 말한 것은 『주례』를 살펴보면 외명부(外命夫)와 내명부(內命夫)가 있고, 정현의 주에서는 "육향(六鄕)[48]

45) 『주례』「천관총재(天官冢宰)」: 內小臣, 奄上士四人, 史二人, 徒八人.

46) 『주례』「천관(天官)·내소신(內小臣)」: 掌王之陰事陰令.

47) 북궁(北宮)은 왕후(王后)가 머무는 곳을 뜻한다. 고대의 궁(宮)은 남쪽을 향하고 있는데, 천자의 노침(路寢)은 앞에 있으므로, 남궁(南宮)이라 부른다. 반면 왕후의 육궁(六宮)은 천자의 육침(六寢) 뒤에 위치하기 때문에, 대비해서 말하여 '북궁(北宮)'이라고 부른다.

48) 육향(六鄕)은 주(周)나라 때 원교(遠郊)에 설치된 여섯 개의 향(鄕)을 뜻한다. 주

에서 선발한다."라고 했고, 내명부에 대해 살펴보면 조정에 있는 경과 대부에 해당하니, 제후의 신하들 중 향(鄕)과 수(遂) 및 채지에 있는 자들은 외신에 해당하고, 조정에 속한 자들은 내신에 해당한다. 다만 외신과 내신에 대해서는 모두 서쪽 계단 위에서 술을 따라주게 되는데, 이곳에서는 동쪽 계단에서 술을 따라준다고 했다. 그렇기 때문에 "외신 및 내신과 구별하는 것이다."라고 했다. '경인(磬人)'이라고 한 말로부터 "모두 술을 따라준다는 사실을 알 수 있다."라는 말까지는 『주례』에 근거해보면 천자에게는 이러한 관리들이 소속되어 있고, 제후 또한 하사(下士)들로 그 임무를 맡기니, 제후에게도 이러한 관리가 소속되어 있는 것인데, 마당에 설치하는 악기들 중 헌현(軒縣)[49]에는 별도로 종·경·박·고가 포함된다. 그렇기 때문에 이러한 사실을 알 수 있다. '복인(僕人)'까지도 함께 언급한 것은 이곳 경문에서는 단지 '복인정(僕人正)'만을 언급했고, 복인사(僕人師)와 복인사(僕人士)에 대해서는 나타내지 않았는데, 「대사례」에 이러한 관리들이 기록되어 있다. 내소신과 엄인들처럼 미천한 신분들도 오히려 술을 받게 되니, 이러한 계층의 자들 모두 술을 받게 된다는 사실을 알 수 있다. 정현이 "무릇 술을 따라주게 되면 모든 경우 음식도 함께 올린다."라고 했는데, 이 말이 사실임을 알 수 있는 이유는 경문에서 "사에게 술을 따라주는 것처럼 한다."라고 했고, 사에게 술을 따라줄 때에는 함께 올리는 음식이 포함된다. 따라서 이러한 계층의 자들에게 술을 따라주는 일이 끝나면 모두에게 음식을 차려주게 됨을 나타낸다.

나라의 제도에서는 국성(國城)과 가까이 있는 교외(郊外)를 근교(近郊)라고 불렀고, 근교 밖을 원교(遠郊)라고 불렀다. 그리고 원교 안에는 6개의 향(鄕)을 설치했고, 원교 밖에는 6개의 수(遂)를 설치했다.

49) 헌현(軒縣)은 악기를 설치할 때 3방면으로 설치하는 것을 뜻한다. 천자는 4방면에 모두 악기를 설치하는데, 이것을 궁현(宮縣)이라고 부른다. '헌현'은 천자에 대한 예법보다 낮춘 것으로 제후에게 해당하는 것이며, 천자보다 낮추기 때문에 4방면 중 남쪽 한 면에 설치하는 악기들을 제외시키는 것이다. 『주례』「춘관(春官)·소서(小胥)」편에는 "正樂縣之位, 王宮縣, 諸侯<u>軒縣</u>."이라는 기록이 있는데, 이에 대한 정현의 주에서는 "鄭司農云, '宮縣, 四面縣. 軒縣, 去其一面. ……' 玄謂軒縣去南面辟王也."라고 풀이했다.

참고 『의례』「연례(燕禮)」 기록

경문 宵則庶子執燭於阼階上, 司宮執燭於西階上, 甸人執大燭於庭, 閽人爲大燭於門外.

번역 밤이 되면 서자(庶子)는 동쪽 계단 위에서 횃불을 들고, 사궁(司宮)은 서쪽 계단 위에서 횃불을 들며, 전인(甸人)은 마당에서 큰 횃불을 들고, 혼인(閽人)은 문밖에서 큰 횃불을 만든다.

鄭注 宵, 夜也. 燭, 燋也. 甸人, 掌共薪蒸者. 庭大燭, 爲位廣也. 閽人, 門人也. 爲, 作也, 作大燭以俟賓客出.

번역 '소(宵)'자는 밤을 뜻한다. '촉(燭)'자는 횃불을 뜻한다. '전인(甸人)'은 땔감 공급하는 일을 담당하는 자이다. 마당에 큰 횃불을 켜놓는 것은 자리가 넓기 때문이다. '혼인(閽人)'은 문을 지키는 자이다. '위(爲)'자는 만든다는 뜻이니, 큰 횃불을 만들어서 빈객이 나올 때를 대비한다.

賈疏 ●"宵則"至"門外". ◎注"宵夜"至"客出". ○釋曰: 凡燕法設燭者, 或射之後, 終燕則至宵也. 或冬之日不射亦宵, 夏之日不射未必至宵也. 云"燭, 燋也"者, 古者無麻燭, 而用荊燋, 故少儀云主人"執燭抱燋", 鄭云: "未爇曰燋." 但在地曰燎, 執之曰燭, 於地廣設之則曰大燭. 其燎亦名大燭, 故詩云: "庭燎之光." 毛云"庭燎, 大燭"也, 鄭云"夜未央, 而於庭設大燭." 毛·鄭並指此"甸人執大燭"之文也. 司烜氏云: "凡邦之大事, 共墳燭庭燎." "玄謂墳, 大也, 樹於門外曰大燭, 於門內曰庭燎." 言樹, 則大燭亦在地, 廣設之而已. 此閽人爲大燭於門外者, 亦是大燭在地者. 按郊特牲云: "庭燎之百由齊桓公始也." 注云: "僭天子也. 庭燎之差, 公蓋五十, 侯·伯·子·男皆三十." 文出大戴禮也. 此亦諸侯禮, 以燕禮輕, 故不言庭燎設大燭而已. 云"甸人, 掌共薪蒸者", 天官·甸師氏職文. 引之者, 以其內有燭燋, 故使之在門爲大燭也. 云"閽人, 門人也"者, 按天官·閽人"掌守王中門之禁", 諸侯亦當然.

번역 ●經文: "宵則"~"門外". ◎鄭注: "宵夜"~"客出". ○연회를 하는 예법에 있어서 횃불을 설치하는 것은 활쏘기를 한 이후 연회를 마치게 되면 밤이 될 때도 있기 때문이다. 또는 겨울에는 활쏘기를 하지 않아도 밤이 되고, 여름에는 활쏘기를 하지 않으면 반드시 밤까지는 진행되지 않기도 한다. 정현이 "'촉(燭)'자는 횃불을 뜻한다."라고 했는데, 고대에는 밀초[麻燭]가 없어서 땔감으로 불을 피운 횃불을 사용했다. 그렇기 때문에 『예기』「소의(少儀)」편에서는 주인이 "불을 붙인 횃불을 잡고 아직 불을 붙이지 않은 횃불을 잡는다."[50]라고 했고, 정현은 "아직 불을 붙이지 않은 횃불을 '초(燋)'라고 부른다."라고 했다. 다만 땅에 놓아둘 때에는 '요(燎)'라 부르고, 손에 들게 되면 '촉(燭)'이라 부르는데, 넓은 곳에 설치하게 되므로 '대촉(大燭)'이라고 부른 것이다. 따라서 요(燎) 또한 대촉(大燭)이라고 부른다. 그렇기 때문에 『시』에서는 "마당에 설치한 요(燎)의 밝음이여."[51]라고 했고, 모전에서는 "정료(庭燎)는 대촉(大燭)이다."라고 했고, 정현은 "한밤이 되지 않았을 때 마당에 대촉(大燭)을 설치한다."라고 한 것이다. 그리고 모씨와 정현 모두 "전인(甸人)이 대촉(大燭)을 잡는다."라고 한 문장을 지적했다. 『주례』「사훤씨(司烜氏)」편에서는 "나라의 중대한 사안에 대해서는 분촉(墳燭)과 정료(庭燎)를 공급한다."[52]라고 했고, 정현의 주에서는 "내가 생가하기에, 분(墳)자는 크다는 뜻이니, 문밖에 세워두는 것을 대촉(大燭)이라 부르고, 문안에 세워두는 것을 정료(庭燎)라고 부른다."라고 했다. 수(樹)라고 말했다면 대촉 또한 땅에 설치하는 것이며, 넓은 곳에 설치할 따름이다. 이곳에서 혼인은 문밖에 대촉을 만든다고 했는데, 이 또한 땅에 대촉을 설치한다는 뜻이다. 『예기』「교특생(郊特牲)」편을 살펴보면 "마당에 100개의 횃불을 켜두는 것은 본래 천자에게 해당하는 예법인데, 이러한 참례(僭禮)는 제나라 환공 때부터 시작되었다."[53]라고 했고, 주에서는 "천자의 예법을 참람되게 사용한 것이다. 마당에 설치하는 횃불의 차등에 있어서 공작

---

50) 『예기』「소의(少儀)」【442b】: 其未有燭而後至者, 則以在者告. 道瞽亦然. 凡飮酒, 爲獻主者執燭抱燋, 客作而辭, 然後以授人. 執燭不讓·不辭·不歌.

51) 『시』「소아(小雅)·정료(庭燎)」: 夜如何其. 夜未央, 庭燎之光. 君子至止, 鸞聲將將.

52) 『주례』「추관(秋官)·사훤씨(司烜氏)」: 凡邦之大事, 共墳燭庭燎.

53) 『예기』「교특생(郊特牲)」【320c】: 庭燎之百, 由齊桓公始也.

은 아마도 50개를 설치했을 것이며, 후작 · 백작 · 자작 · 남작들은 모두 30개를 설치했을 것이다."라고 했다. 이 기록은 『대대례기』에서 도출한 것이다. 이곳의 내용 또한 제후의 예법에 해당하는데, 연례는 상대적으로 덜 중요하기 때문에 정료(庭燎)를 언급하지 않고 대촉(大燭)을 설치한다고 했을 따름이다. 정현이 "'전인(甸人)'은 땔감 공급하는 일을 담당하는 자이다."라고 했는데, 이것은 『주례』「천관(天官) · 전사씨(甸師氏)」의 직무기록에 해당한다. 이 문장을 인용한 것은 안에서 촉(燭)과 초(燋)를 사용할 일이 있기 때문에, 그로 하여금 문에서 대촉(大燭)을 만들도록 시켰기 때문이다. 정현이 "'혼인(閽人)'은 문을 지키는 자이다."라고 했는데, 『주례』「천관(天官) · 혼인(閽人)」편을 살펴보면 "왕궁의 중문(中門)[54]에 대한 금령 지키는 일을 담당한다."[55]라고 했고, 제후 또한 마땅히 이처럼 하는 것이다.

참고 『예기』「왕제(王制)」 기록

경문-168c 王大子 · 王子 · 群后之大子 · 卿大夫元士之適子, 國之俊選, 皆造焉. 凡入學, 以齒.

---

54) 중문(中門)은 내(內)와 외(外) 사이에 있는 문을 뜻한다. 궁(宮)에 있어서는 혼문(閽門)을 뜻하기도 한다. 또 천자(天子)의 궁성(宮城)에는 다섯 개의 문이 있었다고 전해지는데, 가장 밖에 있는 문부터 순차적으로 나열해보면, 고문(皐門), 치문(雉門), 고문(庫門), 응문(應門), 노문(路門)이다. 이러한 다섯 개의 문들 중 노문(路門)은 가장 안쪽에 있으므로, 내문(內門)로 여기고, 고문(皐門)은 가장 밖에 있으므로, 외문(外門)으로 여긴다. 따라서 나머지 치문(雉門), 고문(庫門), 응문(應門)은 내외(內外)의 사이에 있으므로, 이 세 개의 문을 '중문'으로 여기기도 한다. 『주례』「천관(天官) · 혼인(閽人)」편에는 "掌守王宮之中門之禁."이라는 기록이 있는데, 이에 대한 손이양(孫詒讓)의 『정의(正義)』에서는 "此中門實不專屬雉門. 當兼庫 · 雉 · 應三門言之. 蓋五門以路門爲內門, 皐門爲外門, 餘三門處內外之間, 故通謂之中門."이라고 풀이했다. 한편 정중앙에 있는 문을 '중문'이라고도 부른다.

55) 『주례』「천관(天官) · 혼인(閽人)」 : 閽人掌守王宮之中門之禁.

번역 천자의 태자, 나머지 왕자들, 여러 제후들의 태자, 경 · 대부 · 원사의 적자들, 민간에서 선발된 나라의 인재들은 모두 태학에서 악정(樂正)에게 교육을 받는다. 태학에 입학하게 되면 나이에 따라 순서를 정한다.

鄭注 皆以四術成之. 王子, 王之庶子也. 群后, 公及諸侯. 皆以長幼受學, 不用尊卑.

번역 모두 이 사술(四術)로 그들을 완성시키는 것이다. '왕자(王子)'는 천자의 서자들이다. '군후(群后)'는 삼공(三公)[56] 및 제후들이다. 모두 태학에 입학해서 나이로 차례를 정한다는 것은 장유의 차례로 수업을 받으며, 신분의 차등을 따지지 않는다는 뜻이다.

참고 『주례』「지관(地官) · 사씨(師氏)」 기록

경문 凡國之貴游子弟學焉.

번역 무릇 나라에 있는 귀유(貴游)의 자제들을 가르친다.

鄭注 貴游子弟, 王公之子弟. 游, 無官司者. 杜子春云: "游當爲猶, 言雖貴猶學."

56) 삼공(三公)은 중앙정부의 가장 높은 관직자 3명을 합쳐서 부르는 말이다. '삼공'에 속한 관직명에 대해서는 각 시대별로 차이가 있다. 『사기(史記)』「은본기(殷本紀)」편에는 "以西伯昌, 九侯, 鄂侯, 爲三公."이라는 기록이 있다. 즉 은나라 때에는 서백(西伯)인 창(昌), 구후(九侯), 악후(鄂侯)들을 '삼공'으로 삼았다. 또한 주(周)나라 때에는 태사(太師), 태부(太傅), 태보(太保)를 '삼공'으로 삼았다. 『서』「주서(周書) · 주관(周官)」편에는 "立太師 · 太傅 · 太保, 茲惟三公, 論道經邦, 燮理陰陽."이라는 기록이 있다. 한편 『한서(漢書)』「백관공경표서(百官公卿表序)」에 따르면 사마(司馬), 사도(司徒), 사공(司空)을 '삼공'으로 삼았다는 기록이 있다.

번역 '귀유자제(貴游子弟)'는 천자와 제후의 자제를 뜻한다. '유(游)'자는 담당하는 관직이 없다는 뜻이다. 두자춘[57]은 "'유(游)'자는 마땅히 유(猶)자가 되어야 하니, 비록 존귀하더라도 여전히 배운다는 뜻이다."라고 했다.

賈疏 ●"凡國"至"學焉". ○釋曰: 言"凡國之貴游子弟", 卽上國之子弟. 言游者, 以其未仕而在學, 游暇習業.

번역 ●經文: "凡國"~"學焉". ○'무릇 나라에 있는 귀유(貴游)의 자제들'이라고 했으니, 앞에 나온 나라의 자제들에 해당한다. '유(游)'라고 말한 것은 아직 관직에 나아가지 않아 학교에 머물며 한가한 틈을 타서 과업을 익히기 때문이다.

賈疏 ◎注"貴游"至"猶學". ○釋曰: 云"王公之子弟"者, 此卽王制云: "王大子·王子·群后之大子·卿大夫元士之適子." 公卽三公群后. 卿大夫元士之子略言之也. 云"游, 無官司者", 官司則事繁, 不得爲游, 故鄭以無官司解之. 鄭旣以游爲無官司, 又引子春"游當爲猶, 言雖貴猶學"者, 亦義得兩通, 故引之在下也.

번역 ◎鄭注: "貴游"~"猶學". ○정현이 "천자와 제후의 자제를 뜻한다."라고 했는데, 이것은 『예기』「왕제(王制)」편에서 '천자의 태자, 나머지 왕자들, 여러 제후들의 태자, 경·대부·원사의 적자들'이라고 한 말에 해당한다. '공(公)'자는 삼공(三公)과 제후들을 뜻한다. 경·대부·원사의 자식들에 대해서는 생략해서 언급한 것이다. 정현이 "'유(游)'자는 담당하는 관직이 없다는 뜻이다."라고 했는데, 담당하는 관직이 있다면 일이 많으므로 한가하게 있을 수 없다. 그렇기 때문에 정현이 담당하는 관직이 없다는 말로 풀이한 것이다. 정현이 이미 유(游)자를 담당하는 관직이 없다는 말로 풀이했는데, 재차 두자춘이 말한 "'유(游)'자는 마땅히 유(猶)자가 되어야 하니, 비록 존귀하더라도 여전히

57) 두자춘(杜子春, B.C.30?~A.D.58?) : 후한(後漢) 때의 학자이다. 유흠(劉歆)에게서 수학하였다. 정중(鄭衆)과 가규(賈逵)에게 학문을 전수하였다.

배운다는 뜻이다."라는 내용을 인용했으니, 이 또한 두 의미가 통용되기 때문이다. 그렇기 때문에 뒤에 인용문을 수록한 것이다.

참고 『주례』「춘관(春官) · 대서(大胥)」 기록

경문 春入學, 舍采, 合舞.

번역 봄에 학사들이 학궁에 들어오게 되면 석채(釋菜)를 지내고, 합무(合舞)를 한다.

鄭注 春始以學士入學宮而學之. 合舞, 等其進退, 使應節奏. 鄭司農云: "舍采, 謂舞者皆持芬香之采. 或曰, 古者士見於君, 以雉爲摯. 見於師, 以菜爲摯. 菜直謂疏食菜羹之菜. 或曰, 學者皆人君卿大夫之子, 衣服采飾, 舍采者, 減損解釋盛服, 以下其師也. 月令, 仲春之月上丁, 命樂正習舞, 釋采, 仲丁, 又命樂正入學習樂." 玄謂舍卽釋也, 采讀爲菜. 始入學必釋菜, 禮先師也. 菜, 蘋蘩之屬.

번역 봄에 처음으로 학사들이 학궁에 들어오게 되면 그들을 가르친다. '합무(合舞)'는 나아가거나 물러나는 행동을 맞춰서, 음악 악절의 연주에 대응하도록 만드는 것이다. 정사농은 "'사채(舍采)'는 무용수들이 모두 향기 나는 풀을 잡는다는 뜻이다. 혹은 고대에 사가 군주를 알현하게 되면 꿩을 예물로 가져갔다. 그리고 스승을 찾아뵙게 되면 채(菜)를 예물로 가져갔다. '채(菜)'는 거친 밥과 나물국이라고 했을 때의 '채(菜)'를 뜻한다. 혹은 학사들은 모두 군주 · 경 · 대부의 자식들이니 의복에 채색으로 장식을 하게 되는데, '사채(舍采)'라는 것은 융성한 복장의 채색을 줄이고 복식을 벗어서 스승보다 복장의 수위를 낮추는 것이라고 한다. 『예기』「월령(月令)」편에서는 중춘의 달 상순(上旬) 중에서 첫 번째로 정(丁)자가 들어가는 날에는 악정(樂正)에게 명령하여 국학에 들어가 국자들에게 춤을 익히게 하며, 석채(釋菜)의 의식을 거행하도록 했으며, 중순(仲旬) 중 첫 번째로 정(丁)자가 들어가는 날에는 다시 악정에게 명령하여

국학에 들어가 국자들에게 음악을 익히게 한다고 했다."라고 했다. 내가 생각하기에, '사(舍)'자는 석(釋)자에 해당하니, '채(采)'자는 채(菜)자로 풀이한다. 처음 학궁에 들어가서 석채를 지내는 것은 선사들을 예우하는 것이다. '채(菜)'는 빈(蘋)이나 번(蘩) 등의 채소를 뜻한다.

賈疏 ◎注"春始"至"之屬". ○釋曰: 云"春始以學士入學"者, 歲初貴始. 云"學宮"者, 則文王世子云"春誦夏弦, 皆於東序", 是也. 云"合舞, 等其進退, 使應節奏"者, 謂等其舞者, 或進或退, 周旋使應八音奏樂之節合也. 按月令注"春合舞"者, 象物出地鼓舞也. 先鄭解舍采三家之說, 後鄭皆不從者, 按王制有釋菜奠幣, 文王世子又云: "始立學釋菜, 不舞, 不授器." 舍卽釋也, 采卽菜也, 故以爲學子始入學釋采禮先師也. 但學子始入學釋菜, 禮輕, 故不及先聖也. 其先師者, 鄭注文王世子云: "若漢, 禮有高堂生, 樂有制氏, 詩有毛公, 書有伏生." 知菜是蘋蘩之屬者, 詩有采蘋采蘩, 皆菜名. 言"之屬"者, 周禮又有芹茆之等, 亦菜名也.

번역 ◎鄭注: "春始"~"之屬". ○정현이 "봄에 처음으로 학사들이 학궁에 들어온다."라고 했는데, 연초에는 시작함을 존귀하게 높이기 때문이다. '학궁(學宮)'이라고 했는데, 『예기』「문왕세자(文王世子)」편에서 "봄에는 노랫말을 암송하도록 가르치고 여름에는 현악기로 음악을 연주하도록 가르치는데, 이 모두는 동서(東序)에서 시행한다."라고 한 말이 이곳을 가리킨다. 정현이 "'합무(合舞)'는 나아가거나 물러나는 행동을 맞춰서, 음악 악절의 연주에 대응하도록 만드는 것이다."라고 했는데, 무용수들의 행동을 맞추어서 나아가거나 물러날 때 그 행동이 팔음(八音)의 음악을 연주하는 악절과 합치되도록 만든다는 뜻이다. 『예기』「월령(月令)」편에 대한 주를 살펴보면 "봄에는 합무를 한다."라는 것에 대해, 만물이 지면을 뚫고 나오며 춤추듯 발양하는 모습을 본뜬 것이라고 했다. 정사농은 사채(舍采)에 대해서 세 가지 주장으로 풀이를 했는데, 정현은 이 모두에 대해서 따르지 않았다. 『예기』「왕제(王制)」편을 살펴보면 나물을 진설하고 폐물을 차려놓는다는 기록이 있고, 「문왕세자」편에서도 "처음 태학을 건립하는 경우에는 석채(釋菜)를 지내되 춤을 추지 않으며 무용 도구를 지급하지 않는다."[58]라고 했다. 따라서 '사(舍)'자는 석(釋)자에 해당하며, '채(采)'자는 채(菜)자에 해당한다. 그렇기 때문에 학자들이 처음 학궁에 들어오게 되면 석채를 지내서 선사를 예우하는 것이다. 다만 학자가 처음 학궁에 들어와서 석채를 지내는 것은 그 예법이 상대적으로 더 중요하다. 그렇기 때문에 그 대상이 선성(先聖)까지는 미치지 않는 것이다. 선사(先師)에 있어서 「문왕세자」편에 대한 정현의 주에서는 "한나라의 경우에는 『예』 분야에서 뛰어났던 자로 고당생(高堂生)[59]이 있었고, 『악』 분야에는 제씨(制氏)[60]가 있었으며, 『시』 분야에는 모공(毛公)[61]이 있었고, 『서』 분야에는 복생(伏生)[62]이 있었다."라고 했다. 정현의 말처럼 '채(菜)'가 빈(蘋)이나 번(蘩) 등의 채소를 가리킨다는 사실을 알 수 있는 이유는 『시』에는 「채빈(采蘋)」이나 「채번(采蘩)」편이 있고, 이 모두는 채소의 명칭을 뜻하기 때문이다. '지속(之屬)'이라고 말한 것은 『주례』에는 또한 근(芹)이나 묘(茆) 등이 나오는데, 이 또한 채소의 명칭이기 때문이다.

---

58) 『예기』「문왕세자(文王世子)」【252d】: 始立學者, 旣興器用幣, 然後釋菜, 不舞, 不授器, 乃退, 儐于東序, 一獻, 無介語可也. 敎世子.

59) 고당생(高堂生, ?~?) : 전한(前漢) 때의 학자이다. 춘추시대(春秋時代) 제(齊)나라의 경(卿)이었던 고혜(高傒)의 후손으로 알려져 있으며, 고혜가 채읍으로 받은 지명을 따서, 후손들의 성(姓)을 고당(高堂)으로 삼게 되었다고 전해진다. 진시황의 분서갱유 이후, 예학(禮學)의 최초 전수자로 알려져 있다. 『사기(史記)』「유림열전(儒林列傳)」의 기록에 따르면, '고당생'이 『사례(士禮)』 17편을 소분(蕭奮)에게 전수하였고, 소분은 맹경(孟卿)에게 전수하였으며, 맹경은 다시 후창(后蒼)에게 전수하여, 이후 대덕(戴德)과 대성(戴聖)에게 전수되었다.

60) 제씨(制氏, ?~?) : 전한(前漢) 때의 사람이다. 이름은 자세히 알려져 있지 않다. 노(魯)나라 지역 출신으로 알려져 있다. 『한서(漢書)』「예악지(禮樂志)」에 따르면, 악가(樂家)로 분류되며, 대대로 악관(樂官)을 맡은 집안 출신이다. 악기 연주 및 춤에 대해서는 능통하였지만, 그 의미에 대해서는 설명을 잘 못했다고 한다.

61) 모공(毛公, ?~?) : =모장(毛長)·모장(毛萇)·소모공(小毛公). 전한(前漢) 때의 학자이다. 하간헌왕(河間獻王) 때 박사(博士)를 지내기도 했다. 모시학(毛詩學)의 최초 전수자로, 모형(毛亨)에게서 『모시(毛詩)』를 전수받았다. 그래서 모형을 대모공(大毛公)이라고 부르며, 모장을 소모공이라고 부른다.

62) 복생(伏生, ?~?) : =복승(伏勝). 전한(前漢) 때의 학자이다. 자(字)는 자천(子賤)이다. 진(秦)나라 때 박사(博士)를 지냈으며, 분서갱유를 피해 『상서(尙書)』를 숨겨두었다가, 한(漢)나라 때 『금문상서(今文尙書)』를 전수하였다.

참고 『예기』「문왕세자(文王世子)」 기록

경문-248d 凡學世子及學士, 必時, 春夏學干戈, 秋冬學羽籥, 皆於東序.

번역 무릇 세자를 교육시키고 태학에 입학한 국자들을 교육할 때에는 반드시 계절별로 각각 다르게 가르쳐야 한다. 즉 봄과 여름에는 방패와 창을 들고 추는 춤을 가르치고, 가을과 겨울에는 깃털과 피리를 들고 추는 춤을 가르치되, 이러한 교육 모두를 동서(東序)에서 시행한다.

鄭注 四時各有所宜. 學士謂司徒論俊選所升於學者. 干, 盾也. 戈, 句孑戟也. 干戈, 萬舞, 象武也, 用動作之時學之. 羽籥, 籥舞, 象文也, 用安靜之時學之. 『詩』云: "左手執籥, 右手秉翟."

번역 교육할 때에는 사계절마다 각각 적합한 과목이 있다. 학사는 사도(司徒)가 준사(俊士)와 선사(選士) 중에서 논정하여 태학에 추천한 자를 가리킨다. '간(干)'은 방패이다. '과(戈)'는 창끝이 구부러지고 길이가 짧은 창이다. 방패와 창으로는 만(萬)이라는 춤을 추어서 무(武)를 상징하게 되니, 만물이 활동하는 계절에 그 춤을 가르치는 것이다. 깃털과 피리로는 약(籥)이라는 춤을 추어서 문(文)을 상징하게 되니, 만물이 안정되는 계절에 그 춤을 가르치는 것이다. 『시』에서는 "왼쪽 손에는 피리를 잡고, 오른쪽 손에는 깃털을 잡는다."[63]라고 하였다.

참고 『주례』「춘관(春官) · 대서(大胥)」 기록

경문 秋頒學, 合聲.

---

63) 『시』「패풍(邶風) · 간혜(簡兮)」 : 有力如虎, 執轡如組. 左手執籥, 右手秉翟. 赫如渥赭, 公言錫爵.

번역 가을에 학생들을 분반하여 합성(合聲)을 한다.

鄭注 春使之學, 秋頒其才藝所爲. 合聲, 亦等其曲折, 使應節奏.

번역 봄에 그들로 하여금 관련 학문을 배우도록 하고, 가을에는 재예에 따라 할 일을 구분한다. '합성(合聲)' 또한 음악의 곡절을 맞추어 악절의 연주에 호응하도록 만드는 것이다.

賈疏 ●"秋頒學合聲". ○釋曰: 春物生之時, 學子入學. 秋物成之時, 頒, 分也, 分其才藝高下. 故鄭云"春使之學, 秋頒其才藝所爲"也. 云"合聲"者, 春爲陽, 陽主動, 舞亦動, 春合舞, 象物出地鼓舞. 秋爲陰, 陰主靜, 聲亦靜, 故秋合聲象秋靜也. 但舞與聲遞相合, 故鄭云合聲, 亦等其曲折, 使應節奏也.

번역 ●經文: "秋頒學合聲". ○봄에는 만물이 생겨나는 시기이므로 학자들이 학궁에 입학하게 된다. 가을에는 만물이 완성되는 시기이며, '반(頒)'자는 나눈다는 뜻이니, 재예의 수준에 따라 분반을 한다. 그렇기 때문에 정현은 "봄에 그들로 하여금 관련 학문을 배우도록 하고, 가을에는 재예에 따라 할 일을 구분한다."라고 말한 것이다. '합성(合聲)'이라고 했는데, 봄은 양이 되고 양은 움직임을 위주로 하며 춤 또한 움직이는 일이다. 따라서 봄에는 합무를 하여 만물이 지면을 뚫고 나오며 춤추듯 발양하는 모습을 본뜬 것이다. 가을은 음이 되고 음은 정적인 것을 위주로 하며 소리 또한 정적인 것에 해당한다. 그렇기 때문에 가을에는 합성을 하여 가을의 고요한 기운을 본뜬 것이다. 다만 춤과 소리는 교대로 시연되어 서로 합치된다. 그렇기 때문에 정현은 "합성(合聲)' 또한 음악의 곡절을 맞추어 악절의 연주에 호응하도록 만드는 것이다."라고 말한 것이다.

참고 『예기』「문왕세자(文王世子)」 기록

경문-251d 凡釋奠者, 必有合也. 有國故, 則否. 凡大合樂, 必遂養老.

번역 무릇 석전(釋奠)을 지낼 경우에는 반드시 음악을 합주하는 의식이 있게 된다. 그러나 나라에 변고가 발생한 경우라면, 음악 합주를 하지 않는다. 무릇 성대한 규모로 음악을 합주할 경우에는 반드시 노인을 봉양하는 의식까지도 시행한다.

鄭注 國無先聖先師, 則所釋奠者當與鄰國合也. 若唐虞有夔·伯夷, 周有周公, 魯有孔子, 則各自奠之, 不合也. 大合樂, 謂春入學舍菜合舞, 秋頒學合聲. 於是時也, 天子則視學焉. 遂養老者, 謂用其明日也. 鄉飮酒·鄉射之禮, 明日乃息司正, 徵唯所欲, 以告於先生君子可也. 是養老之象類.

번역 제후국에 선성(先聖)과 선사(先師)가 없는 경우라면, 석전(釋奠)을 지내는 나라에서는 마땅히 이웃 제후국과 합동으로 지내야 한다. 당우(唐虞)처럼 선성과 선사로 삼을 수 있는 기(夔)와 백이(伯夷)가 있고, 주(周)나라처럼 주공(周公)이 있고, 노(魯)나라처럼 공자(孔子)가 있는 경우라면, 각자 제 스스로 석전을 지내게 되며, 다른 나라들과 함께 지내지 않는다. '대합악(大合樂)'에 대해서 설명하자면, 국자들은 봄에 태학에 입학하여, 향기로운 채소인 채(菜)를 바쳐서 석채(釋菜)를 지내고, 춤을 조화롭게 추도록 배우며, 가을에는 재목에 따라 분반을 나누게 되고, 노래를 조화롭게 부르게 되는데, 대합악을 하는 때는 바로 이러한 시기들을 뜻한다. 그리고 대합악을 할 때 천자는 시학(視學)[64]을

64) 시학(視學)은 천자가 석전(釋奠) 및 양로(養老) 등의 의례를 위해, 친히 태학(太學)에 왕림하는 것을 말한다. 일반적으로 천자가 '시학'을 하는 시기는 중춘(仲春), 계춘(季春), 중추(仲秋)에 해당한다. 중춘 때에는 태학에서 합무(合舞)를 하고, 계춘 때에는 합악(合樂)을 하며, 중추 때에는 합성(合聲)을 하기 때문이다. 『예기』「문왕세자(文王世子)」편에는 "天子視學."이라는 기록이 있는데, 이에 대한 공영달(孔穎達)의 소(疏)에서는 "天子視學, 必遂養老之法則, 養老旣畢, 乃命諸侯群吏令養老之事. 天子視學者, 謂仲春合舞, 季春合樂, 仲秋合聲. 於此之時, 天子親往視學也."라고 풀이했다.

하게 된다. '수양로(遂養老)'라는 말은 석전을 지낸 다음날 노인 봉양하는 의례를 시행한다는 뜻이다. 향음주례(鄕飮酒禮) 및 향사례(鄕射禮)에서는 행사 다음날 연회를 베풀어 사정(司正)[65]의 노고를 위로하며, 벗들을 초대하고, 선생 및 군자들 중에서 참석 가능한 자들을 초대한다.[66] 이러한 행사들이 바로 노인을 봉양하는 의례와 유사한 것들이다.

참고 『예기』「왕제(王制)」 기록

경문-168b 樂正, 崇四術, 立四教, 順先王詩書禮樂, 以造士. 春秋, 教以禮樂, 冬夏, 教以詩書.

번역 악정(樂正)[67]은 사술(四術)을 숭배하고, 사교(四敎)를 세우니, 선왕이 남긴 시 · 서 · 예 · 악에 따라서 학사들을 완성시킨다. 봄과 가을에는 예와 악으로 가르치고, 겨울과 여름에는 시와 서로 가르친다.

鄭注 樂正, 樂官之長, 掌國子之教. 虞書曰: 夔, 命女典樂, 教冑子. 崇, 高

---

65) 사정(司正)은 향음주례(鄕飮酒禮)나 빈객(賓客)들을 대접하는 연회를 시행할 때, 의례절차 등을 총감독하는 사람이다.

66) 『의례』「향음주례(鄕飮酒禮)」 : 明日賓服鄕服以拜賜. 主人如賓服以拜辱. 主人釋服. 乃息司正. 無介, 不殺, 薦脯醢, 羞唯所有. 徵唯所欲, 以告於先生 · 君子可也. 賓 · 介不與. 鄕樂唯欲. / 『의례』「향사례(鄕射禮)」 : 明日, 賓朝服以拜賜于門外. 主人不見. 如賓服遂從之, 拜辱于門外, 乃退. 主人釋服, 乃息司正. …… 賓不與. 徵唯所欲, 以告于鄕先生 · 君子可也. 羞唯所有. 鄕樂唯欲.

67) 악정(樂正)은 음악을 담당했던 관리들의 우두머리를 뜻한다. 정(正)자는 우두머리를 뜻하는 장(長)자와 같다. 한편 『주례』에는 '악정'이라는 직책은 보이지 않으며, 대신 대사악(大司樂)이라는 직책이 있다. 한편 『의례』「향사례(鄕射禮)」편에는 "樂正先升, 北面立于其西."라는 기록이 있는데, 이에 대한 가공언(賈公彦)의 소(疏)에서는 "案周禮有大司樂, 樂師, 天子之官. 此樂正, 諸侯及士大夫之官."이라고 풀이했다. 즉 '악정'은 제후 및 대부(大夫)의 관리였고, 천자에게는 대신 '대사악'과 악사(樂師)라는 관리가 소속되어 있었다. 따라서 간혹 '악정'을 '대사악'과 같은 의미로 사용하기도 한다.

也. 高尙其術, 以作敎也. 幼者敎之於小學, 長者敎之於大學. 尙書傳曰: 年十五始入小學, 十八入大學. 順此四術, 而敎以成是士也. 春夏, 陽也. 詩樂者聲, 聲亦陽也. 秋冬, 陰也. 書禮者事, 事亦陰也. 互言之者, 皆以其術相成.

번역 '악정(樂正)'은 악관의 우두머리로 국자들의 교육을 담당했으니, 『서』「우서(虞書)」편에서 "기야, 너에게 명하여 전악으로 삼으니, 주자(胄子)[68]들을 교육해라."[69]라고 말한 것이다. '숭(崇)'자는 높인다는 뜻이다. 사술(四術)[70]을 높이고 숭상해서 사교(四敎)[71]를 만드는 것이다. 나이가 어린 자들은 소학에서 교육을 받고 나이가 조금 든 자들은 태학에서 교육을 받는다. 『상서전』에서 말하길, "나이가 15세가 되면 비로소 소학에 입학하고, 18세가 되면 태학에 입학한다."고 했다. 이러한 사술에 따라 교육을 하여 국자와 민준(民俊)의 사를 완성시키는 것이다. 봄과 여름은 양(陽)의 계절이다. 시와 악은 소리에 해당하는데 소리는 또한 양의 부류이다. 가을과 겨울은 음(陰)의 계절이다. 서와 예는 일에 해당하는데 일은 또한 음의 부류이다. 경문에서 양의 계절인 봄과 음의 계절인 가을에는 음의 부류인 예와 양의 부류인 악으로써 가르치고, 음의 계절인 겨울과 양의 계절인 여름에는 양의 부류인 시와 음의 부류인 서로써 가르친다고 하여, 서로 교차해서 말한 것은 모두 사술로 상호 완성시키기 때문이다.

---

68) 주자(胄子)는 국자(國子)와 같은 뜻이다. 자 및 공(公), 경(卿), 대부(大夫)의 자제들을 말한다. 때론 상황에 따라 천자의 태자(太子) 및 왕자(王子)를 포함시키지 않는 경우도 있다. 『서』「우서(虞書)·순전(舜典)」편에는 "帝曰, 夔, 命汝典樂, 敎胄子."라는 기록이 있는데, 이에 대한 공안국(孔安國)의 전(傳)에서는 "胄, 長也, 謂元子以下至卿大夫子弟."라고 풀이했다.

69) 『서』「우서(虞書)·순전(舜典)」: 帝曰, 夔, 命汝典樂, 敎胄子.

70) 사술(四術)은 『시(詩)』, 『서(書)』, 『예(禮)』, 『악(樂)』 등 네 종류 경전에 대한 학문을 뜻한다.

71) 사교(四敎)는 『시(詩)』, 『서(書)』, 『예(禮)』, 『악(樂)』 등 네 종류의 학과목을 뜻한다.

참고 『주례』「지관(地官)·주장(州長)」 기록

경문 若以歲時祭祀州社, 則屬其民而讀法, 亦如之. 春秋以禮會民而射于州序.

번역 매해 정해진 계절마다 주(州)에 있는 사(社)에서 제사를 지내게 된다면, 백성들을 모아 법도를 읽어주며 또한 이처럼 한다. 봄과 가을에는 예법에 따라 백성들을 모아서 주에 있는 서(序)에서 활쏘기를 한다.

鄭注 序, 州黨之學也. 會民而射, 所以正其志也. 射義曰: "射之爲言繹也. 繹者, 各繹己之志."

번역 '서(序)'는 주(州)와 당(黨)에 있는 학교를 뜻한다. 백성들을 모아서 활쏘기를 하는 것은 그들의 뜻을 바르게 하는 방법이다. 『예기』「사의(射義)」편에서는 "'사(射)'라는 말은 펼친다는 뜻이다. '역(繹)'이라는 것은 각각 자신의 뜻을 펼치는 것이다."[72]라고 했다.

賈疏 ●"若以"至"州序". ○釋曰: 上云歲時, 皆謂歲之四時, 此云歲時, 唯謂歲之二時春秋耳. 春祭社, 以祈膏雨, 望五穀豐熟. 秋祭社者, 以百穀豐稔, 所以報功. 故云祭祀州社也. 云"則屬其民而讀法亦如之"者, 凡讀法, 皆因卽會以聚民. 今旣祭, 因聚民而讀法, 故云亦如之. 云"春秋以禮會民而射于州序"者, 州長因春秋二時皆以禮會聚其民, 而行射禮于州之序學中. 言"以禮"者, 亦謂先行鄕飮酒之禮乃射, 故云以禮也.

---

72) 『예기』「사의(射義)」【709b~c】: 射之爲言者繹也, 或曰舍也. 繹者, 各繹己之志也. 故心平體正, 持弓矢審固; 持弓矢審固, 則射中矣. 故曰爲人父者以爲父鵠, 爲人子者以爲子鵠, 爲人君者以爲君鵠, 爲人臣者以爲臣鵠, 故射者各射己之鵠. 故天子之大射謂之射侯. 射侯者, 射爲諸侯也. 射中則得爲諸侯, 射不中則不得爲諸侯.

번역 ●經文: "若以"～"州序". ○앞에서는 '세시(歲時)'라고 했는데, 이 모두는 매해 사계절을 뜻하지만, 이곳에서 말한 '세시(歲時)'는 매해 두 계절을 뜻하니 봄과 가을을 뜻할 따름이다. 봄에는 사(社)에서 제사를 지내며 단비를 내려주길 기원하여 오곡(五穀)[73]이 풍년이 들도록 바라는 것이다. 가을에 사에서 제사를 지내는 것은 모든 곡식이 잘 여물었기 때문에 그 공덕에 보답하기 위한 것이다. 그렇기 때문에 "주(州)에 있는 사(社)에서 제사를 지낸다."라고 했다. "백성들을 모아 법도를 읽어주며 또한 이처럼 한다."라고 했는데, 법도를 읽어줄 때에는 모두 그 일로 인해 백성들을 모으게 된다. 현재 제사를 마쳤으니, 그 일로 인해 백성들을 모아서 법도를 읽어주는 것이다. 그렇기 때문에 "또한 이처럼 한다."라고 했다. "봄과 가을에는 예법에 따라 백성들을 모아서 주에 있는 서(序)에서 활쏘기를 한다."라고 했는데, 주장(州長)은 봄과 가을이라는 두 계절에 모두 예법에 따라 백성들을 모아서 주에 있는 학교인 서에서 활 쏘는 의례를 시행한다. '예법으로써'라고 말한 것은 또한 먼저 향음주례를 시행한 뒤에야 활쏘기를 한다는 뜻이다. 그렇기 때문에 '이례(以禮)'라고 했다.

賈疏 ◎注"序州"至"之志". ○釋曰: 此知"序, 州黨學"者, 按下黨正亦云"飮酒于序", 故知州黨學同名爲序. 若鄕則立庠, 故禮記·鄕飮酒義云: "主人迎賓于庠門之外." 彼鄕大夫行賓賢能, 非州長黨正所行, 故知庠則鄕學也. 云

---

73) 오곡(五穀)은 곡식을 총칭하는 말로 사용되는데, 본래 다섯 가지 곡식을 뜻한다. 그러나 다섯 가지 곡식이 구체적으로 무엇을 가리키는지에 대해서는 이견이 많다. 『주례』「천관(天官)·질의(疾醫)」편에는 "以五味·五穀·五藥養其病."이라는 기록이 있고, 이에 대한 정현의 주에서는 "五穀, 麻·黍·稷·麥·豆也."라고 풀이했다. 즉 이 문장에서는 '오곡'을 마(麻)·메기장[黍]·차기장[稷]·보리[麥]·콩[豆]으로 설명하고 있다. 그리고 『맹자』「등문공상(滕文公上)」편에는 "樹藝五穀, 五穀熟而民人育."이라는 기록이 있고, 이에 대한 조기(趙岐)의 주에서는 "五穀謂稻·黍·稷·麥·菽也."라고 풀이했다. 즉 이 문장에서는 '오곡'을 쌀[稻]·메기장[黍]·차기장[稷]·보리[麥]·대두[菽]로 설명하고 있다. 그리고 『초사(楚辭)』「대초(大招)」편에는 "五穀六仞."이라는 기록이 있는데, 이에 대한 왕일(王逸)의 주에서는 "五穀, 稻·稷·麥·豆·麻也."라고 풀이했다. 즉 이 문장에서는 '오곡'을 쌀[稻]·차기장[稷]·보리[麥]·콩[豆]·마(麻)로 설명하고 있다. 이 외에도 각종 주석에 따라 해당 작물이 달라진다.

"會民而射, 所以正其志也"者, 凡禮射, 皆須存其志意, 故鄭卽引射義曰"射之爲言繹也, 繹者, 各繹己之志." 繹, 陳也. 言各陳己志者, 謂若射義云"射者, 內志正, 外體直, 乃能中之", 是也.

번역 ◎鄭注: "序州"～"之志". ○정현이 "'서(序)'는 주(州)와 당(黨)에 있는 학교를 뜻한다."라고 했는데, 이 말이 사실임을 알 수 있는 이유는 아래 『주례』「당정(黨正)」편의 기록을 살펴보면 또한 "서에서 음주를 한다."라고 했다. 그렇기 때문에 주와 당에 있는 학교에 대해서 동일하게 '서(序)'라고 부른다는 사실을 알 수 있다. 만약 향(鄕)의 경우라면 상(庠)이라는 학교를 세우게 된다. 그렇기 때문에 『예기』「향음주의(鄕飮酒義)」편에서는 "주인은 상(庠)의 문밖에서 빈객에게 절을 하며 맞이한다."라고 말한 것이다. 「향음주의」편은 향대부가 현명한 자와 능력이 뛰어난 자를 빈객으로 예우하는 일이므로, 주장 및 당정이 시행하는 일이 아니다. 그렇기 때문에 상(庠)이 향의 학교임을 알 수 있다. 정현이 "백성들을 모아서 활쏘기를 하는 것은 그들의 뜻을 바르게 하는 방법이다."라고 했는데, 예법에 따라 활쏘기를 할 때에는 모두 그 뜻을 보존해야만 한다. 그렇기 때문에 정현은 『예기』「사의(射義)」편의 내용을 인용하여 "'사(射)'라는 말은 펼친다는 뜻이다. '역(繹)'이라는 것은 각각 자신의 뜻을 펼치는 것이다."라고 말한 것이니, '역(繹)'자는 진술한다는 뜻이다. 즉 자신의 뜻을 각각 진술한다는 의미로, 마치 「사의」편에서 "활쏘기는 내적으로 뜻이 올바르며 외적으로 몸이 강직한 뒤에라야 적중시킬 수 있다."[74]라고 한 것을 가리킨다.

---

74) 『예기』「사의(射義)」【705b～c】: 故射者進退周還必中禮, 內志正, 外體直, 然後持弓矢審固, 持弓矢審固, 然後可以言中. 此可以觀德行矣.

그림 1-1 ▣ 『주례』의 왕성(王城)·육향(六鄉)·육수(六遂)

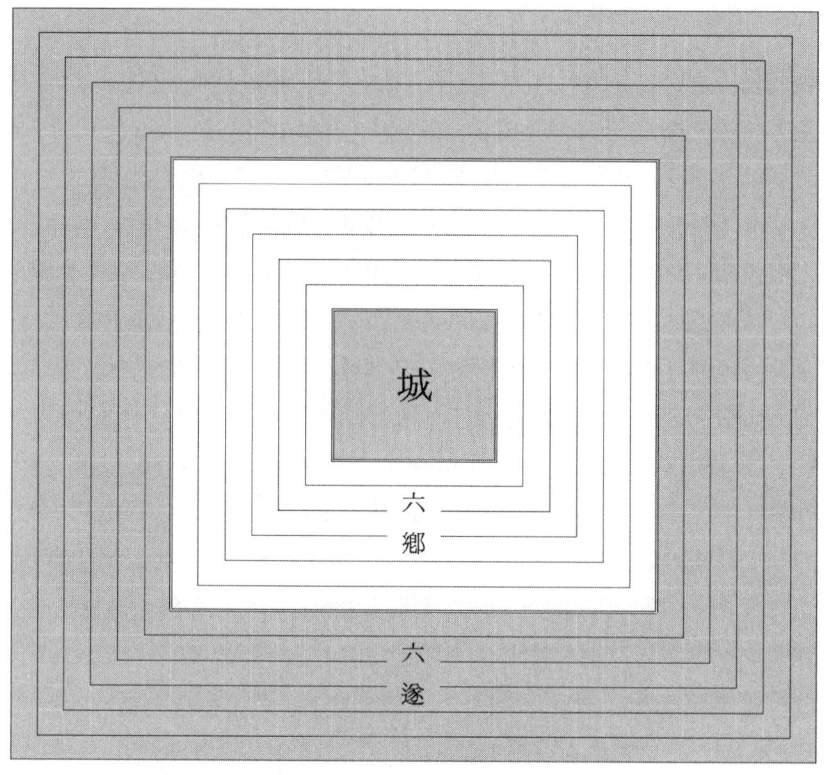

그림 1-2 ▣ 『주례』의 향(鄕)-행정구역 및 담당자

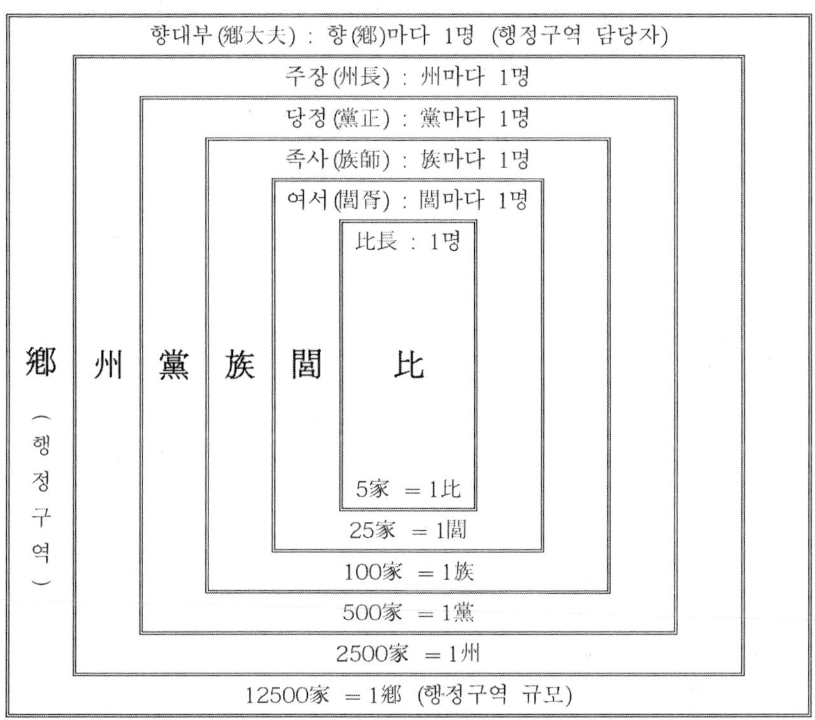

그림 1-3 ▣ 『주례』의 수(遂)-행정구역 및 담당자

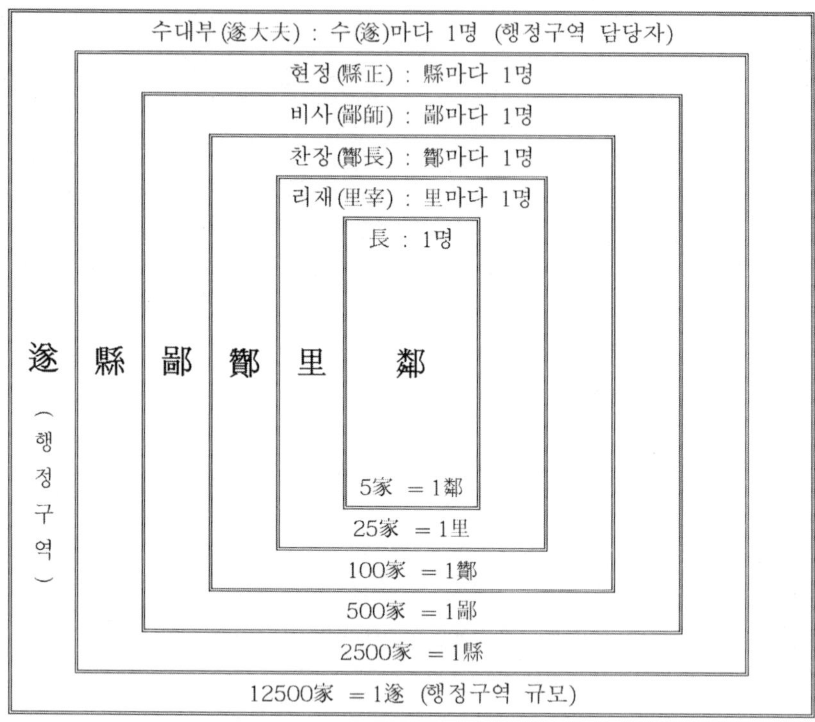

그림 1-4 ▣ 무용도구 : 피리[籥]와 깃털[羽]

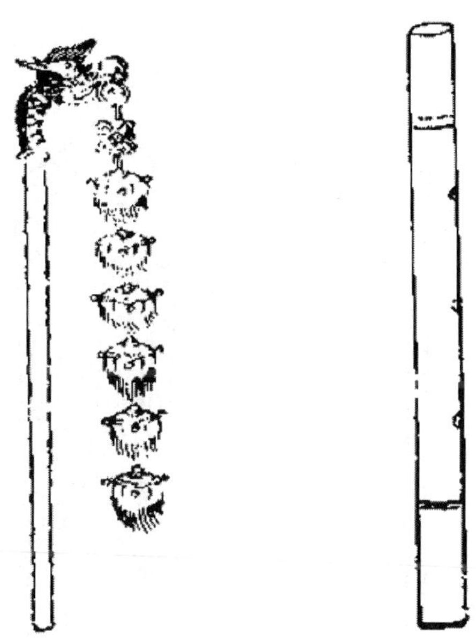

※ **출처:** 『삼재도회(三才圖會)』「기용(器用)」 4권

그림 1-5 ▣ 무용도구 : 방패[干]와 도끼[戚]

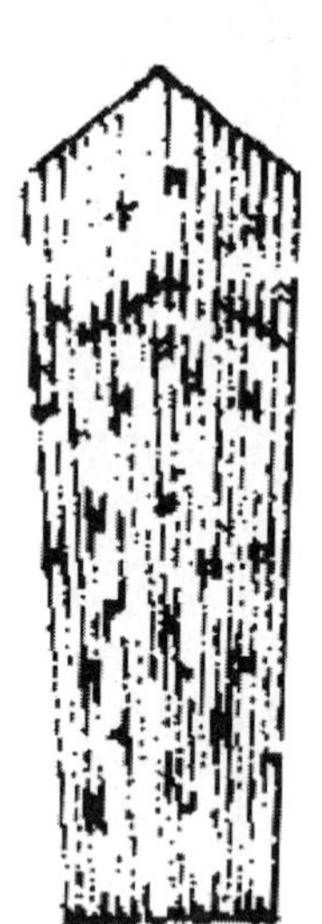

※ 출처: 『삼재도회(三才圖會)』「기용(器用)」 4권

그림 1-6 ▣ 참최복(斬衰服)

※ **출처:** 『삼재도회(三才圖會)』「의복(衣服)」 3권

그림 1-7 ■ 박(鎛)

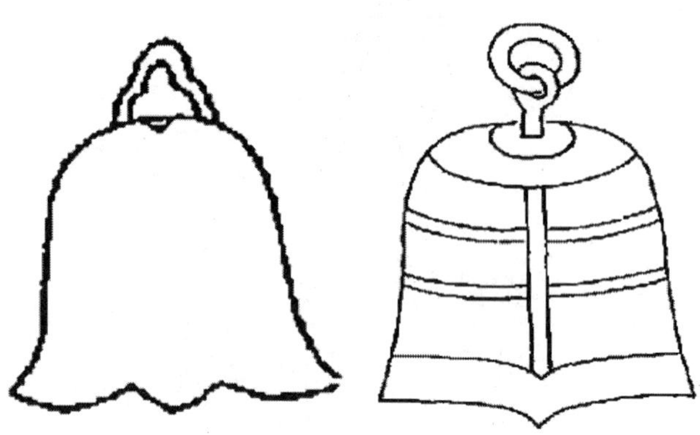

※ **출처:** 좌-『주례도설(周禮圖說)』 하권; 우-『육경도(六經圖)』 5권

• 제 2 절 •

군주가 동쪽 계단 위에 홀로 서 있는 의미

【712c】

諸侯燕禮之義: 君立阼階之東南, 南鄕爾卿[1]. 大夫皆少進, 定位也. 君席阼階之上, 居主位也. 君獨升立席上, 西面特立, 莫敢適之義也.

직역 諸侯의 燕禮의 義에서, 君은 阼階의 東南에 立하여, 南鄕하여 卿에게 爾한다. 大夫는 皆히 少進하고, 位를 定한다. 君이 阼階의 上에 席함은 主位에 居함이다. 君이 獨히 升하여 席上에 立하고, 西面하여 特히 立함은 敢히 適함이 莫한 義이다.

의역 제후가 연례(燕禮)를 하는 의미에 있어서, 군주는 동쪽 계단의 동남쪽에 서서, 남쪽을 향하여 경을 가까이 오도록 한다. 대부들은 모두 조금 앞으로 나아가고, 여러 신하들의 자리를 정하게 된다. 군주가 동쪽 계단 위에 자리를 잡는 것은 주인의 위치에 있는 것이다. 군주가 홀로 자리에 올라가서 자리 위에 서서 남쪽을 바라보며 홀로 서 있는 것은 감히 대적할 수 있는 자가 없다는 뜻을 보이기 위함이다.

集說 爾, 與邇同. 南鄕爾卿句絕. 大夫皆少進句絕. 少進, 稍前也. 定位者, 定諸臣之位也. 適, 讀爲敵. 自此以下, 皆記者擧儀禮正文而釋其義也.

번역 '이(爾)'자는 "가깝게 하다."는 뜻의 '이(邇)'자와 같다. "남쪽을 향하여 경을 가깝게 한다."라는 곳에서 구문을 끊는다. '소진(少進)'은 조금 앞으로 나아간다는 뜻이다. '정위(定位)'라는 것은 여러 신하들의 자리를 정한다는 뜻

---

1) '경(卿)'자에 대하여. 『십삼경주소(十三經注疏)』 북경대 출판본에서는 "『예기훈찬(禮記訓纂)』에는 '경'자 뒤에, '경(卿)'자가 더 기록되어 있다."라고 했다.

이다. '적(適)'자는 대적[敵]으로 해석한다. 이곳 문장부터 그 이하의 문장들은 모두 『예기』를 기록한 자가 『의례』의 경문에 근거해서, 그 의미를 풀이한 기록이다.

大全 長樂陳氏曰: 爾之者, 以示其相親而無嫌於褻也. 定位, 則小卿次上卿, 大夫次小卿, 士庶子以次就位, 是也. 阼階之上, 所以爲主位而君席之所居者也. 西者, 作成之地也. 面乎西, 則其地乃東矣, 而東者, 造始之方也. 能造始, 則有君之道, 能作成, 則有臣之德, 是諸侯者, 屈之而爲臣, 伸之而爲君, 夫卿大夫, 豈其偶者耶? 此所以西面獨立, 而無敢敵者也.

번역 장락진씨[2]가 말하길, "가깝게 한다."는 말은 서로 친애하지만 무람되다는 혐의가 없음을 드러내는 것이다. "자리를 정한다."는 말은 소경(小卿)이 상경(上卿) 다음에 서고, 대부가 소경 다음에 서며, 사와 서자가 그 다음 자리에 서서, 자신의 자리로 나아간다는 것[3]이 바로 이것을 가리킨다. 동쪽 계단의 위는 주인의 자리가 되니, 군주의 자리가 마련되는 곳이다. 서쪽은 완성을 이루는 지역이다. 서쪽을 바라본다면, 그 위치는 곧 동쪽이 되고, 동쪽은 만들고 시작되는 방위가 된다. 만들고 시작할 수 있다면 군주의 도를 갖추는 것이고, 완성할 수 있다면 신하의 덕을 갖춘 것이니, 이것이 바로 제후의 입장에서 굽혀서 신하가 되고 펼쳐서 군주가 되는 것인데, 경과 대부가 어찌 짝을 이루겠는가? 이것이 바로 서쪽을 바라보며 홀로 서 있고, 감히 대적할 자가 없는 이유이다.

---

2) 진상도(陳祥道, A.D.1159~A.D.1223) : =장락진씨(長樂陳氏)·진씨(陳氏)·진용지(陳用之). 북송대(北宋代)의 유학자이다. 자(字)는 용지(用之)이다. 장락(長樂) 지역 출신으로, 1067년에 과거에 급제하여 태상박사(太常博士) 등을 지냈다. 왕안석(王安石)의 제자로, 그의 학문을 전파하는데 공헌하였다. 저서에는 『예서(禮書)』, 『논어전해(論語全解)』 등이 있다.

3) 『예기』「연의」【714a】: 席, 小卿次上卿, 大夫次小卿, 士庶子以次就位於下.

鄭注 定位者, 爲其始入踧踖4), 揖而安定也.

번역 "자리를 정한다."는 말은 처음 들어서서 공경스러운 태도를 보이며, 읍을 하고 편안하게 자리 잡는다는 뜻이다.

釋文 鄕, 許亮反. 適音敵, 大歷反, 本亦作"敵". 爲, 于僞反, 下文"爲疑"同. 踧, 本亦作"蹴", 千六反. 踖, 子昔反, 又積亦反.

번역 '鄕'자는 '許(허)'자와 '亮(량)'자의 반절음이다. '適'자의 음은 '敵(적)'으로, '大(대)'자와 '歷(력)'자의 반절음이고, 판본에 따라서는 또한 '敵'자로도 기록한다. '爲'자는 '于(우)'자와 '僞(위)'자의 반절음이며, 아래문장에 나오는 '爲疑'에서의 '爲'자도 그 음이 이와 같다. '踧'자는 판본에 따라서 또한 '蹴'자로도 기록하는데, '千(천)'자와 '六(륙)'자의 반절음이다. '踖'자는 '子(자)'자와 '昔(석)'자의 반절음이며, 또한 '積(적)'자와 '亦(역)'자의 반절음도 된다.

孔疏 ●"諸侯"至"義也". ○正義曰: 此經說燕禮之初, 君獨升立於阼階之上, 明君尊莫敢敵之義也. 皆引燕禮正經, 記者以義說之.

번역 ●經文: "諸侯"~"義也". ○이곳 경문은 연례(燕禮)를 시작할 때에 대해 설명하고 있으니, 군주가 홀로 올라가서 동쪽 계단 위에 서 있다는 것은 군주는 존귀한 존재이므로, 감히 대적할 수 없다는 뜻을 드러내는 것이다. 이 모두는 『의례』「연례(燕禮)」편의 경문을 인용하여, 『예기』를 기록한 자가 그 의미에 대해 설명한 것이다.

孔疏 ●"卿大夫皆少進, 定位也"者, 按燕禮: "卿大夫皆入門右, 北面", "君南向, 爾卿. 卿西面, 北上, 爾大夫. 大夫皆少進", 皆北面, 所以然者, 定群臣之位也. "定位"之語, 是記者之辭也.

---

4) '적(踖)'자에 대하여. 『십삼경주소(十三經注疏)』 북경대 출판본에서는 "'적'자는 본래 '사(蜡)'자로 기록되어 있었는데, 『예기훈찬(禮記訓纂)』의 기록에 근거해서, 글자를 수정했다."라고 했다.

번역 ●經文: "卿大夫皆少進, 定位也". ○『의례』「연례(燕禮)」편을 살펴보면, "경과 대부는 모두 문으로 들어서서 오른쪽으로 이동하고, 북쪽을 바라본다."[5]라고 했고, 또 "군주는 남쪽을 바라보며, 경을 가까이 한다. 경은 서쪽을 바라보며, 북쪽 끝에서부터 서서, 대부를 가까이 한다. 대부는 모두 조금 앞으로 나아간다."[6]라고 했는데, 모두 북쪽을 바라보게 되며, 이처럼 하는 이유는 뭇 신하들의 자리를 정하기 위해서이다. '정위(定位)'라는 말은 『예기』를 기록한 자가 쓴 말이다.

孔疏 ●"君席阼階之上, 居主位也"者, 居主位之語, 亦記者辭也.

번역 ●經文: "君席阼階之上, 居主位也". ○주인의 자리에 위치한다는 말 또한 『예기』를 기록한 자가 쓴 말이다.

孔疏 ●"君獨升立席上, 西面特立, 莫敢適之義也"者, "莫敢適", 言臣下莫敢與君敵匹而爲禮, 亦是記者之言也.

번역 ●經文: "君獨升立席上, 西面特立, 莫敢適之義也". ○"감히 대적할 수 없다."는 말은 신하는 감히 군주와 필적한 자리에서 예를 시행할 수 없다는 뜻이니, 이 또한 『예기』를 기록한 자가 쓴 말이다.

集解 諸侯燕禮者, 諸侯燕其群臣之禮也. 蓋君臣之分雖嚴, 而上下之情不可以不通, 故無事則相與燕飮爲樂, 以通上下之情. 而臣有征伐·聘問之事, 還歸其國, 則亦爲特擧此禮, 若四牡勞使臣, 出車勞還帥, 是也. "諸侯燕禮之義", 此一句總目一篇之事, 以下皆引儀禮之文而釋之也. 君立阼階之東南, 南鄕, 此君視燕朝之位也. 爾, 揖而進之也. 卿大夫初入門右, 皆北面東上, 爾卿者, 君揖卿使進, 卿皆西面北上也. 君又爾大夫, 大夫皆少進. 定位者, 卿西面,

---

5) 『의례』「연례(燕禮)」: 卿大夫皆入門右, 北面, 東上. 士立于西方, 東面, 北上.
6) 『의례』「연례(燕禮)」: 公降立于阼階之東南, 南向爾卿. 卿西面, 北上. 爾大夫, 大夫皆少進.

大夫北面者, 乃燕朝之常位, 故揖之使進, 以定其位也. 居主位者, 阼階上乃主人之位也. 燕禮雖別立主人, 然君自居主位, 膳夫特爲之行獻禮耳. 君獨升立席上, 西面特立者, 君旣命爲賓者揖卿大夫升就席, 是時賓及卿大夫皆未升, 故曰“獨升”, 言無與偕升也; 曰“特立”, 言無與偕立也. 以君之尊, 莫敢與之匹敵故也.

번역 '제후연례(諸侯燕禮)'라는 말은 제후가 뭇 신하들에게 연회를 베푸는 예법을 뜻한다. 군주와 신하의 구분이 비록 엄격하다 하더라도 상하계층의 정감은 서로 소통하지 않을 수가 없다. 그렇기 때문에 특별한 사안이 없는 경우라면 서로 모여서 연회를 벌이며 음주를 하는 것을 즐거움으로 삼고, 이를 통해 상하계층의 정감을 소통시키게 된다. 그리고 신하에게 정벌이나 빙문 등의 사안이 있었을 때 그가 본인의 나라로 되돌아오면, 또한 이러한 의례를 특별히 시행하게 되니, 마치 『시』「사모(四牡)」편에서 사신의 노고를 위로하고, 『시』「출거(出車)」편에서 본국으로 되돌아온 장수의 노고를 위로하는 경우와 같다. '제후연례지의(諸侯燕禮之義)'라는 한 구문은 「연의」편의 내용에 대한 총괄적인 제목에 해당하는데, 그 뒤의 내용들은 모두 『의례』의 문장을 인용하여 그 의미를 풀이한 것이다. 군주는 동쪽 계단의 동남쪽에 서서 남쪽을 바라보는데, 이곳은 군주가 연조(燕朝)[7]에 참관할 때의 자리가 된다. '이(爾)'자는 읍을 하여 앞으로 나오도록 한다는 뜻이다. 경과 대부는 최초 문의 우측으로 들어서서 모두 북쪽을 바라보며 동쪽 끝에서부터 차례대로 정렬하는데, '이경(爾卿)'이라는 것은 군주가 경에게 읍을 하여 앞으로 나오도록 한 것이니, 경은 모두 서쪽을 바라보며 북쪽 끝에서부터 차례대로 정렬하게 된다. 군주는 재차 대부에게도 이(爾)를 하니, 대부들은 모두 조금 앞으로 나오게 된다. '정위(定位)'라는 것은 경은 서쪽을 바라보고 대부는 북쪽을 바라보는 것인데, 이것은 연조에 있을 때 위치하게 되는 고정 자리이다. 그렇기 때문에 그들에게 읍을 하여 앞으

7) 연조(燕朝)는 천자 및 제후에게 있었던 내조(內朝) 중 하나를 뜻한다. 천자 및 제후는 3개의 조(朝)를 두는데, 1개는 외조(外朝)이며, 나머지 2개는 내조가 된다. 내조 중에서도 노문(路門) 안쪽에 있던 것을 '연조'라고 부른다. 『주례』「춘관(秋官)·조사(朝士)」편에 대한 정현의 주에서는 “周天子諸侯皆有三朝. 外朝一, 內朝二. 內朝之在路門內者, 或謂之燕朝.”라고 풀이하고 있다.

로 나오게 해서 자리를 정하는 것이다. "주인의 자리에 머문다."라고 했는데, 이것은 동쪽 계단 위가 되니, 곧 주인의 자리가 된다. 연례에서는 비록 별도의 주인을 세우지만 군주 본인은 주인의 자리에 위치하게 되며, 선부(膳夫)는 단지 군주를 대신해서 술을 따르는 예법만 시행할 따름이다. "군주가 홀로 자리에 올라가 서서 서쪽을 바라보며 홀로 서 있는다."라고 했는데, 군주는 이미 빈객이 된 자에게 명령을 하여 경과 대부에게 읍을 해서 올라가 자리로 나아가도록 했는데, 이 시기에 빈객 및 경과 대부는 모두 아직 자리에 올라간 상태가 아니다. 그렇기 때문에 "홀로 오른다."라고 했으니, 이것은 그들과 함께 자리에 오르지 않는다는 뜻이며, "홀로 서 있는다."라고 했는데, 이것은 그들과 함께 서 있지 않다는 뜻이다. 군주는 존귀한 존재이므로 감히 그와 필적할 수 없기 때문이다.

참고 구문비교

예기 · 연의 諸侯燕禮之義：君立阼階之東南, 南鄉爾卿. 大夫皆少進, 定位也. 君席阼階之上, 居主位也. 君獨升立席上, 西面特立, 莫敢適之義也.

의례 · 연례(燕禮) 公降立于阼階之東南, 南鄉. 爾卿, 卿西面北上; 爾大夫, 大夫皆少進.

참고 『의례』「연례(燕禮)」 기록

경문 小臣設公席于阼階上, 西鄉, 設加席. 公升, 卽位于席, 西鄉.

번역 소신은 동쪽 계단 위에 군주의 자리를 마련하며 서쪽을 향하도록 설치하고 그 위에 자리를 덧깐다. 군주가 당상으로 올라가면 자리로 나아가 위치하며 서쪽을 바라본다.

鄭注 周禮諸侯胙席, 莞筵紛純, 加繅席畫純. 後設公席者, 凡禮, 卑者先卽事, 尊者後也.

번역 『주례』에서 제후의 작석(胙席)[8]에 대해 분순(紛純)을 한 완연(莞筵)을 설치하고 화순(畫純)을 한 소석(繅席)을 더한다고 했다.[9] 군주의 자리를 빈객의 자리보다 뒤에 설치하는 것은 예를 시행함에 있어서 신분이 낮은 자는 먼저 해당 사안을 시행하게 되고 존귀한 자는 그 뒤에 시행하기 때문이다.

賈疏 ●"小臣"至"西鄉". ◎注"周禮"至"後也". ○釋曰: 自此下盡"諸公卿者", 論君臣位次及命羞者之事. 注引周禮者, 司几筵之文也. 彼諸侯祭祀神席及受酢之席, 此乃燕飮之席, 引之者, 欲見燕飮與受酢席同. 若饗諸侯來朝, 則郊特牲云"大饗君三重席而酢焉", 是也. 燕他國之臣, 卽郊特牲云: "三獻之介, 君專席而酢焉. 此降尊以就卑也", 故君單席受酢也. 云"後設公席者, 凡禮, 卑者先卽事, 尊者後也"者, 此燕私禮, 故賤者先卽事. 大射辨尊卑, 故先設公席, 後設賓席也.

번역 ●經文: "小臣"~"西鄕". ◎鄭注: "周禮"~"後也". ○이곳 구문으로부터 '제공경자(諸公卿者)'라는 구문까지는 군주 및 신하의 자리와 명령하여 음식 올리는 자를 선정하는 사안을 논의하고 있다. 정현의 주에서 『주례』를 인용했는데, 이것은 『주례』「사궤연(司几筵)」편의 기록이다. 「사궤연」편에서는 제후가 신에게 제사를 지낼 때의 자리와 권한 술잔을 받는 자리를 언급하였는데, 이곳의 내용은 연회를 하며 음주를 할 때의 자리가 된다. 그런데도 그 내용을 인용한 것은 연회에서 술을 마시는 것과 권한 술잔을 받을 때의 자리가 동일하다는 사실을 드러내고자 했기 때문이다. 만약 제후들 중 찾아와서 조회

---

8) 작석(胙席)은 작석(昨席)이라고도 부른다. 제왕이 권한 술잔을 받을 때의 자리를 뜻한다.

9) 『주례』「춘관(春官)·사궤연(司几筵)」: <u>昨席莞筵紛純, 加繅席畫純</u>, 筵國賓于牖前亦如之, 左彤几.

를 하는 자에게 향연을 베푸는 경우라면, 『예기』「교특생(郊特牲)」편에서 "대향(大饗)[10]을 시행할 때, 군주는 자리를 세 겹으로 깔고서 술잔을 돌린다."라고 한 말이 이러한 자리를 가리킨다. 또 다른 나라의 신하에게 연례를 베푸는 경우라면, 「교특생」편에서 "상대방 군주가 신하를 시켜서 빙문(聘問)을 온 경우에는 사신단 중 상개(上介)에 해당하는 대부에 대해서, 군주는 홑겹으로 된 자리를 깔고서 술잔을 돌리게 된다. 이것은 곧 존귀함을 낮춰서 낮은 곳으로 다가간 경우에 해당한다."라고 한 말이 이러한 자리를 가리킨다.[11] 그렇기 때문에 군주는 홑겹의 자리에서 권한 술잔을 받는 것이다. 정현이 "군주의 자리를 빈객의 자리보다 뒤에 설치하는 것은 예를 시행함에 있어서 신분이 낮은 자는 먼저 해당 사안을 시행하게 되고 존귀한 자는 그 뒤에 시행하기 때문이다."라고 했는데, 여기에서 말한 연례는 개인적으로 시행하는 의례이다. 그렇기 때문에 미천한 자가 먼저 해당 사안을 처리하기 위해 나아가는 것이다. 『의례』「대사(大射)」편에서는 신분의 차이를 변별하기 때문에 먼저 군주의 자리를 설치하고 이후 빈객의 자리를 설치하는 것이다.

경문 小臣納卿大夫, 卿大夫皆入門右, 北面東上. 士立于西方, 東面北上. 祝史立于門東, 北面東上. 小臣師一人, 在東堂下, 南面. 士旅食者立于門西, 東上.

번역 소신이 경과 대부를 안으로 인도하면, 경과 대부는 모두 문의 우측으로 들어와서 북쪽을 바라보며 동쪽 끝에서부터 차례대로 정렬한다. 사는 서쪽에 서서 동쪽을 바라보며 북쪽 끝에서부터 차례대로 정렬한다. 축사는 문의 동쪽에 서서 북쪽을 바라보며 동쪽 끝에서부터 차례대로 정렬한다. 소신의 수장 1명은 동쪽 당의 아래에서 남쪽을 바라본다. 사 중 정식 녹봉을 받지 못하는

---

10) 대향(大饗)은 큰 연회를 뜻한다. 본래는 천자가 조회로 찾아온 제후들에게 베풀었던 성대한 연회를 가리킨다. 『예기』「중니연거(仲尼燕居)」편에는 "大饗有四焉."이라는 기록이 있고, 이에 대한 정현의 주에서는 "大饗, 謂饗諸侯來朝者也."라고 풀이했다.

11) 『예기』「교특생(郊特牲)」【318b】: 大饗, 君三重席而酢焉; 三獻之介, 君專席而酢焉. 此降尊以就卑也.

무리들은 문의 서쪽에 서며 동쪽 끝에서부터 차례대로 정렬한다.

鄭注 納者, 以公命引而入也. 自士以下, 從而入卽位耳. 師, 長也. 小臣之長一人, 猶天子大僕, 正君之服位者也. 凡入門而右由闑東, 左則由闑西.

번역 '납(納)'은 군주가 명령을 내려 그들을 인도하여 안으로 들어오게 한다는 뜻이다. 사로부터 그 이하의 계층은 그 뒤를 따라 들어와서 자신의 자리로 나아갈 따름이다. '사(師)'자는 수장을 뜻한다. 소신의 수장 1명은 천자에게 소속된 대복(大僕)[12]과 같은 것으로, 군주의 복장과 자리를 바르게 정돈하는 자이다. 문으로 들어설 때 우측은 문에 세운 말뚝의 동쪽을 경유하는 것이며, 좌측은 말뚝의 서쪽을 경유하는 것이다.

賈疏 ●"小臣"至"東上". ◎注"納者"至"闑西". ○釋曰: 云"卿大夫皆入門右, 北面東上"者, 此是擬君揖位, 故下經君始爾之就庭位. 云"士立於西方, 東面北上"者, 此是士之定位, 士賤, 故不待君揖, 入門卽就定位. 云"祝史立於門東, 北面東上"者, 按大射"大史在豻侯之東北, 北面", 不言祝, 此言祝史不言大史者, 大射及下文云: "大史俟於所設中之西, 東面以聽政." 嫌其位初在此, 不在豻侯之東北, 故著大史以明之. 其餘祝史彼不言者, 以其大射先行燕禮, 此燕禮有祝史, 故於彼不言, 省文也. 云"納者, 以公命引而入也"者, 雖無正文, 進止由君, 故知以公命者也. 云"自士已下, 從而入卽位耳"者, 對大夫以上, 小臣引之就門東揖位, 未就庭位. 自士已下, 不須引, 從大夫而入, 徑卽庭位. 云"師, 長也. 小臣之長一人, 猶天子大僕, 正君之服位者也"者, 按夏官・大僕職云: "掌正王之服位, 出入王之大命." 彼下文有小臣之官, 上士四人, 其職云: "掌王之小命, 詔相王之小法儀." 諸侯兼官, 無大僕, 唯有小臣出入君之敎命,

---

12) 대복(大僕)은 태복(太僕)이라고도 부른다. 천자의 명령을 전달하거나, 천자의 조정에서의 자리 배치 등을 담당하였다. 『주례』의 체제에 따르면, 하대부(下大夫) 2명이 담당을 했다. 『주례』「하관사마(夏官司馬)」편에는 "太僕, 下大夫二人."이라는 기록이 있고, 『주례』「하관(夏官)・태복(太僕)」편에는 "太僕, 掌正王之服位, 出入王之大命."이라는 기록이 있다.

正君之服位, 但諸侯小臣之官有上下, 是以大射云"小臣師從者在東堂下, 南面, 西上", 又云"小臣正贊袒". 若然, 諸侯小臣正, 次有小臣師, 大射禮小臣正相君, 小臣師佐之, 常在君左右, 不在堂下之位, 故唯云小臣師. 從者在堂下南面, 此燕輕, 宜有小臣師及從者相君. 燕飮小臣正一人, 無事得在堂下, 此言小臣師卽大僕, 小臣正一也, 故鄭以爲當天子大僕. 云"凡入門而右由闑東, 左則由闑西"者, 鄭云凡入門者, 廣解賓主人入門之義. 按曲禮云: "大夫士出入君門, 由闑右." 又玉藻云: "公事自闑西, 私事自闑東." 言私事卽大夫士出入君門一也, 又與此經卿大夫士入君門亦由闑右同. 公事自闑西者, 卽聘禮聘賓入, 由闑西是也. 若然, 此注云入門而右由闑東者, 是臣朝君之法也. 左卽由闑西者, 是聘賓入門之法.

번역 ●經文: "小臣"~"東上". ◎鄭注: "納者"~"闑西". ○"경과 대부는 모두 문의 우측으로 들어와서 북쪽을 바라보며 동쪽 끝에서부터 차례대로 정렬한다."라고 했는데, 이것은 군주가 읍을 하여 자리로 나아가게 한 것에 견주어 하는 것이다. 그렇기 때문에 아래 경문에서 군주가 비로소 그들을 앞으로 나오게끔 하여 마당의 자리로 나아간다고 했다. "사는 서쪽에 서서 동쪽을 바라보며 북쪽 끝에서부터 차례대로 정렬한다."라고 했는데, 이것은 사에게 정해진 자리이니, 사는 신분이 미천하기 때문에 군주가 읍을 할 때까지 기다리지 않고, 문으로 들어서면 곧바로 정해진 자리로 나아간다. "축사는 문의 동쪽에 서서 북쪽을 바라보며 동쪽 끝에서부터 차례대로 정렬한다."라고 했는데, 『의례』「대사(大射)」편을 살펴보면 "대사(大史)가 한후(豻侯)의 동북쪽에서 북쪽을 바라본다."[13]라고 했고, 축(祝)에 대해서는 언급하지 않았는데, 이곳에서는 축사(祝史)를 언급하고 대사(大史)에 대해서는 언급하지 않았다. 그 이유는 「대사」편과 아래문장에서는 "대사는 중(中)을 설치할 곳의 서쪽에서 기다리며 동쪽을 바라보고 명령을 듣는다."[14]라고 했으니, 최초의 자리가 이곳에 있고 한후의 동북쪽에 있지 않다고 오해할 것을 염려했기 때문에 '대사(大史)'라고 기록하여 그 사실을 드러낸 것이다. 그 나머지 관리들인 축사에 대해서 「대사」편에서

---

13) 『의례』「대사(大射)」 : 大史在干侯之東北, 北面, 東上.
14) 『의례』「대사(大射)」 : 大史俟于所設中之西, 東面以聽政.

는 언급하지 않았는데, 「대사」편에서는 먼저 연례를 시행하게 되고, 이곳 「연례」편에는 축사(祝史)라는 관리가 포함된다. 그렇기 때문에 「대사」편에서는 언급을 하지 않은 것이니, 문장을 생략해서 기록했기 때문이다. 정현이 "'납(納)'은 군주가 명령을 내려 그들을 인도하여 안으로 들어오게 한다는 뜻이다."라고 했는데, 경문에 비록 이와 관련된 기록이 없지만, 나아가거나 멈추는 것은 군주의 명령에 따르는 것이기 때문에, 군주의 명령에 따라 시행하는 것임을 알 수 있다. 정현이 "사로부터 그 이하의 계층은 그 뒤를 따라 들어와서 자신의 자리로 나아갈 따름이다."라고 했는데, 대부 이상의 계층에 대해서 소신은 그들을 인도하여 문의 동쪽으로 나아가 읍을 하여 자리로 나아가게 하는데, 아직 마당의 자리로 나아가지 않은 것과 대비한 것이다. 사로부터 그 이하의 계층에 대해서는 인도할 필요가 없으며, 그들은 대부를 뒤따라 들어오게 되며 곧바로 마당의 자리로 나아가게 된다. 정현이 "'사(師)'자는 수장을 뜻한다. 소신의 수장 1명은 천자에게 소속된 대복(大僕)과 같은 것으로, 군주의 복장과 자리를 바르게 정돈하는 자이다."라고 했는데, 『주례』「하관(夏官)·대복(大僕)」편의 직무기록을 살펴보면, "천자의 복장과 자리를 바르게 하며 천자의 큰 명령을 전달하는 일을 담당한다."[15]라고 했다. 『주례』의 기록 중 그 아래문장에는 '소신(小臣)'이라는 관리의 직무가 기록되어 있는데, 이들은 상사(上士) 4명이 담당하며,[16] 그들의 직무기록에서는 "천자의 작은 명령을 전달하는 일을 담당하며, 천자가 따라야 하는 소소한 의례규범 등을 아뢰고 돕는다."[17]라고 했다. 제후는 휘하의 관직을 겸직하도록 하고 대복이 없으며 오직 소신만 두어서 군주의 교화와 명령을 전달하고 군주의 복장과 자리를 바르게 정돈하는데, 다만 제후에게 소속된 소신이라는 관리에는 상하의 구분이 있다. 이러한 까닭으로 「대사」편에서 "소신사(小臣師)와 종자는 동쪽 당의 아래에서 남쪽을 바라보며 서쪽 끝에서부터 차례대로 정렬한다."[18]라고 했고, 또 "소신정(小臣正)은 군주가 단

---

15) 『주례』「하관(夏官)·태복(太僕)」: 太僕; 掌正王之服位, 出入王之大命.

16) 『주례』「하관사마(夏官司馬)」: 大僕, 下大夫二人; 小臣, 上士四人; 祭僕, 中士六人; 御僕, 下士十有二人, 府二人, 史四人, 胥二人, 徒二十人.

17) 『주례』「하관(夏官)·소신(小臣)」: 小臣; 掌王之小命, 詔相王之小法儀.

18) 『의례』「대사(大射)」: 射人告具于公. 公升卽位于席, 西鄕. 小臣師納諸公卿大夫, 諸公卿大夫皆入門右, 北面, 東上. 士西方, 東面, 北上. 大史在干侯之東北,

(袒)[19]하는 것을 돕는다."[20]라고 했다. 만약 그렇다면 제후에게는 소신정이라는 관리가 있고 그 다음으로 소신사라는 관리가 있었던 것이다. 「대사」편의 소신정은 군주를 돕고 소신사가 소신정을 보좌하게 되니 항상 군주의 좌우에 있게 되며 당하의 자리에 있지 않는다. 그렇기 때문에 단지 '소신사(小臣師)'라고만 말한 것이다. 그리고 종자들은 당하에서 남쪽을 바라보고 있는데, 여기에서 말하는 연례는 상대적으로 덜 중요한 의례이므로 마땅히 소신사와 종자를 두어 군주를 돕도록 시켜야 한다. 연회를 하며 음주를 할 때에는 소신정 1명이 포함되는데, 특별히 시행하는 일이 없어서 당하에 있을 수 있으며, 여기에서 말한 소신사(小臣師)는 곧 대복에 해당하는 것으로 소신정과 동일한 역할을 한다. 그렇기 때문에 정현은 천자에게 속한 대복에 해당한다고 여긴 것이다. 정현이 "문으로 들어설 때에는 우측은 문에 세운 말뚝의 동쪽을 경유하는 것이며, 좌측은 말뚝의 서쪽을 경유하는 것이다."라고 했는데, 정현이 '범입문(凡入門)'이라고 말한 것은 빈객과 주인이 문으로 들어설 때의 의미를 폭넓게 해석하고자 했기 때문이다. 『예기』「곡례(曲禮)」편을 살펴보면 "대부와 사가 군주가 사는 궁성의 문을 출입하는 경우에는 문에 설치한 말뚝의 우측을 경유한다."[21]라고 했고, 또한 『예기』「옥조(玉藻)」편에서는 "군주의 명령에 따른 공적인 사안이라면 문 말뚝의 서쪽을 통해서 들어가고, 개인적인 사안이라면 문 말뚝의 동쪽을 통해서 들어간다."[22]라고 했다. 사적인 일일 때 대부와 사가 군주의 궁성 문을 출입하는 방법은 동일하다고 말한 것이며, 또한 이곳 경문에서 경 · 대부 · 사가 군주가 있는 곳의 문으로 출입할 때에도 문 말뚝의 우측을 경유한다고 하였으니 그 내용이 동일하다. 공적인 사안일 경우 문 말뚝의 서쪽을 경유한다고 했는데, 『의례』「빙례(聘禮)」편에서 빙문으로 찾아온 빈객이 들어서며

北面, 東上. 士旅食者在士南, 北面東上. 小臣師 · 從者在東堂下, 南面, 西上.

19) 단(袒)은 상의 중 좌측 어깨 쪽을 드러내는 방법이다. 일반적으로 상중(喪中)에 남자들이 취하는 복장 방식을 뜻한다. 한편 일반적인 의례절차에서도 단(袒)의 복장 방식을 취하는 경우가 있다.

20) 『의례』「대사(大射)」 : 小臣正贊袒, 公袒朱襦, 卒袒. 小臣正退俟于東堂, 小射正又坐取拾, 興. 贊設拾, 以笥退奠于坫上, 復位.

21) 『예기』「곡례상(曲禮上)」【18b】 : 大夫士出入君門, 由闑右, 不踐閾.

22) 『예기』「옥조(玉藻)」【393b】 : 賓入不中門, 不履閾, 公事自闑西, 私事自闑東.

문 말뚝의 서쪽을 경유한다고 한 말이 이러한 경우를 가리킨다. 만약 그렇다면 이곳 주석에서 "문으로 들어설 때에는 우측은 문에 세운 말뚝의 동쪽을 경유하는 것이다."라고 한 말은 신하가 군주를 조회하는 예법에 해당한다. 그리고 "좌측은 말뚝의 서쪽을 경유하는 것이다."라고 한 말은 빙문으로 찾아온 빈객이 문으로 들어설 때의 예법에 해당한다.

경문 公降立于阼階之東南, 南鄉. 爾卿, 卿西面北上; 爾大夫, 大夫皆少進.

번역 군주는 내려가서 동쪽 계단의 동남쪽에 서서 남쪽을 바라본다. 경을 가까이 오도록 하면 경은 서쪽을 바라보며 북쪽 끝에서부터 차례대로 정렬하고, 대부를 가까이 오도록 하면 대부는 모두 앞으로 조금 나아간다.

鄭注 爾, 近也, 移也, 揖而移之, 近之也. 大夫猶北面, 少前.

번역 '이(爾)'자는 "가깝게 하다[近]."는 뜻이며, "이동시키다[移]."는 뜻이니, 읍을 하여 상대를 이동시키고 가깝게 오도록 하는 것이다. 대부는 여전히 북쪽을 바라보고 있으며 조금 앞으로 나아간다.

賈疏 ●"公降"至"少進". ◎注"爾近"至"少前". ○釋曰: 曲禮云"揖人必違其位", 是以公將揖卿大夫, 降立於阼階之東南, 南面揖之. 變揖言爾者, 爾訓近也, 移也, 卿大夫得揖, 移近中庭也, 是以鄭云"揖而移之, 近之也". 云"大夫猶北面, 少前"者, 三卿五大夫初入門右, 同北面. 三卿得揖, 東相西面, 五大夫得揖, 中庭少進, 北面不改, 故云大夫猶北面少前.

번역 ●經文: "公降"~"少進". ◎鄭注: "爾近"~"少前". ○『예기』「곡례(曲禮)」편에서는 "남에게 읍을 할 때에는 반드시 그 자리에서 뒤로 물러나서 한다."[23]라고 했으니, 이러한 까닭으로 군주가 경과 대부에게 읍을 하기 위해서 내려와 동쪽 계단의 동남쪽에 서서 남쪽을 바라보며 그들에게 읍을 하는

23) 『예기』「곡례상(曲禮上)」【37a】: 揖人, 必違其位.

것이다. 읍을 한다는 말을 바꿔서 '이(爾)'라고 했는데, '이(爾)'자는 "가깝게 하다[近]."는 뜻이며, "이동시키다[移]."는 뜻이니, 경과 대부가 군주의 읍을 받게 되어 이동해서 마당으로 가까이 옮기는 것이다. 이러한 까닭으로 정현은 "읍을 하여 상대를 이동시키고 가깝게 오도록 하는 것이다."라고 했다. 정현이 "대부는 여전히 북쪽을 바라보고 있으며 조금 앞으로 나아간다."라고 했는데, 세 명의 경과 다섯 명의 대부가 처음 문의 우측으로 들어오게 되면 동일하게 북쪽을 바라보게 된다. 세 명의 경이 군주의 읍을 받게 되면 동쪽 상(相)에서 서쪽을 바라보게 되고, 다섯 명의 대부가 군주의 읍을 받게 되면 마당으로 조금 나오게 되지만 북쪽을 바라보는 방향은 바꾸지 않는다. 그렇기 때문에 "대부는 여전히 북쪽을 바라보고 있으며 조금 앞으로 나아간다."라고 했다.

참고 『시』「소아(小雅) · 사모(四牡)」

四牡騑騑, (사모비비) : 네 필의 수말이 쉼 없이 달려가니,
周道倭遲. (주도위지) : 큰 길 굽어 있구나.
豈不懷歸, (기불회귀) : 어찌 되돌아감을 생각하지 않겠느냐마는,
王事靡盬, (왕사미고) : 왕명에 따른 일을 견고히 하지 않을 수 없으니,
我心傷悲. (아심상비) : 내 마음이 서글프구나.

四牡騑騑, (사모비비) : 네 필의 수말이 쉼 없이 달려가니,
嘽嘽駱馬. (탄탄락마) : 저리도 많은 낙마로구나.
豈不懷歸, (기불회귀) : 어찌 되돌아감을 생각하지 않겠느냐마는,
王事靡盬, (왕사미고) : 왕명에 따른 일을 견고히 하지 않을 수 없으니,
不遑啓處. (불황계처) : 편히 있을 겨를이 없구나.

翩翩者鵻, (편편자추) : 훨훨 나는 저 비둘기여,
載飛載下, (재비재하) : 날아올라 내려앉으니,
集于苞栩. (집우포허) : 촘촘히 자라나는 상수리나무에 앉는구나.
王事靡盬, (왕사미고) : 왕명에 따른 일을 견고히 하지 않을 수 없으니,

不遑將父. (불황장부) : 부친을 봉양할 겨를이 없구나.

翩翩者鵻, (편편자추) : 훨훨 나는 저 비둘기여,
載飛載止, (재비재지) : 날아올라 내려앉으니,
集于苞杞. (집우포기) : 촘촘히 자라나는 구기자나무에 앉는구나.
王事靡盬, (왕사미고) : 왕명에 따른 일을 견고히 하지 않을 수 없으니,
不遑將母. (불황장모) : 모친을 봉양할 겨를이 없구나.

駕彼四駱, (가피사락) : 저 네 필의 낙마에 멍에를 메어,
載驟駸駸. (재취침침) : 달려가길 재촉한다.
豈不懷歸, (기불회귀) : 어찌 되돌아감을 생각하지 않겠느냐마는,
是用作歌, (시용작가) : 이에 노래를 지어 부르니,
將母來諗. (장모래심) : 모친을 봉양하고자 와서 고하는구나.

毛序 四牡, 勞使臣之來也, 有功而見知, 則說矣.

모서 「사모(四牡)」편은 사신이 찾아온 것에 대해 위로하는 내용이니, 공이 있어 상대가 알아준다면 기뻐하게 된다.

참고 『시』「소아(小雅) · 출거(出車)」

我出我車, (아출아거) : 우리 왕이 내 수레와 말을,
于彼牧矣. (우피목의) : 저 목지(牧地)로 내놓는구나.
自天子所, (자천자소) : 천자가 계신 곳으로부터 어떤 자가 찾아와,
謂我來矣. (위아래의) : 나더러 오라 하는구나.
召彼僕夫, (소피복부) : 저 수레를 모는 자를 불러,
謂之載矣. (위지재의) : 짐을 실으라고 이르도다.
王事多難, (왕사다난) : 왕의 일이 다난한지라,
維其棘矣. (유기극의) : 급히 하라 이르도다.

我出我車, (아출아거) : 우리 왕이 내 수레와 말을,
于彼郊矣, (우피교의) : 저 원교(遠郊)로 내놓는구나.
設此旐矣, (설차조의) : 이 조(旐)를 꼽고
建彼旄矣. (건피모의) : 저 모(旄)를 세우도다.
彼旟旐斯, (피여조사) : 저 여(旟)와 조(旐)가,
胡不旆旆. (호불패패) : 어찌 펄럭이지 않겠는가.
憂心悄悄, (우심초초) : 근심하는 마음에 걱정이 가득하니,
僕夫況瘁. (복부황췌) : 수레를 모는 자가 초췌해지는구나.

王命南仲, (왕명남중) : 왕이 남중에게 명하시어,
往城于方. (왕성우방) : 가서 삭방(朔方)에 성을 쌓으라 하시는구나.
出車彭彭, (출거팽팽) : 수레를 냄에 말이 건장하고도 많으며,
旂旐央央. (기조중앙) : 기(旂)와 조(旐)가 선명하구나.
天子命我, (천자명아) : 천자가 나에게 명하시어,
城彼朔方. (성피삭방) : 저 삭방에 성을 쌓으라 하시는구나.
赫赫南仲, (혁혁남중) : 융성한 남중이여,
玁狁于襄. (험윤우양) : 험윤(玁狁)을 제거하도다.

昔我往矣, (석아왕의) : 옛날 내가 출정을 했을 때에는,
黍稷方華. (서직방화) : 서직이 막 개화하기 시작했도다.
今我來思, (금아래사) : 지금 내가 돌아오니,
雨雪載塗. (우설재도) : 비와 눈이 길에 가득하구나.
王事多難, (왕사다난) : 왕의 일이 다난한지라,
不遑啓居. (불황계거) : 여유롭게 휴식할 겨를도 없구나.
豈不懷歸, (기불회귀) : 어찌 돌아감을 생각하지 않으리오,
畏此簡書. (외차간서) : 칙서가 두려울 따름이라.

喓喓草蟲, (요요초충) : 요요하게 우는 풀벌레여,
趯趯阜螽. (적적부종) : 이리저리 날뛰는 메뚜기여.
未見君子, (미견군자) : 아직 군자를 보지 못해,
憂心忡忡. (우심충충) : 근심하는 마음에 속이 타는구나.
既見君子, (기견군자) : 군자를 만나보니,

我心則降. (아심칙강) : 내 마음이 가라앉는구나.
赫赫南仲, (혁혁남중) : 융성한 남중이여,
薄伐西戎. (박벌서융) : 서융(西戎)을 정벌하도다.

春日遲遲, (춘일지지) : 봄 해가 더디고 더딘지라,
卉木萋萋. (훼목처처) : 초목이 무성하구나.
倉庚喈喈, (창경개개) : 꾀꼬리가 개개히 울며,
采蘩祁祁. (채번기기) : 흰쑥을 뜯는 것이 많고도 많구나.
執訊獲醜, (집신획추) : 심문할 자와 많은 포로를 잡아,
薄言還歸. (박언환귀) : 황급히 서울로 돌아오도다.
赫赫南仲, (혁혁남중) : 융성한 남중이여,
玁狁于夷. (험윤우이) : 험윤이 평정되었구나.

毛序 出車, 勞還率也.

모서 「출거(出車)」편은 전장에서 되돌아온 장수를 위로하는 시이다.

참고 『주례』「춘관(春官)·사궤연(司几筵)」 기록

경문 昨席莞筵紛純, 加繅席畫純, 筵國賓于牖前亦如之, 左彤几.

번역 제후의 작석(胙席)에 대해 분순(紛純)을 한 완연(莞筵)을 설치하고 화순(畫純)을 한 소석(繅席)을 더하며, 국빈(國賓)을 위해 들창 앞에 자리를 설치할 때에도 이처럼 하고, 동궤(彤几)를 좌측으로 둔다.

鄭注 昨讀亦曰酢. 鄭司農云: "禮記: 國賓, 老臣也. 爲布筵席於牖前." 玄謂國賓, 諸侯來朝, 孤卿大夫來聘. 後言几者, 使不蒙"如"也, 朝者彫几, 聘者彤几.

번역 '작(昨)' 또한 잔을 돌린다는 뜻의 '작(酢)'자로 풀이한다. 정사농은

“『예기』에 따르면 ‘국빈(國賓)’은 노신을 뜻한다. 그들을 위해 들창 앞에 자리를 설치하는 것이다.”라고 했다. 내가 생각하기에, ‘국빈(國賓)’은 제후들 중 찾아와서 조회를 하는 자나 고·경·대부들 중 찾아와서 빙문을 하는 자들을 뜻한다. 뒤에 궤(几)에 대해 언급한 것은 “~와 같다.[如].”라는 말에 포함되지 않도록 하기 위해서이니, 조회를 온 자에 대해서는 조궤(彫几)를 설치하고, 빙문을 온 자에 대해서는 동궤(彤几)를 설치한다.

賈疏 ●“昨席”至“彤几”. ○釋曰: 諸侯酳尸, 尸酢主君, 亦於戶內之東, 西面設此二席. 及筵國賓在牖前亦如之, 亦如同二種席也. 几席雖同, 但上文鬼神則右几, 此文生人則左几也. 又別云“左彤几”者, 謂國賓之中有諸侯來朝, 亦有孤卿大夫來聘, 若朝者則彫几, 蒙亦如之. 聘者席雖與同, 几則用彤, 故別云左彤几, 使不蒙如也.

번역 ●經文: “昨席”~“彤几”. ○제후가 시동에게 입가심하는 술을 따라주고 시동이 주군에게 술잔을 돌리는 일 또한 방문 안쪽의 동쪽에서 하니, 서쪽을 향해서 이러한 두 자리를 설치한다. 국빈에 대해 들창 앞에 자리를 설치할 때에도 이처럼 하는데, 이 또한 두 종류의 자리와 동일하게 한다는 뜻이다. 안석과 자리가 비록 동일하더라도 앞 문장의 내용은 귀신에 대한 사안이므로 안석을 우측으로 두었고, 이곳 문장은 살아 있는 사람에 대한 사안이므로 안석을 좌측으로 두었다. 또한 별도로 “동궤(彤几)를 좌측으로 둔다.”라고 했는데, 국빈 중에는 조회를 하기 위해 찾아온 제후가 있으며, 또한 빙문으로 찾아온 고·경·대부가 있으니, 조회를 위해 찾아온 자에게는 조궤(彫几)를 설치하며, 이러한 경우는 앞서의 경우처럼 한다. 그러나 빙문을 위해 찾아온 자에게는 자리는 비록 이전과 동일하게 설치하지만 안석의 경우에는 동궤를 사용한다. 그렇기 때문에 별도로 “동궤를 좌측으로 둔다.”라고 언급하여, 앞의 여(如)자에 따르지 않음을 드러낸 것이다.

賈疏 ◎注"昨讀"至"彤几". ○釋曰: 先鄭云"禮記: 國賓, 老臣也"者, 按禮記·王制有四代養國老·庶老於學之事. 彼國老謂卿大夫致仕, 庶老謂士之致仕者, 先鄭據此文而云國賓老臣也. 後鄭不從者, 未見朝聘之賓, 而言己國老臣, 於義不可, 故不從也. "玄謂國賓諸侯來朝, 孤卿大夫來聘"者, 按大·小行人及司儀, 賓謂諸侯, 客謂其臣. 今此經唯云賓而兼云孤卿大夫者, 對文賓客異, 通而言之, 賓客一也. 以大司徒云"大賓客令野脩道委積", 小司徒云"小賓客令野脩道委積", 是賓客通用之義也. 按公食大夫禮云"司宮具几與蒲筵, 加萑席", 又云"上大夫蒲筵加萑席, 其純皆如下大夫". 彼注云: "謂公食上大夫, 孤爲賓, 則莞筵紛純, 加繅席畫純." 聘禮: 將賓, 宰夫徹几改筵. 注云: "徹神几, 改神席, 更布也. 賓席東上." 又引公食大夫云云, 此筵上下大夫也. 又引此"筵國賓"下至"彤几", 云: "筵孤彤几, 卿大夫其漆几與." 以此而言, 則筵諸侯與孤用莞筵繅席, 而卿大夫則用蒲筵萑席. 今總云國賓孤卿大夫同莞繅者, 此廣解國賓之義, 其實如公食大夫及聘禮之注也. 若然, 此注云朝者彫几, 聘者彤几, 彤几亦謂孤也. 依彼聘禮注, 卿大夫用漆几者, 以其天子用玉, 諸侯用彫, 孤用彤, 卿大夫用漆几, 差次然也. 按禮記·禮器云: "天子之席五重, 諸侯三重", 今天子唯三重, 諸侯二重者, 彼云五重者, 據天子大祫祭而言. 若禘祭當四重, 時祭當三重, 皆用此三重席耳, 故此唯見三重席也. 諸侯三重, 上公當四重, 亦謂大祫祭時. 若禘祭, 降一重, 諸侯二重, 禘與時祭同. 卿大夫已下, 特牲·少牢唯見一重耳. 若爲賓饗, 則加重數, 非常法, 故不與祭祀同也.

번역 ◎鄭注: "昨讀"～"彤几". ○정사농은 "『예기』에 따르면 '국빈(國賓)'은 노신을 뜻한다."라고 했는데, 『예기』「왕제(王制)」편을 살펴보면 사대 때 국로(國老)와 서로(庶老)에 대해서 학교에서 봉양하는 사안이 수록되어 있다. 「왕제」편에서 말하는 '국로(國老)'는 경·대부들 중 관직에서 물러난 자들을 뜻하며, '서로(庶老)'는 사 중 관직에서 물러난 자들을 뜻하는데, 정사농은 이러한 문장에 근거해서 "국빈은 노신을 뜻한다."라고 했다. 정현은 이러한 주장에 따르지 않았는데, 아직 조빙으로 찾아온 빈객을 만나보지 않은 상태에서 자기 나라의 노신에 대해 언급한다면 의미상 불가능하기 때문에 그 주장에 따르지 않은 것이다. 정현이 "내가 생각하기에, '국빈(國賓)'은 제후들 중 찾아와서 조회를 하는 자나 고·경·대부들 중 찾아와서 빙문을 하는 자들을 뜻한다."라고 했는데, 『주례』「대행인(大行人)」·「소행인(小行人)」 및 「사의(司儀)」편을 살펴보면 '빈(賓)'을 제후라고 했고, '객(客)'을 그들에게 소속된 신하라고 했다. 이곳 경문에서는 단지 '빈(賓)'이라고만 말했는데, 고·경·대부까지도 함께 언급한 것은 빈과 객을 다르게 사용한 용례와 대비해서 통괄적으로 말한 것이니, 빈과 객은 동일한 대상이 된다. 『주례』「대사도(大司徒)」편에서는 "대빈객(大賓客)에 대해서 사람을 보내 야외의 도로를 정돈하고 식량을 쌓아두고서 대접한다."[24]라고 했고, 『주례』「소사도(小司徒)」편에서는 "소빈객(小賓客)에 대해서 사람을 보내 야외의 도로를 정돈하고 식량을 쌓아두고서 대접한다."[25]라고 했으니, 이것은 빈자와 객자를 통용해서 사용하는 용례가 된다. 『의례』「공사대부례(公食大夫禮)」편을 살펴보면 "사궁이 안석과 포연(蒲筵)을 갖추고 추석(萑席)을 덧깐다."[26]라고 했고, 또 "상대부의 포연에는 추석을 덧깔고, 순(純)에 대해서는 모두 하대부와 동일하게 따른다."[27]라고 했다. 그리고 그 주석에서는 "군주가 상대부에게 사례를 베풀 때 고가 빈(賓)이 된다면 분순(紛純)을 한 완연(莞筵)을 설치하고 화순(畫純)을 한 소석(繅席)을 더한다."라고 했다. 그리고 『의례』「빙례(聘禮)」편에서 빈(賓)을 인솔할 때 재부는 안석을 치우고 자리를 고친다고 했다. 그리고 주석에서는 "신을 위해 마련한 안석을 치우고, 신을 위해 설치한 자리를 고치니 다시금 펼쳐서 까는 것이다. 빈의 자리에서는 동쪽을 상석으로 삼는다."라고 했다. 또 「공사대부례」편을 인용해서 설명했는데, 이것은 상대부나 하대부를 위해 자리를 까는 경우이다. 또한 이곳에서 말한 것처럼 "국빈을 위해 자리를 설치한다."라고 한 구문으로부터 동궤(彤几)에 대한 내용까지를 인용하며, "고를 위해 자리를 설치하면 동궤를 사용하니, 경·대부에 대해서는 칠궤(漆几)를 사용했을 것이다."라고 했다. 이를 통해 말해보자면, 제후와 고를 위해 자리를 설치할 때에는 완연과 소석을 깔게 되고,

24) 『주례』「지관(地官)·대사도(大司徒)」: 大賓客, 令野脩道委積.
25) 『주례』「지관(地官)·소사도(小司徒)」: 小賓客, 令野脩道委積.
26) 『의례』「공사대부례(公食大夫禮)」: 司宮具几, 與蒲筵常, 緇布純, 加萑席尋, 玄帛純, 皆卷自末.
27) 『의례』「공사대부례(公食大夫禮)」: 上大夫蒲筵, 加萑席. 其純, 皆如下大夫純.

경과 대부를 위해서라면 포연과 추석을 깔게 된다. 이곳에서는 총괄적으로 국빈 · 고 · 경 · 대부에 대해서 동일하게 완연과 소석을 설치한다고 했는데, 이것은 국빈의 뜻을 폭넓게 설명하기 위한 것이니, 실제로는 「공사대부례」편과 「빙례」편의 주석처럼 했을 것이다. 만약 그렇다면 이곳 주석에서 "조회를 온 자에 대해서는 조궤(彫几)를 설치하고, 빙문을 온 자에 대해서는 동궤(彤几)를 설치한다."라고 했는데, 동궤라는 것은 또한 고에 대한 경우를 뜻한다. 「빙례」편에 대한 주에 따르면, 경 · 대부에 대해서는 칠궤를 사용한다고 했으니, 천자는 옥궤를 사용하고 제후는 조궤를 사용하며 고는 동궤를 사용하고 경과 대부는 칠궤를 사용하여 순차적으로 따르기 때문이다. 『예기』「예기(禮器)」편을 살펴보면 "천자의 자리는 5겹으로 깔고, 제후의 자리는 3겹으로 깐다."[28]라고 했다. 그런데 이곳에서는 천자에 대해서 단지 3겹으로 깐다고 했고 제후에 대해서는 2겹으로 깐다고 했다. 「예기」편에서 말한 5겹이라는 것은 천자가 성대한 협제사[29]를 지내는 것에 기준을 두고 말한 것이다. 만약 체제사를 지내게 된다면 마땅히 4겹으로 깔아야 하고, 시제를 지내게 된다면 마땅히 3겹으로 깔아야 하니, 이 모두 여기에서 말한 3겹의 자리를 사용하는 것이다. 그러므로 이곳에서는 단지 3겹으로 까는 자리만을 드러낸 것이다. 제후에 대해서 3겹으로 자리를 깐다면 상공(上公)에 대해서는 마땅히 4겹으로 깔아야 하는데, 이 또한 성대한 협제사를 지내는 경우를 뜻한다. 만약 체제사를 지내게 된다면 1겹씩 낮추게 되니, 제후에 대해서는 2겹으로 깔게 되며, 체제사와 시제가 동일하게 따른다. 경과 대부로부터 그 이하의 계층에 있어서, 『의례』「특생궤식례(特牲饋食禮)」편과 「소뢰궤식례(少牢饋食禮)」편에서는 단지 1겹으로 깐다는 기록만 나올 따름이다. 만약 빈객을 위해 향연을 베푸는 경우라면 추가적으로 겹치는 자리가 있게 되는데, 이것은 일반적인 예법이 아니다. 그렇기 때문에 제사 때와는 다른 것이다.

---

28) 『예기』「예기(禮器)」【297d】 : 天子之席五重, 諸侯之席三重, 大夫再重.

29) 협제(祫祭)는 협(祫)이라고도 부른다. 신주(神主)들을 태조(太祖)의 묘(廟)에 모두 모셔놓고 지내는 제사이다. 『춘추공양전』「문공(文公) 2년」에 "八月, 丁卯, 大事于大廟, 躋僖公, 大事者何. 大祫也. 大祫者何. 合祭也, 其合祭奈何. 毁廟之主, 陳于大祖."라는 기록이 있다.

참고 『예기』「교특생(郊特牲)」 기록

경문-318b 大饗, 君三重席而酢焉; 三獻之介, 君專席而酢焉. 此降尊以就卑也.

번역 제후들끼리 서로 조회를 하여 대향(大饗)을 시행할 때, 군주는 자리를 세 겹으로 깔고서 술잔을 돌리게 되고, 상대방 군주가 신하를 시켜서 빙문을 온 경우에는 사신단 중 상개(上介)에 해당하는 대부에 대해서, 군주는 홑겹으로 된 자리를 깔고서 술잔을 돌리게 된다. 이것은 곧 존귀함을 낮춰서 낮은 곳으로 다가간 경우에 해당한다.

鄭注 言諸侯相饗, 獻酢禮敵也. 三獻, 卿大夫. 來聘, 主君饗燕之, 以介爲賓, 賓爲苟敬, 則徹重席而受酢也. 專猶單也.

번역 이 문장의 뜻은 제후들끼리 서로 향연을 베풀 때에는 헌(獻)을 하고 술잔을 돌리는 예를 대등하게 한다는 의미이다. 삼헌(三獻)은 경과 대부를 가리킨다. 상대방 나라에서 신하를 보내와서 빙문을 하게 되면, 주인에 해당하는 제후는 그들에게 향연을 베풀게 되고, 개(介)를 빈객으로 삼게 되는데, 빈객은 존경의 대상이 되므로, 겹으로 깔아둔 자리를 제거하고서, 상대방이 권한 술잔을 받게 된다. '전(專)'자는 '단(單)'자의 뜻과 같다.

孔疏 ○此大饗謂諸侯相朝, 主君饗賓, 賓主禮敵, 故主君設三重之席而受酢焉.

번역 ○여기에서 말하는 '대향(大饗)'은 제후들끼리 서로 조회를 하여, 주인에 해당하는 제후가 빈객으로 찾아온 제후에게 향연을 베풀게 된 것을 뜻하며, 빈객과 주인에게 적용되는 예가 대등하기 때문에, 주인에 해당하는 제후는 세 겹으로 된 자리를 설치하고서 권한 술잔을 받는 것이다.

孔疏 ◎注"言諸"至"敵也". ○正義曰: 知非諸侯朝天子天子饗之, 而云"諸侯相饗”者, 以經云君三重席而酢, 三重席是諸侯之禮, 而又稱君, 故知諸侯相饗也. 按周禮·司几筵: “諸侯莞筵紛純, 加繅席畫純.” 上有二席, 得爲三重者, 皇氏云: “三重者有四席爲三重, 謂鋪莞筵三, 上加繅席一.” 熊氏以爲席之重數異於棺也, 三重止三席也. 云“獻酢禮敵也”者, 以賓與主人俱是諸侯, 並有三重之席, 無所降下, 對下三獻之介, 君專席而酢, 降尊就卑之義, 是尊卑不敵也, 故此云“獻酢禮敵也”.

번역 ◎鄭注: “言諸”~“敵也”. ○이 문장의 내용이 제후가 천자에게 조회로 찾아와서, 천자가 제후들에게 향연을 베푸는 경우가 아니라는 사실을 알 수 있어서, “제후들끼리 서로에게 향연을 베푼다.”라고 한 것인데, 경문에서 군주는 세 겹으로 자리를 깔고 초(酢)를 한다고 했기 때문이니, 세 겹으로 자리를 까는 것은 제후에게 해당하는 예법이며, 또한 ‘군(君)’이라고 지칭하였기 때문에, 제후들끼리 서로에게 향연을 베푸는 내용임을 알 수 있다. 『주례』「사궤연(司几筵)」편을 살펴보면, “제후는 분순(紛純)을 한 완연(莞筵)을 깔고, 화순(畫純)을 한 소석(繅席)을 더한다.”라고 했다. 위에 두 개의 자리가 있으므로, 세 겹이 될 수 있는 것인데, 황간[30]은 “삼중(三重)이라는 것은 4개의 자리로 세 겹을 만드는 것이니, 포완연(鋪莞筵)이 세 개이고, 그 위에 깔게 되는 소석(繅席)이 한 개이다.”라고 했다. 웅안생[31]은 자리의 겹수는 관(棺)의 경우와는 다르다고 여겨서, 삼중(三重)은 세 개의 자리에 그친다고 하였다. 정현이 “헌(獻)을 하고 술잔을 돌리는 예를 대등하게 한다는 의미이다.”라고 했는데, 빈객과 주인이 모두 제후의 신분이므로, 모두에 대해서 세 겹으로 까는 자리가 설치

30) 황간(皇侃, A.D.488~A.D.545) : =황씨(皇氏). 남조(南朝) 때 양(梁)나라의 경학자이다. 『주례(周禮)』, 『의례(儀禮)』, 『예기(禮記)』 등에 해박하여, 『상복문구의소(喪服文句義疏)』, 『예기의소(禮記義疏)』, 『예기강소(禮記講疏)』 등을 지었지만, 현재는 전해지지 않는다. 그 일부가 마국한(馬國翰)의 『옥함산방집일서(玉函山房輯佚書)』에 수록되어 있다.

31) 웅안생(熊安生, ?~A.D.578) : =웅씨(熊氏). 북조(北朝) 때의 경학자이다. 자(字)는 식지(植之)이다. 『주례(周禮)』, 『예기(禮記)』, 『효경(孝經)』 등 많은 전적에 의소(義疏)를 남겼지만, 모두 산일되어 남아 있지 않다. 현재 마국한(馬國翰)의 『옥함산방집일서(玉函山房輯佚書)』에 『예기웅씨의소(禮記熊氏義疏)』 4권이 남아 있다.

되어, 낮추는 점이 없는 것인데, 이것은 그 뒤에서 삼헌(三獻)의 개(介)에 대해, 군주는 홑겹으로 된 자리에서 술을 권한다는 것은 존귀함을 낮춰서 미천함에 나아가는 뜻에 해당한다고 한 말과 대비가 되니, 이러한 경우는 신분이 대등하지 않은 경우이다. 그렇기 때문에 "헌(獻)을 하고 술잔을 돌리는 예를 대등하게 한다는 의미이다."라고 한 것이다.

孔疏 ●"三獻之介, 君尊專席而酢焉"至"此以就卑也". ○此謂諸侯遣卿來聘, 卿禮三獻, 其副旣是大夫, 與卿爲介, 謂之三獻之介. 此介是大夫, 大夫席雖再重, 今爲介降一席, 秖合專席. 主君若受此介之酢爵, 雖是諸侯合三重之席, 必徹去重席, 單席而受此介之酢爵焉. 所以然者, 降諸侯之尊以就介之卑故也.

번역 ●經文: "三獻之介, 君尊專席而酢焉"~"此以就卑也". ○이 내용은 제후가 경을 파견하여 상대방 제후국에 찾아가서 빙례를 시행하는데, 경의 예법에서는 삼헌(三獻)을 하고, 그가 데려온 부관은 대부의 신분이며, 경과 함께 개(介)가 되니, 그를 '삼헌지개(三獻之介)'라고 부르는 것이다. 이러한 개(介)는 대부의 신분이며, 대부의 자리는 비록 두 겹으로 깔게 되지만, 현재는 개(介)를 위해서 1개의 자리를 낮추게 되니, 홑겹으로 된 자리에 맞게 된다. 빙문을 받는 제후가 만약 이러한 개(介)가 따라준 술잔을 받게 된다면, 비록 제후는 세 겹으로 된 자리에 맞게 되지만, 반드시 겹으로 된 자리를 제거하여, 홑겹의 자리를 깔고, 이러한 개(介)가 따라준 술잔을 받게 된다. 이처럼 하는 이유는 제후의 존귀한 신분을 낮춰서, 개(介)의 미천한 신분에 맞추기 때문이다.

孔疏 ◎注"三獻"至"單也". ○正義曰: "三獻, 卿大夫"者, 以五等諸侯有九獻·七獻·五獻, 故五等諸侯之卿皆三獻也. 大夫, 卿之總號. 若春秋之時, 則與此禮有異. 若大國之卿, 則禮同子男. 故昭元年, "鄭人饗趙孟, 具五獻籩豆", 杜元凱注云: "朝聘之制, 大國之卿五獻, 其侯伯次國, 其卿與大國大夫同." 故昭六年季武子如晉, 晉人享之, 武子辭云: "下臣得貺不過三獻." 杜云"大夫三獻", 是也. 云"來聘, 主君饗燕之, 以介爲賓, 賓爲苟敬"者, 按燕禮記云: "若以四方之賓燕, 賓爲苟敬, 席於阼階之西北面, 其介爲賓." 注云: "主國君饗時親進醴于賓, 今燕又宜獻焉. 人臣不敢褻煩尊者, 至此升堂而辭讓, 欲以臣禮燕爲恭敬也. 於是席之, 如獻諸公之位. 言苟敬者, 賓, 實主國所宜敬." 如鄭此言, 則燕時賓爲苟敬, 饗時則否. 今此注云饗燕之賓爲苟敬, 連言饗者, 因燕而連言饗, 其實饗時賓自爲賓, 不爲苟敬也. 按燕禮注: "介門西北面西上, 公降迎上介以爲賓, 揖讓升, 乃命宰夫爲主人獻賓於西階上, 其有媵爵, 群臣入卽位, 如燕禮." 按禮: 主人與賓俱升自西階, 主人酌於賓筵前, 獻賓; 賓西階上拜, 筵前受爵, 反位; 主人賓右拜送爵; 賓就筵祭酒西階上, 卒爵, 賓酢主人, 主人於賓右北面受酢. 此是使宰夫爲主人與賓客相獻之禮. 據燕禮之文, 唯有賓酢主人, 無賓酢主君之禮. 今此主君專席而受賓酢者, 按燕禮無賓酢公禮, 至於說屨升堂坐之後, 賓降洗升媵觚于公, 公受賓爵飮以賜下. 此云受酢, 蓋謂此也. 或可燕己臣子, 賓不酢公; 若與鄰國賓燕, 以介爲賓, 賓得酢公也, 但禮不具耳. 皇氏以介爲賓, 宰夫爲主人, 賓與主人席於西階上, 主人在東, 賓在西, 俱北面; 又席主君於堂中南面. 今按: 鄭注燕禮主君迎上介爲賓, 宰夫爲主人獻賓之後, 如燕禮. 如是則事事如燕禮. 按燕禮筵賓于戶西南面, 席公于阼階上西面, 胥薦主人于洗北西面. 燕禮席位分明如此, 而皇氏乃云主人與賓俱席西階上北面, 主君堂中南面. 未審何所馮據以知之.

번역 ◎鄭注: "三獻"~"單也". ○정현이 "삼헌(三獻)은 경과 대부를 가리킨다."라고 했는데, 다섯 등급에 해당하는 제후들에 대해서는 구헌(九獻) · 칠헌(七獻) · 오헌(五獻)을 하게 된다. 그렇기 때문에 다섯 등급의 제후들에게 속한 경은 모두 삼헌(三獻)을 하는 것이다. '대부(大夫)'는 경까지도 포함한 호칭이다. 춘추시대와 같은 경우라면, 이러한 예법과 차이점이 있다. 만약 대국(大國)에 소속된 경이라면, 그에게 해당하는 예법은 자작[子]이나 남작[男]의 경우와 동일했다. 그렇기 때문에 소공 1년에는 "정(鄭)나라에서 조맹(趙孟)에게 향연을 베풀며, 오헌(五獻)의 변(籩)과 두(豆)를 갖췄다."[32]라고 했고, 두예의 주에서는 "조빙의 제도에서, 대국의 경은 오헌(五獻)을 하며, 후작[侯]과 백작

32) 『춘추좌씨전』「소공(昭公) 1년」: 夏四月, 趙孟 · 叔孫豹 · 曹大夫入于鄭, 鄭伯兼享之. …… 及享, 具五獻之籩豆於幕下.

[伯]은 차국(次國)에 있어서, 그에게 소속된 경은 대국(大國)에 소속된 대부와 동일하게 한다."라고 한 것이다. 그래서 소공 6년에는 계무자(季武子)가 진(晉)나라에 갔을 때, 진나라에서는 그에게 잔치를 베풀어주었는데, 계무자는 사양을 하며, "하신(下臣)은 하사를 받음에 삼헌(三獻)을 하는데 불과합니다."[33]라고 했고, 두예의 주에서는 "대부는 삼헌(三獻)을 한다."라고 한 것이다. 정현이 "상대방 나라에서 신하를 보내와서 빙문을 하게 되면, 주인에 해당하는 제후는 그들에게 향연을 베풀게 되고, 개(介)를 빈객으로 삼게 되는데, 빈객은 존경의 대상이 되기 때문이다."라고 했는데, 『의례』「연례(燕禮)」편의 기문을 살펴보면, "만약 사방에서 찾아온 빈객들에게 향연을 베풀게 되면, 빈객은 존경을 받는 대상이 되어, 그의 자리는 동쪽 계단의 서쪽에서 북쪽을 바라보도록 깔게 되고, 개(介)가 빈객이 된다."[34]라고 했고, 이 문장에 대한 정현의 주에서는 "빙문을 받는 제후국의 군주가 향연을 베풀 때, 직접 빈객에게 나아가서 례(醴)를 하게 되는데, 현재의 연회에서는 또한 마땅히 헌(獻)을 하게 된다. 신하는 감히 존귀한 자를 친근하게 대하거나 번거롭게 할 수 없으니, 이러한 시기가 되면 당에 올라가서 사양을 하여, 신하의 예법으로써 연회를 하는 것을 공경스러움으로 삼고자 한 것이다. 이때 자리를 깔게 되는 것은 제후들에게 헌(獻)을 할 때의 자리처럼 하게 된다. '구경(苟敬)'이라고 했는데, '빈(賓)'이라는 것은 실제로 빙문을 받은 제후국에서 마땅히 공경해야 하는 대상이다."라고 했다. 이와 같은 정현의 주장대로라면, 연회를 할 때, 빈객은 공경을 받는 대상이 되지만, 향(饗)을 할 때라면 그렇지 않다. 현재 이곳 주석에서는 향연(饗燕)의 빈객을 공경을 받는 대상으로 삼는다고 하여, '향(饗)'까지도 연이어서 언급했는데, 이것은 연(燕)으로 인하여, 향(饗)까지도 연이어서 언급한 것으로, 실제로 향(饗)을 하는 때 빈객은 제 스스로 빈객으로 자처하여 공경을 받는 대상으

33) 『춘추좌씨전』「소공(昭公) 6년」: 夏, 季孫宿如晉, 拜莒田也. 晉侯享之, 有加籩. 武子退, 使行人告曰, "小國之使大國也, 苟免於討, 不敢求貺. 得貺不過三獻. 今豆有加, 下臣弗堪, 無乃戾也?"

34) 『의례』「연례(燕禮)」: 記. 燕, 朝服于寢. 其牲狗也, 亨于門外東方. 若與四方之賓燕, 則公迎之于大門內, 揖·讓升. 賓爲苟敬, 席之于阼階之西, 北面. 有脀. 不嚌肺, 不啐酒. 其介爲賓.

로 여기지 않는다. 「연례」편에 대한 정현의 주를 살펴보면, “개(介)는 문의 서쪽에서 북쪽을 바라보는 곳에서 서쪽 끝에서부터 위치하고, 군주는 내려가서 상개(上介)를 맞이하여 빈객으로 삼고, 읍과 사양을 하여 오르면, 곧 재부(宰夫)에게 명령을 하여 주인으로 삼고, 서쪽 계단 위에서 빈객에게 헌(獻)을 하도록 하는데, 그 절차에는 잉작(媵爵)[35]이 포함되어, 여러 신하들이 들어와서 자리로 나가게 되면, 연례(燕禮)처럼 한다.”라고 했다. 예법을 살펴보면, 주인과 빈객은 모두 서쪽 계단을 통해서 오르게 되고, 주인은 빈객의 자리 앞에서 술을 따라 권하여, 빈객에게 헌(獻)을 하고, 빈객은 서쪽 계단 위에서 절을 하고, 자리 앞에서 술잔을 받으며, 자리로 되돌아가고, 주인은 빈객의 우측에서 절을 하며 잔을 보내고, 빈객은 자리에 나아가서 서쪽 계단 위에서 술을 이용해 간단한 제사를 지내고, 술잔을 비우면, 빈객은 주인에게 술을 따라서 권하고, 주인은 빈객의 우측에서 북쪽을 바라보며 권해준 술잔을 받는다. 이것은 재부를 시켜서 주인으로 삼고, 빈객과 더불어서 서로 헌(獻)을 하는 예에 해당한다. 「연례」편의 문장에 근거해보면, 오직 빈객이 주인에게 술을 따라서 권하는 절차만 있고, 빈객이 주군에게 술을 권하는 예는 없다. 현재 이곳에서 주군은 홑겹으로 된 자리에 앉아서, 빈객이 권한 술잔을 받는다고 했는데, 「연례」편을 살펴보면, 빈객이 군주에게 술을 권하는 예가 없으니, 신발을 벗고 당에 올라가서 자리에 앉은 이후, 빈객은 내려가서 씻고 올라가서 군주에게 고(觚)를 가지고 잉작을 하며, 군주는 빈객의 술잔을 받아서 마심으로써 하사를 하게 된다. 여기에서 권한 술잔을 받는다고 한 것은 아마도 이러한 절차를 뜻하는 것 같다. 혹은 자신의 신하에게 연회를 할 때, 빈객은 군주에게 술을 권할 수 없지만, 만약 이웃 나라에서 찾아온 빈객과 연회를 하는 경우라면, 개(介)를 빈객으로 삼아서, 빈객은 군주에게 술을 따라줄 수도 있다. 그러나 이러한 예에 대해서는 자

35) 잉작(媵爵)은 술을 따라주는 예법 절차 중 하나이다. 연례(燕禮)를 실시할 때, 술을 따라주는 절차가 끝나면, 재차 명령을 하여, 군주에게 술을 따르도록 시키는데, 이것을 ‘잉작’이라고 부른다. 또한 ‘잉작’의 시점을 서로 술을 따라서 주고받는 절차의 시작으로 삼기도 한다. 『의례』「연례(燕禮)」편에는 “小臣自阼階下, 請媵爵者, 公命長.”이라는 기록이 있고, 호배휘(胡培翬)의 『정의(正義)』에서는 “李氏如圭云: 媵爵者, 獻酬禮成, 更擧酒於公, 以爲旅酬之始”라고 풀이했다.

세한 기록이 남아있지 않다. 황간은 개(介)를 빈객으로 삼고, 재부(宰夫)를 주인으로 삼아서, 빈객과 주인이 서쪽 계단 위에 자리를 마련하고, 주인은 동쪽에 있으며, 빈객은 서쪽에 있는데, 모두 북쪽을 바라보고, 또한 당 중간에 남쪽을 바라보는 자리에 주군의 자리를 마련한다고 했다. 현재 살펴보니, 「연례」편에 대한 정현의 주에서는 주군이 상개(上介)를 맞이하여 빈객으로 삼고, 재부를 주인으로 삼아서 빈객에게 헌(獻)을 한 이후에는 연례(燕禮)처럼 한다고 했다. 이러한 주장대로라면 그 사안들은 연례(燕禮)의 절차처럼 하게 된다. 「연례」편을 살펴보면, 호(戶)의 서쪽에 남쪽을 바라보도록 빈객에게 자리를 깔아주고, 군주의 자리는 동쪽 계단 위에서 서쪽을 바라보는 곳에 깔며, 서(胥)는 씻는 곳 북쪽에서 서쪽을 바라보는 곳에서 주인에게 바친다고 했다. 「연례」편에서 자리의 위치를 이처럼 분명하게 언급하였으니, 황간이 주인과 빈객이 모두 서쪽 계단 위에서 북쪽을 바라보는 곳에 자리를 설치하고, 주군이 당의 중앙에서 남쪽을 바라보는 곳에 자리를 설치한다고 한 말은 무엇을 근거로 해서 이러한 사실을 알았는지는 모르겠다.

集解 三獻之介, 謂饗禮也. 鄭氏言"以介爲賓, 賓爲苟敬", 據燕禮爲說, 而燕禮無賓酢主君之禮, 孔疏强以媵觚當之, 其說皆非是.

번역 '삼헌지개(三獻之介)'라는 말은 향례(饗禮)에 대한 내용이다. 정현은 "개(介)를 빈객으로 삼고, 빈객을 구경(苟敬)으로 삼는다."라고 했는데, 이것은 『의례』「연례(燕禮)」편의 주장에 근거한 내용이지만, 「연례」편에는 빈객이 주군에게 술을 권하는 예가 없고, 공영달의 소에서는 억지로 고(觚)를 가지고 잉작(媵爵)을 한다는 것으로 끼워 맞췄는데, 그 주장들은 모두 잘못되었다.

참고 『의례』「대사(大射)」 기록

경문 射人告具于公. 公升卽位于席, 西鄕. 小臣師納諸公卿大夫, 諸公卿

大夫皆入門右, 北面, 東上. 士西方, 東面, 北上. 大史在干侯之東北, 北面, 東上. 士旅食者在士南, 北面東上. 小臣師·從者在東堂下, 南面, 西上.

번역 사인(射人)이 군주에게 기물이 모두 갖춰졌다고 아뢴다. 군주는 당상으로 올라가서 자리로 나아가 서서 서쪽을 바라본다. 소신사(小臣師)는 제공·경·대부 등을 안으로 들이는데, 제공·경·대부들은 모두 문의 우측으로 들어와서 북쪽을 바라보며 동쪽 끝에서부터 차례대로 정렬한다. 사는 서쪽에 서서 동쪽을 바라보며 북쪽 끝에서부터 정렬한다. 대사(大史)는 간후(干侯: =豻侯)의 동북쪽에서 북쪽을 바라보며 동쪽 끝에서부터 차례대로 정렬한다. 사 중 정식 녹봉을 받지 못하는 무리들은 사의 남쪽에 위치하며 북쪽을 바라보고 동쪽 끝에서부터 차례대로 정렬한다. 소신사와 종자는 동쪽 당의 밑에서 남쪽을 바라보며 서쪽 끝에서부터 차례대로 정렬한다.

鄭注 大史在干侯東北, 士旅食者在士南, 爲有侯, 入庭深也. 小臣師, 正之佐也. 正相君, 出入君之大命.

번역 대사는 간후의 동북쪽에 있고, 사 중 정식 녹봉을 받지 못하는 무리들은 사의 남쪽에 있다고 했는데, 과녁이 있기 때문에 마당 깊숙한 곳에 위치하는 것이다. 소신사(小臣師)는 소신정(小臣正)을 보좌하는 자이다. 소신정은 군주를 보좌하여 군주의 큰 명령을 전달하게 된다.

賈疏 ●"射人"至"西上". ◎注"大史"至"大命". ○釋曰: 自此盡"少進", 論群臣立位之事. 云"大史在干侯東北, 士旅食者在士南, 爲有侯, 入庭深也"者, 決燕禮, 士旅食者立于門西東上. 此不繼門而在士南繼士者, 爲有侯, 故入庭深也. 云"小臣師, 正之佐也"者, 下有小臣正, 正, 長也, 故以師爲佐. 云"正相君, 出入君之大命"者, 小臣正, 小臣中尊如天子大僕, 故引大僕職解之也.

번역 ●經文: "射人"~"西上". ◎鄭注: "大史"~"大命". ○이곳 구문으로부터 "조금 앞으로 나온다."라는 구문까지는 뭇 신하들이 서게 되는 위치에 대한 일을 논의하였다. 정현이 "대사는 간후의 동북쪽에 있고, 사 중 정식 녹봉을 받지 못하는 무리들은 사의 남쪽에 있다고 했는데, 과녁이 있기 때문에 마당 깊숙한 곳에 위치하는 것이다."라고 했는데, 「연례」편의 기록에 따르면 사 중 정식 녹봉을 받지 못하는 무리들은 문의 서쪽에 서서 동쪽 끝에서부터 정렬한다고 했다. 그런데 이곳에서는 문 쪽에 있지 않고 사의 남쪽에 위치하여 사의 뒤에 연이어 선다고 했다. 이것은 과녁을 설치했기 때문에, 마당 깊숙한 곳에 위치하는 것이다. 정현이 "소신사(小臣師)는 소신정(小臣正)을 보좌하는 자이다."라고 했는데, 아래문장에 '소신정(小臣正)'이라는 관리가 나오고, '정(正)'자는 수장이라는 뜻이다. 그렇기 때문에 '사(師)'자를 보좌한다는 '좌(佐)'자의 뜻으로 풀이한 것이다. 정현이 "소신정은 군주를 보좌하여 군주의 큰 명령을 전달하게 된다."라고 했는데, 소신정은 소신들 중에서도 존귀한 자로 천자에게 소속된 대복과 같다. 그렇기 때문에 『주례』「대복(大僕)」편의 직무기록을 인용하여 풀이한 것이다.

참고 『의례』「대사(大射)」 기록

경문 大史俟于所設中之西, 東面以聽政.

번역 대사(大史)는 중(中)을 설치할 곳의 서쪽에서 기다리며 동쪽을 바라보고 명령을 듣는다.

鄭注 中未設也, 大史俟焉, 將有事也. 鄕射禮曰: "設中, 南當楅, 西當西序, 東面."

번역 중(中)은 아직 설치되지 않았는데, 대사가 기다리는 것은 그와 관련된 일을 시행하기 위해서이다. 『의례』「향사례(鄕射禮)」편에서는 "중(中)을 설치하는데, 남쪽으로는 화살통을 마주하고 서쪽으로는 서쪽 서(序)를 마주하도록 하며 동쪽을 향하도록 한다."[36]라고 했다.

賈疏 ●"大史"至"聽政". ◎注"中未"至"東面". ○釋曰: 注引鄕射者, 欲見大史位之所在, 在此也.

번역 ●經文: "大史"~"聽政". ◎鄭注: "中未"~"東面". ○정현의 주에서 『의례』「향사례(鄕射禮)」편을 인용한 이유는 대사가 서 있게 되는 장소가 바로 이 위치에 해당함을 드러내고자 한 것이다.

참고 『주례』「하관(夏官)·태복(太僕)」 기록

경문 太僕; 掌正王之服位, 出入王之大命.

번역 태복(太僕)은 천자의 복장과 자리를 바르게 하며 천자의 명령과 신하의 말을 전달하는 일을 담당한다.

鄭注 服, 王擧動所當衣也. 位, 立處也. 出大命, 王之敎也. 入大命, 群臣所奏行.

번역 '복(服)'자는 천자가 거동할 때 착용해야 하는 해당 복장을 뜻한다. '위(位)'자는 서있는 위치를 뜻한다. 큰 명령을 내놓는다는 것은 천자의 교령을 전달한다는 뜻이다. 큰 명령을 들인다는 말은 신하들이 아뢴 말을 전달한다는 뜻이다.

賈疏 ◎注"服王"至"奏行". ○釋曰: 云"服, 王擧動所當衣也"者, 謂王吉服有九, 隨事擧動而衣. 大僕, 親近王所之官, 故王之衣服及位處, 恐其不正, 故皆正之也. 云"位, 立處也"者, 王之起居無常, 或起居行事之時多, 以立爲正, 故以立處言之也. 云"出大命, 王之敎也"者, 一日萬機, 有其出者, 皆是王之敎

---

36) 『의례』「향사례(鄕射禮)」: 釋獲者坐設中, 南當楅, 西當西序, 東面, 興受筭, 坐實八筭于中, 橫委其餘于中西, 南末. 興, 共而俟.

也. 云"入大命, 群臣奏行"者, 謂群臣奉行王命, 報奏者皆是也.

번역 ◎鄭注: "服王"～"奏行". ○정현이 "'복(服)'자는 천자가 거동할 때 착용해야 하는 해당 복장을 뜻한다."라고 했는데, 천자의 길복에는 9종류가 있고, 그 사안에 따라 행동할 때 해당 복장을 착용해야 한다는 뜻이다. 태복은 천자와 매우 가까이에서 섬기는 관리이다. 그렇기 때문에 천자가 입어야 하는 의복이나 서게 되는 자리에 있어서 그것이 바르게 되어 있지 못할 것을 염려했기 때문에 이 모두에 대해서 바르게 정돈하는 것이다. 정현이 "'위(位)'자는 서 있는 위치를 뜻한다."라고 했는데, 천자가 일어나 있거나 어느 곳에 머물러 있는 것은 고정적이지 않은데, 일어나거나 머물며 어떠한 사안을 처리할 때 그 시기가 다양한 경우 서 있는 것을 기준으로 삼는다. 그렇기 때문에 서 있는 위치라고 말한 것이다. 정현이 "큰 명령을 내놓는다는 것은 천자의 교령을 전달한다는 뜻이다."라고 했는데, 하루 동안 처리해야 하는 수만 가지 정무에 대해서 그에 대해 관련 말을 내놓게 된다면, 이것은 모두 천자의 교령이 된다. 정현이 "큰 명령을 들인다는 말은 신하들이 아뢴 말을 전달한다는 뜻이다."라고 했는데, 뭇 신하들이 천자의 명령을 받들어 시행하다가 그 결과를 보고하고 아뢰는 말들이 모두 여기에 해당한다.

참고 『주례』「하관사마(夏官司馬)」 기록

경문 太僕, 下大夫二人; 小臣, 上士四人; 祭僕, 中士六人; 御僕, 下士十有二人, 府二人, 史四人, 胥二人, 徒二十人.

번역 태복(太僕)은 하대부 2명이 담당하며, 소신(小臣)은 상사 4명이 담당하고, 제복(祭僕)은 중사 6명이 담당하며, 어복(御僕)은 하사 12명이 담당하고, 그 휘하에 하급관리로는 부(府) 2명, 사(史) 4명, 서(胥) 2명, 도(徒) 20명이 배속되어 있다.

鄭注 僕, 侍御於尊者之名, 大僕其長也.

번역 '복(僕)'자는 존귀한 자를 곁에서 시중드는 자의 명칭으로, 태복은 그들의 수장이 된다.

賈疏 ◎注"僕侍"至"長也". ○釋曰: 在此者, 凡言僕御者, 是武衛之事. 又大僕職"凡軍旅田役贊王鼓", 是凡僕御皆連類在此也. 大僕已下四官因仍同府史之等者, 大僕已下至御僕, 乃是別職同官, 故同府史也. 小臣其職云: "掌王之小命, 詔相王之小法儀." 祭僕其職云: "掌受命於王以視祭祀." 御僕其職云: "掌群吏之逆及庶民之復." 大僕爲長, 故連類在此. 若然, 府·史·胥·徒在御僕下者, 是四官別職同官, 故共府史胥徒也.

번역 ◎鄭注: "僕侍"~"長也". ○이 관직들이 여기에 수록된 것은 '복(僕)'이나 '어(御)'라고 말한 것들은 대체로 호위하는 일에 해당하기 때문이다. 또 「태복」편의 직무기록에서는 "군대나 사냥과 관련된 행사를 치를 때에는 천자가 북치는 것을 돕는다."[37]라고 했으니, 이것은 '복(僕)'이나 '어(御)'를 붙인 관직들이 모두 연관되어 있음을 뜻하므로 여기에 수록된 것이다. 태복 이하의 네 관직은 그에 따라 부(府)·사(史) 등의 하급관리들을 함께 부리게 되는데, 태복으로부터 어복에 이르기까지 이들은 직무가 달라도 동일한 관부에 있다. 그렇기 때문에 부(府)·사(史) 등의 하급관리들을 함께 부리는 것이다. 「소신」편의 직무기록에서는 "천자의 작은 명령을 전달하는 일을 담당하며, 천자가 따라야 하는 소소한 의례규범 등을 아뢰고 돕는다."[38]라고 했고, 「제복(祭僕)」편의 직무기록에서는 "천자로부터 명령을 받아 제사를 감독하는 일을 담당한다."[39]라고 했으며, 「어복(御僕)」편의 직무기록에서는 "하급관리들의 명령을 받드는 일이나 서민의 청원에 대해 담당한다."[40]라고 했다. 태복은 그들의 수

---

37) 『주례』「하관(夏官)·태복(太僕)」: 凡軍旅田役, 贊王鼓.
38) 『주례』「하관(夏官)·소신(小臣)」: 小臣; 掌王之小命, 詔相王之小法儀.
39) 『주례』「하관(夏官)·제복(祭僕)」: 祭僕; 掌受命于王以視祭祀, 而警戒祭祀有司, 糾百官之戒具.
40) 『주례』「하관(夏官)·어복(御僕)」: 御僕; 掌群吏之逆及庶民之復, 與其弔勞.

장이 된다. 그렇기 때문에 연관되어 이곳에 수록한 것이다. 만약 그렇다면 부(府)·사(史)·서(胥)·도(徒)는 어복(御僕) 뒤에 기술되어 있는데, 이러한 네 하급관리들은 직무가 달라도 동일한 관부에 있다. 그렇기 때문에 그 위의 상급 관리들이 부(府)·사(史)·서(胥)·도(徒) 등을 함께 부리는 것이다.

참고 『주례』「하관(夏官)·소신(小臣)」 기록

경문 小臣; 掌王之小命, 詔相王之小法儀.

번역 소신(小臣)은 천자의 작은 명령을 전달하는 일을 담당하며, 천자가 따라야 하는 소소한 의례규범 등을 아뢰고 돕는다.

鄭注 小命, 時事所勑問也. 小法儀, 趨行拱揖之容.

번역 '소명(小命)'은 각 계절마다 시행해야 할 일에 대해서 칙서를 내리거나 문의하는 것 등을 뜻한다. '소법의(小法儀)'는 빨리 걷거나 천천히 걸으며 또 공수를 하거나 읍을 하는 등의 행동거지를 뜻한다.

賈疏 ◎注"小命"至"之容". ○釋曰: 大僕所云大命及祭祀賓客詔相之者是大, 此小臣大僕之佐, 故掌其小者也. 云"趨行拱揖之容"者, 謂若趨以采薺, 行以肆夏, 天子揖同姓之等, 皆有容儀而詔相之.

번역 ◎鄭注: "小命"~"之容". ○「태복」편에서는 큰 명령이라고 했고, 또 제사나 빈객에 대한 일을 아뢰고 돕는다고 했는데, 이것은 중대한 사안에 해당한다. 여기에서 말한 소신은 태복을 보좌하는 관리이다. 그렇기 때문에 그보다 덜 중요한 일들을 담당한다. 정현이 "빨리 걷거나 천천히 걸으며 또 공수를 하거나 읍을 하는 등의 행동거지를 뜻한다."라고 했는데, 마치 「채제(采薺)」편의 음악에 맞춰서 빨리 걷고 「사하(肆夏)」편의 음악에 맞춰서 천천히 걸으며,

천자가 동성의 제후에게 읍을 하는 것 등을 뜻하니, 이 모두에 대해서는 해당하는 의례와 행동규범이 있어서 그에 대해 아뢰고 돕는 것이다.

참고 『의례』「대사(大射)」 기록

경문 小臣正贊袒, 公袒朱襦, 卒袒. 小臣正退俟于東堂, 小射正又坐取拾, 興. 贊設拾, 以笥退奠于坫上, 復位.

번역 소신정(小臣正)은 군주가 단(袒)하는 것을 도우니, 군주가 단을 하여 붉은색의 짧은 상의를 드러내게 해서 단을 마친다. 소신정은 물러나 동쪽 당에서 기다리며, 소사정(小射正)은 또한 앉아서 습(拾)을 들고 자리에서 일어난다. 습 착용하는 일을 돕고 광주리를 가지고 물러나 받침대 위에 올려놓으며, 자신의 자리로 되돌아간다.

鄭注 旣袒乃設拾. 拾, 當以韝襦上.

번역 단(袒)을 마치면 곧 습(拾)을 착용한다. 습(拾)은 붉은색 짧은 상의 위에 결속해야 한다.

賈疏 ◎注"旣袒"至"襦上". ○釋曰: 按上文設決訖, 乃云"公袒朱襦", 始云"小臣正贊設拾", 拾當拾斂膚體, 宜在朱襦之上. 故鄭云"旣袒乃設拾, 拾當以韝襦上". 鄉射云"袒決遂", 以其無襦, 故遂與決得俱時設. 若大夫對士射, 袒纁襦, 設遂亦當在袒後.

번역 ◎鄭注: "旣袒"~"襦上". ○앞의 문장을 살펴보면 결(決)을 착용한다고 했고, 그것이 끝나자 곧 "군주가 단을 하여 붉은색의 짧은 상의를 드러내게 한다."라고 했는데, 비로소 "소신정이 습(拾) 착용하는 것을 돕는다."라고 했다. 습(拾)은 마땅히 팔을 걷어 올리는 것이므로 붉은색의 짧은 상의 위에 결속해야 한다. 그렇기 때문에 정현은 "단(袒)을 마치면 곧 습(拾)을 착용한다. 습(拾)은 붉은색 짧은 상의 위에 결속해야 한다."라고 말한 것이다. 『의례』「향사례(鄕射禮)」편에서는 "단(袒) · 결(決) · 수(遂)를 한다."라고 했는데, 짧은 상의라는 기록이 없다. 그렇기 때문에 수와 결을 동시에 착용하는 것이다. 만약 대부의 경우라면 사의 활쏘기와 대비가 되어 단을 해서 분홍색의 짧은 상의를 드러내며, 수를 착용하는 것 또한 단을 한 이후가 된다.

참고 『예기』「곡례상(曲禮上)」 기록

경문-18b 大夫士出入君門, 由闑右, 不踐閾.

번역 대부와 사가 군주가 사는 궁성의 문을 출입하는 경우에는 문에 설치한 말뚝의 우측을 경유하며, 문턱을 밟지 않는다.

鄭注 臣統於君. 闑, 門橛. 閾, 門限也.

번역 신하는 군주에게 통솔을 받는 자이다. '얼(闑)'자는 문에 설치된 말뚝을 뜻한다. '역(閾)'자는 문턱을 뜻한다.

孔疏 ●"大夫"至"踐閾". ○正義曰: 此一節明大夫士出入君門之法. 門以向堂爲正, 右在東, 故盧注檀弓下云: "門以向堂爲正, 主人位在門東, 客位在門西." 今此大夫士是臣, 臣皆統於君, 不敢自由賓, 故出入君門恒從闑東也. 其士之朝位, 雖在西方東面, 入時仍依闑東. 其大射注云: "左則由闑西者, 汎解賓客入門之法也."

번역 ●經文: "大夫"~"踐閾". ○이 문장은 대부 및 사가 궁성의 문을 출입하는 예법에 대해서 언급하고 있다. 문에 있어서는 당을 바라보는 쪽이 정면이 되므로, 오른쪽이 동쪽이 된다. 그렇기 때문에 『예기』「단궁하(檀弓下)」편에 대한 노식[41]의 주에서는 "문은 당을 바라보는 쪽이 정면이 되니, 주인의 위치는 문의 동쪽이 되고, 빈객의 위치는 문의 서쪽이 된다."라고 한 것이다. 지금 이곳 문장에서 말하는 대부와 사는 신하를 뜻하는데, 신하들은 모두 군주에게 통솔을 받는 자들이므로, 감히 제 스스로 빈객의 길을 경유하여 출입할 수 없는 것이다. 그렇기 때문에 궁성의 문을 출입할 때에는 항상 말뚝의 동쪽을 경유하게 된다. 그리고 사가 조정에서 위치하는 곳이 비록 서쪽에 서서 동쪽을 바라보는 장소가 되지만, 들어설 때에는 곧 말뚝의 동쪽을 경유하게 된다. 그래서 『의례』「대사(大射)」편에 대한 노식의 주에서는 "좌측이라는 말은 말뚝의 서쪽을 경유한다는 뜻이라고 했는데, 이 내용은 빈객이 문으로 들어갈 때의 예법을 해설한 것이다."라고 한 것이다.

訓纂 劉氏台拱曰: 朱子謂古人常掩左扉, 君出入常由右邊門中. 由闑右者, 傍闑之右而行, 不敢當尊也. 不由闑西, 所不待言.

번역 유태공[42]이 말하길, 주자는 고대인들은 항상 좌측 문짝을 닫아두었으므로, 군주가 출입할 때에는 항상 우측 문짝의 중앙을 경유하게 된다. 따라서 "말뚝의 우측을 경유한다."는 말은 말뚝의 우측 끝으로 다닌다는 뜻이니, 감히 군주가 다니는 길을 밟을 수 없기 때문이다. 좌측 문짝이 닫혀 있으므로, "말뚝의 서쪽을 경유하지 않는다."는 말은 할 필요조차 없는 것이다.

集解 愚謂: 疏謂, "門以向堂爲正", 以明此出入由闑右之皆爲闑東, 是也. 然門之左右, 所指不定. 據向堂言之, 則以東爲右, 此記由闑右, 是也. 據南向

---

41) 노식(盧植, A.D.159?~A.D.192) : =노씨(盧氏). 후한(後漢) 때의 유학자이다. 자(字)는 자간(子幹)이다. 어려서 마융(馬融)을 스승으로 섬겼다. 영제(靈帝)의 건녕(建寧) 연간(A.D.168~A.D.172)에 박사(博士)가 되었다. 채옹(蔡邕) 등과 함께 동관(東觀)에서 오경(五經)을 교정했다. 후에 동탁(董卓)이 소제(少帝)를 폐위시키자, 은거하며 『상서장구(尙書章句)』, 『삼례해고(三禮解詁)』를 저술했지만, 남아 있지 않다.

42) 유태공(劉台拱, A.D.1751~A.D.1805) : 청(淸)나라 때의 경학자이다. 천문학(天文學), 율려학(律呂學), 문자학(文字學) 등에 조예가 깊었다.

言之, 則以西爲右, 士虞禮, "側亨於廟門外之右", 是也. 若人之出入於門, 則入以東爲右, 下文云, "主人入門而右, 客入門而左", 是也. 出以東爲左, 士冠禮, "主人宿賓, 賓出門左, 主人迎賓出門左", 是也.

번역 내가 생각하기에, 공영달의 소에서 "문은 당을 향하는 쪽이 정면이다."라고 말하고, 이것을 통해서 출입할 때 말뚝의 우측을 경유하는 것이 모두 말뚝의 동쪽이 된다는 사실을 밝히고 있는데, 이 말은 옳다. 그러나 문의 좌우측을 가리키는 것은 고정되어 있지 않다. 당을 향하는 쪽을 기준으로 말한다면, 동쪽이 우측이 되니, 이곳 기록에서 말뚝의 오른쪽을 경유한다는 말이 여기에 해당한다. 남쪽을 바라보는 것을 기준으로 말한다면, 서쪽이 우측이 되니, 『의례』「사우례(士虞禮)」편에서 "종묘 문밖의 우측에서 희생물의 반 토막을 바친다."[43]라고 한 말이 여기에 해당한다. 만약 사람이 문을 출입하는 경우라면, 들어갈 때에는 동쪽이 우측이 되니, 아래 경문에서 "주인은 문에 들어갈 때 오른쪽으로 들어가고, 빈객은 문에 들어갈 때 왼쪽으로 들어간다."[44]라고 한 말이 여기에 해당한다. 문을 나갈 때에는 동쪽이 좌측이 되니, 『의례』「사관례(士冠禮)」편에서 "주인은 빈객을 초청하고, 빈객은 문을 나설 때 좌측을 경유하며, 주인이 빈객을 맞이하기 위해 문을 나설 때에는 좌측을 경유한다."[45]라고 한 말이 여기에 해당한다.

참고 『예기』「옥조(玉藻)」 기록

경문-393b 賓入不中門, 不履閾, 公事自闑西, 私事自闑東.

번역 경이나 대부가 빈객이 되어 빙문을 할 때에는 문의 중앙으로 들어가지

---

43) 『의례』「사우례(士虞禮)」: 士虞禮. 特豕饋食, 側亨于廟門外之右, 東面.

44) 『예기』「곡례상(曲禮上)」【18d】: 主人入門而右, 客入門而左. 主人就東階, 客就西階, 客若降等, 則就主人之階. 主人固辭, 然後客復就西階.

45) 『의례』「사관례(士冠禮)」: 乃宿賓. 賓如主人服, 出門左, 西面再拜. …… 主人迎出門左, 西面再拜.

않으며, 문턱을 밟지 않고, 군주의 명령에 따른 공적인 사안이라면 문 말뚝의 서쪽을 통해서 들어가고, 개인적인 사안이라면 문 말뚝의 동쪽을 통해서 들어간다.

鄭注 辟尊者所從也. 此謂聘客也. 閾, 門限. 聘·享也. 覿·面也.

번역 존귀한 자가 따르는 것을 피하기 위해서이다. 이 내용은 빙문으로 찾아온 빈객에 대한 경우이다. '역(閾)'은 문턱을 뜻한다. 공적인 일은 빙문을 하고 선물을 바치는 경우를 뜻한다. 사적인 일은 개인적으로 찾아뵙고 만나보는 경우를 뜻한다.

孔疏 ●"公事自闑西"者, 謂行聘享之禮. 聘享是奉君命而行, 故謂之"公事". "自闑西", 用賓禮也.

번역 ●經文: "公事自闑西". ○빙문을 하고 선물을 바치는 의례를 시행한다는 뜻이다. 빙문과 선물을 바치는 것은 군주의 명령을 받들어서 시행하는 것이다. 그렇기 때문에 '공사(公事)'라고 말한 것이다. "문 말뚝의 서쪽을 통해서 들어간다."라고 했는데, 빈객의 예법을 따르는 것이다.

孔疏 ●"私事自闑東"者, 謂私覿私面, 非行君命, 故謂之"私事". "自闑東"者, 從臣禮, 示將爲主君之臣也.

번역 ●經文: "私事自闑東". ○사적으로 찾아뵙고 사적으로 만나보는 것은 군주의 명령에 따라 시행하는 것이 아니다. 그렇기 때문에 '사사(私事)'라고 부르는 것이다. "문 말뚝의 동쪽을 통해서 들어간다."라고 했는데, 신하의 예법을 따르는 것이니, 장차 주군의 신하가 된다는 의미를 드러내는 것이다.

참고 『예기』「곡례상(曲禮上)」 기록

경문-37a 揖人, 必違其位.

번역 남에게 읍을 할 때에는 반드시 그 자리에서 뒤로 물러나서 한다.

鄭注 禮以變爲敬.

번역 예에서는 자리의 변화를 주는 것을 공경스러운 태도로 여기기 때문이다.

孔疏 ●"揖人必違其位"者, 位謂己之位也. 於位而見前人, 己所宜敬者, 當離己位而嚮彼遙揖. 禮以變爲敬, 是以燕禮君降階, 爾卿大夫. 鄭注云: "爾, 近也. 揖而移近之", 明雖君臣, 皆須違位而揖也.

번역 ●經文: "揖人必違其位". ○'위(位)'자는 자신이 서 있는 위치를 뜻한다. 그 자리에서 앞에 사람이 있는 것을 보게 되었는데, 자신이 마땅히 공경을 표해야 하는 자라고 한다면, 자신의 자리에서 물러 나와서, 멀찌감치 떨어져서 상대방을 향하여 읍을 해야만 한다. 예에서는 자리의 변화를 주는 것을 공경스러운 태도로 여긴다. 이러한 까닭으로 『의례』「연례(燕禮)」편에서는 군주가 계단으로 내려와서, 경과 대부들을 가까이 오도록 한다고 했던 것이다.[46] 「연례」편에 대한 정현의 주에서는 "'이(爾)'자는 가까이 오도록 한다는 뜻이다. 읍을 하고 가까이 오도록 하는 것이다."라고 했으니, 이 말은 곧 비록 군신관계라고 하더라도, 모두 자신의 자리에서 물러나서 읍을 해야 한다는 사실을 나타내고 있다.

---

46) 『의례』「연례(燕禮)」: 公降立于阼階之東南, 南向爾卿. 卿西面, 北上. 爾大夫, 大夫皆少進.

그림 2-1 ▣ 연조도(燕朝圖)

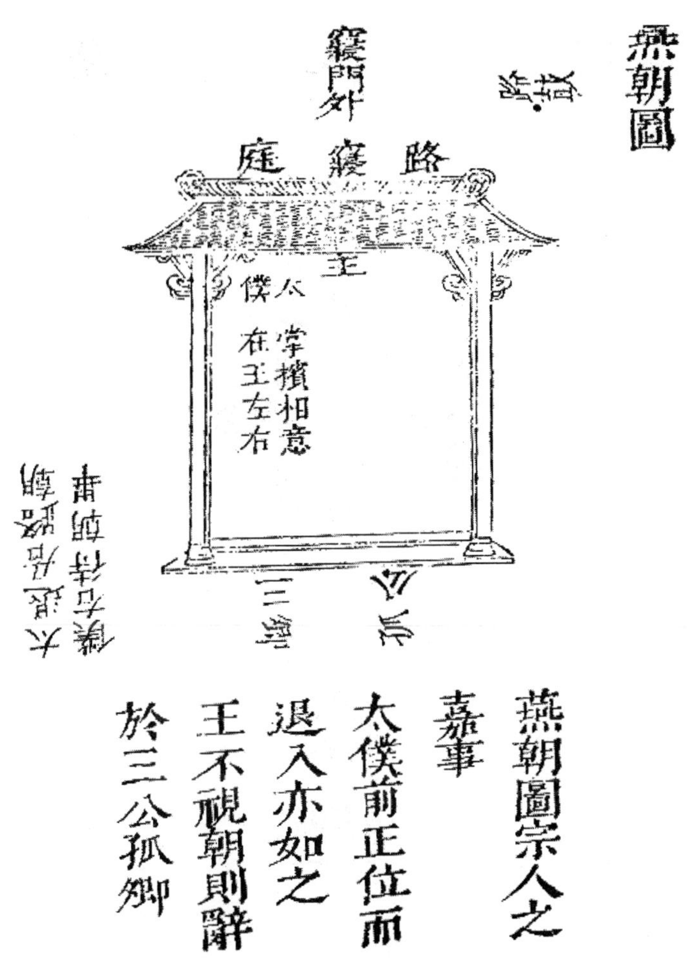

※ 출처: 『삼재도회(三才圖會)』「궁실(宮室)」 2권

그림 2-2 ▣ 연조도(燕朝圖)

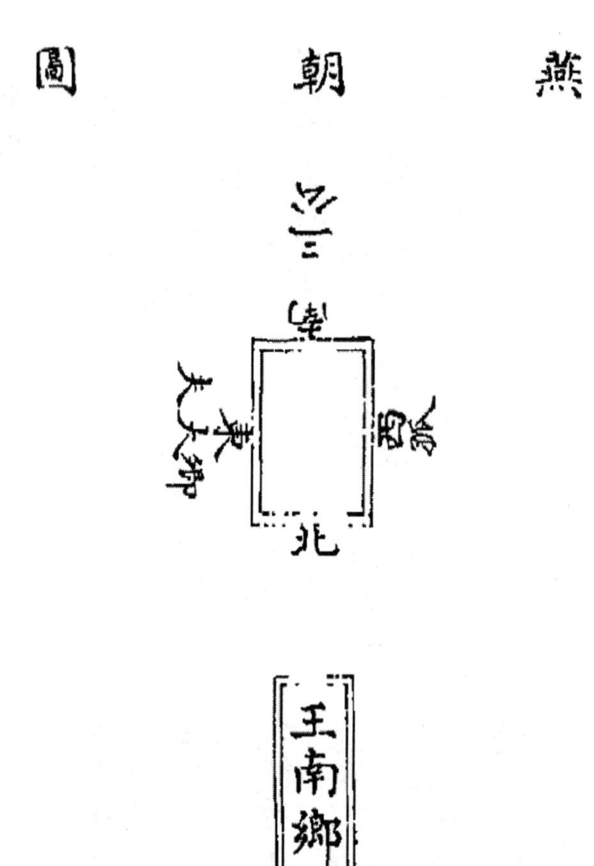

※ 출처: 『육경도(六經圖)』 4권

그림 2-3 ▣ 말뚝[闑]과 문설주[棖]

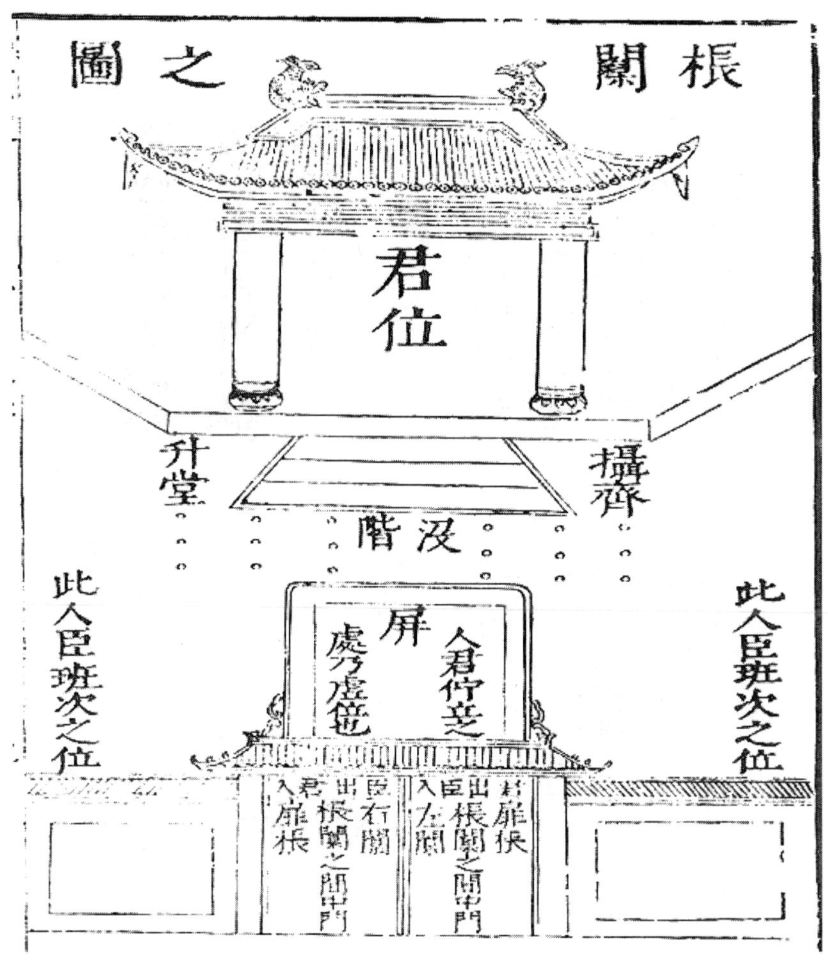

※ **출처:** 『삼재도회(三才圖會)』「궁실(宮室)」 3권

그림 2-4 ▣ 한후(豻侯)

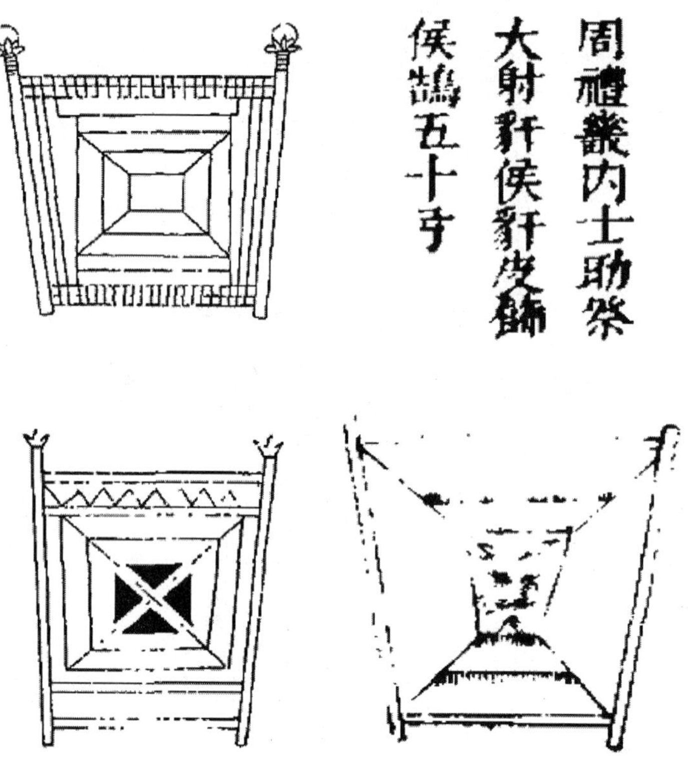

※ **출처:** 상좌-『삼례도집주(三禮圖集注)』 6권 ; 하좌-『육경도(六經圖)』 7권
우-『삼재도회(三才圖會)』「기용(器用)」 4권

그림 2-5 ▣ 여(旟) · 조(旐) · 기(旂)

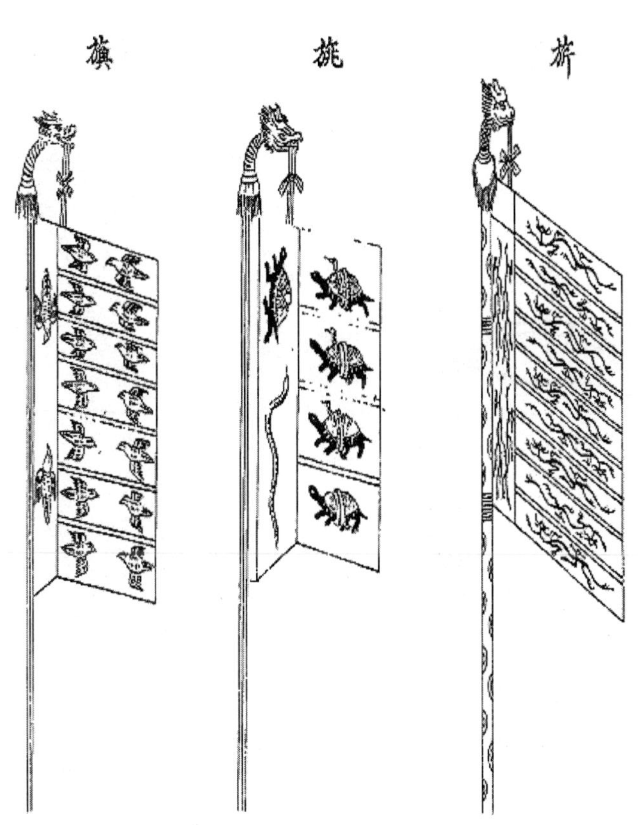

※ **출처:** 『삼례도집주(三禮圖集注)』 9권

그림 2-6 ▣ 고(觚)

※ 출처: 우-『삼재도회(三才圖會)』「기용(器用)」 1권
좌-『삼례도집주(三禮圖集注)』 12권

그림 2-7 ▣ 복(楅)

楅

※ **출처:** 『삼례도집주(三禮圖集注)』 8권

그림 2-8 ▣ 결(決)과 습(拾)

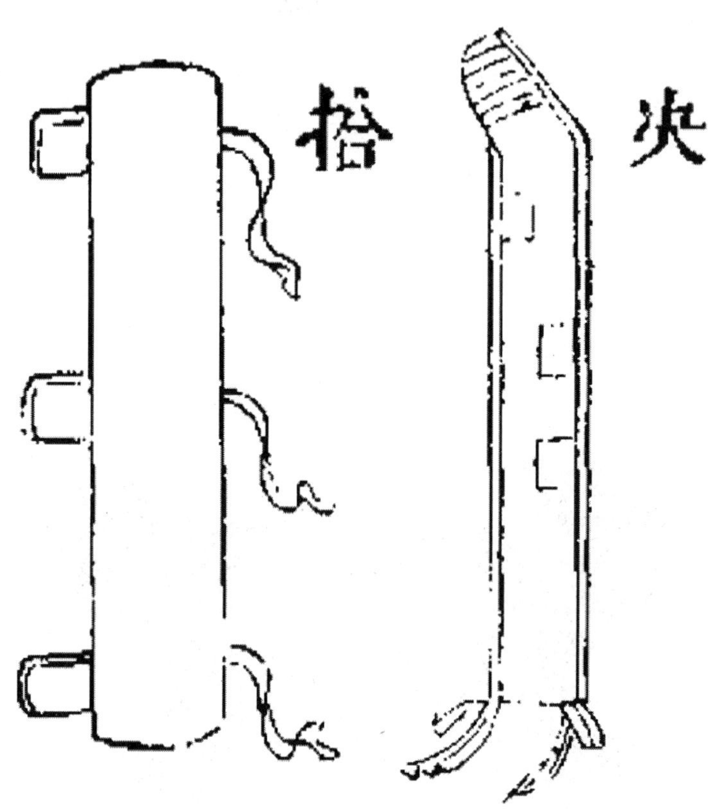

◎ 결(決: =决)-활을 쏠 때 오른손 엄지에 끼우는 것
습(拾)-활을 쏠 때 왼손 팔목에 차는 것

※ **출처:** 『삼재도회(三才圖會)』「기용(器用)」 6권

그림 2-9 ▣ 수(遂)

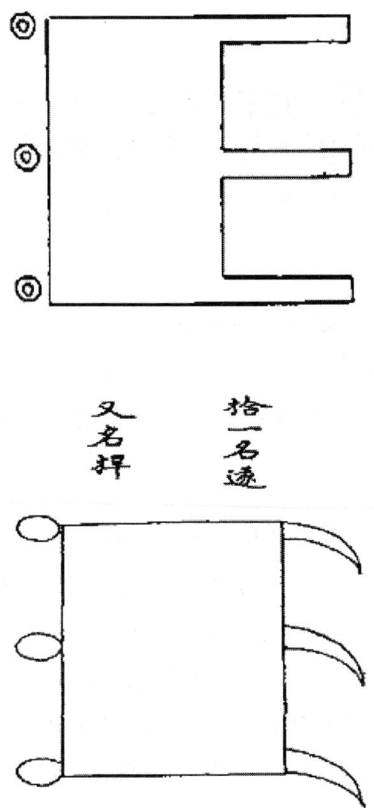

※ **출처:** 상단-『삼례도집주(三禮圖集注)』 8권 ; 하단-『삼례도(三禮圖)』 4권

• 제 3 절 •

군주 및 신하에 대한 예우와 혐의의 변별

【712d】

設賓主, 飮酒之禮也. 使宰夫爲獻主, 臣莫敢與君亢禮也. 不以公卿爲賓, 而以大夫爲賓, 爲疑也, 明嫌之義也. 賓入中庭, 君降一等而揖之, 禮之也.

직역 賓主를 設함은 酒를 飮하는 禮이다. 宰夫를 使하여 獻主로 爲함은 臣이 敢히 君과 與하여 亢禮를 莫함이다. 公卿으로써 賓으로 爲함을 不하고, 大夫로써 賓으로 爲함은 疑를 爲함이니, 嫌을 明하는 義이다. 賓이 中庭에 入함에, 君이 一等을 降하여 揖함은 禮함이다.

의역 연회를 할 때 빈객과 주인의 자리를 마련하는 것은 술을 마시는 예법이 되기 때문이다. 재부(宰夫)를 헌주(獻主)[1]로 삼는 것은 신하는 감히 군주와 함께 대등한 예법을 시행할 수 없기 때문이다. 그런데 공이나 경을 빈객으로 삼지 않고, 대부를 빈객으로 삼는 것은 공이나 경을 빈객으로 삼게 되면, 의심을 사는 일이 되기 때문이니, 이처럼 하는 것은 혐의를 밝히는 도리에 해당한다. 빈객이 마당으로 들어서면, 군주는 당 위에서 계단 한 칸을 내려간 뒤 그에게 읍을 하니, 이것은 상대방을 예우하기 때문이다.

---

1) 헌주(獻主)는 연회 자리에서 사람들에게 술을 따라주는 자이다. 일반적으로 연회를 마련한 주인(主人)이 담당하였다. 그러나 군주가 주인인 경우, 그 예법을 낮출 필요가 있을 때, 재부(宰夫)를 시켜서 '헌주'로 삼고, 그를 시켜서 빈객(賓客)들에게 술을 따르게 했다.

集說 獻主, 代主人擧爵獻賓也. 君尊, 臣不敢抗行賓主之禮. 宰夫, 主膳食之官也. 卑, 故抗禮無嫌. 記曰: "與卿燕則大夫爲賓." 謂與本國之臣燕則然, 若鄰國之臣, 則以上介爲賓也. 公, 孤也. 上公之國, 得置孤一人. 公卿之尊次於君, 復以之爲賓, 則疑於尊卑無辨, 且嫌於偪上也. 大夫位卑, 雖暫尊之爲賓, 無所嫌疑也.

번역 '헌주(獻主)'는 주인을 대신해서 술잔을 들어 빈객에게 바치는 자이다. 군주는 존귀하므로, 신하는 감히 신분이 대등할 때 따르는 빈객과 주인 사이의 예법을 시행할 수 없다. '재부(宰夫)'는 음식을 담당하는 관리이다. 신분이 낮기 때문에, 대등한 예법에 따르더라도 무람되다는 혐의를 받지 않는다. 『의례』의 기문에서는 "경과 함께 연회를 하게 된다면, 대부가 빈객이 된다."[2]라고 했으니, 이 말은 곧 자기 나라의 신하들과 연회를 하게 된다면 이처럼 한다는 뜻이니, 만약 이웃 나라의 신하와 연회를 하게 된다면, 상개(上介)[3]를 빈객으로 삼게 된다. 여기에서 말하는 '공(公)'은 고(孤)[4]를 뜻한다. 상공(上公)이 통치하는 제후국에서는 한 명의 고(孤)를 둘 수 있다. 공과 경의 존귀함은 군주 다음이므로, 재차 이들을 빈객으로 삼게 된다면, 신분의 등급에 따른 구분이 없다는 의심을 사게 되고, 또한 윗사람을 핍박한다는 혐의를 받게 된다. 대부의 지위는 상대적으로 미천하므로, 비록 잠시 그를 존귀하게 높여서 빈객으로 삼게 되더라도, 혐의와 의심을 받는 일이 없게 된다.

集說 方氏曰: 既曰爲疑而又曰明嫌者, 蓋疑未至於嫌, 特明嫌之義而已.

번역 방씨[5]가 말하길, 이미 "의심스러운 일이 된다."라고 말하고, 또한 "혐

---

2) 『의례』「연례(燕禮)」: 與卿燕, 則大夫爲賓. 與大夫燕, 亦大夫爲賓.

3) 상개(上介)는 개(介) 중에서도 가장 직위가 높았던 자를 뜻한다. 빈객(賓客)이 방문했을 때, 빈객의 부관이 되어, 주인(主人)과의 사이에서 시행해야 할 일들을 도왔던 부관들을 '개'이라고 부른다.

4) 고(孤)는 고대의 작위이다. 천자에게 소속된 '고'는 삼공(三公) 밑의 서열에 해당하며, 육경(六卿)보다 높았다. 고대에는 소사(少師)·소부(少傅)·소보(少保)를 삼고(三孤)라고 불렀다.

5) 엄릉방씨(嚴陵方氏, ?~?) : =방각(方慤)·방씨(方氏)·방성부(方性夫). 송대(宋

의를 밝힌다."라고 했는데, 의심스러운 것이 아직 혐의를 받는 지경에는 이르지 않았지만, 특별히 이를 염려해서 혐의가 될 일을 밝힌다고 했던 뜻일 뿐이다.

大全 長樂陳氏曰: 位不辨則名不正, 等不別則分不明. 故膳夫者, 國之膳食之司也, 使之爲獻主, 而不以君言. 君爲主而大夫爲賓, 則禮相敵而有所亢矣. 大夫者, 知足以帥人者也, 使之爲賓而不以卿言. 卿爲賓而主之者在君, 則體相親而有所疑矣. 疑爲其近君也, 亢爲其不臣也. 易曰: "君子以辨上下, 定民志." 記亦曰: "禮所以別嫌明微." 此膳夫爲獻主, 而大夫爲賓之意也.

번역 장락진씨가 말하길, 지위를 변별하지 않고 등급을 분별하지 않는다면, 명분이 바르게 되지 않고 또 드러나지 않게 된다. 그렇기 때문에 선부(膳夫)라는 관리는 나라에서 사용하는 음식에 대한 일을 담당하는 자임에도 그를 헌주(獻主)로 삼는다고 했고 군주를 헌주로 삼는다고 하지 않은 것이다. 군주가 주인이 되고 대부가 빈객이 된다면, 예법상 서로 대등하게 되어 그를 높여주는 점이 있게 된다. 대부는 충분히 사람들을 통솔할 줄 아는 자이다. 그렇기 때문에 그를 빈객으로 삼고 경을 빈객으로 삼는다고 하지 않은 것이다. 경이 빈객이 되고 그 일을 주관하는 것이 군주에게 있다면, 예법상 서로 친압하게 되어 의심스러운 점이 생긴다. 의심스럽다는 것은 군주와 너무 가깝게 된다는 것을 의심하는 것이고, 높여준다는 것은 신하로 대하지 않는다는 것이다. 『역』에서는 "군자는 상하를 분별하여 백성들의 뜻을 안정시킨다."[6]라고 했고, 『예기』에서도 "예라는 것은 의심스러운 것을 분별하고, 미묘한 일을 밝혀내는 방법이다."[7]라고 했다. 이것은 바로 선부를 헌주로 삼고 대부를 빈객으로 삼는 뜻에 해당한다.

代)의 유학자이다. 이름은 각(殼)이다. 자(字)는 성부(性夫)이다. 『예기집해(禮記集解)』를 지었고, 『예기집설대전(禮記集說大全)』에는 그의 주장이 많이 인용되고 있다.

6) 『역』「리괘(履卦)·상전(象傳)」: 象曰, 上天下澤, "履", 君子以辯上下, 定民志.

7) 『예기』「예운(禮運)」【275c】: 是故, 禮者, 君之大柄也, 所以別嫌明微, 儐鬼神, 考制度, 別仁義, 所以治政安君也.

鄭注 設賓主者, 飮酒致歡也. 宰夫, 主膳食之官也. 天子使膳宰爲主人. 公, 孤也. 疑, 自下上至之辭也. 公卿尊矣, 復以爲賓, 則尊與君大相近.

번역 "빈객과 주인의 자리를 마련한다."라는 말은 술을 마시며 기쁨을 나눈다는 뜻이다. '재부(宰夫)'는 음식에 대한 일을 담당하는 관리이다. 천자는 선재(膳宰)를 시켜서 주인으로 삼게 된다. '공(公)'은 고(孤)이다. '의(疑)'는 아래에서 위로 올라갔을 때 그 사안을 가리켜서 쓰는 말이다. 공과 경은 존귀하므로, 재차 그들을 빈객으로 삼게 된다면 그 존귀함이 군주와 너무 가깝게 된다.

釋文 亢, 苦浪反. 使宰夫, 本亦作"使膳夫". 上, 時掌反. 復, 扶又反. 大音泰, 舊他佐反. 近, 附近之近.

번역 '亢'자는 '苦(고)'자와 '浪(랑)'자의 반절음이다. '使宰夫'를 판본에 따라서는 또한 '使膳夫'라고도 기록한다. '上'자는 '時(시)'자와 '掌(장)'자의 반절음이다. '復'자는 '扶(부)'자와 '又(우)'자의 반절음이다. '大'자의 음은 '泰(태)'이며, 구음(舊音)은 '他(타)'자와 '佐(좌)'자의 반절음이다. '近'자는 '부근(附近)'이라고 할 때의 '近'자이다.

孔疏 ●"設賓"至"之也". ○正義曰: 此經明燕禮臣莫敢亢君, 君又屈而禮之也.

번역 ●經文: "設賓"~"之也". ○이곳 경문은 『의례』「연례(燕禮)」편에서 신하가 감히 군주와 대등하게 행동할 수 없고, 군주 또한 자신을 굽혀서 상대방을 예우한다고 했던 뜻을 나타내고 있다.

孔疏 ●"而以大夫爲賓, 爲疑也"者, 公卿, 朝臣之尊; 賓又敵主之義. 若以公卿爲賓, 疑其敵君之義, 爲其嫌疑, 故所以使大夫爲賓, 明其遠嫌之義也.

번역 ●經文: "而以大夫爲賓, 爲疑也". ○공과 경은 조정에 속해 있는 신하들 중에서도 존귀한 자들이며, 빈객은 또한 주인과 대등한 의미를 가지고 있다. 만약 공과 경을 빈객으로 삼게 된다면, 군주와 대등하게 행동하려는 뜻임을 의심하게 되고, 이러한 것은 혐의가 되기 때문에, 대부를 시켜서 빈객으로 삼는 것이니, 이것은 그 혐의를 멀리하는 뜻을 나타낸다.

孔疏 ●"君降一等而揖之, 禮之也", 賓既至庭, 君降階一等而揖之, 是以禮待於賓也, 故云"禮之". "禮之"亦記者辭也.

번역 ●經文: "君降一等而揖之, 禮之也". ○빈객이 마당에 도달하게 되면, 군주는 당 위에서 한 계단을 내려와 상대방에게 읍을 하니, 이것은 예법에 따라 빈객을 대우하는 것이다. 그렇기 때문에 "그를 예우한다."라고 말한 것이다. "그를 예우한다."라는 말 또한 『예기』를 기록한 자가 쓴 말이다.

孔疏 ◎注"設賓"至"相近". ○正義曰: 云"天子使膳宰爲主人"者, 文王世子文. 云"公, 孤也"者, 此諸侯燕臣子之禮, 而稱"公", 故知是上公得置孤. 孤止一人, 而燕禮云"諸公"者, 鄭注彼云: "言'諸'者[8], 容牧有三監也." 云"疑, 自下上至之辭也", 疑, 擬也. 是在下比擬於上, 故云"自下上至之辭也". 云"尊與君大相近", 言公卿在朝, 位與君相近. 今若使爲賓, 被君所敬, 則其尊與君大相逼近, 故經云"以大夫爲賓", 爲其疑故也.

번역 ◎鄭注: "設賓"~"相近". ○정현이 "천자는 선재(膳宰)를 시켜서 주인으로 삼게 된다."라고 했는데, 이것은 『예기』「문왕세자(文王世子)」편에 나오는 기록이다.[9] 정현이 "'공(公)'은 고(孤)이다."라고 했는데, 이곳 기록은 제후가 신하들에게 연회를 베풀 때의 예법에 해당하는데도, '공(公)'이라고 지칭

8) '언제자(言諸者)'에 대하여. '언제자'는 본래 '제공자(諸公者)'라고 기록되어 있었는데, 완원(阮元)의 『교감기(校勘記)』에서는 "『고문(考文)』에서 인용하고 있는 송(宋)나라 때의 판본에는 '공(公)'자가 없고, 위씨(衛氏)의 『집설(集說)』도 동일하게 기록하였다. 『의례』「연례(燕禮)」편에 기록된 정현의 주에 따른다면, 마땅히 '언제자'라고 기록해야 한다."라고 했다.

9) 『예기』「문왕세자(文王世子)」【258b】: 若公與族燕, 則異姓爲賓, 膳宰爲主人, 公與父兄齒. 族食世降一等.

했기 때문에, 이것은 상공(上公)이 휘하에 둘 수 있는 고(孤)가 된다는 사실을 알 수 있다. 고(孤)는 1명만 둘 수 있는데, 『의례』「연례(燕禮)」편에서는 '제공(諸公)'이라고 기록하였고, 「연례」편에 대한 정현의 주에서는 "'제(諸)'자를 붙여서 말한 것은 목(牧)들 중 삼감(三監)을 가진 자들까지도 포함하기 위해서이다."[10]라고 했다. 정현이 "'의(疑)'는 아래에서 위로 올라갔을 때 그 사안을 가리켜서 쓰는 말이다."라고 했는데, '의(疑)'자는 "본뜨다[擬]."는 뜻이다. 즉 이러한 경우에는 아래에 속한 자를 위에 속한 자처럼 가정을 하였기 때문에, "아래에서 위로 올라갔을 때 그 사안을 가리켜서 쓰는 말이다."라고 한 것이다. 정현이 "그 존귀함이 군주와 너무 가깝게 된다."라고 했는데, 이 말은 공과 경은 조정에 속해 있고, 그 지위는 군주와 가깝다. 그런데 현재 그들을 빈객으로 삼게 되어 군주에게 공경을 받게 된다면, 그 존귀함은 군주와 너무 가깝게 된다. 그렇기 때문에 경문에서는 "대부를 빈객으로 삼는다."라고 했던 것이니, 의(疑)가 되기 때문이다.

集解 宰夫, 膳夫也. 周禮膳夫職, "王燕飮酒, 則爲獻主." 檀弓杜蕢曰"蕢宰夫也", 而左傳言"膳宰屠蒯", 則知宰夫卽膳夫, 非周禮天官之考也. 爲獻主, 使之爲主而獻賓也. 飮酒之禮, 必立賓主以行獻酬, 君燕其臣, 不自獻而使宰夫者, 君之意匪曰"吾之尊不可屈也", 特以臣不敢與君亢禮. 若君自爲主, 則賓將踧踖不安, 而非所以爲樂矣. 故使宰夫爲獻主, 則可以盡宴飮之歡, 體賓之心也. 公, 四命之孤也. 卿, 上大夫也. 燕禮記曰, "與卿燕, 則大夫爲賓; 與大夫燕, 亦大夫爲賓." 蓋燕禮之爲賓者勞, 故凡燕皆不以所爲燕者爲賓, 優之也. 然所爲燕者, 雖或有公·卿·大夫之不同, 而所命爲賓者, 則必大夫, 蓋公卿已尊, 又加以爲賓之尊, 則疑於君而無別也. 賓乃臣子, 君降一等而揖之者, 以其爲賓而禮之也.

번역 '재부(宰夫)'는 선부(膳夫)이다. 『주례』「선부(膳夫)」편의 직무기록에서는 "천자가 연회를 하여 술을 마시게 되면, 헌주를 맡는다."[11]라고 했고, 『예

---

10) 이 문장은 『의례』「연례(燕禮)」편의 "射人乃升卿. 卿皆升就席. 若有諸公, 則先卿獻之, 如獻卿之禮."라는 기록에 대한 정현의 주이다.

기』「단궁(檀弓)」편에서 두괴는 “저는 재부(宰夫)의 직무를 맡고 있습니다.”[12] 라고 했으며, 『좌전』에서는 ‘선재(膳宰)인 도괴’[13]라고 했으니, 재부가 선부에 해당한다는 사실은 『주례』「천관(天官)」의 직무기록을 고찰하지 않더라도 알 수 있다. ‘위헌주(爲獻主)’는 그를 시켜 주인을 대신해 빈객에게 술을 따르도록 시킨다는 뜻이다. 음주를 하는 예법에 있어서는 반드시 빈객과 주인을 세워서 술을 따르고 권하는 절차를 시행하게 되는데, 군주가 자신의 신하에게 연회를 베풀게 되면, 직접 술을 따르지 않고 재부를 시키니, 그 이유는 군주의 입장에서 “나의 존귀함을 굽힐 수 없다.”라고 하는 의미가 아니라 단지 신하는 감히 군주와 대등한 예법을 시행할 수 없기 때문이다. 만약 군주 본인이 주인의 역할을 하게 된다면 빈객은 지나치게 공손함을 차려 편안하지 못하게 되니, 이것은 즐거움을 나누는 방법이 아니다. 그렇기 때문에 재부를 헌주로 삼는 것이니, 이처럼 한다면 연회와 음주를 하며 누리는 즐거움을 다하고, 빈객의 마음을 헤아리는 관용을 다할 수 있다. ‘공(公)’은 4명(命)의 등급을 가진 고(孤)를 뜻한다. ‘경(卿)’은 상대부(上大夫)를 뜻한다. 『의례』「연례(燕禮)」편의 기문에서는 “군주가 경과 연회를 하게 되면 대부를 빈객으로 삼고, 대부와 연회를 하게 되면 또한 대부를 빈객으로 삼는다.”라고 했다. 연례에서 빈객의 역할을 하는 자는 수고롭게 된다. 그렇기 때문에 모든 연례에서는 연례를 받아야 하는 대상을 빈객으로 삼지 않으니, 그를 우대해주기 때문이다. 그런데 연례를 받아야 하는 대상에는 공이나 경 또는 대부가 포함되어 동일하지 않은데도, 명령하여 빈객으로 삼는 자는 반드시 대부가 된다. 그 이유는 공과 경은 이미 신분이 존귀한 대상인데, 빈객이라는 존귀함까지 더하게 된다면 군주에 비견되어 존귀함에 있어 구별이 없어지기 때문이다. 빈객은 신하인데도 군주가 한 계단을 내려가서 그에게 읍을 하는 것은 그가 빈객의 신분이 되어 그를 예우하기 때문이다.

---

11) 『주례』「천관(天官)·선부(膳夫)」: 王燕飮酒, 則爲獻主.

12) 『예기』「단궁하(檀弓下)」【123c】: “爾飮, 何也?” 曰: “蕢也, 宰夫也, 非刀匕是共, 又敢與知防, 是以飮之也.”

13) 『춘추좌씨전』「소공(昭公) 9년」: 膳宰屠蒯趨入, 請佐公使尊, 許之.

참고 구문비교

예기 · 연의 賓入中庭, 君降一等而揖之, 禮之也.

의례 · 연례(燕禮) 賓入, 及庭, 公降一等揖之.

참고 『의례』「연례(燕禮)」 기록

경문 賓入, 及庭, 公降一等揖之.

번역 빈객이 들어와 마당에 이르면, 군주는 계단 한 칸을 내려간 뒤 그에게 읍을 한다.

鄭注 及, 至也. 至庭, 謂既入而左北面時.

번역 '급(及)'자는 "~에 이르렀다[至]."는 뜻이다. 마당에 이르렀다는 말은 문으로 들어와서 좌측으로 가서 북쪽을 바라보고 있을 때를 뜻한다.

賈疏 ●"賓入"至"揖之". ◎注"及至"至"面時". ○釋曰: 鄭知"至庭, 謂既入而左北面時"者, 以其云"賓入及庭", 賓入謂入門時, 及庭謂賓入門而出堂塗北面, 是其當公降揖之節, 故知北面時也.

번역 ●經文: "賓入"~"揖之". ◎鄭注: "及至"~"面時". ○정현이 "마당에 이르렀다는 말은 문으로 들어와서 좌측으로 가서 북쪽을 바라보고 있을 때를 뜻한다."라고 했는데, 이러한 사실을 알 수 있었던 것은 경문에서 "빈객이 들어와 마당에 이르렀다."라고 했고, 빈객이 들어왔다는 것은 문으로 들어오는 때를 뜻하며, 마당에 이르렀다는 것은 빈객이 문으로 들어와서 당으로 연결된 길을 벗어나 북쪽을 바라보는 것을 뜻한다. 이것은 군주가 계단 한 칸을 내려와

읍하는 절차에 해당하기 때문에 북쪽을 바라보고 있는 때임을 알 수 있다.

참고 『역』「리괘(履卦)·상전(象傳)」

경문 象曰: 上天下澤, 履. 君子以, 辯上下, 定民志.

번역 「상전」에서 말하길, 위에 하늘이 있고 아래 못이 있는 것이 리괘(履卦䷉)이다. 군자는 그것을 본받아 상하를 분별하고 백성의 뜻을 안정시킨다.

孔疏 ○正義曰: 天尊在上, 澤卑處下, 君子法此履卦之象, 以分辯上下尊卑, 以定正民之志意, 使尊卑有序也. 但此履卦名含二義, 若以爻言之, 則在上履踐於下, 六三"履"九二也. 若以二卦上下之象言之, 則"履", 禮也, 在下以禮承事於上. 此象之所言, 取上下二卦卑承尊之義, 故云"上天下澤, 履". 但易合萬象, 反覆取義, 不可定爲一體故也.

번역 ○하늘은 존귀하여 위에 있고 못은 상대적으로 미천하여 아래에 머무니, 군자가 이러한 리괘의 상을 본받아 이를 통해 상하에 따른 존비를 분별하고, 또 이를 통해 백성들의 뜻을 안정시켜, 신분에 질서가 생기게끔 한다. 다만 리괘의 명칭에는 두 가지 의미를 함의하고 있으니, 효를 기준으로 말한다면, 위에 있는 것이 밑에 있는 것을 밟고 있으니, 육삼효의 '리(履)'[14]가 구이를 밟고 있는 것이다. 또 두 괘인 상괘와 하괘의 상을 기준으로 말한다면, '리(履)'는 예(禮)가 되어, 밑에 있는 것이 예에 따라 위를 받들고 섬기는 것이다. 이곳 「상전」에서 말한 것은 상괘와 하괘에 따라 미천한 것이 존귀한 것을 받든다는 뜻을 취한 것이다. 그렇기 때문에 "위에 하늘이 있고 아래 못이 있는 것이 리괘이다."라고 했다. 다만 『역』은 모든 상을 취합하여 뒤집어서 의미를 취하기도 하므로 한 가지 고정된 본체로 확정할 수 없다.

---

14) 『역』「리괘(履卦)」: 六三, 眇能視, 跛能履, 履虎尾咥人, 凶, 武人爲于大君.

程傳 天在上, 澤居下, 上下之正理也, 人之所履, 當如是, 故取其象而爲履. 君子觀履之象, 以辨別上下之分, 以定其民志, 夫上下之分明然後, 民志有定, 民志定然後, 可以言治, 民志不定, 天下不可得而治也. 古之時, 公卿大夫而下, 位各稱其德, 終身居之, 得其分也. 位未稱德, 則君擧而進之, 士修其學, 學至而君求之, 皆非有預於己也. 農工商賈勤其事而所享有限, 故皆有定志而天下之心可一, 後世自庶士至于公卿, 日志于尊榮, 農工商賈, 日志于富侈, 億兆之心, 交鶩於利, 天下紛然, 如之何其可一也? 欲其不亂, 難矣, 此由上下无定志也. 君子觀履之象而分辨上下, 使各當其分, 以定民之心志也.

번역 하늘이 위에 있고 못이 아래에 머무는 것은 상하의 바른 이치이며, 사람이 행동하는 것 또한 마땅히 이와 같아야 한다. 그렇기 때문에 그 상을 취해서 '리(履)'라고 한 것이다. 군자는 리괘의 상을 살펴서 이를 통해 상하의 구분을 분별하고 백성들의 뜻을 안정시켰으니, 상하계층의 구분이 명확해진 뒤에야 백성들의 뜻도 안정될 수 있고, 백성들의 뜻이 안정된 뒤에야 다스림을 말할 수 있으니, 백성들의 뜻이 안정되지 않으면 천하는 다스릴 수 없게 된다. 옛날에 공·경·대부로부터 그 이하의 계층은 지위가 각각 본인들의 덕에 걸맞아서 종신토록 그 지위에 머물렀으니, 이것은 자신의 본분을 얻은 것이다. 지위가 덕에 걸맞지 않다면 군주가 그를 발탁하여 상등으로 올려주었으니, 사가 학문을 연마하여 학문이 지극해지면 군주가 그를 찾아서 등용했던 것으로, 이 모두가 사 본인에게만 관련된 것은 아니었다. 농부·공인·상인들이 자신의 일에 힘쓰고 누리는 것에도 제한이 있었기 때문에 모두가 뜻을 안정시켜서 천하의 마음을 하나로 합치시킬 수 있었는데, 후세에는 서인과 사로부터 공과 경에 이르기까지 존귀해지고 영화를 누리는데 날로 뜻을 두고 농부·공인·상인도 부유해지고 사치를 부리는데 날로 뜻을 두어, 백성들의 마음이 서로 이로움을 추구하는데 매달려 천하가 혼란스럽게 되었는데 어떻게 하나로 합치시키겠는가? 혼란스럽게 되지 않고자 바라지만 실현이 어려우니, 이것은 상하계층에게 안정된 뜻이 없기 때문이다. 군자는 리괘의 상을 살펴서 상하계층을 분별하고, 이를 통해 각각 그 분수에 합당하게 하여 백성들의 마음을 안정시켰다.

本義 程傳備矣.

번역 「정전」에 상세히 설명되어 있다.

참고 『예기』「예운(禮運)」 기록

경문-275c 是故, 禮者, 君之大柄也, 所以別嫌明微, 儐鬼神, 考制度, 別仁義, 所以治政安君也.

번역 공자가 계속해서 말해주길, "이러한 까닭으로 예라는 것은 군주가 나라를 다스리는데 필요한 '큰 손잡이[大柄]'에 해당하니, 이것을 통해 의심스러운 것을 분별하고, 미묘한 일을 밝혀내며, 귀신을 접대하고, 제도를 상고하며, 인의를 변별하니, 정치를 다스리고 군주의 지위를 안정시키는 방법이다."라고 했다.

鄭注 疾今失禮如此, 爲言禮之大義也. 柄, 所操以治事.

번역 오늘날 예법을 잃은 지경이 이와 같다는 사실을 통탄해한 말이니, 곧 예의 큰 도리에 대해서 언급한 말이다. '병(柄)'이라는 것은 잡고서 해당 사안을 처리하는 것이다.

孔疏 ●"禮者, 君之大柄"者, 言人君治國須禮, 如巧匠治物, 執斤斧之柄.

번역 ●經文: "禮者, 君之大柄". ○군주가 나라를 다스릴 때에는 예가 필요로 하니, 마치 기교를 부리는 장인들이 재료들을 다듬을 때, 도끼의 자루를 잡고 일을 하는 것과 같다.

孔疏 ●"所以別嫌明微"者, 此以下亦並明用禮爲柄之事, 使寡婦不夜哭, 是別嫌; 君子表微, 是明微也.

번역 ●經文: "所以別嫌明微". ○이곳 구문부터 그 아래의 내용들은 또한 '예(禮)'를 자루처럼 삼는 사안들에 대해서 언급한 것으로, 과부들로 하여금 밤에 울지 못하게 하는 예법[15]이 바로 의심스러운 것을 변별한다는 내용에 해당하고, 군자에 의해 미묘한 점들이 세상에 밝혀진다는 말[16]이 바로 미묘한 부분을 밝힌다는 내용에 해당한다.

集解 柄者, 所執以治物者也. 人君執禮以治國, 猶匠人執斧斤之柄以治器也. 嫌者, 事之淆雜, 禮以別之, 而嫌者辨矣. 微者, 事之細小, 禮以明之, 而微者著矣.

번역 '병(柄)'이라는 것은 도구를 잡고서 대상을 다스릴 때 잡는 부위이다. 군주는 예를 잡고서 나라를 다스리니, 이것은 마치 장인들이 도끼의 자루를 잡아서 기물을 다듬는 경우와 같다. '혐(嫌)'이라는 것은 어떠한 사안이 어지럽게 뒤엉켜 있는 것으로, 예에 따라 변별을 하여, 의심스러운 것이 분별되는 것이다. '미(微)'라는 것은 아주 미세한 사안으로, 예에 따라 명확하게 밝혀서, 미묘한 것을 드러내는 것이다.

참고 『예기』「문왕세자(文王世子)」 기록

경문-258b 若公與族燕, 則異姓爲賓, 膳宰爲主人, 公與父兄齒. 族食世降一等.

번역 만약 군주가 친족들과 연회를 하게 된다면, 이성(異姓)인 자를 빈객으

---

15) 『예기』「방기(坊記)」【620c】: 故男女授受不親, 御婦人, 則進左手, 姑姊妹女子子已嫁而反, 男子不與同席而坐, <u>寡婦不夜哭</u>.

16) 『예기』「단궁하(檀弓下)」【108d】: 武子曰, "不亦善乎! <u>君子表微</u>." 及其喪也, 會點倚其門而歌.

로 삼고, 선재(膳宰)를 주인으로 삼아서 술을 따라주게 하며, 군주와 친족들은 나이에 따라 서열을 정한다. 친족들과 연회를 할 때에는 촌수에 따라 한 등급씩 낮춘다.

鄭注 同宗無相賓客之道. 君尊, 不獻酒. 親親也. 親者稠, 疏者希.

번역 동족끼리는 빈객으로 접대하는 도리가 없다. 군주는 존엄한 존재이므로, 직접 술을 따라주지 않는다. 군주가 나이에 따라 서열을 정하는 것은 친한 이를 친하게 대하기 때문이다. 가까운 관계인 자와는 자주 연회를 하고, 소원한 관계인 자와는 드물게 연회를 한다.

孔疏 ●"膳宰爲主人"者, 旣有其賓, 賓必對主人. 而君尊不宜敵賓, 故使供膳之宰以爲主人對於賓, 使得抗禮酬酢也. 若與異姓燕飮, 則燕禮云"宰夫爲獻主", 故注云"君尊, 不獻酒".

번역 ●經文: "膳宰爲主人". ○빈객을 세우게 되면, 빈객에게는 반드시 상대해주는 주인이 있어야만 한다. 그런데 군주는 존귀한 신분이므로, 빈객과 마주 대해서는 안 된다. 그렇기 때문에 음식을 바치는 선재(膳宰)를 주인으로 삼아서, 빈객을 접대하도록 하고, 그로 하여금 예법에 따라, 서로 술을 권하도록 만든 것이다. 만약 이성인 자들과 연회를 하는 경우라면, 『의례』「연례(燕禮)」편에서 "재부(宰夫)를 헌주(獻主)로 삼는다."[17]라고 하였다. 그렇기 때문에 정현의 주에서 "군주는 존엄한 존재이므로, 직접 술을 따라주지 않는다."라고 한 것이다.

---

17) 『의례』「연례(燕禮)」편의 "賓升自西階, 主人亦升自西階, 賓右北面至再拜, 賓答再拜."에 대한 정현의 주 "不親獻, 以其尊, 莫敢伉禮也. 至再拜者, 拜賓來至也. 天子膳夫爲獻主."

참고 『의례』「연례(燕禮)」 기록

경문 射人乃升卿, 卿皆升就席. 若有諸公, 則先卿獻之, 如獻卿之禮.

번역 사인은 곧 경을 당상으로 올라가게 하고, 경은 모두 당상으로 올라가 자리로 나아간다. 만약 제공(諸公)이 있는 경우라면 경보다 먼저 그에게 술을 따라주니, 경에게 술을 따라주는 예법처럼 한다.

鄭注 諸公者, 謂大國之孤也. 孤一人, 言諸者, 容牧有三監.

번역 '제공(諸公)'은 대국에 소속된 고(孤)를 뜻한다. 고(孤)는 1명인데 '제(諸)'자를 붙여서 말한 것은 목(牧)들 중 삼감(三監)을 가진 자들까지도 포함하기 위해서이다.

賈疏 ●"射人"至"之禮". ◎注"諸公"至"三監". ○釋曰: 云"諸公者, 謂大國之孤也", 知者, 周禮·典命云"公之孤四命", 侯伯已下不言孤, 故據大國而言. 云"孤一人"者, 鄭司農注典命云, 上公得置孤卿一人, 後鄭從之, 故此亦云孤一人, 與司農義同. 云"言諸者, 容牧有三監"者, 以其言諸, 非一人, 按王制云: "天子使其大夫爲三監, 監於方伯之國, 國三人." 彼是殷法用之. 周制使伯佐牧, 不置監. 周公制禮, 因殷不改者, 若士冠醮用酒之類, 故鄭云容. 言容有異代之法, 據周禮天子大夫四命, 與孤等, 故同稱公.

번역 ●經文: "射人"~"之禮". ◎鄭注: "諸公"~"三監". ○정현이 "'제공(諸公)'은 대국에 소속된 고(孤)를 뜻한다."라고 했는데, 이러한 사실을 알 수 있는 이유는 『주례』「전명(典命)」편에서 "공작[公]에게 소속된 고(孤)는 4명(命)의 등급이다."[18]라고 했고, 후작[侯]·백작[伯]으로부터 그 이하의 제후에

18) 『주례』「춘관(春官)·전명(典命)」: 公之孤四命, 以皮帛視小國之君, 其卿三命, 其大夫再命, 其士一命, 其宮室·車旗·衣服·禮儀, 各視其命之數. 侯伯之卿大夫士亦如之. 子男之卿再命, 其大夫一命, 其士不命, 其宮室·車旗·衣服·禮儀, 各視其命之數.

대해서는 고(孤)를 언급하지 않았다. 그러므로 대국을 기준으로 말한 것이다. 정현이 "고(孤)는 1명이다."라고 했는데, 「전명」편에 대한 정사농의 주에서는 상공은 고경(孤卿) 1명을 둔다고 했고, 정현도 그 주장에 따랐다. 그렇기 때문에 이곳에서도 고(孤)는 1명이라고 하여, 정사농의 주장과 동일하게 말한 것이다. 정현이 "'제(諸)'자를 붙여서 말한 것은 목(牧)들 중 삼감(三監)을 가진 자들까지도 포함하기 위해서이다."라고 했는데, '제(諸)'라고 했다면 한 사람이 아니기 때문이다. 『예기』「왕제(王制)」편을 살펴보면 "천자는 자신의 대부로 하여금 삼감(三監)으로 삼아 방백(方伯)의 제후국을 감독하도록 하였으니, 제후국 마다 3명씩 두었다."[19]라고 했다. 「왕제」편의 기록은 은나라 때의 예법에 따라 시행한 것이다. 주나라의 제도에서는 백(伯)으로 하여금 목(牧)을 돕도록 했으며 감(監)을 두지 않았다. 주공이 예법을 제정했을 때 은나라 때의 제도에 따르며 수정하지 않았던 것은 사관례에서 초(醮)를 하며 주(酒)를 사용했던 부류와 같은 것이다. 그렇기 때문에 정현은 '용(容)'이라고 했다. 즉 다른 왕조 때의 예법까지도 수용한다는 의미이니, 『주례』에 따르면 천자에게 속한 대부는 4명의 등급으로 고(孤)의 등급과 같다. 그렇기 때문에 동일하게 '공(公)'이라고 지칭한 것이다.

참고 『예기』「단궁하(檀弓下)」 기록

경문-123a 平公呼而進之, 曰: "蕢! 曩者爾心或開予, 是以不與爾言. 爾飮曠, 何也?" 曰: "子·卯不樂, 知悼子在堂, 斯其爲子·卯也大矣. 曠也, 太師也, 不以詔, 是以飮之也."

번역 진(晉)나라 평공은 두괴(杜蕢)가 아무런 말도 없이 나가려는 것을 보고 괴이하게 생각했다. 그래서 그를 불러 앞으로 다가오게 하고, "두괴야! 나는 네가 처음 이곳에 들어왔을 때, 네 마음에 혹여 나에게 간언을 올려 깨우쳐

---

19) 『예기』「왕제(王制)」【149b】: 天子, 使其大夫, 爲三監, 監於方伯之國, 國三人.

줄 것이 있을 것이라 생각했다. 그래서 너에게 아무런 말도 하지 않았던 것이다. 그런데 너는 이곳에 들어와서 사광(師曠)에게 술을 마시게 했으니, 그 이유가 무엇이냐?"라고 말했다. 그러자 두괴는 "주(紂)임금이 죽은 갑자일(甲子日)과 걸(桀)임금이 죽은 을묘일(乙卯日)은 불길한 날로 여겨서, 군주는 그날 음악을 연주하지 않습니다. 그런데 현재 지도자(知悼子)의 상이 발생하여, 아직 그의 시신이 빈소에 있는 상태입니다. 지도자는 군주의 신하이니, 그의 죽음은 갑자일이나 을묘일보다도 중대한 사안이 됩니다. 그러나 사광은 태사의 직책을 맡고 있었음에도, 현재 음악을 연주해서는 안 된다는 사실을 군주께 아뢰지 않았습니다. 이러한 이유로 저는 사광에게 벌주를 건넨 것입니다."라고 대답했다.

鄭注 曩, 曏也, 謂始來入時. 開謂諫爭有所發起. 紂以甲子死, 桀以乙卯亡, 王者謂之疾日, 不以擧樂爲吉事, 所以自戒懼. 言大臣喪重於疾日也. 雜記曰: "君於卿大夫, 比葬, 不食肉, 比卒哭, 不擧樂." 詔, 告也. 大師典奏樂.

번역 '낭(曩)'자는 앞서[曏]라는 뜻이니, 곧 처음 찾아와서 들어왔던 때를 뜻한다. '개(開)'자는 간언을 올려서, 깨우쳐주는 점이 있다는 뜻이다. 주(紂)임금은 갑자일(甲子日)에 죽었고, 걸(桀)임금은 을묘일(乙卯日)에 패망했으니, 천자는 그날을 불길한 날로 부르며 음악을 연주하여 길사를 시행하지 않으니, 제 스스로 경계 지침으로 삼고자 했기 때문이다. 두괴(杜蕢)의 말은 대신의 상은 질일(疾日)보다도 중대한 사안이라는 뜻이다. 『예기』「잡기(雜記)」편에서는 "군주는 경과 대부의 죽음에 대해서, 장례를 치를 때까지 고기를 먹지 않고, 졸곡(卒哭)[20]을 할 때까지 음악을 연주하지 않는다."[21]라고 했다. '조(詔)'자는 "아뢰다[告]."는 뜻이다. 대사(大師)는 음악 연주하는 일을 담당한다.

---

20) 졸곡(卒哭)은 우제(虞祭)를 지낸 뒤에 지내는 제사이다. 이 제사를 지내게 되면, 수시로 곡(哭)하던 것을 멈추고, 아침과 저녁때에만 한 번씩 곡을 하게 된다. 그렇기 때문에 '졸곡'이라고 부르게 된 것이다.

21) 『예기』「잡기상(雜記上)」【518a~b】: 卿大夫疾, 君問之無算, 士壹問之. <u>君於卿大夫, 比葬不食肉, 比卒哭不擧樂</u>. 爲士, 比殯不擧樂.

경문-123b "爾飮調, 何也?" 曰: "調也, 君之褻臣也, 爲一飮一食, 忘君之疾, 是以飮之也."

번역 진나라 평공이 두괴에게 계속해서 말하길, "너는 사광에게 했던 것처럼, 이조(李調)에게도 술을 마시게 했는데, 그것은 또 어떤 이유 때문인가?"라고 했다. 그러자 두괴는 "이조는 군주를 측근에서 섬기는 신하입니다. 그런데 한 차례 술을 마시고, 한 차례 음식을 맛보는 것에만 정신이 팔려서, 군주께서 예를 어기고 있다는 것도 잊고 있었습니다. 그래서 그에게도 벌주를 건넨 것입니다."라고 대답했다.

鄭注 言調貪酒食. 褻, 嬖也. 近臣亦當規君疾憂.

번역 이조(李調)는 술과 음식을 탐했다는 뜻이다. '설(褻)'자는 "총애하다[嬖]."는 뜻이다. 측근의 신하는 또한 군주의 잘못을 바로잡아야만 한다.

경문-123c "爾飮, 何也?" 曰: "蕢也, 宰夫也, 非刀匕是共, 又敢與知防, 是以飮之也."

번역 진나라 평공이 두괴에게 계속해서 말하길, "두 사람에 대한 것은 그렇다고 해도, 네가 술을 마신 것은 무슨 이유 때문인가?"라고 했다. 그러자 두괴는 "저는 재부(宰夫)의 직무를 맡고 있습니다. 따라서 칼이나 수저를 공급하는 일을 담당하고 있는데, 자신의 소임도 시행하지 않았고, 또 감히 군주의 잘못을 간언하는 일에 참여를 했습니다. 이러한 이유로 저 또한 벌주를 마셨던 것입니다."라고 대답했다.

鄭注 防禁放溢.

번역 제 스스로 술을 마신 이유는 군주가 방만하고 태만하게 구는 것을 방지했기 때문이다.

孔疏 ●"非刀匕是供, 又敢與知防"者, 蕢言調是君之嬖褻臣也, 當規正君憂疾, 言己身是宰夫, 亦當規正於君, 若非因刀匕是共, 又敢與知防諫之事. 皇氏云: "非, 不也. 杜蕢言各憂其事, 宰夫不以刀匕是共, 乃又敢與諫爭, 越官侵職, 是以飮也."

번역 ●經文: "非刀匕是供, 又敢與知防". ○두괴(杜蕢)는 이조(李調)가 군주를 측근에서 모시는 총애 받는 신하이니, 이조가 마땅히 군주의 잘못을 바로잡아야 한다고 말했고, 또 본인은 재부(宰夫)의 직무를 맡고 있으므로, 자신 또한 마땅히 군주의 잘못을 바로잡아야 한다. 그런데 칼과 수저를 공급하는 일을 통해서 잘못을 바로잡지 않고, 또한 감히 신하들이 간언을 하여 군주의 잘못을 바로잡는 일에 간여를 했다고 말했다. 황간은 "'비(非)'자는 '불(不)'자이다. 두괴는 각각 그 사안에 대해 우려를 했지만, 재부로써 칼과 수저를 공급하지 않고, 또 간언을 올리는 일에 감히 참여를 하였으니, 직분을 뛰어넘은 것이고, 또 다른 관리의 직무를 침해한 것이다. 이러한 이유로 벌주를 마신 것이다."라고 했다.

참고 『춘추좌씨전』「소공(昭公) 9년」 기록

전문 晉荀盈如齊逆女①, 還, 六月, 卒于戱陽②. 殯于絳, 未葬. 晉侯飮酒樂. 膳宰屠蒯趨入, 請佐公使尊③. 許之④, 而遂酌以飮工⑤.

번역 진(晉)나라 순영(荀盈)이 제(齊)나라에 가서 아내를 맞이하였고, 되돌아오는 도중 6월이 되었을 때 희양(戱陽)에서 죽었다. 강(絳)에 빈소를 마련하고 아직 장례를 치르지 않은 상태였다. 진나라 후작은 술을 마시며 음악을 연주하도록 시켰다. 선재(膳宰)인 도괴(屠蒯)가 빠른 걸음으로 들어와서 평공(平公)을 도와 술 따르기를 청했다. 평공이 허락하자 마침내 술을 따라 악공에게 술을 마시게끔 했다.

杜注-① 自爲逆.

번역 직접 아내를 맞이한 것이다.

杜注-② 魏郡內黃縣北有戲陽城.

번역 위군(魏郡) 내황현(內黃縣) 북쪽에 희양성(戲陽城)이 있다.

杜注-③ 公之使人執尊酌酒, 請爲之佐.

번역 평공이 사람을 시켜 술잔을 잡고 술을 따르게 시키니, 도괴가 그 일을 돕겠다고 청한 것이다.

杜注-④ 公許之.

번역 평공이 허락한 것이다.

杜注-⑤ 工, 樂師師曠也.

번역 '공(工)'은 악사인 사광(師曠)이다.

그림 3-1 ▣ 신하들의 명(命) 등급

	천자(天子) 신하	대국(大國) 신하	차국(次國) 신하	소국(小國) 신하
9명(九命)	상공(上公=二伯) 하(夏)의 후손 은(殷)의 후손			
8명(八命)	삼공(三公) 주목(州牧)			
7명(七命)	후작[侯] 백작[伯]			
6명(六命)	경(卿)			
5명(五命)	자작[子] 남작[男]			
4명(四命)	부용군(附庸君) 대부(大夫)	고(孤)		
3명(三命)	원사(元士=上士)	경(卿)	경(卿)	
2명(再命)	중사(中士)	대부(大夫)	대부(大夫)	경(卿)
1명(一命)	하사(下士)	사(士)	사(士)	대부(大夫)
0명(不命)				사(士)

◎ 『예기』와 『주례』의 기록에는 다소 차이가 있다.

※ **참조:** 『주례』「춘관(春官)·전명(典命)」 및 『예기』「왕제(王制)」

• 제 4 절 •

연례(燕禮)와 군신의 도의

【713a~b】

君擧旅於賓, 及君所賜爵, 皆降, 再拜稽首, 升成拜, 明臣禮也. 君答拜之, 禮無不答, 明君上之禮也. 臣下竭力盡能以立功於國, 君必報之以爵祿, 故臣下皆務竭力盡能以立功, 是以國安而君寧. 禮無不答, 言上之不虛取於下也. 上必明正道以道民, 民道之而有功, 然後取其什一, 故上用足而下不匱也. 是以上下和親而不相怨也. 和寧, 禮之用也, 此君臣上下之大義也. 故曰燕禮者, 所以明君臣之義也.

직역 君이 賓에게 旅를 擧하고, 君이 爵을 賜한 所는 皆히 降하여, 再拜하여 首를 稽하고, 升하여 成拜함은 臣禮를 明함이다. 君은 答拜하니, 禮에는 不答함이 無라, 君上의 禮를 明함이다. 臣下가 力을 竭하고 能을 盡하여 國에 功을 立함에, 君은 必히 報하길 爵祿으로써 하니, 故로 臣下는 皆히 力을 竭하고 能을 盡여 功을 立함에 務니, 是以로 國은 安하고 君은 寧하다. 禮에는 不答함이 無하니, 上이 下에서 虛히 取함을 不함을 言이라. 上이 必히 正道를 明하여 民을 道하면, 民이 道하여 功이 有하고, 然後에야 그 什에서 一을 取하니, 故로 上의 用은 足하고 下는 不匱한다. 是以로 上下가 和親하고 相怨을 不한다. 和하고 寧함은 禮의 用이니, 此는 君臣과 上下의 大義이다. 故로 曰, 燕禮者는 君臣의 義를 明하는 所以이다.

의역 군주가 빈객에게 여(旅)를 들고, 군주가 특별히 하사한 술잔을 받은 자는 모두 내려와서 재배(再拜)를 하고 머리를 조아리며, 재차 당에 올라가서 절하는 절차를 마무리하게 되니, 이것은 신하의 예법을 나타낸다. 군주는 답배를 하니, 예에서는 답배를 하지 않는 경우가 없기 때문으로, 이것은 군주의 예법을 나타낸다.

신하는 힘을 다하고 자신의 능력을 다하여 나라에 공을 세우고, 군주는 그런 자에 대해서 반드시 작위와 녹봉으로 보답을 하게 된다. 그렇기 때문에 신하들은 모두 힘을 다하고 자신의 능력을 다하여 나라에 공을 세우는 일에 힘쓰게 되고, 이러한 까닭으로 그 나라와 군주는 편안하게 되는 것이다. 예에는 답배를 하지 않는 경우가 없으니, 이것은 윗사람이 헛되이 아랫사람에게서 취하지 않는다는 사실을 뜻한다. 윗사람은 반드시 정도를 밝혀서 백성들을 인도해야 하고, 백성들은 그의 인도에 따라 공을 세우게 되니, 그렇게 된 이후에야 그들이 세운 공적 중 10분의 1을 취하는 것이다. 그래서 윗사람은 재물을 사용하는데 풍족하게 되고, 아랫사람도 궁핍하지 않게 된다. 이러한 까닭으로 상하 모든 계층이 화목하게 되고, 서로를 원망하지 않게 된다. 화목하고 편안하게 되는 것은 예의 쓰임이니, 이것은 군신 및 상하 관계에서 따르는 큰 도의에 해당한다. 그래서 "연례(燕禮)라는 것은 군주와 신하 사이에서 지켜야 하는 도의를 드러내는 방법이다."라고 말한 것이다.

集說 先是宰夫代主人行爵, 酬賓之後, 君命下大夫二人媵爵. 公取此媵爵以酬賓, 賓以旅酬於西階上. 旅, 序也, 以次序勸卿大夫飮酒也. 此之謂君擧旅於賓也. 君所賜爵, 則特賜臣下之爵也. 此二者, 賓皆降西階下再拜稽首, 公命小臣辭, 則賓升而成拜, 謂復再拜稽首也. 先時以君辭之, 於禮未成, 故云成拜也.

번역 앞서 재부(宰夫)를 시켜 주인 대신 술을 따르도록 했는데, 빈객에게 술잔을 돌린 이후, 군주는 하대부(下大夫) 2명에게 명령하여 잉작(媵爵)[1]을 시킨다. 군주가 잉작(媵爵)을 받아서 빈객에게 술을 권하면, 빈객은 서쪽 계단 위에서 차례대로 술을 따라준다. '여(旅)'자는 차례[序]라는 뜻이니, 차례에 따라 경과 대부에게 술을 마시도록 권하는 것이다. 이러한 절차를 "군주가 빈에게 여(旅)를 든다."라고 말한다. '군주가 하사한 술잔'이라는 말은 특별히 신하에게

1) 잉작(媵爵)은 술을 따라주는 예법 절차 중 하나이다. 연례(燕禮)를 실시할 때, 술을 따라주는 절차가 끝나면, 재차 명령을 하여, 군주에게 술을 따르도록 시키는데, 이것을 '잉작'이라고 부른다. 또한 '잉작'의 시점을 서로 술을 따라서 주고받는 절차의 시작으로 삼기도 한다. 『의례』「연례(燕禮)」편에는 "小臣自阼階下, 請媵爵者, 公命長."이라는 기록이 있고, 호배휘(胡培翬)의 『정의(正義)』에서는 "李氏如圭云: 媵爵者, 獻酬禮成, 更擧酒於公, 以爲旅酬之始"라고 풀이했다.

하사한 술잔을 뜻한다. 이러한 두 절차에 있어서, 빈객은 모두 서쪽 계단으로 내려와 재배(再拜)를 하고 머리를 조아리게 되는데, 군주가 소신(小臣)에게 명령하여 사양을 하면, 빈객은 다시 당으로 올라와서 절하는 절차를 마무리하니, 재차 재배를 하여 머리를 조아린다는 뜻이다. 이전에 절을 할 때에는 군주가 사양을 했으므로, 예법의 절차가 아직 완성되지 않은 것이다. 그렇기 때문에 이 시점에 대해서 "절하는 절차를 완성했다."고 말한 것이다.

集說 楊氏曰: "按公取媵爵以酬賓, 此別是一禮, 與尋常酬賓不同, 此所謂公爲賓擧旅也. 燕禮, 君使宰夫爲獻主, 以臣莫敢與君抗禮也. 今君擧觶於西階之上以酬賓, 可乎? 蓋君臣之際, 其分甚嚴, 其情甚親, 使宰夫爲獻主, 所以嚴君臣之分. 今擧觶以酬賓, 賓西階下拜, 小臣辭, 升成拜; 公奠觶, 答再拜; 公卒觶, 賓下拜, 公答再拜. 畧去勢分, 極其謙卑, 所以通君臣之情也." 註云: "不言君酬於西階上, 及君反位, 尊君, 空其文也. 此又所以嚴君臣之分也."

번역 양복[2]이 말하길, "살펴보니, 군주가 잉작(媵爵)을 가져다가 빈객에게 술을 권하는 것은 별도의 한 예법 절차가 되므로, 일반적으로 빈객에게 술을 따라서 권하는 것과는 다르니, 이것은 이른바 '군주가 빈객을 위해서 여(旅)를 든다.'는 것에 해당한다. 연례(燕禮)에서 군주는 재부(宰夫)를 시켜 헌주(獻主)로 삼으니, 신하는 감히 군주와 함께 대등한 예법을 시행할 수 없기 때문이다. 그런데 현재 군주가 치(觶)라는 술잔을 들어서 서쪽 계단 위에서 빈객에게 술을 권한다면, 가능한 일이겠는가? 무릇 군주와 신하의 관계에서는 그 구분이 매우 엄격하고, 그 정감은 매우 친밀하니, 재부를 시켜서 헌주로 삼는 것은 군주와 신하 사이의 구분을 엄격하게 하는 방법이다. 현재의 상황은 치(觶)라는 술잔을 들어서 빈객에게 술을 권하고, 빈객이 서쪽 계단 아래에서 절을 하며, 소신(小臣)이 사양을 하면, 다시 올라가서 절하는 절차를 완성하고, 군주가 치(觶)를 내려놓고, 답배로 재배를 하며, 군주가 치(觶)를 들어서 마시면, 빈객이 내려가서 절을 하고, 군주는 답배로 재배를 한다. 이것은 세력과 지위에 따른

2) 양복(楊復, ?~?) : 남송(南宋) 때의 학자이다. 주희(朱熹)의 제자이다. 『상제도(喪祭圖)』·『의례도(儀禮圖)』 등의 저서를 남겼다.

구분을 물리고 자신을 매우 낮춘 것이니, 군주와 신하의 정감을 소통시키는 방법이 된다."라고 했다. 정현의 주에서는 "군주가 서쪽 계단에서 술을 권한다는 말과 군주가 자신의 자리로 되돌아오며, 군주를 존귀하게 받든다는 내용을 언급하지 않은 것은 문장을 간략히 기록했기 때문이다. 이 내용 또한 군주와 신하의 구분을 엄격히 하는 방법이다."라고 했다.

大全 嚴陵方氏曰: 擧旅, 卽下言擧旅行酬也. 旅, 序也, 擧爵以序, 行酬酢之禮也. 鄕飮酒禮, 亦謂之相旅, 卽中庸所謂旅酬, 是也. 君所賜爵, 謂旅酬之外, 君有特賜之爵也. 升成拜者, 旣降階而拜, 又升而拜, 以成前拜之禮故也. 賓必再拜, 以明臣下竭力盡能, 以立功於國, 君必答拜, 以明君上發爵賜祿, 以報功於臣, 故曰明臣禮也, 又曰明君上之禮也. 或言君, 或言臣, 或言臣下, 或言君臣上下, 皆互相備也. 言上則不特主君, 言下則不特主臣. 力言其才, 能言其藝. 民旣有功, 則興事造業生財有道矣. 夫然後取之, 以什一之法也. 道之至於有功, 然後取之, 此其不虛取於民也. 寡乎什一, 則上之用不足, 多乎什一, 則下之財或匱, 唯其取之以什一, 故繼之上用足而下不匱也. 什一爲天下之正如此, 亦由乎上之人明正道以行之而已. 和寧, 禮之用也. 以其國安而君寧, 故曰寧. 論語曰: "禮之用和爲貴." 曲禮曰: "人有禮則安." 皆以是而已. 夫君臣上下之大義, 不過如此, 故曰: "燕禮, 所以明君臣之義也."

번역 엄릉방씨가 말하길, '거려(擧旅)'는 곧 아래문장에서 말한 여(旅)를 들어서 술잔 주고받는 절차를 시작한다는 뜻이다. '여(旅)'자는 차례[序]를 뜻하니, 술잔을 차례대로 들어서, 서로 술을 주고받아 권하는 의례를 시작하는 것이다. 『의례』「향음주례(鄕飮酒禮)」편에서는 이러한 절차를 또한 '상려(相旅)'라고도 했으니,[3] 곧 『중용』에서 말한 '여수(旅酬)'라는 것[4]이 바로 이러한 절차에 해당한다. 군주가 술잔을 하사했다는 말은 여수 이외에 군주가 특별히 하사한 술잔이 포함된다는 뜻이다. 올라가서 절하는 절차를 완성한다는 것은 이미

---

3) 『의례』「향음주례(鄕飮酒禮)」: 司正升相旅, 曰, "某子受酬."
4) 『중용』「19장」: 宗廟之禮所以序昭穆也. 序爵所以辨貴賤也. 序事, 所以辨賢也. 旅酬下爲上所以逮賤也. 燕毛所以序齒也.

당 아래로 내려와서 절을 했고, 또 올라가서 절을 하여, 앞서 절했던 예법을 완성하기 때문이다. 빈객은 반드시 재배(再拜)를 하여, 신하가 힘을 다하고 능력을 다하여 나라에 공을 세운다는 뜻을 드러내는 것이며, 군주는 반드시 답배를 하여, 군주가 작위와 녹봉을 하사하여 신하가 세운 공적에 대해 보답한다는 뜻을 드러내는 것이다. 그렇기 때문에 "신하의 예법을 나타낸다."라고 말한 것이고, 또 "군주의 예법을 나타낸다."라고 말한 것이다. 그런데 어떤 곳에서는 '군(君)'이라 말했고 어떤 곳에서는 '신(臣)'이라 말했으며, 또 어떤 곳에서는 '신하(臣下)'라 말했고 어떤 곳에서는 '군신상하(君臣上下)'라 말했는데, 이 모두는 서로 호환이 되도록 기록했기 때문이다. 즉 '상(上)'이라고 말한 것은 단지 군주만을 가리키는 것이 아니며, '하(下)'라고 말한 것도 단지 신하만을 가리키는 것이 아니다. '역(力)'은 그 재주[才]를 뜻하고, '능(能)'은 그 재예[藝]를 뜻한다. 백성들이 공적을 세웠다면, 사업을 흥기시키고 과업을 만들어내며 재화를 생산하는 일에 도가 있게 된다. 무릇 이처럼 된 이후에 그 결과를 취할 때에는 10분의 1을 취하는 법도에 따른다. 그들을 인도하여 공적을 세우는 경지까지 도달한 이후에야 그들에게서 취하는 것은 백성들에 대해 헛되이 취하지 않기 때문이다. 그런데 10분의 1보다 적게 되면 윗사람은 재화를 사용함에 부족하게 되고, 10분의 1보다 많게 된다면 아랫사람은 재화를 사용함에 간혹 궁핍하게 되니, 오직 10분의 1만을 취한다. 그렇기 때문에 그 말에 이어서, 윗사람은 재화를 사용함에 풍족하고 아랫사람은 궁핍하지 않다고 말한 것이다. 10분의 1을 취하여 천하의 정도로 삼음이 이와 같은 것은 또한 윗사람이 정도를 밝혀 그대로 시행한 것에 연유할 따름이다. 화목하고 편안하게 되는 것은 예의 쓰임이다. 나라가 편안하고 군주가 안녕하기 때문에, '영(寧)'이라고 말한 것이다. 『논어』에서는 "예의 쓰임은 조화를 귀중한 것으로 여긴다."[5]라고 했고, 『예기』「곡례(曲禮)」편에서는 "사람들에게 예가 있다면, 편안하게 된다."[6]라고 했는데, 모두 이러한 까닭 때문이다. 무릇 군신 및 상하 관계에서 지켜야 하는 큰 도의는 이와 같을 따름이다. 그렇기 때문에 "연례(燕禮)는 군신관계의 도의를

5) 『논어』「학이(學而)」: 有子曰, "禮之用, 和爲貴. 先王之道, 斯爲美, 小大由之. 有所不行, 知和而和, 不以禮節之, 亦不可行也."

6) 『예기』「곡례상(曲禮上)」【11d】: 人有禮則安, 無禮則危, 故曰禮者不可不學也.

밝히는 방법이다."라고 말한 것이다.

鄭注 言聖人制禮, 因事以託政. 臣再拜稽首, 是其竭力也. 君答拜之, 是其報以祿惠也.

번역 성인이 예를 제정했을 때, 그 사안에 따라 정책을 의탁했다는 뜻이다. 신하가 재배(再拜)를 하고 머리를 조아리는 것은 힘을 다한다는 뜻에 해당한다. 군주가 답배(答拜)를 하는 것은 녹봉과 은혜로 보답한다는 뜻에 해당한다.

釋文 稽, 徐本作"䭫", 音啓. 以道音導, 下同. 什音十. 匱, 求位反.

번역 '稽'자는 『서본(徐本)』에서는 '䭫'자도 기록했고, 그 음은 '啓(계)'가 된다. '以道'에서의 '道'자는 그 음이 '導(도)'이며, 아래문장에 나온 글자도 그 음이 이와 같다. '什'자의 음은 '十(십)'이다. '匱'자는 '求(구)'자와 '位(위)'자의 반절음이다.

孔疏 ●"君擧"至"義也". ○正義曰: 此一經明燕禮臣盡禮於下・君答之於上・上下交歡而不相怨, 明君臣之義也.

번역 ●經文: "君擧"~"義也". ○이곳 경문은 『의례』「연례(燕禮)」편에서 신하가 아랫자리에서 그 예를 다하고, 군주가 윗자리에서 답례를 하며, 상하 계층이 서로 우호를 다지며 원망하지 않는 것이 군주와 신하가 따르는 도의를 나타낸다는 사실에 대해서 밝히고 있다.

孔疏 ●"君擧旅於賓"者, 謂擧旅酬之酒以酬賓.

번역 ●經文: "君擧旅於賓". ○여수(旅酬)의 절차를 시행하는 술을 들고서 빈객에게 술을 권한다는 뜻이다.

孔疏 ●"及君所賜爵"者, 特賜臣下之爵.

번역 ●經文: "及君所賜爵". ○특별히 신하에게 하사한 술잔을 뜻한다.

孔疏 ●"皆降, 再拜稽首, 升成拜"者, 謂賓受君之酬, 及臣受君賜爵, 皆降自西階, 再拜稽首, 以受君恩, 又升堂, 更再拜稽首, 以成拜也. 故燕禮云: "公酬賓, 賓降西階下, 再拜稽首. 公命小臣辭, 賓升成拜." 鄭云: "升成拜, 復再拜稽首也." 至禮殺之後, 賓下堂, 是欲拜. 君則辭之, 賓未拜也. 賓乃升堂, 再拜稽首. 鄭注云不言成拜者, 以其下堂, 未拜故也. 燕禮云: "公卒觶, 賓下拜, 小臣辭. 賓升, 再拜稽首." 鄭注云: "不言成拜者, 爲拜故下, 賓未拜也. 下不敢輒拜, 禮殺也."

번역 ●經文: "皆降, 再拜稽首, 升成拜". ○빈객이 군주로부터 여수(旅酬)를 할 때의 술을 받고, 신하가 군주로부터 특별히 하사받은 술잔을 받게 된다면, 두 사람은 모두 서쪽 계단을 통해 내려가서, 재배(再拜)를 하며 머리를 조아리게 되니, 군주로부터 은혜를 받았기 때문이다. 또 당으로 올라가서 다시금 재배를 하여 머리를 조아리게 되니, 절하는 예법을 완성하기 위해서이다. 그렇기 때문에 『의례』「연례(燕禮)」편에서는 "군주가 빈객에게 술을 권하면, 빈객은 서쪽 계단 아래로 내려가서, 재배를 하고 머리를 조아린다. 군주가 소신(小臣)에게 명령하여 사양하면, 빈객은 다시 올라가서 절하는 예법을 완성한다."[7]라고 한 것이고, 이 문장에 대한 정현의 주에서는 "올라가서 절하는 예법을 완성하는 것은 재차 재배를 하며 머리를 조아린다는 뜻이다."라고 했다. 이처럼 예법을 낮춘 뒤에야 빈객은 당에서 내려가게 되니, 이것은 절을 하고자 하기 때문이다. 군주가 사양하게 되면, 빈객은 절을 마무리 짓지 못한다. 그래서 빈객은 곧 당으로 올라가서 재배를 하며 머리를 조아리는 것이다. 정현의 주에서 '성배(成拜)'라는 말을 언급하지 않은 것은 당 아래에서 아직 절을 하지 못했기 때문이다. 「연례」편에서는 "군주가 치(觶)에 든 술잔을 마시면, 빈객은 내려가서 절을 하려고 하는데, 소신이 사양을 한다. 빈객이 올라가서 재배를 하고 머리를

---

7) 『의례』「연례(燕禮)」: 公坐, 取大夫所媵觶, 興以酬賓. 賓降西階下再拜稽首.

조아린다."[8]라고 했고, 이 문장에 대한 정현의 주에서는 "'성배(成拜)'라고 언급하지 않은 것은 절을 하기 위해서 밑으로 내려갔는데, 빈객이 아직 절을 못했기 때문이다. 밑으로 내려가서 곧바로 절을 하지 못하는 것은 예가 낮춰졌기 때문이다."라고 했다.

孔疏 ●"臣下竭力盡能以立功於國"者, 按燕禮, 君賜爵之時, 再拜稽首, 示竭力盡能立功於國也.

번역 ●經文: "臣下竭力盡能以立功於國". ○『의례』「연례(燕禮)」편을 살펴보면, 군주가 술잔을 하사했을 때, 재배(再拜)를 하고 머리를 조아리며, 힘을 다하고 능력을 다하여 나라에 공적을 세운다는 뜻을 드러내게 된다.

孔疏 ●"君必報之以爵祿"者, 以燕禮臣拜, 君皆答之者, 示君報之以爵祿也.

번역 ●經文: "君必報之以爵祿". ○『의례』「연례(燕禮)」편에서 신하가 절을 했을 때 군주가 모든 경우에 답배를 하는데, 이것은 군주가 작위와 녹봉으로 보답한다는 뜻을 드러내는 것이기 때문이다.

孔疏 ●"禮無不答, 言上之不虛取於下也"者, 以燕禮凡臣之拜, 君無不答拜之, 示爲上之道"不虛取於下"也, 上必須報之也.

번역 ●經文: "禮無不答, 言上之不虛取於下也". ○『의례』「연례(燕禮)」편에서 신하들이 절하는 모든 경우에 있어서, 군주가 답배를 하지 않는 경우가 없으니, 이것은 윗사람의 도리인 "아랫사람에게서 헛되이 취하지 않는다."는 뜻을 드러내는 것으로, 윗사람은 반드시 보답을 해야만 하는 것이다.

孔疏 ●"上必明正道以道民, 民道之而有功"者, 上下必須相報, 故在上明

---

8) 『의례』「연례(燕禮)」: 公坐奠觶, 答再拜, 執觶興, 立卒爵. 賓下拜. 小臣辭. 賓升, 再拜稽首.

正教, 以教道於民, 民亦依君訓道有功報上也.

번역 ●經文: "上必明正道以道民, 民道之而有功". ○상하 계층이 반드시 서로에 대해 보답을 해야만 하기 때문에, 윗자리에 있는 자들은 올바른 교화를 드러내어 백성들을 교육하고 선도해야 하며, 백성들 또한 군주의 훈도에 따라 공적을 세우고 윗사람에 대해 보답하게 된다.

孔疏 ●"然後取其什一"者, 前明君臣相報, 此明君民上下相報. 君旣薄斂於上, 民亦什一而稅於下, 故國家用足而下不匱乏, 是上下和平親睦, 而不相怨恨也.

번역 ●經文: "然後取其什一". ○앞서 군주와 신하가 서로에 대해 보답한다는 뜻을 드러냈으므로, 이곳 문장에서는 군주와 백성 및 상하계층이 서로에 대해 보답하는 뜻을 드러낸 것이다. 군주가 이미 윗자리에 있으면서 적게 거둬들이고, 백성들 또한 10분의 1로 정해서 아랫자리에서 세금을 낸다. 그렇기 때문에 국가의 재용은 풍족하게 되고, 백성들도 궁핍하지 않게 되니, 이것이 상하 계층이 화평하게 되고 서로 친애하게 되며, 서로를 원망하지 않게 되는 이유이다.

孔疏 ●"和寧, 禮之用也"者, "上下和親", 是和也. "而不相怨", 是安寧也. 和之與寧, 禮之所用, 以結成上文也.

번역 ●經文: "和寧, 禮之用也". ○"상하 계층이 화목하게 된다."라는 말은 '화(和)'에 해당한다. "서로 원망하지 않는다."는 말은 '안녕(安寧)'에 해당한다. 화목함과 편안함은 예의 쓰임이 되니, 이를 통해서 앞 문장의 뜻을 완성한 것이다.

訓纂 呂與叔曰: 君盡君之禮以下下, 故賓入及庭, 降一等揖之, 賓受爵拜, 君皆答拜. 臣盡臣之禮以事上, 故君擧旅賜爵, 賓皆降, 再拜稽首, 君辭, 然後升成拜. 所以上下交而其志同也.

번역 여여숙이 말하길, 군주가 군주의 예법을 다하여 아랫사람보다 낮추기 때문에, 빈객이 들어와서 마당에 이르면 계단 한 칸을 내려가서 그에게 읍을 하고, 빈객이 술잔을 받으며 절을 하면 군주는 모든 경우에 답배를 하는 것이다. 신하는 신하의 예법을 다하여 윗사람을 섬기기 때문에, 군주가 여(旅)를 들고 술잔을 하사하게 되면 빈객은 모두 당하로 내려가서 재배를 하며 머리를 조아리고, 군주가 사양을 한 뒤에야 당상으로 올라가서 절하는 절차를 마무리한다. 이것이 위아래가 사귀어 그 뜻이 같아지는 이유이다.

集解 君擧旅於賓, 謂擧旅酬之爵於賓. 燕禮"小臣作下大夫二人媵觶於公", "公取大夫所媵觶以酬賓", 是也. 蓋君以臣不敢與亢禮, 故使膳宰獻賓, 然又以爲未足以盡己之情, 故於大夫之媵觶, 而親擧以酬賓也. 君所賜爵, 謂君爲卿擧旅, 爲大夫擧旅, 爲士擧旅, 君所取之觶, 皆唯君所賜也. 賓受君擧旅, 及諸臣得賜爵者, 皆降, 再拜稽首, 君辭之, 乃升成拜. 臣必拜於堂下者, 所以敬其君, 臣之禮當然也. 君於臣之拜必答之, 所以敬其臣, 君之禮當然也. 上不虛取於下, 謂取之必有以報之也. 上用足而下不匱者, 寧也; 上下和親而不怨者, 和也. 和寧由禮而生, 故曰禮之用也. 此因君答臣拜, 而見上不虛取於下之義, 因推之以明爵祿之道, 又推之以明取民之法, 皆以明上之與下, 分雖不同, 而其報施往來之義如此, 是以情無不通, 而惠無不浹也.

번역 군주가 빈객에게 여(旅)를 든다는 말은 여수(旅酬)의 술잔을 빈객에게 든다는 뜻이다. 『의례』「연례(燕禮)」편에서 "소신은 하대부 2명을 시켜서 군주에게 치(觶)를 들어 잉작(媵爵)을 하도록 만든다."[9]라고 했고, "군주는 대부가 잉작으로 바친 술잔 치를 들고서 빈객에게 여수를 한다."[10]라고 했던 절차가 여기에 해당한다. 군주는 신하가 감히 자신과 함께 대등한 예법을 시행할 수 없기 때문에 선재(膳宰)를 시켜 빈객에게 술을 따르도록 시킨다. 그러나 자신의 정감을 모두 다 드러내기에는 부족하다고 여기기 때문에 대부가 잉작으로 바친 술잔 치에 대해서는 직접 그 술잔을 잡고서 빈객에게 여수를 하는 것이

9) 『의례』「연례(燕禮)」: 小臣作下大夫二人媵爵.
10) 『의례』「연례(燕禮)」: 公坐, 取大夫所媵觶, 興以酬賓. 賓降, 西階下再拜稽首. 公命小臣辭, 賓升成拜.

다. 군주가 하사한 술잔은 군주가 경을 위해 여(旅)를 들고, 대부를 위해 여(旅)를 들며 사를 위해 여(旅)를 든다는 뜻이니, 군주가 잡게 되는 술잔 치는 모두 군주가 하사한 것이다. 빈객이 군주가 여(旅)를 든 것을 받고 뭇 신하들이 하사한 술잔을 받게 되면 모두들 당하로 내려와서 재배를 하며 머리를 조아리고, 군주가 사양하면 곧 당상으로 올라가서 절하는 절차를 마무리한다. 신하가 반드시 당하에서 절을 하는 것은 군주를 공경하기 때문이니, 신하의 예법에서는 당연한 바이다. 군주가 신하가 절을 한 것에 대해 반드시 답배를 하는 것은 신하를 공경하기 때문이니, 군주의 예법에서는 당연한 바이다. 윗사람이 아랫사람에게서 헛되이 취하지 않는다는 것은 무언가를 취하게 되면 반드시 그에 대해 보답함이 있다는 뜻이다. 윗사람의 재용이 풍족하고 아랫사람이 궁핍하지 않다는 것이 편안하다는 뜻이며, 상하계층이 화목하게 되어 원망하지 않는 것이 조화롭다는 뜻이다. 조화롭고 편안하다는 것은 예를 통해 발생한다. 그렇기 때문에 예의 쓰임이라고 했다. 이것은 군주가 신하가 절을 한 것에 대해 답배를 한다는 사안에 따라 윗사람이 아랫사람에게서 헛되이 취하지 않는다는 뜻을 드러낸 것이고, 또 이를 통해 미루어 작위와 녹봉의 도리를 나타냈으며, 또 이를 미루어 백성에게서 무언가를 취하는 법도를 드러냈으니, 이 모두는 윗사람과 아랫사람은 본분이 다르지만 보답하고 베풀며 주고받는 도의가 이와 같아서, 이러한 까닭으로 정감에 있어서는 소통되지 않음이 없고 은혜에 있어서도 두루 미치지 않음이 없다는 뜻을 나타낸 것이다.

集解 呂氏大臨曰: 天下之禮, 未有不交而成者也. 故天地交而萬物通, 上下交而其志同, 此所以君臣和, 禮義行也.

번역 여대림이 말하길, 천하의 예법 중에는 상호 작용이 이뤄지지 않고도 완성되는 것은 없다. 그렇기 때문에 천지가 사귀어 만물이 형통하고, 위아래가 사귀어 그 뜻이 같아지는 것이니,[11] 이것이 군주와 신하가 조화롭게 되고 예의가 시행되는 이유이다.

11) 『역』「태괘(泰卦)」: 彖曰, "泰, 小往大來, 吉, 亨." 則是天地交而萬物通也, 上下交而其志同也. 內陽而外陰, 內健而外順, 內君子而外小人, 君子道長, 小人道消也.

참고 『의례』「연례(燕禮)」 기록

경문 小臣作下大夫二人媵爵.

번역 소신은 하대부 2명을 시켜서 잉작(媵爵)을 하도록 만든다.

鄭注 作, 使也. 卿爲上大夫, 不使之者, 爲其尊.

번역 '작(作)'자는 "시킨다[使]."는 뜻이다. 경은 상대부가 되며 그를 시키지 않는 것은 그들은 존귀한 신분이기 때문이다.

賈疏 ●"小臣"至"媵爵". ◎注"作使"至"其尊". ○釋曰: 按王制"上大夫卿", 是卿爲上大夫. 云"不使之者, 爲其尊"者, 謂若主人與賓使下大夫, 不使卿之類也.

번역 ●經文: "小臣"~"媵爵". ◎鄭注: "作使"~"其尊". ○『예기』「왕제(王制)」편을 살펴보면 '상대부인 경'[12]이라고 했으니, 이것은 경이 상대부에 해당함을 나타낸다. 정현이 "그를 시키지 않는 것은 그들은 존귀한 신분이기 때문이다."라고 했는데, 주인과 빈객이 하대부를 시키고 경을 시키지 않는 부류 등을 뜻한다.

참고 『의례』「연례(燕禮)」 기록

경문 公坐, 取大夫所媵觶, 興以酬賓. 賓降, 西階下再拜稽首. 公命小臣辭, 賓升成拜.

번역 군주는 앉아서 대부가 잉작한 치(觶)를 잡고 일어나서 빈객에게 여수

12) 『예기』「왕제(王制)」【143b】: 諸侯之上大夫卿, 下大夫, 上士, 中士, 下士, 凡五等.

(旅酬)를 시행한다. 빈객은 내려가서 서쪽 계단 아래에서 재배를 하며 머리를 조아린다. 군주는 소신에게 명령하여 사양하도록 하고, 빈객은 당으로 올라가서 절하는 절차를 마무리한다.

鄭注 興以酬賓, 就其階而酬之也. 升成拜, 復再拜稽首也. 先時君辭之, 於禮若未成然.

번역 일어나서 빈객에게 여수를 시행한다는 것은 빈객이 있는 계단으로 나아가서 여수를 한다는 뜻이다. 당으로 올라가서 절하는 절차를 마무리한다는 것은 재차 재배를 하며 머리를 조아린다는 뜻이다. 앞서 군주가 사양을 하여 예법상 아직 완성되지 못한 것처럼 되기 때문이다.

賈疏 ●"公坐"至"成拜". ◎注"興以"至"成然". ○釋曰: 自此至"奠于篚", 論公爲賓擧旅之節. 公坐取大夫所媵觶者, 取上楹北觶. 云"興以酬賓, 就其階而酬之也"者, 經但云"興以酬賓", 鄭知公就西階者, 以其賓降拜不於阼階下, 而言西階下, 故知公在賓西階上也. 不言西階者, 以公尊, 空其文也. 云"升成拜, 復再拜稽首也. 先時君辭之, 於禮若未成然"者, 凡臣於君, 雖爲賓, 與君相酬, 受爵不敢拜於堂上, 皆拜於堂下. 若君辭之, 聞命卽升, 若堂下拜訖, 君辭之, 卽升堂, 復再拜稽首. 所以然者, 以堂下再拜而君辭之, 若未成然, 故復升堂再拜稽首以成之, 升則不云再拜稽首, 直云成拜. 以堂下旣有再拜稽首, 則此文是也. 若堂下未拜之間, 聞命則升, 升乃再拜稽首, 則不得言升成拜, 以其堂下未拜, 卽下經云"小臣辭, 賓升, 再拜稽首", 鄭注: "不言成拜者, 爲拜故下, 實未拜", 是也. 凡臣拜於君有三等, 初受獻, 拜於堂下, 或親辭, 或遣小臣辭, 成與不成, 如上說. 至於酬酒, 雖下堂拜, 未卽拜, 待君辭, 卽此下經云: "公坐奠觶, 答再拜, 執觶興, 立卒觶. 賓下拜, 小臣辭. 賓升, 再拜稽首." 注云: "不言成拜者, 爲拜故下, 實未拜也. 下不輒拜, 禮殺也." 此篇末無筭爵, 受公賜爵者, 皆下席, 堂上拜稽首, 不堂下拜者, 禮末又輕於酬時.

번역 ●經文: "公坐"~"成拜". ◎鄭注: "興以"~"成然". ○이곳 구문으로

부터 "광주리에 놓아둔다."라는 구문까지는 군주가 빈객을 위해서 여수의 술잔을 드는 절차를 논의하고 있다. 군주가 앉아서 대부가 잉작한 술잔 치를 드는 것은 당상의 기둥 북쪽에 있는 치를 잡는 것이다. 정현이 "일어나서 빈객에게 여수를 시행한다는 것은 빈객이 있는 계단으로 나아가서 여수를 한다는 뜻이다."라고 했는데, 경문에서는 단지 "일어나서 빈객에게 여수를 시행한다."라고 했다. 그런데도 정현이 군주가 서쪽 계단에 나아가서 하는 것임을 알 수 있었던 것은 빈객이 당하로 내려와서 절을 할 때에는 동쪽 계단 아래에서 하지 않았고, 서쪽 계단 아래에서 했다고 말했다. 그러므로 군주가 빈객이 있는 서쪽 계단의 위에 있게 됨을 알 수 있다. 서쪽 계단이라고 말하지 않은 것은 군주는 존귀하므로 그 문장을 생략한 것이다. 정현이 "당으로 올라가서 절하는 절차를 마무리한다는 것은 재차 재배를 하며 머리를 조아린다는 뜻이다. 앞서 군주가 사양을 하여 예법상 아직 완성되지 못한 것처럼 되기 때문이다."라고 했는데, 신하는 군주에 대해서 비록 빈객의 입장이 되어 군주와 함께 서로 술을 권하게 되더라도, 술잔을 받을 때에는 감히 당상에서 절을 할 수 없으므로, 모두 당하에서 절을 하게 된다. 만약 군주가 사양을 하게 되면, 그 명령을 듣고서야 당상으로 올라가고, 만약 당하에서 절하는 절차가 끝났는데 군주가 사양을 했다면 곧바로 당상으로 올라가서 재차 재배를 하며 머리를 조아린다. 이처럼 하는 이유는 당하에서 재배를 하는데 군주가 사양을 하면 예법이 완성되지 않은 것처럼 보인다. 그렇기 때문에 재차 당상으로 올라가서 재배를 하며 머리를 조아려서 예법 절차를 완성하는 것이다. 그런데 당상으로 올라갔을 때 재배를 하며 머리를 조아린다고 말하지 않고, 단지 절하는 절차를 마무리한다고만 말했다. 그 이유는 당하에서 이미 재배를 하며 머리를 조아렸다면, 이 문장이 바로 그 사실을 나타내기 때문이다. 만약 당하에서 아직 절을 하지 않았을 때, 군주의 명령을 듣고서 당상으로 올라왔고, 올라와서야 재배를 하며 머리를 조아렸다면, '승성배(升成拜)'라고 말할 수 없으니, 당하에서 아직 절을 하지 않았기 때문이며, 아래 경문에서 "소신이 사양하면 빈객은 당상으로 올라가서 재배를 하며 머리를 조아린다."고 했고, 정현의 주에서 "성배(成拜)라고 말하지 않은 것은 절을 하기 위해서 내려갔는데 실제로는 아직 절을 하지 않았기 때문이다."라고 한 말이 이러한 사실을 나타낸다. 신하가 군주에게 절을 할 때에는 세 등급이 있는데, 처음 술잔을 받았을 때에는 당하에서 절을 하지만 어떤 경우에는 직접 사양하기도 하고 어떤 경우에는 소신을 보내서 사양하기도 하는데, 절하는 절차를 마무리하거나 마무리 하지 못하는 것은 앞서 설명한 것과 같다. 그리고 술잔을 돌릴 때에 이르면 비록 당하에서 절을 하지만 곧바로 절을 하는 것은 아니며 군주가 사양할 때까지 기다리니, 아래 경문에서 "군주가 앉아서 치를 내려놓고 답배로 재배를 하며 치를 잡고서 일어나 서서 치를 비운다. 빈객이 내려가서 절을 하려고 하면 소신이 사양한다. 빈객이 올라오면 재배를 하고 머리를 조아린다."라고 했고, 정현의 주에서 "성배(成拜)라고 말하지 않은 것은 절을 하기 위해서 내려갔는데 실제로는 아직 절을 하지 않았기 때문이다. 아래로 내려가서 곧바로 절을 하지 못하는 것은 예가 낮춰졌기 때문이다."라고 했다. 「연례」편의 말미에는 무산작(無筭爵)의 절차가 나오는데, 군주가 하사한 술잔을 받은 자는 모두 자리에서 내려가 당상에서 절을 하며 머리를 조아리고 당하로 내려가 절을 하지 않으니, 의례절차의 말미가 되고 또 여수를 할 때보다 더욱 낮추기 때문이다.

참고 『의례』「연례(燕禮)」 기록

경문 公坐奠觶, 答再拜, 執觶興, 立卒觶. 賓下拜, 小臣辭. 賓升, 再拜稽首.

번역 군주가 앉아서 치를 내려놓고 답배로 재배를 하며 치를 잡고서 일어나 서서 치를 비운다. 빈객이 내려가서 절을 하려고 하면 소신이 사양한다. 빈객이 올라오면 재배를 하고 머리를 조아린다.

鄭注 不言成拜者, 爲拜故下, 實未拜也. 下不輒拜, 禮殺也. 此賓拜于君之左, 不言之者, 不敢敵偶于君.

번역 성배(成拜)라고 말하지 않은 것은 절을 하기 위해서 내려갔는데 실제로는 아직 절을 하지 않았기 때문이다. 아래로 내려가서 곧바로 절을 하지 못하는 것은 예가 낮춰졌기 때문이다. 여기에서 빈객은 군주의 좌측에서 절을 하게 되는데, 이러한 사실을 언급하지 않은 것은 감히 군주와 대등하게 의례를 진행할 수 없기 때문이다.

賈疏 ●"公坐"至"稽首". ◎注"不言"至"於君". ○釋曰: 云"此賓拜于君之左, 不言之者, 不敢敵偶于君"者, 上云公酬賓于西階上, 則此賓升再拜者, 拜于君之左可知. 經不言拜于君之左者, 若言再拜于君之左, 則臣與君敵偶. 故鄭云: 不言之者, 不敢敵耦于君. 闕其文也.

번역 ●經文: "公坐"～"稽首". ◎鄭注: "不言"～"於君". ○정현이 "여기에서 빈객은 군주의 좌측에서 절을 하게 되는데, 이러한 사실을 언급하지 않은 것은 감히 군주와 대등하게 의례를 진행할 수 없기 때문이다."라고 했는데, 앞에서 군주가 빈객에게 서쪽 계단 위에서 술을 권하게 되면 빈객은 당상으로 올라가서 재배를 한다고 했으니, 군주의 좌측에서 절을 하게 된다는 사실을 알 수 있다. 경문에서 군주의 좌측에서 절을 한다고 언급하지 않았는데, 만약 군주의 좌측에서 재배를 한다고 말했다면 신하는 군주와 대등한 짝이 되고 만다. 그렇기 때문에 정현이 "이러한 사실을 언급하지 않은 것은 감히 군주와 대등하게 의례를 진행할 수 없기 때문이다."라고 말한 것이니, 그 문장을 생략한 것이다.

참고 『의례』「향음주례(鄕飮酒禮)」 기록

경문 司正升相旅, 曰: "某子受酬." 受酬者降席.

번역 사정은 당상으로 올라가서 서열에 따라 여수(旅酬)가 진행되도록 도우며, "아무개는 여수의 술잔을 받으시오."라고 말한다. 권한 술잔을 받을 자는 자리에서 내려온다.

鄭注 旅, 序也. 於是介酬衆賓, 衆賓又以次序相酬. 某者, 衆賓姓也, 同姓則以伯仲別之. 又同, 則以且字別之.

번역 '여(旅)'자는 순서라는 뜻이다. 이 시기에 개(介)는 빈객 무리에게 술잔을 권하고, 빈객 무리는 또한 순서에 따라 서로에게 술을 권한다. '모(某)'는 빈객 무리들 중 한 사람의 성(姓)인데, 성이 같은 경우라면 백(伯)이나 중(仲)자를 붙여서 구별한다. 또 이마저도 같을 경우라면 '차자(且字)'[13]로 구별한다.

賈疏 ◎注"旅序"至"別之". ○釋曰: 上文"作相爲司正", 注云: "將留賓, 爲有懈惰, 立司正以監之." 今以賓·主及介旅酬不監之, 至衆賓乃監者, 以其主人與賓·介習禮已久, 又各一位, 不嫌失禮. 至於衆賓, 旣不久習禮, 又同在一位, 恐其失禮, 故須監之也. 云"某者, 衆賓姓也"者, 以某在子上, 故知是衆賓姓也. 若單言某, 則是字, 故鄕射云"某酬某子", 注云: "某者, 字也." 云"同姓則以伯仲別之"者, 但此衆賓之內有同姓, 司正命之, 則呼伯仲別之也. 云"又同, 則以且字別之"者, 爲同姓之中有伯仲同者, 則以某甫且字別之也.

번역 ◎鄭注: "旅序"~"別之". ○앞에서는 "의례의 진행을 돕는 자를 사정으로 삼는다."라고 했고, 정현의 주에서는 "빈객을 머물러 있게 하려는데 나태해질 수도 있으므로, 사정을 세워서 감독하게 만든다."라고 했다. 지금은 빈객과 주인 및 개(介)가 여수(旅酬)를 하는데 감독하지 않고, 빈객 무리들이 시행할 때가 되어서야 감독한다고 했다. 그 이유는 주인·빈객·개는 예법을 익힌 것이 이미 오래되었고 또한 각각 자신의 자리를 차지하고 있으므로 실례를 범하리라는 염려를 하지 않기 때문이다. 그러나 빈객 무리들에 있어서는 예법을 익힌 것이 오래되지 않았고 모두가 같은 자리에 있어서 실례를 범하게 되리라 염려되기 때문에 감독할 필요가 있다. 정현이 "'모(某)'는 빈객 무리들 중 한

13) 차자(且字)는 자(字)의 일종이다. 남자의 경우 관례(冠禮)를 치른 뒤에 자(字)를 받게 되는데, 주(周)나라의 제도에 따르면 20세로부터 50세까지는 이름 대신 자(字)를 붙여서 '아무개 보(甫)'라고 불렀으니, 이것을 '차자'라고 부른다. 50세를 넘기게 되면 형제서열에 따라서 '아무개 백(伯)'이나 '아무개 중(仲)' 등으로 부르게 된다.

사람의 성(姓)이다."라고 했는데, '모(某)'자는 자(子)자 앞에 기록되어 있기 때문에, 빈객 무리들 중 한 사람의 성에 해당한다는 사실을 알 수 있다. 만약 '모(某)'라고만 말했다면 이것은 그 사람의 자(字)에 해당한다. 그렇기 때문에 『의례』「향사례(鄉射禮)」편에서는 "아무개가 아무개 자에게 술을 권한다."라고 했고, 정현의 주에서는 "'모(某)'자는 그 사람의 자에 해당한다."라고 말한 것이다. 정현이 "성이 같은 경우라면 백(伯)이나 중(仲)자를 붙여서 구별한다."라고 했는데, 빈객 무리들 중에 동성인 자들이 포함되어 있을 때 사정이 그들을 지명한다면, '백(伯)'이나 '중(仲)'자를 붙여서 구별한다는 뜻이다. 정현이 "또 이마저도 같을 경우라면 '차자(且字)'로 구별한다."라고 했는데, 동성인 자들 중에서도 백(伯)이나 중(仲)의 서열이 같은 경우라면, 아무개 보(甫)라고 지칭해서 차자로 구별한다.

참고 『예기』「중용(中庸)」 기록

경문-1681上 宗廟之禮, 所以序昭穆也. 序爵, 所以辨貴賤也. 序事, 所以辨賢也. 旅酬下爲上, 所以逮賤也. 燕毛, 所以序齒也.

번역 공자가 계속하여 말하길, "종묘의 의례는 소목(昭穆)의 질서에 따라 차례를 정하는 방법이다. 작위에 따라 서열을 정하는 것은 귀천을 분별하는 방법이다. 일에 따라 서열을 정하는 것은 현명한 자를 변별하는 방법이다. 여수(旅酬)를 할 때 아랫사람이 윗사람을 위해 술을 권하는 것은 미천한 자에게까지 술이 돌아가도록 하는 방법이다. 연회를 하며 머리카락의 색깔에 따라 자리의 서열을 정하는 것은 나이에 따라 서열을 정하는 방법이다."라고 했다.

鄭注 序, 猶次也. 爵, 謂公·卿·大夫·士也. 事, 謂薦羞也. "以辨賢"者, 以其事別所能也. 若司徒"羞[14]牛", 宗伯"共雞牲"矣. 文王世子曰: "宗廟之中,

14) '수(羞)'자에 대하여. 『십삼경주소(十三經注疏)』 북경대 출판본에서는 "'수'자를

以爵爲位, 崇德也. 宗人授事以官, 尊賢也." "旅酬下爲上"者, 謂若特牲饋食之禮賓, 弟子·兄弟之子各擧觶於其長也. "逮賤"者, 宗廟之中, 以有事爲榮也. "燕", 謂旣祭而燕也. 燕以髮色爲坐, 祭時尊尊也, 至燕親親也. 齒, 亦年也.

번역 '서(序)'자는 "차례대로 정렬한다[次]."는 뜻이다. '작(爵)'은 제후·경·대부·사 등을 뜻한다. '사(事)'자는 음식을 바친다는 뜻이다. "이로써 현자를 변별한다."라고 했는데, 그 사안에 따라서 유능한 자를 변별한다는 뜻이다. 마치 사도(司徒)[15]가 "희생물로 사용될 소를 바친다."[16]라고 했고, 종백(宗伯)[17]이 "희생물로 사용될 닭을 공급한다."라고 한 것과 같다.[18] 『예기』「문왕세자(文王世子)」편에서는 "종묘 안에서 작위의 등급에 따라 위치를 정하는 것은 덕을 숭상하기 위해서이다. 종인(宗人)[19]이 일을 분배할 때 관직의 등급에

혜동(惠棟)의 『교송본(校宋本)』, 『송감본(宋監本)』, 『악본(岳本)』, 『가정본(嘉靖本)』, 위씨(衛氏)의 『집설(集說)』에서는 동일하게 기록했는데, 『민본(閩本)』·『감본(監本)』·『모본(毛本)』에서는 '봉(奉)'자로 기록했다."라고 했다.

15) 사도(司徒)는 본래 주(周)나라 때의 관리로, 국가의 토지 및 백성들에 대한 교화(敎化)를 담당했다. 전설상으로는 소호(少昊) 시대 때부터 설치되었다고 전해진다. 주나라의 육경(六卿) 중 하나였으며, 전한(前漢) 애제(哀帝) 원수(元壽) 2년(B.C. 1)에는 승상(丞相)의 관직명을 고쳐서, 대사도(大司徒)라고 불렀고, 대사마(大司馬), 대사공(大司空)과 함께 삼공(三公)의 반열에 있었다. 후한(後漢) 때에는 다시 '사도'로 명칭을 고쳤고, 그 이후로는 이 명칭을 계속 사용하다가 명(明)나라 때 폐지되었다. 명나라 이후로는 호부상서(戶部尙書)를 '대사도'라고 불렀다.

16) 『주례』「지관(地官)·대사도(大司徒)」: 祀五帝, 奉牛牲, 羞其肆.

17) 종백(宗伯)은 대종백(大宗伯)이라고도 부른다. 주(周)나라 때에는 육경(六卿) 중 하나에 해당하는 고위 관직이었다. 『주례』의 체제 속에서는 춘관(春官)의 수장이 된다. 종묘(宗廟)에 대한 제사 등 주로 예제(禮制)와 관련된 일을 담당하였다. 후대의 관직체계에서는 예부(禮部)에 해당하기 때문에, 예부상서(禮部尙書)를 또한 '대종백' 혹은 '종백'이라고도 부른다. 『서』「주서(周書)·주관(周官)」편에는 "宗伯掌邦禮, 治神人, 和上下."라는 기록이 있다. 또 『주례』「춘관(春官)·종백(宗伯)」편에는 "乃立春官宗伯, 使帥其屬而掌邦禮, 以佐王和邦國."이라는 기록이 있는데, 이에 대한 정현의 주에서는 "宗伯, 主禮之官."이라고 풀이했다. 한(漢)나라 때에는 태재(太宰)라는 이름으로 관직명을 고치기도 했다. 한편 진(秦)나라 때에는 종실(宗室)의 일들을 담당하는 종정(宗正)이라는 관리가 있었는데, 한나라 때에는 이 관직명을 '종백'으로 고치기도 했다.

18) 『주례』「춘관(春官)·계인(雞人)」: 雞人, 掌共雞牲辨其物.

따르는 것은 현명한 자를 높이기 위해서이다."[20]라고 했다. "여수(旅酬)를 하며 아랫사람이 윗사람을 위한다."라고 했는데, 『의례』「특생궤식례(特牲饋食禮)」편에서 빈객을 예우할 때, 제자·형제의 자식들이 각각 술잔인 치(觶)를 들어 그들 무리의 존장자에게 바치는 것과 같다. "미천한 자에게까지 미친다."라고 했는데, 종묘 안에서는 일을 맡아보는 것을 영예로 여기기 때문이다. '연(燕)'자는 제사를 끝내고서 연회를 한다는 뜻이다. 연회를 할 때에는 모발의 색깔에 따라 좌석을 정하니, 제사를 지낼 때에는 존귀한 자를 존귀하게 높이지만, 연회를 치르게 되면 친근한 자를 친근하게 대하기 때문이다. '치(齒)'자 또한 나이[年]를 뜻한다.

孔疏 ●"旅酬下爲上, 所以逮賤也"者, 旅, 衆也; 逮, 及也. 謂祭末飮酒之時, 使一人擧觶之後, 至旅酬之時, 使卑者二人各擧觶於其長者. 卑下者先飮, 是下者爲上, 賤人在先, 是恩意先及於賤者, 故云"所以逮賤也". 按特牲饋食之禮, 主人洗爵, 獻長兄弟, 獻衆兄弟之後, 衆賓弟子于西階, 兄弟弟子于東階, 各擧觶於其長也. 弟子等皆是下賤而得擧觶, 是有事於宗廟之中, 是其榮也. 又制受爵, 是"逮賤"也.

번역 ●經文: "旅酬下爲上, 所以逮賤也". ○'여(旅)'자는 무리[衆]를 뜻하며, '체(逮)'자는 "미치다[及]."는 뜻이다. 즉 제사 말미에 음주를 할 때에는 한

19) 종인(宗人)은 고대 관직명이다. 소종백(小宗伯)으로 여기기도 하며, 일반적으로 제사 및 종묘(宗廟)에서 시행되는 예법을 담당하는 자로 여기기도 한다. 『서』「주서(周書)·고명(顧命)」편에는 "上宗曰饗, 太保受同, 降, 盥以異同, 秉璋以酢, 授宗人同, 拜, 王荅拜."라는 기록이 있고, 이에 대한 공안국(孔安國)의 전문(傳文)에서는 "宗人, 小宗伯."이라고 풀이했다. 또한 『의례』「사관례(士冠禮)」편에는 "徹筮席, 宗人告事畢, 主人戒賓, 賓禮辭許."라는 기록이 있고, 이에 대한 정현의 주에서는 "宗人, 有司主禮者."라고 풀이했다.

20) 『예기』「문왕세자(文王世子)」【260b~c】: 公族朝于內朝, 內親也. 雖有貴者以齒, 明父子也. 外朝以官, 體異姓也. 宗廟之中以爵爲位, 崇德也. 宗人授事以官, 尊賢也. 登餕受爵以上嗣, 尊祖之道也. 喪紀以服之輕重爲序, 不奪人親也. 公與族燕則以齒, 而孝弟之道達矣. 其族食世降一等, 親親之殺也. 戰則守於公禰, 孝愛之深也. 正室守太廟, 尊宗室而君臣之道著矣. 諸父諸兄守貴室, 子弟守下室, 而讓道達矣.

사람을 시켜서 치(觶)를 들어 술을 권하게 하고, 그 이후에 여수(旅酬)를 하게 될 때라면, 신분이 낮은 자 2명으로 하여금 각각 그들 무리의 존장자에게 치(觶)를 들어 술을 권하는 것이다. 미천한 자가 먼저 술을 마시는 것은 아랫사람이 윗사람을 위해 술을 권하는 것인데, 미천한 자가 먼저 마시니, 이것은 은혜가 우선적으로 미천한 자에게 미치는 것이다. 그렇기 때문에 "미천한 자에게까지 미치게 하는 방법이다."라고 했다. 『의례』「특생궤식례(特牲饋食禮)」의 의례를 살펴보면, 주인은 술잔을 씻어서 장형제에게 바치고, 나머지 형제들에게 바치는데, 그 이후에 빈객무리들과 제자들은 서쪽 계단에 위치하고, 형제와 제자들은 동쪽 계단에 위치하여, 각각 그들 무리의 존장자에게 치(觶)를 들어 술을 권한다. 제자 등은 모두 지위가 낮고 미천한 자인데도 치(觶)를 들어서 권할 수 있으니, 이것은 종묘 안에서 일을 맡아보는 것은 영예에 해당하기 때문이다. 또한 술잔을 받는 법도를 제정했으니, 이것은 "미천한 자에게까지 미친다."는 뜻에 해당한다.

참고 『논어』「학이(學而)」 기록

경문 有子曰, "禮之用, 和爲貴. 先王之道, 斯爲美. 小大由之, 有所不行. 知和而和, 不以禮節之, 亦不可行也."

번역 유자는 "예의 활용에서는 조화로움을 존귀하게 여긴다. 선왕의 도도 이것을 아름답게 여겼다. 크고 작은 모든 일들을 예의 본체에 따라서만 시행하면 시행되지 않는 점도 있게 된다. 조화로움만 알아 조화롭게만 하고 예로 절제하지 않는다면 또한 시행할 수 없다."라고 했다.

何注 馬曰: 人知禮貴和, 而每事從和, 不以禮爲節, 亦不可行.

번역 마씨가 말하길, 사람들이 예가 조화로움을 존귀하게 여긴다는 사실만 알아서 매사에 조화로움만 따르고 예로 절제하지 못한다면 또한 시행할 수 없다.

邢疏 ●"有子曰"至"行也". ○正義曰: 此章言禮樂爲用相須乃美.

번역 ●經文: "有子曰"~"行也". ○이 문장은 예와 악을 활용할 때에는 서로가 있어야만 아름답게 됨을 나타내고 있다.

邢疏 ●"禮之用, 和爲貴"者, 和, 謂樂也. 樂主和同, 故謂樂爲和. 夫禮勝則離, 謂所居不和也, 故禮貴用和, 使不至於離也.

번역 ●經文: "禮之用, 和爲貴". ○조화로움은 음악을 뜻한다. 음악은 조화롭고 동일하게 함을 위주로 한다. 그렇기 때문에 음악이 조화로움이 됨을 알 수 있다. 예가 악보다 지나치면 서로 떠나게 되니,[21] 거처하는 곳에서 조화롭지 못한 것을 뜻한다. 그렇기 때문에 예는 조화로움에 따르는 것을 존귀하게 여겨 서로 떠나게 되는 지경에 이르지 않도록 한다.

邢疏 ●"先王之道, 斯爲美"者, 斯, 此也. 言先王治民之道, 以此禮貴和美, 禮節民心, 樂和民聲. 樂至則無怨, 禮至則不爭, 揖讓而治天下者, 禮樂之謂也, 是先王之美道也.

번역 ●經文: "先王之道, 斯爲美". ○'사(斯)'자는 차(此)자의 뜻이다. 즉 선왕이 백성을 다스렸던 도는 바로 이러한 예에서 조화로움을 존귀하게 높인다는 것을 아름답게 여겨, 예로 백성들의 마음을 절제시키고 악으로 백성들의 소리를 조화롭게 만들었다. 악이 지극해지면 원망함이 없어지고 예가 지극해지면 다투지 않는다. 따라서 읍하고 사양함으로 천하를 다스렸다는 것은 예악의 가르침을 뜻하니,[22] 이것이 선왕의 아름다운 도이다.

---

21) 『예기』「악기(樂記)」【461a】: 樂者爲同, 禮者爲異. 同則相親, 異則相敬. 樂勝則流, <u>禮勝則離</u>. 合情飾貌者, 禮樂之事也. 禮義立, 則貴賤等矣. 樂文同, 則上下和矣. 好惡著, 則賢不肖別矣. 刑禁暴, 爵擧賢, 則政均矣. 仁以愛之, 義以正之, 如此則民治行矣.

22) 『예기』「악기(樂記)」【461b~c】: 樂由中出, 禮自外作. 樂由中出故靜, 禮自外作故文. 大樂必易, 大禮必簡. <u>樂至則無怨, 禮至則不爭. 揖讓而治天下者, 禮樂之謂也</u>. 暴民不作, 諸侯賓服, 兵革不試, 五刑不用, 百姓無患, 天子不怒, 如此

邢疏 ●"小大由之, 有所不行"者, 由, 用也. 言每事小大皆用禮, 而不以樂和之, 則其政有所不行也.

번역 ●經文: "小大由之, 有所不行". ○'유(由)'자는 사용한다는 뜻이다. 매사의 크고 작은 것들을 모두 예에 따르기만 하고 악으로 조화롭게 만들지 않는다면, 그 정치에는 시행되지 못하는 점이 생긴다는 뜻이다.

邢疏 ●"知和而和, 不以禮節之, 亦不可行也"者, 言人知禮貴和, 而每事從和, 不以禮爲節, 亦不可行也.

번역 ●經文: "知和而和, 不以禮節之, 亦不可行也". ○사람들이 예가 조화로움을 존귀하게 높인다는 사실을 알아서 매사에 조화로움에만 따르고 예로 절제하지 않는다면 이 또한 시행할 수 없다는 뜻이다.

集註 禮者, 天理之節文, 人事之儀則也. 和者, 從容不迫之意. 蓋禮之爲體雖嚴, 而皆出於自然之理, 故其爲用, 必從容而不迫, 乃爲可貴. 先王之道, 此其所以爲美, 而小事大事無不由之也.

번역 예는 천리의 절도에 따른 격식이며 인사의 의로운 법칙이다. 화는 차분하며 급박하지 않다는 뜻이다. 예의 본체는 비록 엄격하지만 이 모두는 자연의 이치에서 나왔다. 그렇기 때문에 그것의 활용은 반드시 차분함에 따라 급박하지 않아야만 존귀하게 될 수 있다. 선왕의 도는 이것을 아름답게 여겨 크고 작은 모든 일들이 이것에 따르지 않는 일이 없었다.

集註 承上文而言, 如此而復有所不行者, 以其徒知和之爲貴而一於和, 不復以禮節之, 則亦非復禮之本然矣, 所以流蕩忘反, 而亦不可行也.

번역 앞의 문장을 이어서 한 말이니, 이처럼 하고도 재차 시행되지 못할

則樂達矣. 合父子之親, 明長幼之序, 以敬四海之內, 天子如此, 則禮行矣.

것이 있으니, 단지 조화로움이 귀하다는 사실만 알고서 한결같이 조화롭게만 따르고 재차 예로 절제하지 않는다면, 이 또한 예의 본래 그러함이 아니며, 방탕하게 흘러 돌아올 것을 잊게 되니 이 또한 시행할 수 없다는 뜻이다.

集註 程子曰: 禮勝則離, 故禮之用和爲貴. 先王之道以斯爲美, 而小大由之. 樂勝則流, 故有所不行者, 知和而和, 不以禮節之, 亦不可行.

번역 정자가 말하길, 예가 악보다 지나치면 떠나게 된다. 그렇기 때문에 예의 활용은 조화로움을 존귀하게 여긴다. 선왕의 도는 이것을 아름답게 여겨서 크고 작은 모든 일들을 이에 따르도록 했다. 악이 예보다 지나치면 방탕하게 흐른다. 그렇기 때문에 시행하지 못하는 점이 있으니, 조화로움만 알고 조화롭게만 하며 예로 절제하지 않는다면 또한 시행할 수 없는 것이다.

集註 范氏曰: 凡禮之體主於敬, 而其用則以和爲貴. 敬者, 禮之所以立也; 和者, 樂之所由生也. 若有子可謂達禮樂之本矣.

번역 범씨가 말하길, 예의 본체는 공경을 위주로 하고, 그 작용은 조화로움을 존귀하게 여긴다. 공경이란 예가 확립되는 것이며, 조화로움이란 악이 생겨나는 것이다. 유자는 예악의 근본에 통달했다고 평할 수 있다.

集註 愚謂: 嚴而泰, 和而節, 此理之自然, 禮之全體也. 毫釐有差, 則失其中正, 而各倚於一偏, 其不可行均矣.

번역 내가 생각하기에, 엄하면서도 태연하고 조화로우면서도 절제하는 것이 이치의 자연스러움이며 예의 온전한 본체이다. 조금이라도 차이가 생긴다면 중정함을 잃게 되어 각각 한쪽으로 치우치니, 균등히 시행할 수 없다.

참고 『예기』「곡례상(曲禮上)」 기록

경문-11d 人有禮則安, 無禮則危, 故曰禮者不可不學也.

번역 사람에게 있어서 예가 있다면 편안하게 되고, 예가 없다면 위태롭게 된다. 그렇기 때문에 "예라는 것은 배우지 않을 수가 없는 것이다."라고 말하는 것이다.

集說 禮者, 安危之所係, 自天子至於庶人, 未有無禮而安者也.

번역 '예(禮)'라는 것은 '안존과 위태로움[安危]'과 결부되어 있으니, 천자로부터 서인에 이르기까지, 예가 없이도 편안하게 지낼 수 있는 자는 없다.

訓纂 朱氏軾曰: 禮以固人肌膚之會·筋骸之束. 無禮則耳目無所屬, 手足無所措, 故不安而危.

번역 주식[23]이 말하길, 사람의 살과 피부가 결부되어 있고, 근육과 뼈가 결속되어 있는 것처럼, '예(禮)'라는 것을 통해서 굳건하게 결속시키는 것이다.[24] 따라서 예가 없다면, 마치 눈과 귀를 둘 곳이 없게 되고, 또 손과 발을 둘 곳이 없게 되는 것과 같다. 그렇기 때문에 예가 없는 사람들은 불안하게 되고, 또 위태롭게 되는 것이다.

集解 禮所以治人情, 脩仁義, 尙辭讓, 去爭奪. 故人必有禮, 然後身安而國家可保也. 自天子至於庶人, 未有無禮而不危者.

번역 예(禮)는 사람의 정감을 다스리는 것으로,[25] 인의(仁義)를 수양하게

---

23) 주식(朱軾, A.D.1665~A.D.1735) : 청(淸)나라 때의 명신(名臣)이다. 자(字)는 약섬(若瞻)·백소(伯蘇)이고, 호(號)는 가정(可亭)이다.

24) 『예기』「예운(禮運)」【287b~c】: 故禮義也者, 人之大端也. 所以講信修睦, 而固人肌膚之會·筋骸之束也.

25) 『예기』「예운(禮運)」【288a】: 故聖王修義之柄·禮之序, 以治人情. 故人情者,

하며, 사양함을 숭상하게 하고, 분쟁과 다툼을 없애준다.[26] 그렇기 때문에 사람에게는 반드시 예가 있어야 하며, 또한 예를 갖춘 이후에야 비로소 본인도 편안해지고, 국가도 보존할 수 있게 된다. 천자로부터 서인에 이르기까지, 예를 갖추지 않고서 위태롭게 되지 않은 자는 없었다.

참고 『역』「태괘(泰卦)」 기록

경문 彖曰: “泰, 小往大來, 吉亨”, 則是天地交而萬物通也, 上下交而其志同也. 內陽而外陰, 內健而外順, 內君子而外小人. 君子道長, 小人道消也.

번역 「단전」에서 말하길, “태(泰)는 작은 것이 가고 큰 것이 오니, 길하고 형통하다.”라고 한 것은 천지가 사귀어 만물이 형통하고, 위아래가 사귀어 그 뜻이 같아지는 것이다. 안에 양(陽)이 있고 밖에 음(陰)이 있으니, 안은 강건하고 밖은 유순하여, 군자가 안에 있고 소인이 밖에 있는 것이다. 따라서 군자의 도는 자라나고 소인의 도는 소멸된다.

孔疏 ●“彖曰泰小往大來”至“小人道消也”. ○正義曰: “泰, 小往大來, 吉亨, 則是天地交而萬物通”者, 釋此卦“小往大來吉亨”名爲“泰”也. 所以得名爲“泰”者, 止由天地氣交而生養萬物, 物得大通, 故云“泰”也. “上下交而其志同”者, 此以人事象天地之交. 上謂君也. 下謂臣也. 君臣交好, 故志意和同. “內陽而外陰, 內健而外順”, 內健則內陽, 外順則外陰. 內陽外陰據其象, 內健外順明其性, 此說泰卦之德也. 陰陽言爻, 健順言卦. 此就卦爻釋“小往大來吉亨”也. “內君子而外小人, 君子道長, 小人道消”者, 更就人事之中, 釋“小往大來吉亨”也.

聖王之田也, 修禮以耕之.

26) 『예기』「예운(禮運)」【278d～279a】: 故聖人耐以天下爲一家, …… 故聖人之所以治人七情, 修十義, 講信修睦, 尙慈讓, 去爭奪, 舍禮何以治之?

번역 ●經文: "彖曰泰小往大來"~"小人道消也". ○"태(泰)는 작은 것이 가고 큰 것이 오니, 길하고 형통한다고 한 것은 천지가 사귀어 만물이 형통하다."라고 했는데, 이것은 태괘(泰卦䷊)에서 "작은 것이 가고 큰 것이 오니, 길하고 형통하다."[27]라고 한 말을 '태(泰)'로 명명했음을 풀이한 것이다. 이름을 '태(泰)'로 붙일 수 있는 것은 천지의 기운이 사귀어 만물을 낳고 길러주니 만물이 크게 형통할 수 있다는 연유로 '태(泰)'라고 부른 것이다. "위아래가 사귀어 그 뜻이 같아진다."라고 했는데, 이것은 인사에 대한 것으로 천지의 사귐을 본뜬 것이다. '상(上)'은 군주를 뜻한다. '하(下)'는 신하를 뜻한다. 군주와 신하가 사귀고 좋아하기 때문에 뜻이 화합되고 같아진다. "안에 양(陽)이 있고 밖에 음(陰)이 있으니, 안은 강건하고 밖은 유순하다."라고 했는데, 안이 강건하다면 안에 양이 있는 것이고, 밖이 유순하다면 밖에 음이 있는 것이다. 안에 양이 있고 밖에 음이 있다는 것은 그 상에 근거해서 말한 것이며, 안이 강건하고 밖이 유순하다는 것은 그 본성을 드러낸 것이니, 이것은 태괘의 덕을 설명한 것이다. 음과 양은 효를 말한 것이고, 강건과 유순은 괘를 말한 것이다. 이것은 괘와 효에 대해서 "작은 것이 가고 큰 것이 오니, 길하고 형통하다."는 뜻을 풀이한 것이다. "군자가 안에 있고 소인이 밖에 있는 것이다. 따라서 군자의 도는 자라나고 소인의 도는 소멸된다."라고 했는데, 재차 인사를 통해 "작은 것이 가고 큰 것이 오니, 길하고 형통하다."는 뜻을 풀이한 것이다.

참고 구문비교

예기·연의 君舉旅於賓, 及君所賜爵, 皆降, 再拜稽首, 升成拜, 明臣禮也.

대대례기·조사(朝事) 奠圭, 降·拜·升·成拜, 明臣禮也.

27) 『역』「태괘(泰卦)」: 泰, 小往大來, 吉, 亨.

참고 『대대례기』「조사(朝事)」 기록

경문 奠圭, 降·拜·升·成拜, 明臣禮也.

번역 규(圭)를 내려놓고 내려가서 절을 하고 올라가서 절의 절차를 마무리 하는 것은 신하의 예법을 나타낸다.

解詁 覲禮曰: 侯氏入門右, 坐奠圭, 再拜稽首. 擯者謁. 侯氏坐取圭, 升致命, 王受之玉. 侯氏降, 階東北面再拜稽首, 擯者延之曰升, 升成拜, 乃出.

번역 『의례』「근례(覲禮)」편에서 말하길, 제후가 문으로 들어가 오른쪽으로 가서 자리에 앉아 규를 내려놓고 재배를 하며 머리를 조아린다. 빈(擯)[28]이 아뢴다. 제후는 앉아서 규를 들고 올라가서 명을 아뢰고, 천자는 옥을 받는다. 제후가 내려가서 계단의 동쪽에서 북쪽을 향해 재배를 하고 머리를 조아리며, 빈은 그 뒤를 따르며 "오르십시오."라고 말한다. 올라가서 절의 절차를 마무리 하고 밖으로 나간다.

참고 구문비교

예기·연의 故曰燕禮者, 所以明君臣之義也.

예기·제통(祭統) 是故不出者, 明君臣之義也.

예기·경해(經解) 故朝覲之禮, 所以明君臣之義也.

예기·사의(射義) 故燕禮者, 所以明君臣之義也.

---

28) 빈(擯)은 빈객(賓客)이 방문했을 때, 주인(主人)의 부관이 되어, 빈객과의 사이에서 시행해야 할 일들을 도왔던 부관들을 뜻한다.

참고 『예기』「제통(祭統)」 기록

경문-581a 君迎牲而不迎尸, 別嫌也. 尸在廟門外則疑於臣, 在廟中則全於君. 君在廟門外則疑於君, 入廟門則全於臣·全於子. 是故不出者, 明君臣之義也.

번역 십륜(十倫) 중 두 번째는 다음과 같다. 군주는 제사에 사용되는 희생물은 맞이하지만 시동은 맞이하지 않는데, 이것은 혐의를 변별하기 위해서이다. 시동이 묘문 밖에 있을 때에는 신하의 신분이 되지만, 종묘 안에 있게 되면 온전히 선대 군주를 형상화하게 된다. 군주가 묘문 밖에 있을 때에는 군주의 신분이 되지만, 묘문 안으로 들어가게 되면 온전히 신하와 자식의 입장이 된다. 그렇기 때문에 묘문 밖으로 나가서 시동을 맞이하지 않는 것은 군주와 신하 관계에서 지켜야 하는 도의를 나타낸다.

鄭注 不迎尸者, 欲全其尊也. 尸, 神象也. 鬼神之尊在廟中, 人君之尊出廟門則伸.

번역 시동을 맞이하지 않는 것은 존귀함을 온전히 하고자 했기 때문이다. 시동은 신을 형상화하는 자이다. 귀신의 존귀함은 묘 안에서 이루어지고, 군주의 존귀함은 묘문 밖으로 나가면 펼쳐지게 된다.

孔疏 ●"是故不出者, 明君臣之義也"者, 結第二倫也. 君至尊而受屈廟中, 以臣子自處, 不敢出廟門, 恐尸尊不極, 欲示天下咸知君臣之義也. 君臣由義而合, 故云"義"也.

번역 ●經文: "是故不出者, 明君臣之義也". ○두 번째 도의에 대해서 결론을 맺은 말이다. 군주는 지극히 존귀하지만, 종묘 안에서는 굽혀야 하는 상황을 받아들여서 신하와 자식의 입장으로 자처하여, 묘문 밖으로 감히 나가지 않으니, 아마도 시동의 존귀함이 지극해지지 못할 것을 염려했기 때문이며, 천하의 모든 사람들에게 군주와 신하 관계에서 지켜야 하는 도의를 알도록 만들기 위해 드러내고자 했던 것이다. 군주와 신하는 의리에 따라 부합하기 때문에 '의(義)'라고 했다.

참고 『예기』「경해(經解)」 기록

경문-590b~c 故朝覲之禮, 所以明君臣之義也; 聘問之禮, 所以使諸侯相尊敬也; 喪祭之禮, 所以明臣子之恩也; 鄕飮酒之禮, 所以明長幼之序也; 昏姻之禮, 所以明男女之別也. 夫禮, 禁亂之所由生, 猶坊止水之所自來也. 故以舊坊爲無所用而壞之者, 必有水敗; 以舊禮爲無所用而去之者, 必有亂患.

번역 그러므로 조근(朝覲)의 의례는 군신관계의 도의를 밝히는 방법이다. 빙문(聘問)의 의례는 제후들끼리 서로 존경하도록 만드는 방법이다. 상례와 제례는 신하와 자식에게 있는 은정을 밝히는 방법이다. 향음주례는 장유관계의 질서를 밝히는 방법이다. 혼인의 의례는 남녀의 유별함을 밝히는 방법이다. 무릇 예라는 것은 혼란이 생겨나는 원인을 금지하는 것이니, 물이 넘치는 것을 제방이 방지함과 같다. 그러므로 예전의 제방을 쓸데없는 것이라고 여겨서 무너트리는 자에게는 반드시 수재가 발생할 것이고, 예전의 예법을 쓸데없는 것이라고 여겨서 없애는 자에게는 반드시 혼란과 우환이 발생할 것이다.

鄭注 春見曰朝, 小聘曰問, 其篇今亡. 昏姻, 謂嫁取也. 婿曰昏, 妻曰姻. 自, 亦由也.

번역 봄에 찾아뵙는 것을 '조(朝)'라고 부르고, 작은 규모로 찾아가 만나보는 것을 '문(問)'이라고 부르는데, 관련된 『의례』의 편들은 현재 망실되어 남아 있지 않다. '혼인(昏姻)'은 장가들고 아내를 들인다는 뜻이다. 사위의 입장에서 '혼(昏)'이라고 부르고, 아내의 입장에서 '인(姻)'이라고 부른다. '자(自)'자 또한 '~로부터[由]'라는 뜻이다.

참고 『예기』「사의(射義)」 기록

경문-705a~b 古者諸侯之射也, 必先行燕禮. 卿·大夫·士之射也, 必先行鄕飮酒之禮. 故燕禮者, 所以明君臣之義也. 鄕飮酒之禮者, 所以明長幼之序也.

번역 고대에 제후들이 사례(射禮)를 실시할 때에는 반드시 그보다 앞서서 연례(燕禮)를 시행했다. 경·대부·사가 사례를 실시할 때에는 반드시 그보다 앞서서 향음주례(鄕飮酒禮)를 시행했다. 그러므로 연례라는 것은 군신관계에서의 도의를 밝히는 방법이다. 또한 향음주례라는 것은 장유관계에서의 질서를 밝히는 방법이다.

鄭注 言別尊卑老稚, 然後射, 以觀德行也.

번역 신분에 따른 차이와 나이에 따른 차이를 구별한 이후에 활쏘기를 하여 덕행을 관찰한다는 뜻이다.

孔疏 ●"燕禮者, 所以明君臣之義也"者, 謂臣於堂下再拜稽首, 升成拜, 君答拜, 似若臣盡竭其力致敬於君, 君施惠以報之也.

번역 ●經文: "燕禮者, 所以明君臣之義也". ○신하가 당하에서 재배를 하며 머리를 조아리고, 당상에 올라가서 절하는 예법을 완성하면 군주는 답배를 하는데, 이것은 마치 신하가 군주에 대해 자신의 힘을 다하고 공경함을 지극히 하여, 군주가 은혜를 베풀어서 보답을 해주는 것과 같다는 뜻이다.

그림 4-1 ▣ 치(觶)

※ **출처:** 좌-『삼재도회(三才圖會)』「기용(器用)」 1권
상우-『삼례도집주(三禮圖集注)』 12권 ; 하우-『육경도(六經圖)』 9권

그림 4-2 ▣ 비(篚)

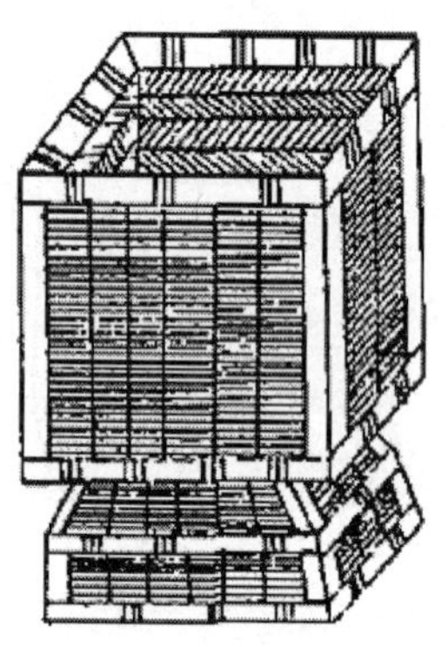

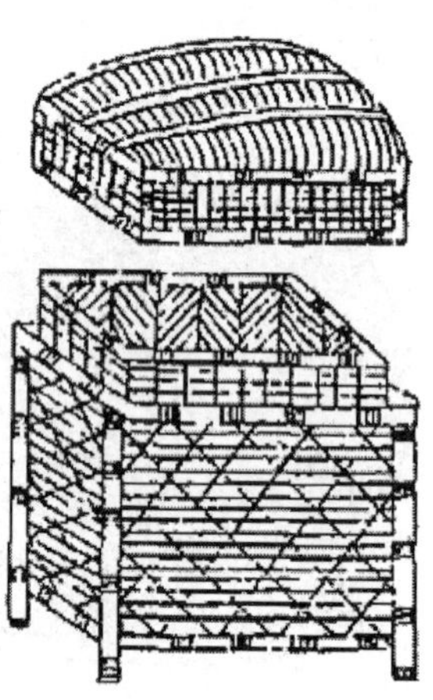

※ **출처:** 『삼례도집주(三禮圖集注)』 12권

• 제 5 절 •

연례(燕禮)와 신분질서

【714a】

席，小卿次上卿，大夫次小卿，士·庶子以次就位於下．獻君，君擧旅行酬．而后獻卿，卿擧旅行酬．而后獻大夫，大夫擧旅行酬．而后獻士，士擧旅行酬．而后獻庶子．俎豆·牲體·薦羞，皆有等差，所以明貴賤也．

직역 席에, 小卿은 上卿에 次하고, 大夫는 小卿에 次하며, 士와 庶子은 次로써 下에서 位로 就한다. 君에 獻하면, 君은 旅를 擧하여 酬를 行한다. 后에 卿에게 獻하면, 卿은 旅를 擧하여 酬를 行한다. 后에 大夫에게 獻하면, 大夫는 旅를 擧하여 酬를 行한다. 后에 士에게 獻하면, 士는 旅를 擧하여 酬를 行한다. 后에 庶子에게 獻한다. 俎豆·牲體·薦羞에도 皆히 等差이 有하니, 貴賤을 明하는 所以이다.

의역 자리를 설치함에 있어서, 소경은 상경 다음에 위치하고, 대부는 소경 다음에 위치하며, 사와 서자는 그 다음 서열에 따라 계단 밑에서 각자 자신의 자리에 나아가게 된다. 군주에게 술을 따라주면, 군주는 여수(旅酬)의 절차를 시행한다. 그런 이후 경에게 술을 따라주면, 경은 여수의 절차를 시행한다. 그런 이후 대부에게 술을 따라주면, 대부는 여수의 절차를 시행한다. 그런 이후 사에게 술을 따라주면, 사는 여수의 절차를 시행한다. 그런 이후 서자에게 술을 따라준다. 각 계급에 있어서, 그 앞에 놓아두는 도마 및 두(豆)의 수, 희생물의 몸체 수, 올리는 찬의 수에 있어서도 모두 차등이 존재하니, 이것은 귀천의 신분 등급을 나타내는 방법이다.

集說 設席之位，上卿在賓席之東，小卿在賓席之西，皆是南面東上，而遙相次，此所謂小卿次上卿也．大夫在小卿之西，是大夫次小卿也．士受獻于西階之上, 退立于阼階下, 西面北上. 庶子受獻于阼階上, 亦退立于阼階下. 庶子次於士, 是士庶子以次就位于下也. 獻君者, 主人酌以獻也. 公取媵爵以酬賓, 賓以旅酬於西階上, 此所謂獻君, 君擧旅行酬也. 而后獻卿者, 亦主人獻之也. 公又行一爵, 亦媵者之爵也. 若卿若賓, 惟公所酬, 卿亦以旅于西階之上, 禮亦如初, 此亦是君擧旅, 而言卿擧者, 蓋君爲卿擧耳. 下言大夫擧旅, 士擧旅, 其義同. 而後獻大夫, 亦主人之獻也. 公又擧奠觶以賜, 是爲大夫擧旅也. 主人獻士, 公復賜之, 是爲士擧旅也. 公擧旅之禮止於士, 不及庶子矣. 而后獻庶子者, 主人獻之于阼階之上也. 牲, 狗也.

번역 자리를 설치하는 위치에 있어서, 상경은 빈객의 자리 동쪽에 위치하게 되고, 소경은 빈객의 자리 서쪽에 위치하게 되니, 두 부류 모두 남쪽을 향해서 동쪽 끝에서부터 서고, 차례대로 늘어서며 서로 차례를 맞추니, 이것이 바로 "소경이 상경 다음에 위치한다."는 뜻이다. 대부는 소경의 서쪽에 위치하니, 이것이 "대부가 소경 다음에 위치한다."는 뜻이다. 사는 서쪽 계단 위에서 술잔을 받고, 물러나서 동쪽 계단 아래에 서 있게 되며, 서쪽을 바라보고 북쪽 끝에서부터 차례대로 정렬한다. 서자는 동쪽 계단 위에서 술잔을 받고, 또한 물러나서 동쪽 계단 아래에 서 있게 된다. 서자는 사 다음에 위치하니, 이것이 "사와 서인은 그 다음 서열에 따라 아래에서 자신의 자리에 나아간다."는 뜻이다. "군주에게 술을 바친다."는 말은 주인이 술을 따라서 바친다는 뜻이다. 군주는 잉작(媵爵)을 가져다가 빈객에게 술을 권하고, 빈객은 서쪽 계단 위에서 여수(旅酬)를 하게 되니, 이러한 절차를 "군주에게 술을 바치면, 군주는 여(旅)를 들어서 수(酬)를 시행한다."라고 한 것이다. "이후에 경에게 술을 바친다."는 말은 또한 주인이 술을 따라서 바친다는 뜻이다. 군주 또한 한 차례 술을 따르게 되어 있으니, 이 또한 잉작에 해당한다. 경이나 빈객과 같은 경우에는 오직 군주만이 술을 권하게 되고, 경은 또한 서쪽 계단 위에서 여수를 하게 되니, 그 예법은 또한 최초 시행했던 것과 같고, 이것은 또한 군주가 여(旅)를 드는 것에 해당하는데, 경이 든다고 말한 이유는 군주가 경을 위해서 술잔을 들었기 때문이다. 그 뒤의 구문에서는 대부가 여(旅)를 든다고 했고, 사가 여(旅)를 든다고 했는데, 그 의미가 또한 이와 같다. "이후에 대부에게 술을 바친다."는 말 또한 주인이 술을 따라서 바친다는 뜻이다. 군주 또한 앞에 놓인 치(觶)라는 술잔을 들고서 하사를 하게 되는데, 이것이 바로 대부가 여(旅)를 든다는 뜻이다. 주인이 사에게 술을 따라주고, 군주가 재차 술잔을 하사하는 것이 바로 사를 위해서 여(旅)를 든다는 뜻이다. 군주가 여(旅)를 드는 예는 사 계급에서 끝나고, 서자에는 미치지 않는다. "이후에 서자에게 술을 바친다."는 말은 주인이 동쪽 계단 위에서 술을 준다는 뜻이다. '생(牲)'은 개고기[狗]를 뜻한다.

集說 疏曰: 公及卿大夫士等, 牲體薦羞之等差, 燕禮不載.

번역 공영달의 소에서 말하길, 군주와 경 · 대부 · 사 등에 대해서, 희생물의 몸체와 올리는 찬의 수에 있어서 차등이 있는데, 이 내용은 『의례』「연례(燕禮)」편에 수록되어 있지 않다.

大全 藍田呂氏曰: 禮之所貴, 別而已矣. 親疏長幼貴賤賢不肖, 皆別也. 大別之中, 又有細別存焉, 均親也, 而有斬衰大功小功緦麻袒免之異, 均長也, 而有父事兄事肩隨之異, 故以賤事貴, 有十等焉, 所謂王公卿士皂輿隷僚僕臺也. 君者, 積尊而爲之也. 苟無差等, 民可得而犯之, 貴貴之義有所不行, 此亂之所由生也. 燕禮之別, 故上卿小卿大夫士庶子, 其席其就位, 皆有次, 獻君獻卿獻大夫獻士獻庶子, 及擧旅行酬, 皆有序, 俎豆牲體薦羞, 皆有等差. 君臣貴賤之義, 極其密察至于此者, 所以防亂也.

번역 남전여씨가 말하길, 예에서 존귀하게 여기는 것은 구별일 따름이다. 친근하고 소원하며 나이가 많고 적으며 신분이 귀하고 천하며 현명하거나 불초한 관계 등은 모두 구별에 해당한다. 구별의 큰 범주 안에도 세부적인 구별이 존재하니, 모두 친족 관계에 해당한다고 하더라도 관계에 따라 참최복(斬衰服) · 대공복(大功服)[1] · 소공복(小功服)[2] · 시마복(緦麻服)[3] · 단문(袒免)[4]을

1) 대공복(大功服)은 상복(喪服) 중 하나로, 오복(五服)에 속한다. 조밀한 삼베를 사용해서 만들지만, 소공복(小功服)에 비해서는 삼베의 재질이 거칠기 때문에, '대공복'이라고 부른다. 이 복장을 입게 되는 기간은 상황에 따라 차이가 생기지만,

하게 되는 차이점이 발생하고, 모두 어른이라고 하지만, 부친을 섬기고 형을 섬기며 나이가 엇비슷한 자를 따를 때의 차이점이 발생한다. 그렇기 때문에 미천한 자가 존귀한 자를 섬길 때에는 10가지 등급이 존재하니, 이른바 왕(王)·공(公)·경(卿)·사(士)·조(皂)·여(輿)·예(隸)·요(僚)·복(僕)·대(臺)를 뜻한다.[5] '군(君)'이라는 것은 이러한 존귀함을 거듭 쌓아서 되는 것이다. 만약 층차와 등급이 없다면, 백성들은 침범할 수 있게 되고, 존귀한 자를 존귀하게 여기는 도의에도 시행되지 못하는 점이 발생하니, 이것이 바로 혼란함이 생겨나는 원인이다. 연례(燕禮)에서도 구별을 두기 때문에, 상경(上卿)·소경(小卿)·대부(大夫)·사(士)·서자(庶子) 등에 있어서, 그들의 자리 및 나아가서 위치하는 것에 모두 차등이 있는 것이고, 군주에게 술을 따라주고, 경에게 술을 따라주며, 대부에게 술을 따라주고, 사에게 술을 따라주며, 서자에게 술을 따라주는 일 및 여수(旅酬)를 시행하는 일에 있어서도 모두 질서가 있는 것이며, 도마 및 두(豆)의 숫자, 희생물의 몸체를 올리는 숫자, 올리는 찬의 숫자에 있어서도 모두 차등이 있는 것이다. 군신관계 및 신분의 귀천에 따른 도의를 지극히 살핀 것이 이와 같은 수위에 이르게 된 것은 혼란함을 방지하기 위해서이다.

일반적으로 9개월이다. 당형제(堂兄弟) 및 미혼인 당자매(堂姊妹), 또는 혼인을 한 자매(姊妹) 등을 위해서 입는다.

2) 소공복(小功服)은 상복(喪服) 중 하나로, 오복(五服)에 속한다. 조밀한 삼베를 사용해서 만들며, 대공복(大功服)에 비해서 삼베의 재질이 조밀하기 때문에, '소공복'이라고 부른다. 이 복장을 입게 되는 기간은 상황에 따라 차이가 생기지만, 일반적으로 5개월이 된다. 백숙(伯叔)의 조부모나 당백숙(堂伯叔)의 조부모, 혼인하지 않은 당(堂)의 자매(姊妹), 형제(兄弟)의 처 등을 위해서 입는다.

3) 시마복(緦麻服)은 상복(喪服) 중 하나로, 오복(五服)에 속한다. 가장 조밀한 삼베를 사용해서 만든다. 이 복장을 입게 되는 기간은 상황에 따라서 차이가 있지만, 일반적으로 3개월이 된다. 친족의 백숙부모(伯叔父母)나 친족의 형제(兄弟)들 및 혼인하지 않은 친족의 자매(姊妹) 등을 위해서 입는다.

4) 단문(袒免)은 상의의 한쪽을 벗어 좌측 어깨를 드러내고, 관(冠)을 벗고 머리끈으로 머리를 묶는다는 뜻이다. 먼 친척이 죽었을 때, 해당하는 상복(喪服)이 없다면, 이처럼 '단문'을 해서 애도하는 마음을 표현하게 된다.

5) 『춘추좌씨전』「소공(昭公) 7년」: 天有十日, 人有十等. 下所以事上, 上所以共神也. 故王臣公, 公臣大夫, 大夫臣士, 士臣皁, 皁臣輿, 輿臣隸, 隸臣僚, 僚臣僕, 僕臣臺.

鄭注 牲體, 俎實也. 薦, 謂脯醢也. 羞, 庶羞也.

번역 '생체(牲體)'은 도마에 올리는 고기이다. '천(薦)'은 포(脯)나 젓갈 등을 뜻한다. '수(羞)'는 서수(庶羞)[6]를 뜻한다.

釋文 差, 初佳反, 又初宜反. 醢音海.

번역 '差'자는 '初(초)'자와 '佳(가)'자의 반절음이며, 또한 '初(초)'자와 '宜(의)'자의 반절음도 된다. '醢'자의 음은 '海(해)'이다.

孔疏 ●"席小"至"賤也". ○正義曰: 此明尊卑上下席位之所, 受獻旅酬之差, 貴賤先後之義.

번역 ●經文: "席小"~"賤也". ○이곳 문단은 존비(尊卑) 및 상하(上下)에 따른 자리의 위치와 술을 받고 여수(旅酬)를 하는 차등, 귀천(貴賤)과 선후(先後)에 따른 뜻을 나타내고 있다.

孔疏 ●"席, 小卿次上卿"者, 按燕禮, 上卿在賓席之東, 小卿在賓席之西, 隔越於賓席, 而云"次上卿"者, 以俱南面東上, 遙相次耳.

번역 ●經文: "席, 小卿次上卿". ○『의례』「연례(燕禮)」편을 살펴보면, 상경은 빈객의 자리 동쪽에 위치하고, 소경은 빈객의 자리 서쪽에 위치하며, 빈객의 자리와 사이를 벌려 있게 되는데, "상경 다음에 위치한다."라고 말한 이유는 둘 모두 남쪽을 바라보며 동쪽 끝에서부터 위치하여, 차례대로 서열에 따라 늘어서기 때문이다.

---

6) 서수(庶羞)는 여러 종류의 맛좋은 음식들을 뜻한다. 수(羞)자는 맛좋은 음식을 뜻하고, 서(庶)자는 음식 종류가 많다는 뜻이다. 『의례』「공사대부례(公食大夫禮)」편에는 "上大夫庶羞二十, 加於下大夫以雉兎鶉鴽."라는 기록이 있는데, 이에 대한 호배휘(胡培翬)의 정의(正義)에서는 학경(郝敬)의 말을 인용하여, "肴美曰羞, 品多曰庶."라고 풀이했다.

孔疏 ●"大夫次小卿"者, 按燕禮, 大夫在小卿之西, 故燕禮云: "辯獻大夫, 遂薦之. 繼賓以西, 東上."

번역 ●經文: "大夫次小卿". ○『의례』「연례(燕禮)」편을 살펴보면, 대부는 소경의 서쪽에 위치한다. 그렇기 때문에 「연례」편에서는 "대부들에게 두루 술을 따라주면, 뒤이어 음식을 차려내게 된다. 빈객의 자리에 연이어서 서쪽으로 두며, 동쪽 끝에서부터 차례대로 정렬한다."7)라고 한 것이다.

孔疏 ●"士庶子以次就位於下"者, 燕禮於西階上獻士, 既受獻者立於阼階下, 西面北上. 獻庶子於阼階上, 既獻立於阼階下, 故云"士庶子以次就位於下"也.

번역 ●經文: "士庶子以次就位於下". ○『의례』「연례(燕禮)」편에서는 서쪽 계단 위에서 사에게 술을 따라주게 되는데, 이미 술을 받은 자는 동쪽 계단 아래에 서 있게 되고, 서쪽을 바라보며 북쪽 끝에서부터 차례대로 정렬한다. 또 동쪽 계단 위에서 서자에게 술을 따라주는데, 이미 술을 받은 자는 동쪽 계단 아래에 위치한다. 그렇기 때문에 "사와 서자는 서열에 따라 당하에서 자신의 자리에 나아간다."라고 말한 것이다.

孔疏 ●"獻君, 君擧旅行酬"者, 按燕禮, 宰夫爲主人酌以獻賓, 賓飮畢, 酌以酢主人. 主人飮畢, 酌以獻君. 君飮畢, 酌以酢主人. 更爵以受酢于阼階下, 飮卒爵. 主人又洗觚酬, 主人先飮卒爵, 酌以酬賓. 賓受觚坐奠于薦東訖, 小臣請媵爵者二人, 媵爵阼階下, 皆北面媵爵于公. 媵爵者先自飮畢. 媵爵者洗象觶, 酌奠于公席之前, 公坐取所媵之觶以酬賓. 賓於時下, 再拜稽首, 公命小臣辭. 賓升, 成拜. 公立卒觶, 賓乃受公虛爵, 酌之, 酬大夫于西階上. 衆大夫相酬畢, 奠虛觶于篚. 此是"獻君, 君擧旅行酬"也.

---

7) 『의례』「연례(燕禮)」: 辯獻大夫, 遂薦之, 繼賓以西, 東上. 卒, 射人乃升大夫. 大夫皆升就席.

번역 ●經文: "獻君, 君擧旅行酬". ○『의례』「연례(燕禮)」편을 살펴보면, 재부(宰夫)는 주인을 대신해서 술을 따라 빈객에게 바치고, 빈객이 그 술을 다 마시면, 다시 술을 따라서 주인에게 건넨다. 주인이 술을 다 마시면, 다시 술을 따라서 군주에게 바친다. 군주가 술을 다 마시면, 술을 따라서 주인에게 건넨다. 다시 술잔을 들고, 동쪽 계단 아래에서 술잔을 받으면, 술을 마셔서 잔을 비운다. 주인은 또한 고(觚)를 씻어서 술을 권하니, 주인은 먼저 술을 마셔서 잔을 비우고, 술을 따라서 빈객에게 권한다. 빈객이 술을 담은 고(觚)를 받으면, 앉아서 음식이 차려진 곳 동쪽에 그것을 내려놓고, 그 일이 끝나면 소신(小臣)이 잉작(媵爵)을 할 두 사람을 청해서 묻고, 동쪽 계단 아래에서 잉작을 하는데, 모두 북쪽을 바라보며 군주에게 잉작을 하게 된다. 잉작을 하는 자는 먼저 제 스스로 술을 마셔서 잔을 비운다. 그 일이 끝나면 잉작을 하는 자는 상치(象觶)를 씻어서, 군주의 자리 앞에 술을 따라 내려놓게 되고, 군주는 앉은 자리에서 잉작으로 따라준 치(觶)를 들고서 빈객에게 술을 권하게 된다. 빈객은 이때 당하에 있는데, 재배를 하고 머리를 조아리고, 군주는 소신에게 명령하여 사양을 하게 된다. 빈객이 당으로 올라가면 절하는 예법을 완성하게 된다. 군주는 서서 치(觶)에 담긴 술을 비우고, 빈객은 곧 군주가 비운 빈 술잔을 받아서, 그곳에 술을 따르고, 서쪽 계단 위에서 대부들에게 술을 권한다. 여러 대부들이 서로 술을 권하는 절차가 끝나면, 비(篚)에 술을 비운 치(觶)를 놓아둔다고 했다. 이것이 바로 "군주에게 술을 바치면, 군주는 여수(旅酬)를 시행한다."는 뜻이다.

孔疏 ●"而后獻卿, 卿擧旅行酬"者, 按燕禮, 主人洗, 升, 實散, 獻卿于西階上. 獻卿畢, 小臣又請媵爵者, 公使二人媵爵, 奠于公前. 公又行一爵, 若賓若長, 唯公所酬, 以旅于西階上. 大夫辯而止. 此是爲卿旅酬也. 燕禮直云"卿", 不云小卿·大卿之異, 則小卿·大卿俱同獻也.

번역 ●經文: "而后獻卿, 卿擧旅行酬". ○『의례』「연례(燕禮)」편을 살펴보면, 주인은 술잔을 씻고, 당 위로 올라가며, 산(散)에 술을 채우고, 서쪽 계단 위에서 경에게 술을 따라준다. 경에게 술을 따라주는 절차가 끝나면, 소신(小

臣)은 재차 잉작(媵爵)을 청하게 되는데, 군주는 두 사람을 시켜서 잉작을 하게 되고, 군주 앞에 놓아두게 된다. 군주는 또한 한 차례 술을 권하는 절차를 시행하는데, 빈객이나 존장자와 같은 경우, 오직 군주가 술을 권하여 서쪽 계단 위에서 여수(旅酬)를 하게 된다. 대부들에게 두루 술잔이 돌아가면 그치게 된다. 이것이 바로 경을 위해 여수를 하는 것이다. 「연례」편에서는 단지 '경(卿)'이라고 하고, 소경(小卿)이나 대경(大卿)의 차이를 언급하지 않았으니, 소경과 대경에게는 모두 동일하게 술을 따라주게 된다.

孔疏 ●"而后獻大夫, 大夫擧旅行酬"者, 按燕禮, 主人洗, 獻大夫于西階上, 大夫辯受獻, 乃納工. 獻衆工畢, 公又擧奠觶, 唯公所賜, 以旅于西階上. 此是獻大夫, 爲大夫而旅酬也.

번역 ●經文: "而后獻大夫, 大夫擧旅行酬". ○『의례』「연례(燕禮)」편을 살펴보면, 주인은 술잔을 씻고, 서쪽 계단 위에서 대부에게 술을 따라주게 되며, 대부들이 두루 술잔을 받게 되면, 곧 악공(樂工)을 들인다. 여러 악공들에게 모두 술을 따라주게 되면, 군주는 또한 앞에 놓인 치(觶)를 드니, 오직 군주에게 술잔을 하사받은 자만이 서쪽 계단 위에서 여수(旅酬)를 하게 된다. 이것이 대부에게 술을 따라주어 대부를 위해 여수를 한다는 뜻이다.

孔疏 ●"而后獻士, 士擧旅行酬"者, 按燕禮, 說屨, 升堂坐之後, 主人獻士于西階上. 獻士辯, 又獻旅食. 賓媵觚于公, 公坐取賓所媵觶, 興. 唯公所賜, 乃就席, 坐行之, 終於大夫. 終受者興, 以酬士, 士擧旅于西階上. 此是獻士爲旅酬也.

번역 ●經文: "而后獻士, 士擧旅行酬". ○『의례』「연례(燕禮)」편을 살펴보면, 신발을 벗고, 당에 올라가서 앉은 이후, 주인은 서쪽 계단 위에서 사에게 술을 따라주게 된다. 사에게 두루 술을 따라주게 되면, 또한 정해진 녹봉을 받지 않는 자에게 술을 따라준다. 빈객이 고(觚)에 술을 따라 군주에게 잉작(媵爵)을 하면, 군주는 앉아서 빈객이 잉작한 치(觶)를 들고, 일어나게 된다. 오직 군주에게 술잔을 하사받은 자만이 곧 자리에 나아가고 앉아서 여수의 절차를 시행하는데, 이것은 대부 계급에서 끝나게 된다. 끝에 술을 받은 자는 일어나서, 사에게 술을 권하고, 사는 서쪽 계단 위에서 여수(旅酬)를 하게 된다. 이것이 사(士)에게 술을 따라주어서 여수를 한다는 뜻이다.

孔疏 ●"而后獻庶子"者, 庶子卑, 不爲之擧旅, 但無算爵之節, 執爵者酌而旅之.

번역 ●經文: "而后獻庶子". ○서자(庶子)는 신분이 미천하므로, 그를 위해 여수(旅酬)를 할 수 없고, 단지 술잔의 수를 셈하지 않고 마시는 절차에서, 술잔을 잡은 자가 술을 따라서 두루 권할 따름이다.

孔疏 ●"俎豆·牲體·薦羞, 皆有等差"者, 公及卿·大夫·士等牲體·薦羞之節, 皆有等差, 但燕禮不載, 無以言也.

번역 ●經文: "俎豆·牲體·薦羞, 皆有等差". ○군주 및 경·대부·사 등에게 있어서, 희생물의 몸체를 올리는 수, 올리는 찬의 항목에는 모두 차등이 있게 되는데, 『의례』「연례(燕禮)」편에는 이러한 내용들이 기록되어 있지 않아서, 설명을 하지 못한 것이다.

集解 上卿, 謂三卿也. 小卿, 大夫之上, 若司徒下之小司徒, 司馬下之小司馬也. 燕禮不言小卿之席. 大射儀"卿賓東, 東上, 小卿賓西, 東上", 則燕禮亦當然. 卿與小卿之席不相屬, 而曰小卿次上卿者, 以尊卑之次言之也. 賓席牖間, 最尊; 上卿在賓東近君, 次於賓; 小卿在賓西, 又次於上卿也. 大夫次小卿者, 大夫又在小卿之西也. 士·庶子以次就位於下者, 士初入在西方東面, 旣獻, 立于東方西面. 燕禮不言庶子之位, 此言"士·庶子以次就位", 蓋其初入及旣獻後之位, 皆在士之南與. 獻君, 君擧旅行酬者, 燕禮獻賓後獻君, 次酬賓, "賓奠觶於薦東", "下大夫二人擧觶於公", "公取大夫所媵觶以酬賓", 此君爲賓擧旅也, 卽前云"擧旅於賓, 賓降, 再拜稽首", 是也. 獻卿, 卿擧旅行酬者,

"主人獻卿於西階上", 畢"二大夫媵爵如初", "公又行一爵, 若賓若長, 唯公所酬", 此爲卿擧旅也. 獻大夫, 大夫擧旅行酬者, "主人獻大夫於西階上", 辯工入, 升歌三終, "獻工", "公又取奠觶, 唯公所賜, 以旅於西階上", 此爲大夫擧旅也. 不言獻小卿者, 小卿亦大夫, 此獻大夫中兼有小卿也. 獻士, 士擧旅行酬者, 脫屨, 升坐之後, "主人獻士於西階上", 辯又獻旅食, "賓媵觚於公", "公取賓所媵觶, 興, 唯公所賜", "乃就席, 坐行之", "大夫終受者興, 以酬士", "士以旅於西階上", 此爲士擧旅也. 獻庶子者, "主人獻庶子於阼階上"也. 此節言"士·庶子以次就位於下", 及言"獻庶子", 皆謂庶子官所掌之庶子, 非謂庶子之官也. 不爲庶子擧酬者, 庶子卑也. 牲體, 卽俎實. 薦, 謂豆及籩. 羞, 謂庶羞也. 按燕禮公與賓以下皆惟一籩一豆, 又燕禮記唯公與賓有俎, 燕牲用狗, 故自卿以下皆無俎, 以牲小故也. 又燕禮"獻大夫", 辯乃"羞庶羞", 是庶羞不及士以下也. 公與賓薦·俎·庶羞備有, 卿大夫有薦·羞而無俎, 士以下又無羞, 唯薦而已, 是其等差也. 席有尊卑, 獻有先後, 饌有隆殺, 此皆所以明貴賤也.

번역 '상경(上卿)'은 삼경(三卿)[8]을 뜻한다. '소경(小卿)'은 대부보다 조금 높은 자로, 사도(司徒) 밑의 소사도(小司徒)나 사마(司馬) 밑의 소사마(小司馬)와 같은 자들이다. 『의례』「연례(燕禮)」편에서는 소경의 자리를 언급하지 않았다. 그런데 『의례』「대사의(大射儀)」편에서는 "경의 자리는 빈객의 동쪽으로 동쪽 끝에서부터 차례대로 정렬하고, 소경의 자리는 빈객의 서쪽으로 동쪽 끝에서부터 차례대로 정렬한다."[9]라고 했으니, 연례를 시행할 때에도 이처럼

8) 삼경(三卿)은 세 명의 경(卿)을 뜻하며, 제후국의 관리 중 가장 높은 반열에 오른 자들이다. 사도(司徒), 사마(司馬), 사공(司空)이 '삼경'에 해당한다. 제후국의 입장에서는 천자에게 소속된 삼공(三公)과 유사하다. 『주례』의 체제에 따르면, 천자에게는 천관(天官), 지관(地官), 춘관(春官), 하관(夏官), 추관(秋官), 동관(冬官)이라는 여섯 관부가 있었고, 각 관부의 수장은 총재(冢宰), 사도(司徒), 종백(宗伯), 사마(司馬), 사구(司寇), 사공(司空)이 된다. 제후국에서는 3명의 경들이 여섯 관부의 일을 책임지게 되어, 사도가 총재를 겸하고, 사마가 종백을 겸하며, 사공이 사구를 겸했다고 설명하기도 한다. 『예기』「왕제」편에는 "大國三卿, 皆命於天子."라는 기록이 있고, 이에 대한 공영달(孔穎達)의 소(疏)에서는 최영은(崔靈恩)의 주장을 인용하여, "崔氏云, 三卿者, 依周制而言, 謂立司徒, 兼冢宰之事; 立司馬, 兼宗伯之事; 立司空, 兼司寇之事."라고 풀이했다.

9) 『의례』「대사의(大射儀)」: 小臣設公席于阼階上, 西鄕. 司宮設賓席于戶西, 南

해야 한다. 경과 소경의 자리는 서로 연이어 있지 않은데, "소경의 자리는 상경 다음이다."라고 말한 것은 신분의 차등에 따라서 말했기 때문이다. 빈객의 자리는 들창 사이에 있으며 가장 존귀한 자리가 되고, 상경은 빈객의 동쪽에 위치하여 군주와 가까운 위치가 되니 빈객 다음 서열이 되며, 소경은 빈객의 서쪽에 위치하므로 상경 다음 서열이 된다. "대부의 자리가 소경 다음이다."라고 했는데, 대부는 또한 소경의 서쪽에 있게 된다. "사와 서자는 차례대로 아래에서 자신의 자리로 나아간다."라고 했는데, 사는 최초 들어섰을 때 서쪽에서 동쪽을 바라보게 되며, 이미 술 따라준 것을 받았다면 동쪽에 서서 서쪽을 바라보게 된다. 「연례」편에서 서자의 자리를 언급하지 않았는데, 이곳에서는 "사와 서자는 차례대로 자리로 나아간다."라고 했다. 그 이유는 최초 들어섰을 때와 이미 술잔을 받은 이후의 자리가 모두 사의 남쪽에 해당하기 때문일 것이다. 군주에게 술을 따라주어서 군주가 여수(旅酬)를 시행한다고 했는데, 「연례」편에서는 빈객에게 술을 따라준 이후 군주에게 술을 따라주고 그 다음으로 빈객에게 술을 권하며, "빈객은 음식이 차려진 곳 동쪽에 치(觶)를 내려놓는다."[10]라고 했고, "하대부 2명이 군주에게 치(觶)를 든다."[11]라고 했으며, "군주는 대부가 잉작한 치(觶)를 들고서 빈객에게 술을 권한다."[12]라고 했으니, 이것은 군주가 빈객을 위해 여수를 시행하는 것으로, 앞에서 "빈객에게 여(旅)를 들면 빈객은 내려와서 재배를 하며 머리를 조아린다."라고 한 말에 해당한다. 경에게 술을 따라주어서 경이 여수를 시행한다고 했는데, "주인이 서쪽 계단에서 경에게 술을 따라준다."[13]라고 했고 그 일이 끝나면 "2명의 대부가 잉작을 하니 처음에 했던 것처럼 한다."[14]라고 했으며, "군주는 또한 한 차례 술을 권하는 절차를 시행하는데, 빈객이나 존장자와 같은 경우, 오직 군주만이 술을 권한다."[15]

面, 有加席. 卿席賓東, 東上. 小卿賓西, 東上. 大夫繼而東上. 若有東面者, 則北上. 席工于西階之東, 東上. 諸公阼階西, 北面, 東上.

10) 『의례』「연례(燕禮)」 : 受爵于筵前, 反位. 主人拜送爵, 賓升席, 坐祭酒, 遂奠于薦東.

11) 『의례』「연례(燕禮)」 : 小臣作下大夫二人媵爵.

12) 『의례』「연례(燕禮)」 : 公坐, 取大夫所媵觶, 興以酬賓. 賓降, 西階下再拜稽首. 公命小臣辭, 賓升成拜.

13) 『의례』「연례(燕禮)」 : 主人洗, 升, 實散, 獻卿于西階上.

14) 『의례』「연례(燕禮)」 : 小臣又請媵爵者, 二大夫媵爵如初.

라고 했는데, 이것은 경을 위해서 여수를 시행하는 것이다. 대부에게 술을 따라 주어 대부가 여수를 시행한다고 했는데, "주인은 서쪽 계단 위에서 대부에게 술을 따라준다."[16]라고 했고, 두루 술잔이 돌아가게 되면 악공이 들어와서 당상으로 올라가 세 악장을 노래하며, "악공에게 술을 따라준다."[17]라고 했고, "군주는 재차 놓아둔 치(觶)를 드니 오직 군주가 술잔을 하사한 자를 위해서 하는 것이다. 서쪽 계단 위에서 여수를 한다."[18]라고 했다. 이것은 대부를 위해서 여수를 시행하는 것이다. 소경에게 술을 따라준다고 말하지 않았는데, 소경은 또한 대부의 신분이므로, 이곳에서 대부에게 술을 따라준다고 한 내용 안에는 소경에 대한 것까지도 포함하고 있는 것이다. 사에게 술을 따라주어 사가 여수를 시행한다고 했는데, 신발을 벗고 당상으로 올라가서 앉은 이후, "주인은 서쪽 계단 위에서 사에게 술을 따라준다."[19]라고 했고, 두루 돌아가게 되면 재차 정해진 녹봉을 받지 않는 자에게 술을 따라주며, "빈객이 군주에게 고(觚)로 잉작을 한다."[20]라고 했고, "군주는 빈객이 잉작으로 놓아둔 치(觶)를 잡고 일어나며, 술을 권하게 되는 대상은 오직 군주에게 술잔을 하사받은 자에게만 해당한다."[21]라고 했으며, "곧 자리에 나아가고 앉아서 여수의 절차를 시행한다."[22]라고 했고, "대부 중 마지막으로 술잔을 받은 자가 일어나서 사에게 술을 권한다."[23]라고 했으며, "사는 서쪽 계단 위에서 여수를 한다."[24]라고 했다. 이것은 사를 위해서 여수를 시행하는 것이다. 서자에게 술을 따라준다는 것은

---

15) 『의례』「연례(燕禮)」: 公又行一爵, 若賓若長, 唯公所酬.

16) 『의례』「연례(燕禮)」: 主人洗, 升, 獻大夫于西階上. 大夫升, 拜受觚. 主人拜送觚. 大夫坐祭, 立卒爵, 不拜既爵. 主人受爵. 大夫降復位.

17) 『의례』「연례(燕禮)」: 卒歌, 主人洗, 升獻工. 工不興, 左瑟, 一人拜受爵. 主人西階上拜送爵.

18) 『의례』「연례(燕禮)」: 公又舉奠觶. 唯公所賜. 以旅于西階上, 如初.

19) 『의례』「연례(燕禮)」: 主人洗, 升, 獻士于西階上. 士長升, 拜受觶, 主人拜送觶.

20) 『의례』「연례(燕禮)」: 賓降洗, 升媵觚于公, 酌散, 下拜. 公降一等, 小臣辭. 賓升, 再拜稽首. 公答再拜.

21) 『의례』「연례(燕禮)」: 公坐取賓所媵觶, 興. 唯公所賜.

22) 『의례』「연례(燕禮)」: 受者如初受酬之禮, 降, 更爵洗, 升, 酌膳, 下拜. 小臣辭. 升成拜, 公答拜. 乃就席, 坐行之.

23) 『의례』「연례(燕禮)」: 大夫卒受者以爵興, 西階上酬士. 士升, 大夫奠爵拜, 士答拜.

24) 『의례』「연례(燕禮)」: 大夫立卒爵, 不拜, 實之. 士拜受, 大夫拜送. 士旅于西階上, 辯.

"주인이 동쪽 계단 위에서 서자에게 술을 따라준다."는 것에 해당한다. 이곳 문단에서는 "사와 서자는 차례대로 아래에서 자신의 자리로 나아간다."라고 했고, "서자에게 술을 따라준다."라고 했는데, 이 모두는 서자(庶子)라는 관리가 관리 대상으로 삼고 있는 서자(庶子)들을 뜻하는 것이지, 서자라는 관리 본인을 뜻하는 말이 아니다. 그런데 서자를 위해서 여수를 시행하지 않는 것은 서자의 신분이 미천하기 때문이다. '생체(牲體)'는 도마에 담는 희생물의 고기이다. '천(薦)'은 두(豆)와 변(籩)에 담아내는 음식이다. '수(羞)'는 서수(庶羞)를 뜻한다. 「연례」편을 살펴보면 군주와 빈객으로부터 그 이하의 계층은 모두 1개의 변과 1개의 두에 담아내는 음식을 받게 되고, 또 「연례」편의 기문에서는 군주와 빈객에게만 도마가 차려진다고 했으며,[25] 연례의 희생물로는 개를 사용한다고 했다.[26] 그렇기 때문에 경으로부터 그 이하의 계층에 대해서는 모두 도마가 차려지지 않으니, 희생물의 몸집 자체가 작기 때문이다. 또 「연례」편에서는 "대부에게 술을 따라준다."라고 했고, 두루 술이 돌아간 뒤에는 "서수를 차린다."라고 했으니, 서수도 사 이하의 계층에게는 돌아가지 않는 것이다. 군주와 빈객에게 바치는 음식과 도마 및 서수에 있어서는 모두 갖추게 되는데, 경과 대부에 대해서는 음식과 서수는 있어도 도마에 차려내는 고기는 없고, 사 이하의 계층에게는 서수마저도 없고 오직 음식만 차려낼 뿐이니, 이것이 그 차등에 해당한다. 자리에 있어서는 높고 낮음의 차이가 있고, 술을 따름에 있어서는 선후의 차이가 있으며, 찬에 있어서는 많이 하고 적게 하는 차이가 있으니, 이 모두는 귀천의 등급을 밝히기 위한 것이다.

참고 『의례』「대사(大射)」 기록

경문 小臣設公席于阼階上, 西鄉. 司宮設賓席于戶西, 南面, 有加席. 卿席賓東, 東上. 小卿賓西, 東上. 大夫繼而東上. 若有東面者, 則北上. 席工于西階

25) 『의례』「연례(燕禮)」: 唯公與賓有俎.
26) 『의례』「연례(燕禮)」: 記. 燕, 朝服于寢. 其牲狗也.

之東, 東上. 諸公阼階西, 北面, 東上.

번역 소신(小臣)은 동쪽 계단 위에 군주의 자리를 마련하며 서쪽을 향하도록 한다. 사궁(司宮)은 방문의 서쪽에 빈객의 자리를 마련하며 남쪽을 향하도록 하고 그 위에 자리를 덧깐다. 경의 자리는 빈객의 동쪽에 두며 동쪽 끝에서부터 차례대로 놓아둔다. 소경의 자리는 빈객의 서쪽에 두며 동쪽 끝에서부터 차례대로 놓아둔다. 대부의 자리는 그에 이어서 설치하는데 동쪽 끝에서부터 차례대로 놓아둔다. 만약 동쪽을 향하는 자리가 있다면 북쪽 끝에서부터 차례대로 놓아둔다. 악공의 자리는 서쪽 계단의 동쪽에 마련하되 동쪽 끝에서부터 차례대로 놓아둔다. 제공의 자리는 동쪽 계단의 서쪽에 마련하되 북쪽을 향하도록 하며 동쪽 끝에서부터 차례대로 놓아둔다.

鄭注 唯賓及公席布之也, 其餘樹之於位後耳. 小卿, 命於其君者也. 席於賓西, 射禮辨貴賤也. 諸公, 大國有孤卿一人, 與君論道, 亦不典職如公矣.

번역 빈객과 군주의 자리만 펼쳐두는 것이며, 그 나머지 자리는 그 펼쳐두는 지점 뒤에 세워둘 따름이다. 소경은 그 나라의 군주에게서 임명을 받은 자이다. 빈객의 서쪽에 자리를 마련하는 것은 사례(射禮)는 신분의 귀천을 변별하기 때문이다. '제공(諸公)'이라고 했는데, 대국에는 고경(孤卿) 1명을 두어 군주와 도에 대해 논의하니, 한 분야의 직무만을 담당하지 않는다는 점에서 공(公)과 같다.

賈疏 ●"小臣"至"東上". ◎注"唯賓"至"公矣". ○釋曰: 知"賓及公席布之, 其餘樹之於位後"者, 下文更有孤卿大夫席文, 故知也. 此實未布而言布之者, 欲辨尊卑, 故先言也. 孤尊而後言之者, 言"若", 是有無不定, 故後言也. 云"小卿, 命於其君者也"者, 按王制云: "大國三卿, 皆命於天子. 次國三卿, 二卿命於天子. 一卿命於其君." 小國亦三卿, 一卿命於天子, 二卿命於其君. 若言小卿, 據次國已下有之. 云"射禮辨貴賤也"者, 決燕禮大·小卿皆在尊東, 西無小卿位, 彼主於燕, 不辨貴賤故也. 云"與君論道, 亦不典職如公矣"者, 成王周官云: "立太師 · 太傅 · 太保, 玆惟三公. 論道經邦, 燮理陰陽." 是三公論道無職, 比大國立孤一人, 論道與公同, 亦無職, 故云不典職如公也. 縱鄭不見周官, 於周禮三公亦無職, 考工記云"或坐而論道", 亦通及三公矣.

번역 ●經文: "小臣"~"東上". ◎鄭注: "唯賓"~"公矣". ○정현이 "빈객과 군주의 자리만 펼쳐두는 것이며, 그 나머지 자리는 그 펼쳐두는 지점 뒤에 세워둔다."라고 했는데, 아래문장에 고 · 경 · 대부의 자리에 대한 기록이 재차 나오기 때문에 이러한 사실을 알 수 있다. 따라서 이곳의 상황은 실제로는 자리를 펼쳐두는 것이 아닌데도 펼친다고 말한 것은 신분의 귀천을 분별하고자 했기 때문에 앞서 언급한 것이다. 고(孤)는 신분이 존귀함에도 뒤에 언급했는데, '약(若)'이라고 말한 것은 그가 그 행사에 참여할지의 여부를 확정할 수 없기 때문에 뒤에 언급한 것이다. 정현이 "소경은 그 나라의 군주에게서 임명을 받은 자이다."라고 했는데, 『예기』「왕제(王制)」편을 살펴보면 "대국의 삼경은 모두 천자에게서 명을 받는다. 차국[27]의 삼경 중 2명의 경은 천자에게서 명을 받는다. 나머지 1명의 경은 그 나라의 군주에게서 명을 받는다."[28] 소국에도 삼경이 있는데, 1명의 경은 천자에게서 명을 받고 2명의 경은 그 나라의 군주에게서 명을 받는다. 소경이라고 말했다면 이것은 차국 이하의 경우를 기준으로 둔 것이다. 정현이 "사례(射禮)는 신분의 귀천을 변별하기 때문이다."라고 했는데, 『의례』「연례(燕禮)」편의 기록에 따르면 대경과 소경은 모두 술동이의 동쪽에 있고 서쪽에는 소경의 자리가 없다. 그런데 「연례」편의 기록은 연회에 주안점을 두어 귀천을 구별하지 않기 때문이다. 정현이 "군주와 도에 대해 논의하니, 한 분야의 직무만을 담당하지 않는다는 점에서 공(公)과 같다."라고 했는데, 성왕의 『서』「주관(周官)」편에서는 "태사(太師)[29] · 태부(太傅)[30] · 태보(太

27) 차국(次國)은 제후국(諸侯國)의 등급 중 하나이다. 제후국을 등급에 따라 구분하면, 대국(大國), 차국(次國), 소국(小國)으로 구분된다. 영토의 크기, 보유할 수 있는 군대의 수, 휘하에 둘 수 있는 신하의 수가 각 등급에 따라 달라진다.

28) 『예기』「왕제(王制)」【148d】: 大國, 三卿, 皆命於天子. 下大夫, 五人, 上士, 二十七人. 次國, 三卿, 二卿, 命於天子, 一卿命於其君. 下大夫, 五人, 上士, 二十七人. 小國, 二卿, 皆命於其君. 下大夫, 五人, 上士, 二十七人.

29) 태사(太師)는 주(周)나라 때의 관직으로, 삼공(三公) 중 하나이며, 삼공 중 서열은 첫 번째이다. 천자를 보좌하여 국정 전반을 다스렸다. 이 관직은 진(秦)나라

保)[31]를 세우니 이들이 삼공이다. 도를 논의하고 나라를 다스리며 음양에 따른 변화에 맞춰 화합시키고 다스린다."[32]라고 했다. 이것은 삼공이 도를 논의하지만 고정된 직무가 없었음을 뜻하는데, 대국과 비교해보면 고(孤) 1명을 세워서 도를 논의하는 것이 공과 동일하며, 또한 그에게는 고정된 직무가 없다. 그렇기 때문에 "한 분야의 직무만을 담당하지 않는다는 점에서 공(公)과 같다."라고 했다. 비록 정현이 「주관」편을 보지 못했더라도 『주례』에 따르면 삼공에게는 또한 고정된 직무가 없고, 『고공기』에서는 "어떤 경우에는 앉아서 도를 논의하기도 한다."[33]라고 했는데, 이 또한 삼공에 대한 설명이 될 수 있다.

참고 『의례』「연례(燕禮)」 기록

경문 辯獻大夫, 遂薦之. 繼賓以西, 東上. 若有東面者, 則北上. 卒, 擯者升大夫, 大夫皆升, 就席.

번역 대부들에게 두루 술을 따라주면, 뒤이어 음식을 차려내게 된다. 빈객의 자리에 연이어서 서쪽으로 두며, 동쪽 끝에서부터 차례대로 정렬한다.

때 폐지되었다가, 한(漢)나라 때 다시 설치되기도 하였다.

30) 태부(太傅)는 주(周)나라 때의 관직으로, 삼공(三公) 중 하나이며, 삼공 중 서열은 두 번째에 해당한다. 천자를 보좌하여 국정 전반을 다스렸다. 『서』「주서(周書)·주관(周官)」편에는 "立太師·太傅·太保, 玆惟三公, 論道經邦, 燮理陰陽."이라는 기록이 있다. 이 관직은 진(秦)나라 때 폐지되었다가, 한(漢)나라 때 다시 설치되기도 하였다.

31) 태보(太保)는 주(周)나라 때의 관직으로, 삼공(三公) 중 하나이며, 삼공 중 서열은 세 번째이다. 천자를 보좌하여 국정 전반을 다스렸다. 이 관직은 춘추시대(春秋時代) 이후 폐지되었다가, 한(漢)나라 때 다시 설치되기도 하였다.

32) 『서』「주서(周書)·주관(周官)」: 立太師太傅太保, 玆惟三公, 論道經邦, 燮理陰陽, 官不必備, 惟其人.

33) 『주례』「동관고공기(冬官考工記)」: 或坐而論道, 或作而行之, 或審曲面埶, 以飭五材, 以辨民器, 或通四方之珍異以資之, 或飭力以長地財, 或治絲麻以成之.

鄭注 辯獻乃薦, 略賤也. 亦獻後布席也.

번역 두루 술을 따라준 뒤에는 곧 음식을 올리게 되니, 신분이 천한 자에게는 약소하게 치르기 때문이다. 또한 술을 따라준 뒤에는 자리를 펼치게 된다.

賈疏 ●"辯獻"至"就席". ◎注"辯獻"至"席也". ○釋曰: 旣言"辯獻大夫, 遂薦之", 後乃云"繼賓以西, 東上"以下云云者, 上總言獻大夫辯, 乃一時薦之, 下文更明布席位次, 就席之儀, 故云"辯獻乃薦, 略賤"也. "略賤", 則是獻訖, 降階, 獻辯, 擯者乃總升之就席, 就席訖, 乃薦之.

번역 ●經文: "辯獻"~"就席". ◎鄭注: "辯獻"~"席也". ○"대부들에게 두루 술을 따라주면, 뒤이어 음식을 차려내게 된다."라고 했고, 그 뒤에 "빈객의 자리에 연이어서 서쪽으로 두며, 동쪽 끝에서부터 차례대로 정렬한다."라는 등등의 말을 했는데, 앞에서는 대부에게 두루 술을 따라준다고 총괄적으로 말했으니, 그런 뒤에는 일시에 음식을 차려내는 것이다. 그리고 그 뒤에서는 다시 자리를 펼치는 위치와 순차와 자리로 나아가는 의례절차를 나타냈다. 그렇기 때문에 정현이 "두루 술을 따라준 뒤에는 곧 음식을 올리게 되니, 신분이 천한 자에게는 약소하게 치르기 때문이다."라고 말한 것이다. "신분이 천한 자에게는 약소하게 치른다."라는 것은 술을 따라주는 일이 끝나면 계단을 통해 내려가고 두루 술을 따라주게 되면 의례의 진행을 돕는 부관이 곧 모두 당상으로 올라가서 자리로 나아가게 되며, 자리로 나아가는 절차가 끝나면 음식을 올리게 된다.

참고 『의례』「연례(燕禮)」 기록

경문 受爵于筵前, 反位. 主人拜送爵, 賓升席, 坐祭酒, 遂奠于薦東.

번역 빈객은 자리 앞에서 술잔을 받고 자리로 되돌아온다. 주인은 절을 하며 술잔을 건네고 빈객은 자리에 올라가서 자리에 앉아 술로 제사를 지내며, 뒤이어 음식이 차려진 곳 동쪽에 술잔을 내려놓는다.

鄭注 遂者, 因坐而奠, 不北面也. 奠之者, 酬不擧也.

번역 '수(遂)'는 앉은 것에 따라서 술잔을 내려놓는 것이며 북쪽을 바라보지 않는다. 놓아둔다는 것은 권한 술잔을 마시지 않는다는 뜻이다.

참고 『의례』「연례(燕禮)」 기록

경문 主人洗, 升, 實散, 獻卿于西階上.

번역 주인은 술잔을 씻고 당상으로 올라가며 산(散)에 술을 채우고, 서쪽 계단 위에서 경에게 술을 올린다.

鄭注 酬而後獻卿, 別尊卑也, 飮酒成於酬也.

번역 여수(旅酬)를 한 이후에 경에게 술을 따라주는 것은 신분을 구별하기 위해서이며, 음주의 예법은 여수에서 완성된다.

賈疏 ●"主人"至"階上". ○釋曰: 自此盡"無加席", 論主人獻孤卿之節.

번역 ●經文: "主人"~"階上". ○이곳 구문으로부터 "덧까는 자리가 없다."라는 구문까지는 주인이 고와 경에게 술을 바치는 절차를 논의하고 있다.

賈疏 ◎注"酬而"至"酬也". ○釋曰: 此酬非謂尋常獻酬, 乃是君爲賓擧旅行酬, 以其主人獻君, 君酢主人, 主人不敢酬君, 故使二大夫媵爵于公以當酬處, 所以覆獻也. 但君恩旣大, 爲賓擧旅, 飮酒之禮成於酬, 故酬辨乃獻卿, 以君尊卿卑, 是以君禮成, 卿乃得獻, 故云"別尊卑"也.

번역 ◎鄭注: "酬而"~"酬也". ○여기에서 말하는 '수(酬)'는 일반적으로 술을 따라서 시행하는 여수(旅酬)를 뜻하는 것이 아니니, 군주가 빈객을 위해서 여수를 시행하는 것으로, 주인이 군주에게 술을 바치면 군주는 주인에게 잔을 돌리고, 주인은 감히 군주에게 술을 권할 수 없기 때문에 두 명의 대부를 시켜 군주에게 잉작을 하여 술을 권하는 것처럼 하니, 재차 술을 따라 바치는 것이다. 다만 군주의 은혜가 이미 크게 베풀어져서 빈객을 위해 여수를 시행하였는데, 음주의 예법은 여수를 하는 것에서 완성된다. 그렇기 때문에 두루 술을 권한 뒤에 경에게 술을 따라주는 것으로, 군주는 존귀하고 경은 상대적으로 미천하기 때문이다. 이러한 까닭으로 군주의 예법이 완성되고 경은 그제야 따라준 술을 받을 수 있다. 그렇기 때문에 "신분을 구별하기 위해서이다."라고 했다.

참고 『의례』「연례(燕禮)」 기록

경문 小臣又請媵爵者, 二大夫媵爵如初.

번역 소신(小臣)은 재차 잉작(媵爵)할 자에 대해 청해 묻고, 2명의 대부는 잉작을 하며 처음에 했던 절차대로 한다.

鄭注 又, 復.

번역 '우(又)'자는 재차[復]라는 뜻이다.

賈疏 ●"小臣"至"如初". ○釋曰: 自此至"送觶公答再拜", 論一人致爵于公之事. 云"二大夫媵爵如初"者, 亦上二人媵爵, "媵爵者阼階下皆北面再拜稽首, 公答再拜. 媵爵者立于洗南, 西面北上, 序進, 盥, 洗角觶, 升自西階, 序進酌散, 交于楹北. 降, 阼階下, 皆奠觶, 再拜稽首, 執觶興. 公答再拜, 媵爵者皆坐, 祭, 遂卒觶, 興, 坐奠觶, 再拜稽首, 執觶興, 公答再拜. 媵爵者執觶待于洗南", 相似也, 故言二大夫媵爵如初也.

번역 ●經文: "小臣"~"如初". ○이곳 구문으로부터 "술잔 치(觶)를 건네고, 군주는 답배로 재배를 한다."라는 구문까지는 한 사람이 군주에게 술잔을 건네는 사안을 논의하고 있다. "2명의 대부는 잉작을 하며 처음에 했던 절차대로 한다."라고 했는데, 앞의 2명이 잉작을 했던 것처럼 하니, "잉작을 하는 자는 동쪽 계단 아래에서 모두 북쪽을 바라보며 재배를 하고 머리를 조아리며, 군주는 답배로 재배를 한다. 잉작을 하는 자는 세(洗)의 남쪽에 서서 서쪽을 바라보며 북쪽 끝에서부터 차례대로 정렬하고, 차례대로 앞으로 나아가며 손을 씻고 술잔을 씻으며, 서쪽 계단을 통해 당상으로 올라가서 차례대로 나아가 술잔에 술을 따르고 기둥의 북쪽에서 교차한다. 당하로 내려와 동쪽 계단 아래에서 모두 술잔을 내려놓고 재배를 하며 머리를 조아리고 술잔을 잡고서 일어난다. 군주는 답배로 재배를 하고, 잉작을 하는 자는 모두 앉아서 술로 제사를 지내고, 뒤이어 술잔을 비우고서 일어나며, 앉아서 술잔을 내려놓고 재배를 하며 머리를 조아리고 술잔을 잡고서 일어나며 군주는 답배로 재배를 한다. 잉작을 하는 자는 술잔을 잡고서 세의 남쪽에서 기다린다."라고 했던 것과 비슷하다. 그렇기 때문에 "2명의 대부는 잉작을 하며 처음에 했던 절차대로 한다."라고 했다.

참고 『의례』「연례(燕禮)」 기록

경문 公又行一爵, 若賓若長, 唯公所酬.

번역 군주는 또한 한 차례 술을 권하는 절차를 시행하는데, 빈객이나 존장자와 같은 경우 오직 군주만이 술을 권한다.

鄭注 一爵, 先媵者之下觶也. 若賓若長, 則賓禮殺矣. 長, 公卿之尊者也. 賓則以酬長, 長則以酬賓.

번역 '일작(一爵)'은 앞서 잉작을 했던 자가 바쳤던 술잔 중 아래에 내려놓았던 치(觶)를 뜻한다. 빈객이나 존장자에게 술을 권하는 경우는 빈객을 위해 여수를 시행하는 예법보다 낮추게 된다. '장(長)'은 공이나 경처럼 신분이 존귀한 자를 뜻한다. 빈객에게 술을 권하게 되면 이를 통해 존장자에게 여수(旅酬)를 하게 되고, 존장자에게 술을 권하게 되면 이를 통해 빈객에게 여수를 한다.

賈疏 ●"公又"至"所酬". ○釋曰: 自此至"奠于篚", 論爲卿擧旅之事.

번역 ●經文: "公又"~"所酬". ○이곳 구문으로부터 "광주리에 내려놓는다."라는 구문까지는 경을 위해 여수(旅酬)를 시행하는 사안을 논의하고 있다.

賈疏 ◎注"一爵"至"酬賓". ○釋曰: 知"一爵是先媵者之下觶"者, 以其前大夫二人媵爵, 皆奠于薦南, 以其上觶者已爲賓擧旅, 今又行一爵, 故知先媵者之下觶也. 其後媵一觶者, 留之後爲大夫擧旅也. 云"若賓若長, 則賓禮殺矣"者, 前爲賓擧旅, 不云"若賓若長", 專爲賓, 禮盛. 至此爲卿擧旅, 不專爲賓擧旅, 科從其一, 是賓禮殺也. 云"長, 公卿之尊者也"者, 有諸公, 公爲尊; 若無諸公, 三卿爲尊; 長中可以兼此二者. 云"賓則以酬長, 長則以酬賓"者, 釋經"若賓若長", 言"若", 不定, 或先或後, 故兩言之.

번역 ◎鄭注: "一爵"~"酬賓". ○정현이 "'일작(一爵)'은 앞서 잉작을 했던 자가 바쳤던 술잔 중 아래에 내려놓았던 치(觶)를 뜻한다."라고 했는데, 이 말이 사실임을 알 수 있는 이유는 앞서 대부 2명이 잉작을 했고, 모두 음식이 차려진 곳 남쪽에 놓아두었다고 했는데, 그 위에 놓아둔 치(觶)로는 이미 빈객을 위해서 여수를 시행했고, 지금 재차 한 차례 술을 권한다고 했다. 그렇기 때문에 앞서 잉작을 했던 자가 내려놓았던 술잔 중 아래에 내려놓았던 술잔임을 알 수 있다. 이후에 잉작을 하는 1개의 치(觶)는 남겨두어서 이후에 대부를 위해서 여수를 시행할 때 사용한다. 정현이 "빈객이나 존장자에게 술을 권하는 경우는 빈객을 위해 여수를 시행하는 예법보다 낮추게 된다."라고 했는데, 앞서 빈객을 위해 여수를 한다고 했을 때에는 '약빈약장(若賓若長)'이라고 하지 않았으니, 전적으로 빈객을 위해서 시행하는 것이 되어 예법이 융성하다. 이 시점에 이르게 되면 경을 위해서 여수를 시행하는 것이니, 전적으로 빈객만을 위해 여수를 하는 것이 아니며, 비교하여 한 가지만 따르는 것이니, 이것은 빈객을 위해 여수를 하는 예법보다 낮추는 것이다. 정현이 "'장(長)'은 공이나 경처럼 신분이 존귀한 자를 뜻한다."라고 했는데, 제공(諸公)이 포함된 경우라면 공이 존귀한 자가 되고, 만약 제공이 포함되지 않은 경우라면 삼경이 존귀한 자가 되는데, 장(長)이라는 말은 이러한 두 부류를 포함할 수 있다. 정현이 "빈객에게 술을 권하게 되면 이를 통해 존장자에게 여수(旅酬)를 하게 되고, 존장자에게 술을 권하게 되면 이를 통해 빈객에게 여수를 한다."라고 했는데, 이것은 경문에 나온 '약빈약장(若賓若長)'이라는 말을 풀이한 것이다. 그런데 '약(若)'자를 덧붙였으니, 이것은 확정하지 않는다는 뜻으로, 어떤 자에 대해서는 먼저 술을 권하고 어떤 자에 대해서는 그 뒤에 술을 권하게 된다. 그렇기 때문에 두 경우를 함께 언급한 것이다.

참고 『의례』「연례(燕禮)」 기록

경문 主人洗, 升, 獻大夫于西階上. 大夫升, 拜受觚. 主人拜送觚. 大夫坐祭, 立卒爵, 不拜既爵. 主人受爵. 大夫降復位.

번역 주인은 술잔을 씻고 올라가서 서쪽 계단 위에서 대부에게 술을 따라준다. 대부는 올라가서 절을 하며 술잔 고(觚)를 받는다. 주인은 절을 하며 고를 전한다. 대부는 앉아서 술로 제사를 지내고 서서 술잔을 비우는데, 절을 하지 않고 술잔을 비운다. 주인은 술잔을 받는다. 대부는 내려가서 자신의 자리로 되돌아간다.

鄭注 既, 盡也. 不拜之者, 禮又殺.

번역 '기(既)'자는 "모두 비우다[盡]."는 뜻이다. 절을 하지 않는 것은 관련 예법이 이전보다도 낮아지기 때문이다.

賈疏 ●"主人"至"復位". ○釋曰: 自此盡"皆升就席", 論獻大夫之節.

번역 ●經文: "主人"~"復位". ○이곳 구문으로부터 "모두 올라가서 자리로 나아간다."라는 구문까지는 대부에게 술을 따라주는 절차를 논의하고 있다.

賈疏 ◎注"旣盡"至"又殺". ○釋曰: 云"不拜之者, 禮又殺"者, 前卿受獻不酢, 辟君, 已是禮殺, 今大夫受獻, 不但不酢主人, 又不拜旣爵, 故云"禮又殺".

번역 ◎鄭注: "旣盡"~"又殺". ○정현이 "절을 하지 않는 것은 관련 예법이 이전보다도 낮아지기 때문이다."라고 했는데, 앞서 경이 술잔을 받고 술을 권하지 않았던 것은 군주의 예법을 피하기 위해서였는데, 이것 자체가 예법을 줄인 것이다. 그런데 지금은 대부가 술잔을 받으며 주인에게 술을 권하지 않을 뿐만 아니라 절을 하지 않고 술잔을 비운다. 그렇기 때문에 "예법이 이전보다도 낮아지기 때문이다."라고 했다.

참고 『의례』「연례(燕禮)」 기록

경문 卒歌, 主人洗, 升獻工. 工不興, 左瑟, 一人拜受爵. 主人西階上拜送爵.

번역 노래를 마치면 주인은 술잔을 씻고 올라가서 악공에게 술을 따라준다. 악공은 자리에서 일어나지 않고 슬(瑟)을 좌측으로 두고 악공 중 1명이 절을 하며 술잔을 받는다. 주인은 서쪽 계단 위에서 절을 하며 술잔을 건넨다.

鄭注 工歌乃獻之, 賤者先就事也. 左瑟, 便其右. 一人, 工之長者也. 工拜於席.

번역 악공이 노래를 부른 뒤에야 그에게 술을 따라주는 것은 신분이 미천한 자는 먼저 자신이 맡은 일을 해야 하기 때문이다. 슬(瑟)을 좌측으로 두는 것은 우측 손을 자유롭게 만들기 위해서이다. 한 사람은 악공들의 수장이다. 악공은 자리에서 절을 한다.

賈疏 ●"卒歌"至"送爵". ◎注"工歌"至"於席". ○釋曰: 云"工歌乃獻之, 賤者先就事也"者, 歌詩是其事, 先施功勞, 乃始獻之, 是賤者先就事. 對工以上, 不就事而得獻也, 故大射注云"工歌而獻之, 以事報之", 是也. 云"左瑟, 便其右"者, 工北面, 以西爲左, 空其右受獻. 便者, 酒從東楹之西來, 故以右爲便. 按大射云獻工, 工左瑟, 鄭注云: "大師無瑟, 於是言左瑟者, 節也." 以其經云"僕人正徒相大師", 無瑟. 言大師左瑟者, 爲飮酒之節, 此與鄕飮酒同, 無所分別. 大師或瑟或歌, 是以不得言節也. 按鄕飮酒大師則爲之洗, 則衆工不洗也. 此經主人洗升獻工, 不辨大師與衆工, 則皆爲之洗爵. 又按鄕飮酒記: "不洗者不祭." 此篇與大射群工與衆笙皆言祭, 故知皆爲之洗. 云"工拜於席"者, 以經云工不興左瑟, 卽云"一人拜受爵", 不見有降席之文, 明工拜於席可知.

번역 ●經文: "卒歌"~"送爵". ◎鄭注: "工歌"~"於席". ○정현이 "악공이 노래를 부른 뒤에야 그에게 술을 따라주는 것은 신분이 미천한 자는 먼저 자신이 맡은 일을 해야 하기 때문이다."라고 했는데, 시가를 노래로 부르는 것이 그들이 시행할 일이며, 먼저 수고로운 일을 하고 그런 뒤에야 비로소 그에게 술을 따라준다. 이것이 바로 신분이 미천한 자는 먼저 자신이 맡은 일을 해야 한다는 뜻이다. 악공과 대비를 해보면 그 상위 계층은 먼저 맡은 일을 하지 않고도 술잔을 받았다. 그렇기 때문에 『의례』「대사(大射)」편에 대한 정현의 주에서 "악공이 노래를 부르고 난 뒤에 그에게 술을 따라주는 것은 일을 시행한 것에 대해 보답하는 것이다."라고 말한 것이다. 정현이 "슬(瑟)을 좌측으로 두는 것은 우측 손을 자유롭게 만들기 위해서이다."라고 했는데, 악공은 북쪽을 바라보고 있으니 서쪽을 좌측으로 여기는데, 우측을 비워두는 것은 술잔을 받기 위해서이다. '편리[便]'라고 말한 것은 술은 동쪽 기둥으로부터 서쪽으로 건네지기 때문에 우측을 편리에 따른 방향으로 여긴 것이다. 「대사」편을 살펴보면 악공에게 술을 따라주면 악공은 슬을 좌측으로 둔다고 했고, 정현의 주에서는 "대사는 슬을 가지고 있지 않은데, 여기에서 슬을 좌측으로 둔다고 말한 것은 절차에 해당하기 때문이다."라고 했다. 경문에서 "복인정(僕人正)은 빈손으로 대사를 돕는다."라고 했으니, 이것은 슬을 가지고 있지 않음을 뜻한다. 그런데도 "대사가 슬을 좌측으로 둔다."라고 말한 것은 음주를 하는 절차에 해당하기 때문이니, 이것은 『의례』「향음주례(鄉飮酒禮)」와 마찬가지로 구별되는 점이 없다. 대사가 슬을 연주하기도 하고 노래를 부르기도 할 때에는 절(節)이라고 말할 수 없다. 「향음주례」편을 살펴보면 대사에 대해서는 그를 위해 술잔을 씻는다고 했고, 여러 악공 무리들에 대해서는 술잔을 씻지 않는다. 이곳 경문에서 주인이 술잔을 씻고 올라가서 악공에게 술을 따라준다고 했고, 대사와 악공 무리들을 구별하지 않았으니, 모두에 대해서 술잔을 씻어주는 것이다. 또 「향음주례」편의 기문을 살펴보면 "술잔을 씻지 않는 것은 제사를 지내지 않기 때문이다."[34]라고 했다. 「연례」편과 「대사」편에서 악공 무리들과 생(笙)을 연주하는 자들에 대해 모두 제사를 지낸다고 했다. 그렇기 때문에 모두에 대해서 술잔을 씻어준다는 사실을 알 수 있다. 정현이 "악공은 자리에서 절을 한다."라고 했는데, 경문에서 "악공은 자리에서 일어나지 않고 슬을 좌측으로 둔다."라고 했고, 곧바로 "악공 중 1명이 절을 하며 술잔을 받는다."라고 하여, 자리에서 내려간다는 기록이 보이지 않으니, 이것은 악공이 자리에서 절을 한다는 사실을 나타낸다.

참고 『의례』「연례(燕禮)」 기록

경문 公又擧奠觶. 唯公所賜. 以旅于西階上, 如初.

번역 군주는 재차 놓아둔 치(觶)를 드니, 오직 군주가 술잔을 하사한 자를 위해서 하는 것이다. 서쪽 계단 위에서 여수를 시행하며 처음에 했던 것처럼

---

34) 『의례』「향음주례(鄉飮酒禮)」: 不洗者不祭.

한다.

鄭注 言賜者, 君又彌尊, 賓長彌卑.

번역 '하사[賜]'라고 말한 것은 관련 예법에서 군주는 더욱 존귀해지고, 빈객의 수장은 상대적으로 더욱 미천해지기 때문이다.

賈疏 ●"公又"至"如初". ◎注"言賜"至"彌卑". ○釋曰: 此燕尙飮酒, 故工歌之後, 笙奏之前, 而爲大夫擧旅. 大射雖行燕禮, 主於射, 故笙之間至射, 乃爲大夫擧旅. 云"言賜者, 君又彌尊, 賓長彌卑"者, 按上爲賓擧旅, 直云"公興以酬賓", 爲卿擧旅而云"若賓若長", 言若不定, 科酬其一, 不專爲賓, 是君禮漸尊, 賓禮漸殺. 雖然, 猶言酬, 至此言唯公所賜者, 以上下言之, 是君又彌尊, 賓長彌卑也.

번역 ●經文: "公又"~"如初". ◎鄭注: "言賜"~"彌卑". ○연례에서는 술 마시는 것을 숭상한다. 그렇기 때문에 악공이 노래를 부른 이후 또 생황을 연주하기 이전에 대부를 위해서 여수를 시행하는 것이다. 대사례에서도 비록 연례를 시행하지만 활쏘기를 위주로 한다. 그렇기 때문에 생황을 교대로 연주하여 활쏘기를 하는 시점에 이르러서야 비로소 대부를 위해서 여수를 시행하는 것이다. 정현이 "'하사[賜]'라고 말한 것은 관련 예법에서 군주는 더욱 존귀해지고, 빈객의 수장은 상대적으로 더욱 미천해지기 때문이다."라고 했는데, 앞 문장을 살펴보면 빈객을 위해서 여수를 시행한다고 했을 때에는 단지 "군주가 일어나서 빈객에게 술을 권한다."라고 했고, 경을 위해서 여수를 시행할 때에는 '빈객이나 존장자[若賓若長]'라고 말하여 '약(若)'자를 붙여 확정하지 않았고, 비교하여 한 부류에 대해 술을 권하였으니, 전적으로 빈객을 위해 술을 권하는 것이 아니다. 이것은 군주의 예법은 점진적으로 높아지고 빈객의 예법은 점진적으로 낮아지게 됨을 뜻한다. 비록 그렇지만 여전히 '수(酬)'라고 했는데, 이 시점에 이르게 되면 '유공소사(唯公所賜)'라고만 말했다. 상하의 신분 계층으로 말한 것이니, 이것은 군주는 더욱 존귀해지고 빈객의 수장은 더욱 미천해짐을 뜻한다.

참고 『의례』「연례(燕禮)」 기록

경문 主人洗, 升, 獻士于西階上. 士長升, 拜受觶, 主人拜送觶.

번역 주인은 술잔을 씻고 올라가서 서쪽 계단 위에서 사에게 술을 따라준다. 사의 수장은 올라가서 절을 하며 술잔 치(觶)를 받고 주인은 절을 하며 치를 건넨다.

鄭注 獻士用觶, 士賤也. 今文觶作觚.

번역 사에게 술을 따라줄 때에는 치(觶)를 사용하니, 사는 신분이 미천하기 때문이다. 금문본에서는 '치(觶)'자를 고(觚)자로 기록했다.

賈疏 ●"主人"至"送觶". ◎注"獻士"至"作觚". ○釋曰: 自此盡"立飮", 論獻士之事. 云"獻士用觶, 士賤也"者, 對上大夫已上獻用觚, 旅酬乃用觶. 此獻士卽用觶, 故云士賤也. 不從今文觚者, 若從觚, 與大夫已上何異? 故不從.

번역 ●經文: "主人"~"送觶". ◎鄭注: "獻士"~"作觚". ○이곳 구문으로부터 "서서 술을 마신다."라는 구문까지는 사에게 술을 따라주는 사안을 논의하고 있다. 정현이 "사에게 술을 따라줄 때에는 치(觶)를 사용하니, 사는 신분이 미천하기 때문이다."라고 했는데, 상대부 이상에게 술을 따라주며 고(觚)를 사용하고, 여수를 하게 되어서야 치(觶)를 사용하는 것과 대비된다. 이곳에서는 사에게 술을 따라주며 곧바로 치(觶)를 사용한다고 했다. 그렇기 때문에 "사는 신분이 미천하기 때문이다."라고 했다. 금문본에서 고(觚)자로 기록한 것에 따르지 않은 것은 만약 고(觚)를 사용했다면 대부 이상의 계층과 어떤 차이가 있겠는가? 그렇기 때문에 따르지 않은 것이다.

참고 『의례』「연례(燕禮)」 기록

경문 賓降洗, 升媵觚于公, 酌散, 下拜. 公降一等, 小臣辭. 賓升, 再拜稽首. 公答再拜.

번역 빈객은 내려가서 술잔을 씻고, 올라가서 군주에게 치(觶)로 잉작을 하여 산(散)에 술을 따르고 내려가서 절을 한다. 군주는 계단 1칸을 내려가고 소신은 사양을 한다. 빈객은 올라가서 재배를 하며 머리를 조아린다. 군주는 답배로 재배를 한다.

鄭注 此當言媵觶, 酬之禮皆用觶. 言觚者, 字之誤也. 古者觶字或作角旁氏, 由此誤爾.

번역 이곳 기록에서는 마땅히 '잉치(媵觶)'라고 해야 하니, 여수의 예법에서는 모두 치(觶)를 사용하기 때문이다. '고(觚)'라고 기록한 것은 글자가 비슷해서 생긴 오류이다. 옛날에는 치(觶)자를 각(角)변에 씨(氏)자를 붙여서 기록하기도 했는데, 이러한 이유로 인해 오류가 생긴 것일 뿐이다.

賈疏 ●"賓降"至"再拜". ◎注"此當"至"誤爾". ○釋曰: 自此盡"賓反位", 論賓媵爵於公之節. 云"古者觶字或作角旁氏, 由此誤爾"者, 按冬官·梓人: "爲飮器, 勺一升, 爵一升, 觚二升. 獻以爵而酬以觚, 一獻而三酬, 則一豆矣." 鄭引南郡大守馬季長云: "觚當爲觶, 豆當爲斗." 鄭康成云: "古者觶, 角傍氏, 似觚, 故誤爲觚, 時人又多聞觚, 寡聞觝, 是以誤爲觚." 此注與彼同也.

번역 ●經文: "賓降"~"再拜". ◎鄭注: "此當"~"誤爾". ○이곳 구문으로부터 "빈객이 자리로 되돌아간다."라는 구문까지는 빈객이 군주에게 잉작을 하는 절차를 논의하고 있다. 정현이 "옛날에는 치(觶)자를 각(角)변에 씨(氏)자를 붙여서 기록하기도 했는데, 이러한 이유로 인해 오류가 생긴 것일 뿐이다."라고 했는데, 『주례』「동관(冬官)·재인(梓人)」편에서는 "술을 마실 때 사용하는 기구를 만들 때 작(勺)은 1승(升)의 용적으로 만들며, 작(爵)은 1승의 용적으로 만들고, 고(觚)는 2승의 용적으로 만든다. 헌(獻)을 할 때에는 작을 사용하고 수(酬)를 할 때에는 고를 사용하는데, 1번 헌을 하고 3번 수를 하게 되면 1두(豆)[35]가 된다."[36]라고 했다. 정현은 남군태수인 마계장[37]의 주장을 인용하여, "고(觚)자는 마땅히 치(觶)자가 되어야 하며, 두(豆)자는 마땅히 두(斗)[38]자가 되어야 한다."라고 했다. 그리고 정현은 "옛날의 치(觶)자는 각(角)변에 씨(氏)자를 붙여서 기록하여 고(觚)자와 자형이 비슷했다. 그렇기 때문에 잘못하여 고(觚)자로 기록한 것이며, 당시 사람들은 또한 대부분 고(觚)자에 대해서는 많이 들어봤어도 저(觝)자에 대해서는 들어본 적이 별로 없었다. 그렇기 때문에 잘못하여 고(觚)라고 기록한 것이다."라고 했다. 이곳 주석과 『주례』의 주석 내용은 일치한다.

---

35) 두(豆)는 고대에 사용된 용기(容器)이다. 그 안에 수용되는 양을 표준으로 삼아서, 용량의 단위로 사용되기도 하였다. 4승(升) 만큼을 1'두'라고 불렀다. 『춘추좌씨전』「소공(昭公) 3년」편에는 "齊 舊四量, 豆·區·釜·鍾. 四升爲豆."라는 기록이 있고, 『의례』「사상례(士喪禮)」편에는 "稻米一豆實於筐."이라는 기록이 있는데, 이에 대한 정현의 주에서는 "豆, 四升."이라고 풀이했다. 한편 한 손에 담을 수 있는 양을 일(溢)이라고 부르고, 두 손에 담을 수 있는 양을 국(掬)이라고 부르는데, '국' 4개만큼을 1'두'라고 부른다. 『소이아(小爾雅)』「광량(廣量)」편에는 "一手之盛謂之溢, 兩手謂之掬, 掬四謂之豆, 豆四謂之區."라는 기록이 있다.

36) 『주례』「동관고공기(冬官考工記)·재인(梓人)」: 梓人爲飮器, 勺一升, 爵一升, 觚三升. 獻以爵而酬以觚, 一獻而三酬, 則一豆矣.

37) 마융(馬融, A.D.79~A.D.166) : =마계장(馬季長). 후한대(後漢代)의 경학자(經學者)이다. 자(字)는 계장(季長)이며, 마속(馬續)의 동생이다. 고문경학(古文經學)을 연구하였으며, 『주역(周易)』, 『상서(尙書)』, 『모시(毛詩)』, 『논어(論語)』, 『효경(孝經)』 등을 두루 주석하고, 『노자(老子)』, 『회남자(淮南子)』 등도 주석하였지만 현재 전해지지 않는다.

38) 두(斗)는 곡식 등의 양을 재는 기구이자, 그 수량을 표시하는 단위였다. 지역 및 각 시대마다 다소 차이를 보이는데, 고대에는 10승(升)이 1두였다.

참고 『의례』「연례(燕禮)」 기록

경문 公坐取賓所媵觶, 興. 唯公所賜.

번역 군주는 앉아서 빈객이 잉작을 한 치(觶)를 잡고 일어난다. 술을 권하게 되는 대상은 오직 군주에게 술잔을 하사받은 자에게만 해당한다.

鄭注 至此又言興者, 明公崇禮不倦也. 今文觶又爲觚.

번역 이 시점에 이르러서 재차 일어난다고 말한 것은 군주는 예법을 숭상하여 게으름을 피우지 않는다는 뜻을 드러낸 것이다. 금문본에서는 '치(觶)'자를 또한 고(觚)자로 기록했다.

賈疏 ●"公坐"至"所賜". ◎注"至此"至"爲觚". ○釋曰: 自此盡"士旅酌卒", 論君爲士擧旅之事. 云"唯公所賜"者, 辭與爲大夫擧旅同也. 云"至此又言興者, 明公崇禮不倦也"者, 以其說屨升坐之後, 理當倦, 今言興, 明不倦矣.

번역 ●經文: "公坐"~"所賜". ◎鄭注: "至此"~"爲觚". ○이곳 구문으로부터 "사가 차례대로 술을 권하고 여수의 절차를 끝낸다."라는 구문까지는 군주가 사를 위해서 여수를 시행하는 사안을 논의하고 있다. "오직 군주에게 술잔을 하사받은 자에게만 해당한다."라고 했는데, 그 말은 대부를 위해 여수를 시행할 때와 동일하다. 정현이 "이 시점에 이르러서 재차 일어난다고 말한 것은 군주는 예법을 숭상하여 게으름을 피우지 않는다는 뜻을 드러낸 것이다."라고 했는데, 신발을 벗고 당상으로 올라가서 자리에 앉은 이후에는 이치상 피로해지는 것이 마땅하다. 그런데 자리에서 일어난다고 했으니, 이것은 게으름을 피우지 않는다는 사실을 나타낸다.

참고 『의례』「연례(燕禮)」 기록

경문 受者如初受酬之禮, 降, 更爵洗, 升, 酌膳, 下拜. 小臣辭. 升成拜, 公答拜. 乃就席, 坐行之.

번역 군주에게 권한 술잔을 받은 자는 처음 군주가 여수로 권한 술잔을 받았을 때의 예법처럼 하며, 내려와서 재차 술잔을 씻고 올라가서 군주의 술동이에서 술을 따르고 내려가서 절을 한다. 소신이 사양을 한다. 올라가서 절하는 절차를 마무리하고 군주는 답배를 한다. 술잔을 받았던 자는 자리로 나아가 앉아서 여수의 절차를 시행한다.

鄭注 坐行之, 若今坐相勸酒.

번역 앉아서 시행하는 것은 오늘날 앉아서 서로 술을 권하는 것과 같다.

참고 『의례』「연례(燕禮)」 기록

경문 大夫卒受者以爵興, 西階上酬士. 士升, 大夫奠爵拜, 士答拜.

번역 대부 중 마지막으로 술을 받은 자는 술잔을 잡고 일어나서 서쪽 계단 위에서 사에게 여수를 한다. 사는 당으로 올라가고 대부는 술잔을 내려놓고 절을 하며 사는 답배를 한다.

鄭注 興酬士者, 士立堂下, 無坐位.

번역 일어나서 사에게 여수를 시행하는 것은 사는 당하에 서 있고 앉는 자리가 없기 때문이다.

賈疏 ●"大夫"至"答拜". ◎注"興酬"至"坐位". ○釋曰: 此卽上文司正所命者也. 云"興酬士者, 士立堂下, 無坐位"者, 凡禮, 堂上有席者坐, 堂下無席者立. 是以禮記·檀弓工尹商陽是士, 而云"朝不坐", 堂下無坐位者也.

번역 ●經文: "大夫"~"答拜". ◎鄭注: "興酬"~"坐位". ○이곳 문장에 나온 자들은 앞에서 사정(司正)이 명령한 자에 해당한다. 정현이 "일어나서 사에게 여수를 시행하는 것은 사는 당하에 서 있고 앉는 자리가 없기 때문이다."라고 했는데, 의례를 시행함에 있어서 당상에는 자리가 설치되어 앉게 되고 당하에는 자리가 없어 서 있게 된다. 이러한 까닭으로 『예기』「당궁(檀弓)」편에서 공윤(工尹)을 맡고 있던 상양(商陽)은 사의 신분이었으므로 "조정에 참여할 때에도 자리에 앉지 못한다."[39]라고 했으니, 당하에 서 있게 되어 앉는 자리가 마련되지 않은 자에 해당한다.

참고 『의례』「연례(燕禮)」 기록

경문 大夫立卒爵, 不拜, 實之. 士拜受, 大夫拜送. 士旅于西階上, 辯.

번역 대부는 서서 술잔을 비우며 절을 하지 않고 술잔에 술을 채운다. 사는 절을 하고 술잔을 받고 대부는 절을 하며 술잔을 건넨다. 사는 서쪽 계단 위에서 여수를 시행하여 두루 술을 권한다.

鄭注 祝史·小臣·旅食皆及焉.

번역 축사·소신·정해진 녹봉을 받지 않는 자들에게도 모두 술이 돌아간다.

---

39) 『예기』「단궁하(檀弓下)」【128b~c】: 工尹商陽與陳棄疾追吳師, 及之. 陳棄疾謂工尹商陽曰: "王事也, 子手弓而可." 手弓. "子射諸!" 射之, 斃一人, 韔弓. 又及, 謂之, 又斃二人. 每斃一人, 掩其目. 止其御曰: "朝不坐, 燕不與, 殺三人, 亦足以反命矣." 孔子曰: "殺人之中, 又有禮焉."

賈疏 ●"大夫"至"上辯". ◎注"祝史"至"及焉". ○釋曰: 知旅食皆及者, 以士未得獻時, 旅酬不及. 得獻之後, 旅則及之. 旅食亦次士得獻, 故知亦酬及之, 其庶子以下未得獻者, 至獻後無筭爵及焉.

번역 ●經文: "大夫"~"上辯". ◎鄭注: "祝史"~"及焉". ○정해진 녹봉을 받지 않는 자들에게까지 모두 술이 돌아간다는 사실을 알 수 있는 이유는 사가 아직 헌(獻)을 받지 못했을 때, 여수를 한 술은 그들에게 돌아가지 않는다. 그런데 사가 헌(獻)을 받은 이후에 여수를 하게 되면 그들에게도 술이 돌아가게 된다. 정해진 녹봉을 받지 않는 자들 또한 사 다음으로 헌(獻)을 받게 된다. 그렇기 때문에 여수의 술이 그들에게도 돌아가게 된다는 사실을 알 수 있다. 서자로부터 그 이하의 자들 중 헌(獻)을 받지 못한 자는 헌(獻)을 받은 이후 무산작을 할 때가 되어서야 술을 받게 된다.

참고 『의례』「연례(燕禮)」 기록

기문 唯公與賓有俎.

번역 군주와 빈객에게만 도마가 차려진다.

鄭注 主於燕, 其餘可以無俎.

번역 연회를 위주로 하여 나머지 사람들에게는 도마를 차려내지 않을 수 있다.

賈疏 ●"唯公與賓有俎". ◎注"主於"至"無俎". ○釋曰: 主於燕其餘可以無俎者, 對大射辨尊卑, 公卿皆有俎, 其牲用狗則同.

번역 ●記文: "唯公與賓有俎". ◎鄭注: "主於"~"無俎". ○"연회를 위주

로 하여 나머지 사람들에게는 도마를 차려내지 않을 수 있다."라고 했는데, 『의례』「대사(大射)」편과 대비가 되니 대사례에서는 신분의 등급을 구별하여 공과 경에게는 모두 도마가 차려지게 되며, 사용하는 희생물에 있어서 개를 이용한다는 점은 동일하다.

참고 『의례』「연례(燕禮)」 기록

기문 其牲, 狗也.

번역 사용하는 희생물은 개이다.

鄭注 狗取擇人也, 明非其人不與爲禮也.

번역 개를 사용하는 것은 개가 사람을 가려서 섬긴다는 뜻을 취한 것이니, 그에 걸맞은 사람이 아니라면 의례를 시행하는데 참여할 수 없다는 뜻을 드러낸다.

참고 『춘추좌씨전』「소공(昭公) 7년」 기록

전문 天有十日①, 人有十等②, 下所以事上, 上所以共神也. 故王臣公, 公臣大夫, 大夫臣士, 士臣皂, 皂臣輿, 輿臣隷, 隷臣僚, 僚臣僕, 僕臣臺. 馬有圉, 牛有牧③.

번역 하늘에는 열흘이 있고, 사람에게는 열 가지 등급이 있으니, 아랫사람은 이를 통해 윗사람을 섬기고, 윗사람은 이를 통해 신을 섬긴다. 그러므로 왕(王)은 공을 신하로 삼고, 공(公)은 대부를 신하로 삼으며, 대부(大夫)는 사를 신하로 삼고, 사(士)는 조를 신하로 삼으며, 조(皂)는 여를 신하로 삼고, 여(輿)

는 예를 신하로 삼으며, 예(隸)는 요를 신하로 삼고, 요(僚)는 복을 신하로 삼으며, 복(僕)은 대(臺)를 신하로 삼는다. 말에 대해서는 관리자인 어(圉)가 있고, 소에 대해서는 관리자인 목(牧)이 있다.

杜注-① 甲至癸.

번역 갑일(甲日)부터 계일(癸日)까지를 뜻한다.

杜注-② 王至臺.

번역 왕(王)으로부터 대(臺)까지를 뜻한다.

杜注-③ 養馬曰圉, 養牛曰牧.

번역 말을 기르는 자를 '어(圉)'라 부르고, 소를 기르는 자를 '목(牧)'이라 부른다.

孔疏 ●"王臣"至"臣臺". ○正義曰: 文十八年傳云"舜臣堯"者, 謂舜爲臣以事堯也. 此云"王臣公"者, 謂上以下爲臣. 文同而意異也. 公者, 五等諸侯之總名. 環齊要略云: "自營爲厶, 八厶爲公, 言正無私也. 大夫者, 夫之言扶也, 大能扶成人也. 士者事也, 言能理庶事也." 服虔云: "皂, 造也, 造成事也. 輿, 衆也, 佐皂舉衆事也. 隸, 隸屬於吏也. 僚, 勞也, 共勞事也. 僕, 僕豎, 主藏者也. 臺, 給臺下, 微名也." 此皆以意言之, 循名求義, 不必得本, 故杜皆略而不說.

번역 ●傳文: "王臣"~"臣臺". ○문공 18년 전문에서 '순신요(舜臣堯)'[40]라고 한 말은 순임금이 신하가 되어 요임금을 섬겼다는 뜻이다. 이곳에서 '왕신공(王臣公)'이라고 한 말은 윗사람이 아랫사람을 신하로 삼았다는 뜻이다. 문장은 비슷하지만 의미는 전혀 다르다. '공(公)'은 다섯 등급의 제후들을 총칭하

---

40) 『춘추좌씨전』「문공(文公) 18년」: 以至於堯, 堯不能擧. 舜臣堯, 擧八愷, 使主后土.

는 명칭이다. 『환제요략』에서는 "스스로 생계를 도모하기 위해 팔을 안으로 감싼 형태는 모(厶)자가 되고, 모(厶)자가 8개가 되어 '공(公)'자가 되니 바르며 사사로움이 없다는 뜻이다. '대부(大夫)'에 있어서 '부(夫)'자는 돕는다는 뜻이니, 사람을 완성하는 일을 크게 도울 수 있음을 뜻한다. '사(士)'자는 일이라는 뜻이니, 여러 일들을 잘 처리할 수 있음을 뜻한다."라고 했다. 복건은 "'조(皂)'자는 짓는다는 뜻이니, 일을 성취한다는 뜻이다. '여(輿)'자는 무리를 뜻하니, 조를 도와 여러 일들을 시행한다는 뜻이다. '예(隸)'자는 아전[吏]에게 예속되어 있다는 뜻이다. '요(僚)'자는 수고롭다는 뜻으로, 힘든 일에 복무한다는 의미이다. '복(僕)'자는 미천한 종을 뜻하니 보관하는 일을 담당하는 자이다. '대(臺)'자는 대 밑으로 공급한다는 뜻으로, 미천한 자의 명칭이다."라고 했다. 이러한 주장들은 모두 그 의미에 따라 풀이한 것이며, 명칭에 따라 의미를 추론해 보면 이것이 모두 본래의 의미에 맞다고 볼 수는 없다. 그렇기 때문에 두예는 이 모두에 대해 생략하고 설명하지 않은 것이다.

그림 5-1 ▣ 대공복(大功服)

※ **출처:** 『삼재도회(三才圖會)』「의복(衣服)」 3권

그림 5-2 ▣ 소공복(小功服)

※ **출처:** 『삼재도회(三才圖會)』「의복(衣服)」 3권

그림 5-3 ▣ 시마복(緦麻服)

※ **출처:** 『삼재도회(三才圖會)』「의복(衣服)」 3권

그림 5-4 ▣ 산(散)

※ **출처:** 상좌-『삼례도집주(三禮圖集注)』 12권 ; 상우-『삼례도(三禮圖)』 3권
하좌-『육경도(六經圖)』 6권 ; 하우-『삼재도회(三才圖會)』「기용(器用)」 2권

그림 5-5 ▣ 세(洗)

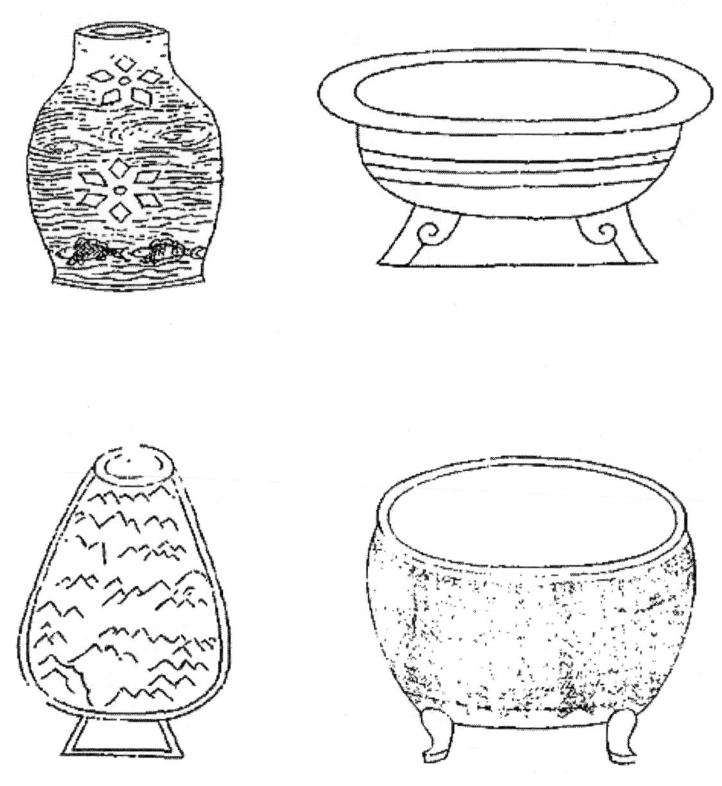

※ **출처:** 상좌-『삼례도집주(三禮圖集注)』 13권 ; 상우-『삼례도(三禮圖)』 4권
하좌-『육경도(六經圖)』 6권 ; 하우-『삼재도회(三才圖會)』「기용(器用)」 1권

그림 5-6 ▣ 슬(瑟)

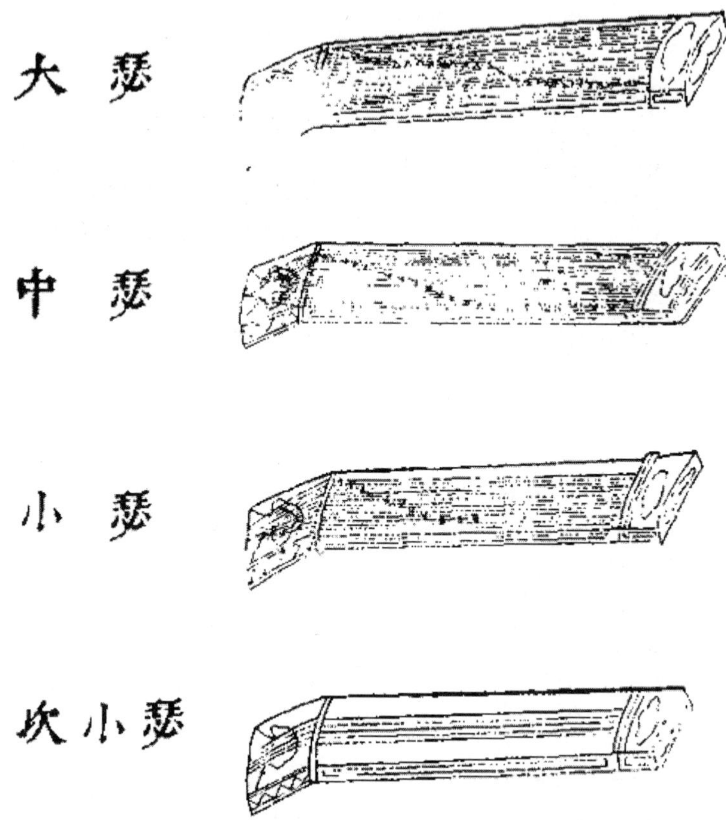

※ 출처: 『삼재도회(三才圖會)』「기용(器用)」 3권

그림 5-7 ▣ 생(笙)

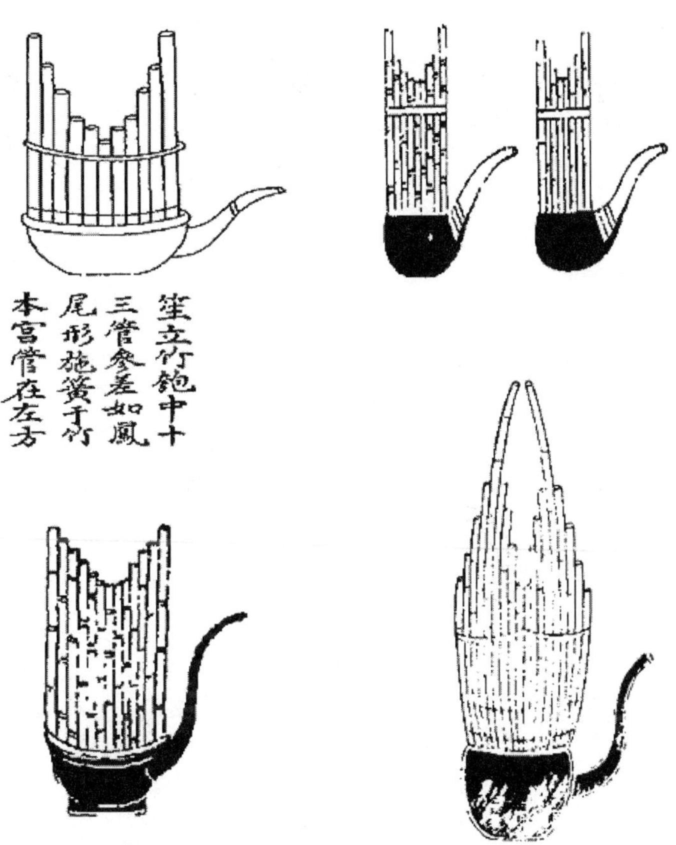

※ **출처:** 상좌-『주례도설(周禮圖說)』 하권 ; 상우-『삼례도집주(三禮圖集注)』 5권
하좌-『육경도(六經圖)』 2권 ; 하우-『삼재도회(三才圖會)』「기용(器用)」 3권

그림 5-8 ▣ 작(勺)

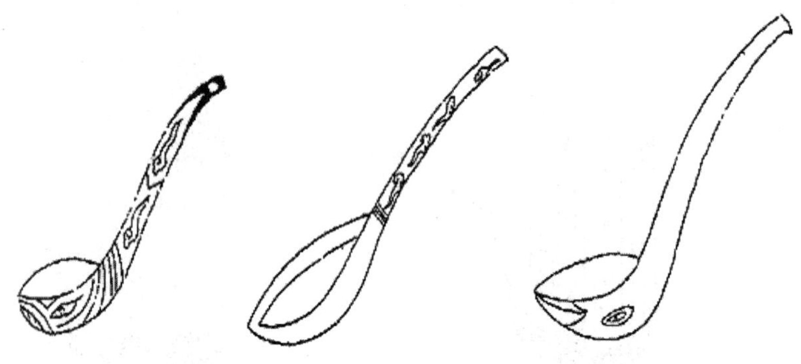

※ **출처:** 『삼례도집주(三禮圖集注)』 12권; 14권

그림 5-9 ▣ 작(爵)

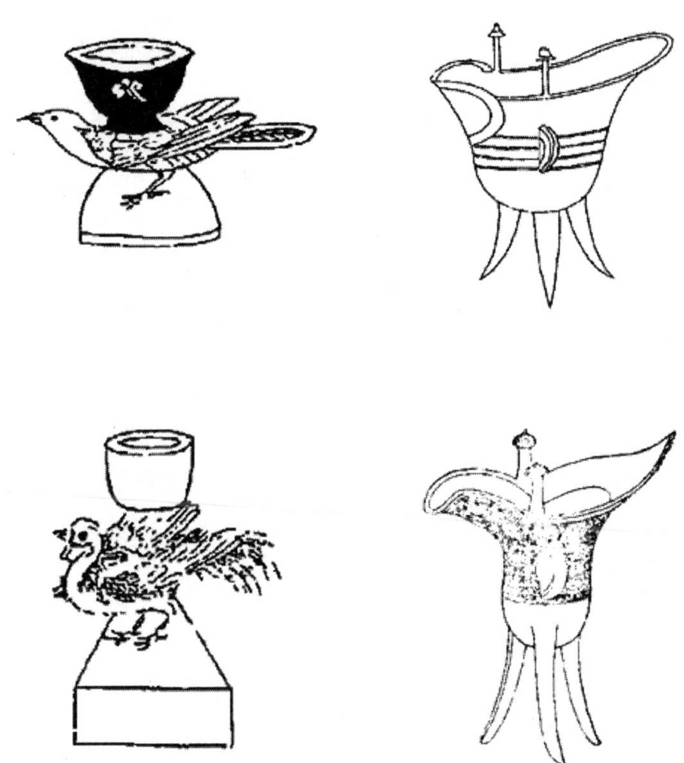

※ **출처:** 상좌-『삼례도집주(三禮圖集注)』 12권 ; 상우-『삼례도(三禮圖)』 3권
하좌-『육경도(六經圖)』 6권 ; 하우-『삼재도회(三才圖會)』「기용(器用)」 1권

燕義 人名 및 用語 辭典

ㄱ

◎ **가공언(賈公彦, ?~?)** : 당(唐)나라 때의 유학자이다. 정현(鄭玄)을 존숭하였다. 예학(禮學)에 조예가 깊었다. 『주례소(周禮疏)』, 『의례소(儀禮疏)』 등의 저서를 남겼으며, 이 저서들은 『십삼경주소(十三經注疏)』에 포함되었다.

◎ **가정본(嘉靖本)** : 『가정본(嘉靖本)』에는 간행한 자의 정보가 기록되어 있지 않다. 『십삼경주소(十三經注疏)』의 판본이다. 20권으로 구성되어 있으며, 각 권의 뒤편에는 경문(經文)과 그에 따른 주(注)를 간략히 기록하고 있다. 단옥재(段玉裁)는 이 판본이 가정(嘉靖) 연간에 송본(宋本)을 모방하여 간행된 것이라고 여겼다.

◎ **감본(監本)** : 『감본(監本)』은 명(明)나라 국자감(國子監)에서 간행한 『십삼경주소(十三經注疏)』의 판본이다.

◎ **개성석경(開成石經)** : 『개성석경(開成石經)』은 당(唐)나라 만들어진 석경(石經)을 뜻한다. 돌에 경문(經文)을 새겼기 때문에, '석경'이라고 부른다. 당나라 때 만들어진 '석경'은 대화(大和) 7년(A.D.833)에 만들기 시작하여, 개성(開成) 2년(A.D.837)에 완성되었기 때문에, '개성석경'이라고도 부르는 것이다.

◎ 경사(卿士) : '경사'는 주(周)나라 때 주왕조의 정사(政事)를 총감독했던 직위이다. 육경(六卿)과 별도로 설치되었으며, 육관(六官)의 일들을 총감독했다. 『시』「소아(小雅) · 십월지교(十月之交)」편에는 "皇父卿士, 番維司徒."라는 기록이 있는데, 이에 대한 주희(朱熹)의 『집주(集注)』에서는 "卿士, 六卿之外, 更爲都官, 以總六官之事也."라고 풀이하였으며, 『춘추좌씨전』「은공(隱公) 3년」편에는 "鄭武公莊公爲平王卿士."라는 기록이 있는데, 이에 대한 두예(杜預)의 주에서는 "卿士, 王卿之執政者."라고 풀이하였다.

◎ 고(孤) : '고'는 고대의 작위이다. 천자에게 소속된 '고'는 삼공(三公) 밑의 서열에 해당하며, 육경(六卿)보다 높았다. 고대에는 소사(少師) · 소부(少傅) · 소보(少保)를 삼고(三孤)라고 불렀다.

◎ 고당생(高堂生, ?~?) : 전한(前漢) 때의 학자이다. 춘추시대(春秋時代) 제(齊)나라의 경(卿)이었던 고혜(高傒)의 후손으로 알려져 있으며, 고혜가 채읍으로 받은 지명을 따서, 후손들의 성(姓)을 고당(高堂)으로 삼게 되었다고 전해진다. 진시황의 분서갱유 이후, 예학(禮學)의 최초 전수자로 알려져 있다. 『사기(史記)』「유림열전(儒林列傳)」의 기록에 따르면, '고당생'이 『사례(士禮)』 17편을 소분(蕭奮)에게 전수하였고, 소분은 맹경(孟卿)에게 전수하였으며, 맹경은 다시 후창(后蒼)에게 전수하여, 이후 대덕(戴德)과 대성(戴聖)에게 전수되었다.

◎ 고문송판(考文宋板) : 『고문송판(考文宋板)』은 일본 학자 산정정(山井鼎) 등이 출간한 『칠경맹자고문보유(七經孟子考文補遺)』에 수록된 『예기정의(禮記正義)』를 뜻한다. 산정정은 『예기정의』를 수록할 때, 송(宋)나라 때의 판본을 저본으로 삼았다.

◎ 고종(瞽宗) : '고종'은 본래 은(殷)나라 때의 학교 명칭이다. 주(周)나라 때에는 태학의 건물들 중 하나로 여겼다.

◎ 곡벽(穀璧) : '곡벽'은 조회 때 천자 및 각 신하들이 잡게 되는 육서(六瑞) 중의 하나이다. 자작이 잡던 벽(璧)이다. 곡식을 무늬로 새겨 넣었기 때문에 '곡(穀)'자를 붙여서 '곡벽'이라고 부르는 것이다. '벽'의 지름은 5촌(寸)이었다.

◎ 곤형(髡刑) : '곤형'은 오형(五刑) 중에는 포함되지 않으며, 죄인의 머리를 깎아서 치욕을 주는 형벌이다.

◎ 공씨(孔氏) : =공영달(孔穎達)

◎ 공영달(孔穎達, A.D.574~A.D.648) : =공씨(孔氏). 당대(唐代)의 경학자이다. 자(字)는 중달(仲達)이고, 시호(諡號)는 헌공(憲公)이다. 『오경정의

(五經正義)』를 찬정(撰定)하는데 중심적인 역할을 했다.

◎ **공족(公族)** : '공족'은 제후 및 군왕과 성(姓)이 같은 친족들을 뜻한다. '공족'에서의 '공'자는 본래 제후를 뜻하는 글자이다. 『시』「위풍(魏風) · 서리(黍離)」편에는 "殊異乎公族."이라는 기록이 있고, 이에 대한 정현의 전(箋)에서는 "公族, 主君同姓昭穆也."라고 풀이했다.

◎ **교감기(校勘記)** : 『교감기(校勘記)』는 완원(阮元)이 학자들을 모아서 편차했던 『십삼경주소교감기(十三經註疏校勘記)』를 뜻한다.

◎ **교기(校記)** : 『교기(校記)』는 손이양(孫詒讓)이 지은 『십삼경주소교기(十三經注疏校記)』를 뜻한다.

◎ **교제(郊祭)** : '교제'는 '교사(郊祀)'라고도 부른다. 교외(郊外)에서 천지(天地)에 제사를 지냈기 때문에 붙여진 명칭이다. 음양설(陰陽說)이 성행했던 한(漢)나라 때에는 하늘에 대한 제사는 양(陽)의 뜻을 따라 남교(南郊)에서 지냈고, 땅에 대한 제사는 음(陰)의 뜻을 따라 북교(北郊)에서 지냈다. 『한서』「교사지하(郊祀志下)」편에는 "帝王之事莫大乎承天之序, 承天之序莫重於郊祀. …… 祭天於南郊, 就陽之義也. 地於北郊, 卽陰之象也."라는 기록이 있다. 한편 '교사'는 후대에 제사를 범칭하는 용어로도 사용되었다. '교사' 중의 '교(郊)'자는 규모가 큰 제사를 뜻하며, '사(祀)'는 비교적 규모가 작은 제사들을 뜻한다.

◎ **구족(九族)** : '구족'은 친족을 범칭하는 말이다. 자신을 중심으로 위로 고조부(高祖父)까지의 네 세대, 아래로 현손(玄孫)까지의 네 세대까지 포함된 친족을 지칭한다. 『서』「우서(虞書) · 요전(堯典)」편에는 "克明俊德, 以親九族."이라는 기록이 있는데, 이에 대한 공안국(孔安國)의 전(傳)에서는 "以睦高祖, 玄孫之親."이라고 풀이하였다. 일설에는 '구족'을 부친쪽 친척 중 4촌, 모친쪽 친척 중 3촌, 처쪽 친척 중 2촌까지를 지칭하는 용어라고도 풀이한다.

◎ **국자(國子)** : '국자'는 천자 및 공(公), 경(卿), 대부(大夫)의 자제들을 말한다. 때론 상황에 따라 천자의 태자(太子) 및 왕자(王子)를 포함시키지 않는 경우도 있다. 『주례』「지관(地官) · 사씨(師氏)」편에는 "以三德敎國子"라는 기록이 있고, 이에 대한 정현의 주에서 "國子, 公卿大夫之子弟."라고 풀이한 용례와 『한서(漢書)』「예악지(禮樂志)」편에서 "朝夕習業, 以敎國子. 國子者, 卿大夫之子弟也."라고 풀이한 용례가 바로 여기에 해당한다. 그러나 이것은 천자에 대한 언급을 가급적 회피했기 때문에, 생략하여

기술하지 않은 것이다. 청대(淸代) 유서년(劉書年)의 『유귀양설경잔고(劉貴陽說經殘稿)』「국자증오(國子證誤)」편에서 "國子者, 王大子, 王子, 諸侯公卿大夫士之子弟, 皆是, 亦曰國子弟."라고 풀이하고 있는 것처럼, '국자'에는 천자의 태자와 왕자들까지도 포함된다.

◎ 궁규(躬圭) : '궁규'는 백작이 들게 되는 규(圭)이다. 사람의 형상을 새겨 넣었기 때문에 '궁규'라고 부르는 것이며, 그 무늬는 신규(信圭)에 비해 거칠다. 신중하게 행동하여 자신의 몸을 잘 보호하고자 이러한 형상을 새겨 넣은 것이다. 그리고 '궁규'의 길이는 7촌(寸)이 된다. 『주례』「춘관(春官)·대종백(大宗伯)」편에는 "侯執信圭. 伯執躬圭."라는 기록이 있고, 이에 대한 정현의 주에서는 "信當爲身, 聲之誤也. 身圭·躬圭, 蓋皆象以人形爲瑑飾, 文有麤縟耳. 欲其愼行以保身. 圭皆長七寸."이라고 풀이했다.

◎ 궁형(宮刑) : '궁형'은 궁벽(宮辟)이라고도 부르며, 오형(五刑) 중 하나이다. 남자의 생식기를 자르거나, 여자의 생식 기능을 파괴하는 형벌이다. 일설에는 여자에 대한 '궁형'은 감금을 하여 노비로 전락시키는 것이라고 설명한다. 『서』「주서(周書)·여형(呂刑)」편에는 "宮辟疑赦."라는 기록이 있고, 이에 대한 공안국(孔安國)의 전(傳)에서는 "宮, 淫刑也. 男子割勢, 婦人幽閉, 次死之刑."이라고 풀이했다.

◎ 귀유(貴游) : '귀유'는 귀유(貴遊)라고도 부른다. 천자나 제후의 친척들 중에서 관직이 없는 귀족들을 가리킨다. '유(遊)'자는 담당하는 관직이 없다는 뜻에서 붙여진 글자이다. 『주례』「지관(地官)·사씨(師氏)」편에는 "掌國中失之事以敎國子弟, 凡國之貴遊子弟學焉."이라는 기록이 있고, 이에 대한 정현의 주에서는 "貴遊子弟, 王公之子弟. 遊, 無官司者."라고 풀이하였다.

◎ 귀유(貴遊) : =귀유(貴游)

◎ 기로(耆老) : '기로'에서의 기(耆)자는 60세 이상의 노인을 뜻하고, 노(老)자는 70세 이상의 노인을 뜻한다. 또한 '기로'는 노인들을 일반적으로 지칭하는 용어로도 사용된다.

ㄴ

◎ 남송석경(南宋石經) : 『남송석경(南宋石經)』은 송(宋)나라 고종(高宗) 때 돌에 새긴 『십삼경주소(十三經注疏)』의 판본이다. 그러나 『예기(禮記)』에 대해서는 「중용(中庸)」 1편만을 기록하고 있다.

◎ **남전여씨(藍田呂氏, A.D.1040~A.D.1092)** : =여대림(呂大臨)·여씨(呂氏)·여여숙(呂與叔). 북송(北宋) 때의 학자이다. 이름은 대림(大臨)이고, 자(字)는 여숙(與叔)이며, 호(號)는 남전(藍田)이다. 장재(張載) 및 이정(二程)형제에게서 수학하였다. 저서로는 『남전문집(藍田文集)』 등이 있다.

◎ **내조(內朝)** : '내조'는 천자 및 제후가 정사를 처리하고 휴식을 취하던 장소이다. 외조(外朝)에 상대되는 말이다. '내조'에는 두 종류가 있었는데, 그 중 하나는 노문(路門) 밖에 위치하던 곳으로, 천자 및 제후가 정사를 처리하던 장소이며, 치조(治朝)라고도 불렀다. 다른 하나는 노문 안에 위치하던 곳으로, 천자 및 제후가 정사를 처리한 이후, 휴식을 취하던 장소이며, 연조(燕朝)라고도 불렀다.

◎ **노식(盧植, A.D.159?~A.D.192)** : =노씨(盧氏). 후한(後漢) 때의 유학자이다. 자(字)는 자간(子幹)이다. 어려서 마융(馬融)을 스승으로 섬겼다. 영제(靈帝)의 건녕(建寧) 연간(A.D.168~A.D.172)에 박사(博士)가 되었다. 채옹(蔡邕) 등과 함께 동관(東觀)에서 오경(五經)을 교정했다. 후에 동탁(董卓)이 소제(少帝)를 폐위시키자, 은거하며 『상서장구(尙書章句)』, 『삼례해고(三禮解詁)』를 저술했지만, 남아 있지 않다.

◎ **노씨(盧氏)** : =노식(盧植)

◎ **뇌례(牢禮)** : 소[牛], 양[羊], 돼지[猪] 등의 세 가지 희생물을 써서, 빈객(賓客)을 대접하는 예(禮)를 말한다. 『주례』「천관(天官)·재부(宰夫)」편에는 "凡朝覲會同賓客, 以牢禮之法, 掌其牢禮委積膳獻飮食賓賜之飧牽, 與其陳數."라는 기록이 있고, 이에 대한 정현의 주에서는 "牢禮之法, 多少之差及其時也. 三牲牛羊豕具爲一牢."라고 풀이하였다. 또 『주례』「지관(地官)·우인(牛人)」편에는 "凡賓客之事, 共其牢禮積膳之牛."라는 기록이 있고, 이에 대한 정현의 주에서는 "牢禮, 飧饔也."라고 풀이하였다.

ㄷ

◎ **단(袒)** : '단'은 상의 중 좌측 어깨 쪽을 드러내는 방법이다. 일반적으로 상중(喪中)에 남자들이 취하는 복장 방식을 뜻한다. 한편 일반적인 의례절차에서도 단(袒)의 복장 방식을 취하는 경우가 있다.

◎ **단문(袒免)** : '단문'은 상의의 한쪽을 벗어 좌측 어깨를 드러내고, 관(冠)을 벗고 머리끈으로 머리를 묶는다는 뜻이다. 먼 친척이 죽었을 때, 해당하는 상

복(喪服)이 없다면, 이처럼 '단문'을 해서 애도하는 마음을 표현하게 된다.

◎ **대공복(大功服)** : '대공복'은 상복(喪服) 중 하나로, 오복(五服)에 속한다. 조밀한 삼베를 사용해서 만들지만, 소공복(小功服)에 비해서는 삼베의 재질이 거칠기 때문에, '대공복'이라고 부른다. 이 복장을 입게 되는 기간은 상황에 따라 차이가 생기지만, 일반적으로 9개월이다. 당형제(堂兄弟) 및 미혼인 당자매(堂姊妹), 또는 혼인을 한 자매(姊妹) 등을 위해서 입는다.

◎ **대두(大斗)** : '대두'에서 두(斗)는 술동이에서 술을 풀 때 쓰는 국자이다. '대두'는 그 중에서도 큰 국자로, 손잡이의 길이는 3척(尺)이었다. 『시』「대아(大雅)·행위(行葦)」편에는 "酌以大斗, 以祈黃耇."라는 기록이 있는데, 이 문장에 대한 모전(毛傳)에서는 "大斗, 長三尺也."라고 풀이했다.

◎ **대복(大僕)** : '대복'은 태복(太僕)이라고도 부른다. 천자의 명령을 전달하거나, 천자의 조정에서의 자리 배치 등을 담당하였다. 『주례』의 체제에 따르면, 하대부(下大夫) 2명이 담당을 했다. 『주례』「하관사마(夏官司馬)」편에는 "太僕, 下大夫二人."이라는 기록이 있고, 『주례』「하관(夏官)·태복(太僕)」편에는 "太僕, 掌正王之服位, 出入王之大命."이라는 기록이 있다.

◎ **대빙(大聘)** : '대빙'은 본래 제후가 경(卿)을 시켜서 매해 천자를 찾아뵙는 것을 뜻한다. 제후는 천자에 대해서, 매년 소빙(小聘)을 하고, 3년에 1번 '대빙(大聘)'을 하며, 5년에 1번 조(朝)를 한다. 소빙을 할 때에는 대부(大夫)를 시키고, 조를 할 때에는 제후가 직접 찾아간다. 『예기』「왕제(王制)」편에는 "諸侯之於天子也, 比年一小聘, 三年一大聘, 五年一朝."라는 기록이 있고, 이에 대한 정현의 주에서는 "比年, 每歲也. 小聘使大夫, 大聘使卿, 朝則君自行."이라고 했다.

◎ **대합악(大合樂)** : '대합악'은 일반적으로 음악을 합주한다는 합악(合樂)의 뜻과 같다. 한편 계춘(季春)의 달에 국학(國學)에서 성대하게 시행한 합주를 뜻하기도 한다. 계춘에는 천자가 직접 주요 신하들을 이끌고 국학에 와서 합악을 관람하기 때문에, 성대하다는 의미에서 '대(大)'자가 붙여진 것이다.

◎ **대향(大饗)** : '대향'은 큰 연회를 뜻한다. 본래는 천자가 조회로 찾아온 제후들에게 베풀었던 성대한 연회를 가리킨다. 『예기』「중니연거(仲尼燕居)」편에는 "大饗有四焉."이라는 기록이 있고, 이에 대한 정현의 주에서는 "大饗, 謂饗諸侯來朝者也."라고 풀이했다.

◎ **동서(東序)** : '동서'는 본래 하후씨(夏后氏) 때의 태학(太學)을 가리킨다. 『예

기』「왕제(王制)」편에는 "夏后氏, 養國老於東序, 養庶老於西序."라는 기록이 있다. 후대에는 일반적인 학교 기관을 가리키는 용어로도 사용되었다.

◎ 두(豆) : '두'는 고대에 사용된 용기(容器)이다. 그 안에 수용되는 양을 표준으로 삼아서, 용량의 단위로 사용되기도 하였다. 4승(升) 만큼을 1'두'라고 불렀다. 『춘추좌씨전』「소공(昭公) 3년」편에는 "齊 舊四量, 豆·區·釜·鍾. 四升爲豆."라는 기록이 있고, 『의례』「사상례(士喪禮)」편에는 "稻米一豆實於筐."이라는 기록이 있는데, 이에 대한 정현의 주에서는 "豆, 四升."이라고 풀이했다. 한편 한 손에 담을 수 있는 양을 일(溢)이라고 부르고, 두 손에 담을 수 있는 양을 국(掬)이라고 부르는데, '국' 4개만큼을 1'두'라고 부른다. 『소이아(小爾雅)』「광량(廣量)」편에는 "一手之盛謂之溢, 兩手謂之掬, 掬四謂之豆, 豆四謂之區."라는 기록이 있다.

◎ 두(斗) : '두'는 곡식 등의 양을 재는 기구이자, 그 수량을 표시하는 단위였다. 지역 및 각 시대마다 다소 차이를 보이는데, 고대에는 10승(升)이 1두였다.

◎ **두예(杜預, A.D.222~A.D.284)** : =두원개(杜元凱). 서진(西晉) 때의 유학자이다. 경조(京兆) 두릉(杜陵) 출신이다. 자(字)는 원개(元凱)이다. 『춘추경전집해(春秋經典集解)』를 저술하였는데, 이 책은 현존하는 『춘추(春秋)』의 주석서 중 가장 오래된 것이며, 『십삼경주소(十三經注疏)』의 『춘추좌씨전정의(春秋左氏傳正義)』에도 채택되어 수록되었다.

◎ **두원개(杜元凱)** : =두예(杜預)

◎ **두자춘(杜子春, B.C.30?~A.D.58?)** : 후한(後漢) 때의 학자이다. 유흠(劉歆)에게서 수학하였다. 정중(鄭衆)과 가규(賈逵)에게 학문을 전수하였다.

ㅁ

◎ **마계장(馬季長)** : =마융(馬融)

◎ **마씨(馬氏)** : =마희맹(馬晞孟)

◎ **마언순(馬彦醇)** : =마희맹(馬晞孟)

◎ **마융(馬融, A.D.79~A.D.166)** : =마계장(馬季長). 후한대(後漢代)의 경학자(經學者)이다. 자(字)는 계장(季長)이며, 마속(馬續)의 동생이다. 고문경학(古文經學)을 연구하였으며, 『주역(周易)』, 『상서(尙書)』, 『모시(毛詩)』, 『논어(論語)』, 『효경(孝經)』 등을 두루 주석하고, 『노자(老子)』, 『회

남자(淮南子)』 등도 주석하였지만 현재 전해지지 않는다.

◎ **마희맹(馬晞孟, ?~?)** : =마씨(馬氏)·마언순(馬彦醇). 자(字)는 언순(彦醇)이다. 『예기해(禮記解)』를 찬술했다.

◎ **면복(冕服)** : '면복'은 대부(大夫) 이상의 계층이 착용하는 예관(禮冠)과 복식을 뜻한다. 무릇 길례(吉禮)를 시행할 때에는 모두 면류관[冕]을 착용하는데, 복장의 경우에는 시행하는 사안에 따라서 달라진다.

◎ **모공(毛公, ?~?)** : =모장(毛長)·모장(毛萇)·소모공(小毛公). 전한(前漢) 때의 학자이다. 하간헌왕(河間獻王) 때 박사(博士)를 지내기도 했다. 모시학(毛詩學)의 최초 전수자로, 모형(毛亨)에게서 『모시(毛詩)』를 전수받았다. 그래서 모형을 대모공(大毛公)이라고 부르며, 모장을 소모공이라고 부른다.

◎ **모본(毛本)** : 『모본(毛本)』은 명(明)나라 말기 급고각(汲古閣)에서 간행된 『십삼경주소(十三經注疏)』의 판본이다. 급고각은 모진(毛晋)이 지은 장서각이었으므로, 이러한 명칭이 생겼다.

◎ **목록(目錄)** : 『목록(目錄)』은 정현이 찬술했다고 전해지는 『삼례목록(三禮目錄)』을 가리킨다. 『십삼경주소(十三經注疏)』에서 인용되고 있지만, 이 책은 『수서(隋書)』가 편찬될 당시에 이미 일실되어 존재하지 않았다. 『수서』「경적지(經籍志)」편에는 "三禮目錄一卷, 鄭玄撰, 梁有陶弘景注一卷, 亡."이라는 기록이 있다.

◎ **무무(武舞)** : '무무'는 문무(文舞)와 상대되는 용어이다. 주(周)나라 때에 생겨났다. 무용수들이 도끼와 방패 등의 병장기를 들고 추는 춤이다. 통치자의 무공(武功)을 기리는 뜻을 춤으로 표현한 것이다.

◎ **무산작(無筭爵)** : '무산작'은 술잔의 수를 헤아리지 않는다는 뜻이다. 여수(旅酬)를 한 이후에, 빈객들의 제자들과 형제들의 자제들은 각각 그들의 수장에게 술을 따르고, 잔을 들어 올리는 것도 각각 그들의 수장에게 한다. 그리고 빈객들이 잔을 가져다가, 형제들 집단에 술을 권하고, 장형제(長兄弟)들은 잔을 가져다가 빈객의 무리들에게 술을 권하게 된다. 이처럼 여러 차례 술을 따르고 권하기 때문에, 이러한 절차를 '무산작'이라고 부르는 것이다.

◎ **묵형(墨刑)** : '묵형'은 묵벽(墨辟)이라고도 부르며, 오형(五刑) 중의 하나이다. 범죄자의 얼굴 및 이마에 상처를 내고, 먹물로 새겨 넣어서 죄인의 신분임을 표시하는 형벌이다. 『서』「주서(周書)·여형(呂刑)」편에는 "墨辟疑赦."라는 기록이 있고, 이에 대한 공안국(孔安國)의 전(傳)에서는 "刻其

顙而涅之, 曰墨刑."이라고 풀이했다.

◎ **문무(文舞)** : '문무'는 무무(武舞)와 상대되는 용어이다. 무용수들이 피리 및 깃털 등의 도구를 들고 추는 춤이다. 통치자의 치적(治積)을 기리는 뜻을 춤으로 표현한 것이다.

◎ **민본(閩本)** : 『민본(閩本)』은 명(明)나라 가정(嘉靖) 연간 때 이원양(李元陽)이 간행한 『십삼경주소(十三經注疏)』 판본이다. 한편 『칠경맹자고문보유(七經孟子考文補遺)』에서는 이 판본을 『가정본(嘉靖本)』으로 지칭하고 있다.

ㅂ

◎ **방증(房烝)** : '방증'은 방증(房脀)이라고도 부른다. 전증(全烝)과 대비되는 말이다. 제사나 연회 때 희생물을 반절로 갈라서 도마 위에 올리는 것을 말한다. 천자의 연회 때 사용된 예법(禮法) 중 하나이다. 『국어(國語)』「주어중(周語中)」편에는 "禘郊之事, 則有全烝. 王公立飫, 則有房烝."이라는 기록이 있고, 이에 대한 위소(韋昭)의 주에서는 "房, 大俎也. 詩云 籩豆大房, 謂半解其體, 升之房也."라고 풀이했다. 즉 '방증'에서의 방(房)자는 큰 도마라는 뜻이며, 증(烝)자는 도마에 올린다는 뜻이다. 『시』「노송(魯頌)·비궁(閟宮)」편에는 "籩豆大房"이라는 기록이 있는데, 이것은 희생물의 몸체를 반절로 갈라서, 큰 도마 위에 올린다는 뜻이다.

◎ **백호통(白虎通)** : 『백호통(白虎通)』은 후한(後漢) 때 편찬된 서적이다. 『백호통의(白虎通義)』라고도 부른다. 후한의 장제(章帝)가 학자들을 불러 모아서, 백호관(白虎觀)에서 토론을 시키고, 각 경전 해석의 차이점을 기록한 서적이다.

◎ **별록(別錄)** : 『별록(別錄)』은 후한(後漢) 때 유향(劉向)이 찬(撰)했다고 전해지는 책이다. 현재는 일실되어 존재하지 않으며, 『한서(漢書)』「예문지(藝文志)」편을 통해서 대략적인 내용만을 추측해볼 수 있다.

◎ **복건(服虔, ?~?)** : 후한대(後漢代)의 유학자이다. 자(字)는 자신(子愼)이다. 초명은 중(重)이었으며, 기(祇)라고도 불렀다. 후에 이름을 건(虔)으로 고쳤다. 『춘추좌씨전(春秋左氏傳)』에 주석을 남겼지만, 산일되어 전해지지 않는다. 현재는 『좌전가복주집술(左傳賈服注輯述)』로 일집본이 편찬되었다.

◎ 복생(伏生, ?~?) : =복승(伏勝). 전한(前漢) 때의 학자이다. 자(字)는 자천(子賤)이다. 진(秦)나라 때 박사(博士)를 지냈으며, 분서갱유를 피해 『상서(尙書)』를 숨겨두었다가, 한(漢)나라 때 『금문상서(今文尙書)』를 전수하였다.

◎ 북궁(北宮) : '북궁'은 왕후(王后)가 머무는 곳을 뜻한다. 고대의 궁(宮)은 남쪽을 향하고 있는데, 천자의 노침(路寢)은 앞에 있으므로, 남궁(南宮)이라 부른다. 반면 왕후의 육궁(六宮)은 천자의 육침(六寢) 뒤에 위치하기 때문에, 대비해서 말하여 '북궁(北宮)'이라고 부른다.

◎ 빈(擯) : '빈'은 빈객(賓客)이 방문했을 때, 주인(主人)의 부관이 되어, 빈객과의 사이에서 시행해야 할 일들을 도왔던 부관들을 뜻한다.

◎ 빙문(聘問) : '빙문'은 국가 간이나 개인 간에 사람을 보내서 상대방을 찾아가 안부를 묻는 의식 절차를 통칭하는 말이다. 또한 제후가 신하를 시켜서 천자에게 보내, 안부를 묻는 예법을 뜻하기도 한다.

ㅅ

◎ 사교(四教) : '사교'는 『시(詩)』, 『서(書)』, 『예(禮)』, 『악(樂)』 등 네 종류의 학과목을 뜻한다.

◎ 사궁(射宮) : '사궁'은 천자가 대사례(大射禮)를 시행하던 장소이며, 또한 이곳에서 사(士)들을 시험하기도 했다. 『춘추곡량전』「소공(昭公) 8년」편에는 "以習射於射宮."이라는 기록이 있고, 『예기』「사의(射義)」편에는 "諸侯歲獻貢士於天子, 天子試之於射宮."이라는 기록이 있다.

◎ 사도(司徒) : '사도'는 대사도(大司徒)라고도 부른다. 본래 주(周)나라 때의 관리로, 국가의 토지 및 백성들에 대한 교화(教化)를 담당했다. 전설상으로는 소호(少昊) 시대 때부터 설치되었다고 전해진다. 주나라의 육경(六卿) 중 하나였으며, 전한(前漢) 애제(哀帝) 원수(元壽) 2년(B.C. 1)에는 승상(丞相)의 관직명을 고쳐서, 대사도(大司徒)라고 불렀고, 대사마(大司馬), 대사공(大司空)과 함께 삼공(三公)의 반열에 있었다. 후한(後漢) 때에는 다시 '사도'로 명칭을 고쳤고, 그 이후로는 이 명칭을 계속 사용하다가 명(明)나라 때 폐지되었다. 명나라 이후로는 호부상서(戶部尙書)를 '대사도'라고 불렀다.

◎ 사마(司馬) : '사마'라는 관직은 전설상으로는 소호(少昊) 시대부터 설치되

었다고 전해진다. 주(周)나라 때에는 육경(六卿) 중 하나였으며, 하관(夏官)의 수장이며, 대사마(大司馬)라고도 불렸다. 군대와 관련된 일을 담당했다. 한(漢)나라 무제(武帝) 때에는 태위(太尉)라는 관직명을 고쳐서 대사마(大司馬)라고 불렀고, 후한(後漢) 때에는 다시 태위(太尉)로 고쳐 불렀다. 남북조시대(南北朝時代)에는 대장군(大將軍)과 함께 이대(二大)로 칭해지기도 했으나, 청(淸)나라 때 폐지되었다. 후세에서는 병부상서(兵部尙書)의 별칭으로 사용하기도 했고, 시랑(侍郎)을 소사마(少司馬)로 칭하기도 하였다.

◎ 사술(四術) : '사술'은 『시(詩)』, 『서(書)』, 『예(禮)』, 『악(樂)』 등 네 종류 경전에 대한 학문을 뜻한다.

◎ 사정(司正) : '사정'은 향음주례(鄕飮酒禮)나 빈객(賓客)들을 대접하는 연회를 시행할 때, 의례절차 등을 총감독하는 사람이다.

◎ 삼경(三卿) : '삼경'은 세 명의 경(卿)을 뜻하며, 제후국의 관리 중 가장 높은 반열에 오른 자들이다. 사도(司徒), 사마(司馬), 사공(司空)이 '삼경'에 해당한다. 제후국의 입장에서는 천자에게 소속된 삼공(三公)과 유사하다. 『주례』의 체제에 따르면, 천자에게는 천관(天官), 지관(地官), 춘관(春官), 하관(夏官), 추관(秋官), 동관(冬官)이라는 여섯 관부가 있었고, 각 관부의 수장은 총재(冢宰), 사도(司徒), 종백(宗伯), 사마(司馬), 사구(司寇), 사공(司空)이 된다. 제후국에서는 3명의 경들이 여섯 관부의 일을 책임지게 되어, 사도가 총재를 겸하고, 사마가 종백을 겸하며, 사공이 사구를 겸했다고 설명하기도 한다. 『예기』「왕제」편에는 "大國三卿, 皆命於天子."라는 기록이 있고, 이에 대한 공영달(孔穎達)의 소(疏)에서는 최영은(崔靈恩)의 주장을 인용하여, "崔氏云, 三卿者, 依周制而言, 謂立司徒, 兼冢宰之事; 立司馬, 兼宗伯之事; 立司空, 兼司寇之事."라고 풀이했다.

◎ 삼공(三公) : '삼공'은 중앙정부의 가장 높은 관직자 3명을 합쳐서 부르는 말이다. '삼공'에 속한 관직명에 대해서는 각 시대별로 차이가 있다. 『사기(史記)』「은본기(殷本紀)」편에는 "以西伯昌, 九侯, 鄂侯, 爲三公."이라는 기록이 있다. 즉 은나라 때에는 서백(西伯)인 창(昌), 구후(九侯), 악후(鄂侯)들을 '삼공'으로 삼았다. 또한 주(周)나라 때에는 태사(太師), 태부(太傅), 태보(太保)를 '삼공'으로 삼았다. 『서』「주서(周書) · 주관(周官)」편에는 "立太師 · 太傅 · 太保, 茲惟三公, 論道經邦, 燮理陰陽."이라는 기록이 있다. 한편 『한서(漢書)』「백관공경표서(百官公卿表序)」에 따르면 사마

(司馬), 사도(司徒), 사공(司空)을 '삼공'으로 삼았다는 기록이 있다.

◎ 삼덕(三德) : '삼덕'은 세 종류의 덕(德)을 가리키는데, 문헌에 따라 해당하는 덕성(德性)들에는 차이가 나타난다. 『서』「주서(周書) · 홍범(洪範)」편에는 "三德, 一曰正直, 二曰剛克, 三曰柔克."이라는 기록이 있다. 즉 『서』에서는 '삼덕'을 정직(正直), 강극(剛克), 유극(柔克)으로 풀이하고 있다. 그리고 이 문장에 대한 공영달(孔穎達)의 소(疏)에서는 "此三德者, 人君之德, 張弛有三也. 一曰正直, 言能正人之曲使直, 二曰剛克, 言剛强而能立事, 三曰柔克, 言和柔而能治."라고 풀이한다. 즉 '정직'은 사람들의 바르지 못한 점을 바로잡아서, 정직하게 만드는 능력을 뜻한다. '강극'은 강건한 자세로 사업을 수립하고, 그런 일들을 추진할 수 있는 능력을 뜻한다. '유극'은 화락하고 유순한 태도로 다스릴 수 있는 능력을 뜻한다. 다음으로 『주례』「지관(地官) · 사씨(師氏)」편에는 "以三德教國子, 一曰至德, 以爲道本, 二曰敏德, 以爲行本, 三曰孝德, 以知逆惡."이라는 기록이 있다. 즉 『주례』에서는 '삼덕'을 지덕(至德), 민덕(敏德), 효덕(孝德)으로 풀이하고 있다. '지덕'은 도(道)의 근본이 되는 것이며, '민덕'은 행실의 근본이 되는 것이고, '효덕'은 나쁘고 흉악한 것들을 알아내는 능력을 뜻한다. 다음으로 『국어(國語)』「진어사(晉語四)」편에는 "晉公子善人也, 而衛親也, 君不禮焉, 棄三德矣."라는 기록이 있다. 이에 대한 위소(韋昭)의 주에서는 "三德, 謂禮賓, 親親, 善善也."라고 풀이한다. 즉 위소가 말하는 '삼덕'은 예빈(禮賓), 친친(親親), 선선(善善)이다. '예빈'은 빈객들에게 예법(禮法)에 따라 대접하는 것이며, '친친'은 부모를 친애하는 것이고, '선선'은 착한 사람을 착하게 대하는 것이다.

◎ 삼로오경(三老五更) : '삼로오경'은 삼로(三老)와 오경(五更)을 뜻한다. 이들은 국가의 요직에 있다가 나이가 들어 퇴직한 자들이다. 정현은 '삼로'와 '오경'은 3명과 5명이 아닌 각각 1명씩이라고 풀이했다. 그리고 1명씩인데도 '삼(三)'자와 '오(五)'자를 붙여서 부르는 이유에 대해서, '삼신(三辰)'과 '오성(五星)'에서 명칭을 빌려왔기 때문이라고 해석하였고, 또한 '삼덕(三德)'과 '오사(五事)'를 알고 있는 자들이기 때문에, 이러한 명칭이 붙었다고 풀이하기도 한다. 『예기』「문왕세자」편에는 "適東序, 釋奠於先老, 遂設三老, 五更, 群老之席位焉."이란 기록이 있는데, 이에 대한 정현의 주에서는 "三老五更各一人也, 皆年老更事致仕者也. 天子以父兄養之, 示天下之孝悌也. 名以三五者, 取象三辰五星, 天所因以照明天下者."라고

풀이했고, 또한 『예기』「악기(樂記)」편에는 "食三老五更於大學."이란 기록이 있는데, 이에 대한 정현의 주에서는 "三老五更, 互言之耳, 皆老人更知三德五事者也."라고 풀이했다. 그리고 참고적으로 공영달(孔穎達)의 소(疏)에서는 "三德謂正直, 剛, 柔. 五事謂貌, 言, 視, 聽, 思也."라고 해석하여, '삼덕'은 정직(正直), 강직함[剛], 부드러움[柔]이라고 풀이했고, 오사(五事)는 '올바른 용모[貌]', '올바른 말[言]', '올바르게 봄[視]', '올바르게 들음[聽]', '올바르게 생각함[思]'이라고 풀이했다.

◎ 삼행(三行) : '삼행'은 세 종류의 덕행(德行)을 뜻하며, 효행(孝行), 우행(友行), 순행(順行)을 가리킨다. '효행'은 부모를 섬기는 덕행이고, '우행'은 현명하고 어진 사람을 존귀하게 받드는 덕행이며, '순행'은 스승과 어른을 섬기는 덕행이다.

◎ 상개(上介) : '상개'는 개(介) 중에서도 가장 직위가 높았던 자를 뜻한다. 빈객(賓客)이 방문했을 때, 빈객의 부관이 되어, 주인(主人)과의 사이에서 시행해야 할 일들을 도왔던 부관들을 '개'이라고 부른다.

◎ 상경(上卿) : '상경'은 주(周)나라 제도에서, 경(卿) 중에서 가장 높은 자들을 뜻한다. 주나라 제도에서 천자 및 제후들은 모두 경을 두었으며, 상·중·하 세 등급으로 구분하였다.

◎ 상공(上公) : '상공'은 주(周)나라 제도에 있었던 관직 등급이다. 본래 신하의 관직 등급은 8명(命)까지이다. 주나라 때에는 태사(太師), 태부(太傅), 태보(太保)와 같은 삼공(三公)들이 8명의 등급에 해당했다. 그런데 여기에 1명을 더하게 되면 9명이 되어, 특별직인 '상공'이 된다. 『주례』「춘관(春官)·전명(典命)」편에는 "上公九命爲伯, 其國家宮室車旗衣服禮儀, 皆以九爲節."이라는 기록이 있고, 이에 대한 정현의 주에서는 "上公, 謂王之三公有德者, 加命爲二伯. 二王之後亦爲上公."이라고 풀이하였다. 즉 '상공'은 삼공 중에서도 유덕(有德)한 자에게 1명을 더해주어, 제후들을 통솔하는 '두 명의 백(伯)[二伯]'으로 삼았다. 또한 제후의 다섯 등급을 나열할 경우, 공작(公爵)을 '상공'이라고 부르기도 한다.

◎ 상대부(上大夫) : '상대부'는 대부(大夫)의 등급 중 하나이다. 대부는 상(上)·중(中)·하(下)로 재차 분류되는데, '상대부'는 대부들 중에서도 가장 높은 작위이다. 한편 제후국에 있어서 '상대부'는 경(卿)으로 분류되기도 하였다.

◎ 서수(庶羞) : '서수'는 여러 종류의 맛좋은 음식들을 뜻한다. 수(羞)자는 맛

좋은 음식을 뜻하고, 서(庶)자는 음식 종류가 많다는 뜻이다. 『의례』「공사대부례(公食大夫禮)」편에는 "上大夫庶羞二十, 加於下大夫以雉兎鶉鴽."라는 기록이 있는데, 이에 대한 호배휘(胡培翬)의 정의(正義)에서는 학경(郝敬)의 말을 인용하여, "肴美曰羞, 品多曰庶."라고 풀이했다.

◎ 석경(石經) : 『석경(石經)』은 당(唐)나라 개성(開成) 2년(A.D.714)에 돌에 새긴 『십삼경주소(十三經注疏)』의 판본이다. 당나라 국자학(國子學)의 비석에 새겨졌다는 판본이 바로 이것을 가리킨다.

◎ 석채(釋菜) : '석채'는 본래 국학(國學)에서 거행되었던 전례(典禮) 중 하나이다. 희생물 없이 소채 등으로 간소하게 차려놓고, 선성(先聖)과 선사(先師)에게 지내는 제사이다. 또한 희생물 없이 간소하게 지내는 제사를 지칭하기도 한다.

◎ 성균(成均) : '성균'은 고대의 태학(太學) 명칭이다. 오제(五帝) 때 태학의 명칭을 '성균'으로 정했다고 전해진다.

◎ 세족(世族) : '세족'은 세공(世功)과 관족(官族)을 합쳐 부르는 말이다. '세족'은 선대(先代)에 공적(功績)을 쌓았던 관족(官族)을 뜻한다. 후대에는 대대로 녹봉을 받는 명문 있는 가문을 뜻하는 용어로도 사용하였다. 『춘추좌씨전』「은공(隱公) 8년」편에는 "官有世功, 則有官族."라는 기록이 있다.

◎ 소공복(小功服) : '소공복'은 상복(喪服) 중 하나로, 오복(五服)에 속한다. 조밀한 삼베를 사용해서 만들며, 대공복(大功服)에 비해서 삼베의 재질이 조밀하기 때문에, '소공복'이라고 부른다. 이 복장을 입게 되는 기간은 상황에 따라 차이가 생기지만, 일반적으로 5개월이 된다. 백숙(伯叔)의 조부모나 당백숙(堂伯叔)의 조부모, 혼인하지 않은 당(堂)의 자매(姊妹), 형제(兄弟)의 처 등을 위해서 입는다.

◎ 소빙(小聘) : '소빙'은 본래 제후가 대부(大夫)를 시켜서 매해 천자를 찾아뵙는 것을 뜻한다. 제후는 천자에 대해서, 매년 '소빙'을 하고, 3년에 1번 대빙(大聘)을 하며, 5년에 1번 조(朝)를 한다. 대빙을 할 때에는 경(卿)을 시키고, 조를 할 때에는 제후가 직접 찾아간다. 『예기』「왕제(王制)」편에는 "諸侯之於天子也, 比年一小聘, 三年一大聘, 五年一朝."라는 기록이 있고, 이에 대한 정현의 주에서는 "比年, 每歲也. 小聘使大夫, 大聘使卿, 朝則君自行."이라고 했다.

◎ 속백(束帛) : '속백'은 한 묶음의 비단으로, 그 수량은 다섯 필(匹)이 된다. 빙문(聘問)을 하거나 증여를 할 때 가져가는 예물(禮物) 등으로 사용되었

다. '속(束)'은 10단(端)을 뜻하는데, 1단의 길이는 1장(丈) 8척(尺)이 되며, 2단이 합쳐서 1권(卷)이 되므로, 10단은 총 5필이 된다. 『주례』「춘관(春官) · 대종백(大宗伯)」편에는 "孤執皮帛."이라는 기록이 있고, 이에 대한 가공언(賈公彦)의 소(疏)에서는 "束者十端, 每端丈八尺, 皆兩端合卷, 總爲五匹, 故云束帛也."라고 풀이했다.

◎ 순수(巡守) : '순수'는 '순수(巡狩)'라고도 부른다. 천자가 수도를 벗어나 제후의 나라를 시찰하는 것을 뜻한다. '순수'의 '순(巡)'자는 그곳으로 행차를 한다는 뜻이고, '수(守)'자는 제후가 지키는 영토를 뜻한다. 제후는 천자가 하사해준 영토를 대신 맡아서 수호하는 것이기 때문에, 천자가 그곳에 방문하여, 자신의 영토를 어떻게 관리하고 있는지를 시찰하게 된다. 『서』「우서(虞書) · 순전(舜典)」편에는 "歲二月, 東巡守, 至于岱宗, 柴."라는 기록이 있고, 이에 대한 공안국(孔安國)의 전(傳)에서는 "諸侯爲天子守土, 故稱守. 巡, 行之."라고 풀이했으며, 『맹자』「양혜왕하(梁惠王下)」편에서는 "天子適諸侯曰巡狩. 巡狩者, 巡所守也."라고 기록하였다. 한편 『예기』「왕제(王制)」편에는 "天子, 五年, 一巡守."라는 기록이 있고, 『주례』「추관(秋官) · 대행인(大行人)」편에는 "十有二歲王巡守殷國."이라는 기록이 있다. 즉 「왕제」편에서는 천자가 5년에 1번 순수를 시행하고, 「대행인」편에서는 12년에 1번 순수를 시행한다고 기록하고 있는데, 이러한 차이점에 대해서 정현은 「왕제」편의 주에서 "五年者, 虞夏之制也. 周則十二歲一巡守."라고 풀이했다. 즉 5년에 1번 순수를 하는 제도는 우(虞)와 하(夏)나라 때의 제도이며, 주(周)나라에서는 12년에 1번 순수를 했다.

◎ 승(升) : '승'은 용량을 재는 단위이다. 지역 및 각 시대마다 다소 차이를 보이는데, 고대에는 10합(合)을 1승(升)으로 여겼고, 10승(升)을 1두(斗)로 여겼다. 『한서(漢書)』「율력지상(律曆志上)」편에는 "合龠爲合, 十合爲升."이라는 기록이 있다.

◎ 시마복(緦麻服) : '시마복'은 상복(喪服) 중 하나로, 오복(五服)에 속한다. 가장 조밀한 삼베를 사용해서 만든다. 이 복장을 입게 되는 기간은 상황에 따라서 차이가 있지만, 일반적으로 3개월이 된다. 친족의 백숙부모(伯叔父母)나 친족의 형제(兄弟)들 및 혼인하지 않은 친족의 자매(姊妹) 등을 위해서 입는다.

◎ 시학(視學) : '시학'은 천자가 석전(釋奠) 및 양로(養老) 등의 의례를 위해, 친히 태학(太學)에 왕림하는 것을 말한다. 일반적으로 천자가 '시학'을 하

는 시기는 중춘(仲春), 계춘(季春), 중추(仲秋)에 해당한다. 중춘 때에는 태학에서 합무(合舞)를 하고, 계춘 때에는 합악(合樂)을 하며, 중추 때에는 합성(合聲)을 하기 때문이다. 『예기』「문왕세자(文王世子)」편에는 "天子視學."이라는 기록이 있는데, 이에 대한 공영달(孔穎達)의 소(疏)에서는 "天子視學, 必遂養老之法則, 養老旣畢, 乃命諸侯群吏令養老之事. 天子視學者, 謂仲春合舞, 季春合樂, 仲秋合聲. 於此之時, 天子親往視學也."라고 풀이했다.

◎ **신규(信圭)** : '신규'는 신규(身圭)이다. '신(信)'자와 '신(身)'자의 소리가 비슷하기 때문에 잘못 전이된 것이다. '신규'는 후작이 들게 되는 규(圭)이다. 사람의 형상을 새겨 넣었기 때문에 '신규'라고 부르는 것이며, 그 무늬는 궁규(躬圭)에 비해 세밀하다. 신중하게 행동하여 자신의 몸을 잘 보호하고자 이러한 형상을 새겨 넣은 것이다. 그리고 '신규'의 길이는 7촌(寸)이 된다. 『주례』「춘관(春官)·대종백(大宗伯)」편에는 "侯執信圭. 伯執躬圭."라는 기록이 있고, 이에 대한 정현의 주에서는 "信當爲身, 聲之誤也. 身圭·躬圭, 蓋皆象以人形爲瑑飾, 文有麤縟耳. 欲其愼行以保身. 圭皆長七寸."이라고 풀이했다.

ㅇ

◎ **악본(岳本)** : 『악본(岳本)』은 송(頌)나라 악가(岳珂)가 간행한 『십삼경주소(十三經注疏)』의 판본이다.

◎ **악정(樂正)** : '악정'은 음악을 담당했던 관리들의 우두머리를 뜻한다. 정(正)자는 우두머리를 뜻하는 장(長)자와 같다. 한편 『주례』에는 '악정'이라는 직책은 보이지 않으며, 대신 대사악(大司樂)이라는 직책이 있다. 한편 『의례』「향사례(鄕射禮)」편에는 "樂正先升, 北面立于其西."라는 기록이 있는데, 이에 대한 가공언(賈公彦)의 소(疏)에서는 "案周禮有大司樂, 樂師, 天子之官. 此樂正, 諸侯及士大夫之官."이라고 풀이했다. 즉 '악정'은 제후 및 대부(大夫)의 관리였고, 천자에게는 대신 '대사악'과 악사(樂師)라는 관리가 소속되어 있었다. 따라서 간혹 '악정'을 '대사악'과 같은 의미로 사용하기도 한다.

◎ **양복(楊復, ?~?)** : 남송(南宋) 때의 학자이다. 주희(朱熹)의 제자이다. 『상제도(喪祭圖)』·『의례도(儀禮圖)』 등의 저서를 남겼다.

◎ 여대림(呂大臨) : =남전여씨(藍田呂氏)

◎ 여수(旅酬) : '여수'는 본래 제사가 끝난 후에, 제사에 참가했던 친족 및 빈객(賓客)들이 술잔을 들어 술을 마시고, 서로 공경의 예(禮)를 표하며, 잔을 권하는 의례(儀禮)이다. 연회에서도 서로에게 술을 권하는 절차를 '여수'라고 부른다.

◎ 여씨(呂氏) : =남전여씨(藍田呂氏)

◎ 여여숙(呂與叔) : =남전여씨(藍田呂氏)

◎ 연조(燕朝) : '연조'는 천자 및 제후에게 있었던 내조(內朝) 중 하나를 뜻한다. 천자 및 제후는 3개의 조(朝)를 두는데, 1개는 외조(外朝)이며, 나머지 2개는 내조가 된다. 내조 중에서도 노문(路門) 안쪽에 있던 것을 '연조'라고 부른다. 『주례』「춘관(秋官) · 조사(朝士)」편에 대한 정현의 주에서는 "周天子諸侯皆有三朝. 外朝一, 內朝二. 內朝之在路門內者, 或謂之燕朝."라고 풀이하고 있다.

◎ 오곡(五穀) : '오곡'은 곡식을 총칭하는 말로 사용되는데, 본래 다섯 가지 곡식을 뜻한다. 그러나 다섯 가지 곡식이 구체적으로 무엇을 가리키는지에 대해서는 이견이 많다. 『주례』「천관(天官) · 질의(疾醫)」편에는 "以五味 · 五穀 · 五藥養其病."이라는 기록이 있고, 이에 대한 정현의 주에서는 "五穀, 麻 · 黍 · 稷 · 麥 · 豆也."라고 풀이했다. 즉 이 문장에서는 '오곡'을 마(麻) · 메기장[黍] · 차기장[稷] · 보리[麥] · 콩[豆]으로 설명하고 있다. 그리고 『맹자』「등문공상(滕文公上)」편에는 "樹藝五穀, 五穀熟而民人育."이라는 기록이 있고, 이에 대한 조기(趙岐)의 주에서는 "五穀謂稻 · 黍 · 稷 · 麥 · 菽也."라고 풀이했다. 즉 이 문장에서는 '오곡'을 쌀[稻] · 메기장[黍] · 차기장[稷] · 보리[麥] · 대두[菽]로 설명하고 있다. 그리고 『초사(楚辭)』「대초(大招)」편에는 "五穀六仞."이라는 기록이 있는데, 이에 대한 왕일(王逸)의 주에서는 "五穀, 稻 · 稷 · 麥 · 豆 · 麻也."라고 풀이했다. 즉 이 문장에서는 '오곡'을 쌀[稻] · 차기장[稷] · 보리[麥] · 콩[豆] · 마(麻)로 설명하고 있다. 이 외에도 각종 주석에 따라 해당 작물이 달라진다.

◎ 오미(五味) : '오미'는 다섯 가지 맛을 뜻한다. 맛의 종류를 총칭하는 용어로도 사용된다. '오미'는 구체적으로 산(酸: 신맛), 고(苦: 쓴맛), 신(辛: 매운맛), 함(鹹: 짠맛), 감(甘: 단맛)을 가리킨다. 『예기』「예운(禮運)」편에는 "五味, 六和, 十二食, 還相爲質也."라는 기록이 있는데, 이에 대한 정현의 주에서는 "五味, 酸, 苦, 辛, 鹹, 甘也."라고 풀이하였다.

◎ 오색(五色) : '오색'은 청색[青], 적색[赤], 백색[白], 흑색[黑], 황색[黃]을 뜻한다. 고대에는 이 다섯 가지 색깔을 순일한 색깔로 여겨서, 정색(正色)으로 규정하였고, 그 이외의 색깔들은 간색(間色)으로 분류하였다.

◎ 오성(五聲) : '오성'은 오음(五音)이라고도 하며, 일반적으로 궁(宮), 상(商), 각(角), 치(徵), 우(羽) 다섯 가지 음을 뜻한다. 당(唐)나라 이후에는 또한 합(合), 사(四), 을(乙), 척(尺), 공(工)으로 부르기도 했다. 『맹자』「이루상(離婁上)」편에는 "不以六律, 不能正五音."이라는 기록이 있는데, 이에 대한 조기(趙岐)의 주에서는 "五音, 宮商角徵羽"라고 풀이하였다.

◎ 옹희(饔餼) : '옹희'는 빈객(賓客)과 상견례(相見禮)를 하고 나서 성대하게 음식을 마련해 접대하는 것을 뜻한다. 『주례』「추관(秋官)·사의(司儀)」편에는 "致飧如致積之禮."라는 기록이 있는데, 이에 대한 정현의 주에서는 "小禮曰飧, 大禮曰饔餼."라고 풀이하였다. 즉 '옹희'와 '손'은 모두 빈객 등을 접대하는 예법들인데, '옹희'는 성대한 예법에 해당하여, '손'보다도 융숭하게 대접하는 것이다.

◎ 외조(外朝) : '외조'는 내조(內朝)와 대비되는 말이며, 천자 및 제후가 정사(政事)를 처리하던 곳이다. 『주례』「춘관(秋官)·조사(朝士)」편에 대한 정현의 주에서는 "周天子諸侯皆有三朝. 外朝一, 內朝二. 內朝之在路門內者, 或謂之燕朝."라는 기록이 있다. 즉 천자 및 제후는 3개의 조(朝)를 두는데, 1개는 '외조'이며, 나머지 2개는 내조가 된다. 『국어(國語)』「노어하(魯語下)」편에는 "天子及諸侯合民事於外朝, 合神事於內朝. 自卿以下, 合官職於外朝, 合家事於內朝."라는 기록이 있고, 이 문장에 나타난 '외조'에 대해서, 위소(韋昭)는 "言與百官考合民事於外朝也."라고 풀이했다. 즉 '외조'는 모든 관료들과 함께, 백성들과 관련된 정무를 처리하던 장소이다.

◎ 우강이씨(盱江李氏) : =이구(李覯)

◎ 우상(虞庠) : '우상'은 주(周)나라 때의 소학(小學)으로 서교(西郊)에 위치하였다. 주나라에서는 유우씨(有虞氏) 때의 상(庠)에 대한 제도를 본떠서, 소학을 지은 것이기 때문에, 그 학교를 '우상'이라고 부른 것이다. 『예기』「왕제(王制)」편에는 "周人養國老於東膠, 養庶老於虞庠. 虞庠在國之西郊."라는 기록이 있고, 이에 대한 정현의 주에서는 "虞庠亦小學也. 西序在西郊, 周立小學於西郊 …… 周之小學爲有虞氏之庠制, 是以名庠云."이라고 풀이했다. 한편 '우상'에는 두 가지 뜻이 포함되어 있는데, 하나는 태학(太學)의 건물들 중 북쪽에 있는 학교를 뜻하는 것으로, 이것을 또한 상상

(上庠)이라고도 불렀고, 다른 하나는 앞서 설명한 것처럼 교외(郊外)에 설치했던 소학을 뜻한다. 『주례』「춘관(春官) · 대사악(大司樂)」편에는 "掌成均之灋."이라는 기록이 있는데, 이에 대한 손이양(孫詒讓)의 『정의(正義)』에서는 "案虞庠有二, 一爲大學之北學, 亦曰上庠, 一爲四郊之小學, 曰虞庠."이라고 풀이했다.

◎ **웅씨(熊氏)** : =웅안생(熊安生)

◎ **웅안생(熊安生, ?~A.D.578)** : =웅씨(熊氏). 북조(北朝) 때의 경학자이다. 자(字)는 식지(植之)이다. 『주례(周禮)』, 『예기(禮記)』, 『효경(孝經)』 등 많은 전적에 의소(義疏)를 남겼지만, 모두 산일되어 남아 있지 않다. 현재 마국한(馬國翰)의 『옥함산방집일서(玉函山房輯佚書)』에 『예기웅씨의소(禮記熊氏義疏)』 4권이 남아 있다.

◎ **원사(元士)** : '원사'는 천자에게 소속된 사(士) 계층 중 하나이다. '사' 계층은 상 · 중 · 하로 구분되어, 상사(上士), 중사(中士), 하사(下士)로 나뉜다. 다만 천자에게 소속된 '상사'에게는 제후에게 소속된 '상사'보다 높여서 '원(元)'자를 붙이게 된다. 그래서 '원사'라고 부르는 것이다.

◎ **월형(刖刑)** : '월형'은 비벽(剕辟) · 비형(剕刑)이라고도 부르며, 오형(五刑) 중의 하나이다. 범죄자의 다리를 자르는 형벌이다. 『춘추좌씨전』「장공(莊公) 16년」편에는 "九月, 殺公子閼, 刖强鉏."라는 용례가 있다.

◎ **유태공(劉台拱, A.D.1751~A.D.1805)** : 청(淸)나라 때의 경학자이다. 천문학(天文學), 율려학(律呂學), 문자학(文字學) 등에 조예가 깊었다.

◎ **육덕명(陸德明, A.D.550~A.D.630)** : =육원랑(陸元朗). 당대(唐代)의 경학자이다. 이름은 원랑(元朗)이고, 자(字)는 덕명(德明)이다. 훈고학에 뛰어났으며, 『경전석문(經典釋文)』 등을 남겼다.

◎ **육생(六牲)** : '육생'은 여섯 가지 가축이다. 말[馬], 소[牛], 양(羊), 돼지[豕], 개[犬], 닭[雞]을 뜻한다. 『주례』「천관(天官) · 선부(膳夫)」편에는 "凡王之饋, 食用六穀, 膳用六牲."이라는 기록이 있고, 이에 대한 정현의 주에서는 "六牲, 馬牛羊豕犬雞也."라고 풀이했다.

◎ **육예(六藝)** : '육예'는 기본적으로 갖춰야 하는 여섯 가지 과목을 뜻한다. 여섯 가지 과목은 예(禮), 음악[樂], 활쏘기[射], 수레몰기[御], 글쓰기[書], 셈하기[數]이며, 구체적으로 말하자면 오례(五禮), 육악(六樂), 오사(五射), 오어(五馭: =五御), 육서(六書), 구수(九數)를 가리킨다.

◎ **육원랑(陸元朗)** : =육덕명(陸德明)

◎ 육향(六鄕) : '육향'은 주(周)나라 때 원교(遠郊)에 설치된 여섯 개의 향(鄕)을 뜻한다. 주나라의 제도에서는 국성(國城)과 가까이 있는 교외(郊外)를 근교(近郊)라고 불렀고, 근교 밖을 원교(遠郊)라고 불렀다. 그리고 원교 안에는 6개의 향(鄕)을 설치했고, 원교 밖에는 6개의 수(遂)를 설치했다.

◎ 의형(劓刑) : '의형'은 의벽(劓辟)이라고도 부르며, 오형(五刑) 중의 하나이다. 범죄자의 코를 베는 형벌이다. 『서』「주서(周書)·여형(呂刑)」편에는 "惟作五虐之刑曰法, 殺戮無辜, 爰始淫爲劓刵椓黥."이라는 기록이 있고, 이에 대한 공영달(孔穎達)의 소(疏)에서는 "劓, 截人鼻."라고 풀이했다.

◎ 이구(李覯, A.D.1009~A.D.1059) : =우강이씨(盱江李氏). 북송(北宋) 때의 학자이다. 자(字)는 태백(泰白)이다. 태학(太學)의 직강(直講) 등을 역임하였다. 우강서원(盱江書院)을 지었다. 저서로는 『직강이선생문집(直講李先生文集)』 등이 있다.

◎ 잉작(媵爵) : '잉작'은 술을 따라주는 예법 절차 중 하나이다. 연례(燕禮)를 실시할 때, 술을 따라주는 절차가 끝나면, 재차 명령을 하여, 군주에게 술을 따르도록 시키는데, 이것을 '잉작'이라고 부른다. 또한 '잉작'의 시점을 서로 술을 따라서 주고받는 절차의 시작으로 삼기도 한다. 『의례』「연례(燕禮)」편에는 "小臣自阼階下, 請媵爵者, 公命長."이라는 기록이 있고, 호배휘(胡培翬)의 『정의(正義)』에서는 "李氏如圭云: 媵爵者, 獻酬禮成, 更擧酒於公, 以爲旅酬之始"라고 풀이했다.

ㅈ

◎ 작석(胙席) : '작석'은 작석(昨席)이라고도 부른다. 제왕이 권한 술잔을 받을 때의 자리를 뜻한다.

◎ 장락진씨(長樂陳氏) : =진상도(陳祥道)

◎ 전증(全烝) : '전증'은 전증(全脀)이라고도 부른다. 방증(房烝)과 대비되는 말이다. 제사 때 희생물의 몸 전체를 도마 위에 올리는 것을 말한다. 주로 천지(天地)의 신(神)에 대한 제사에서 사용된 예법이다. 『국어(國語)』「주어중(周語中)」편에는 "禘郊之事, 則有全烝. 王公立飫, 則有房烝."이라는 기록이 있는데, 이에 대한 위소(韋昭)의 주에서는 "全烝, 全其牲體而升之."라고 풀이했다.

◎ 절조(折俎) : '절조'는 제사나 연회를 시행할 때, 희생물을 도축하여, 사지를

해체하고, 그런 뒤에 도마 위에 올리게 되는데, 이 도마를 '절조'라고 부른다.

◎ **정강성(鄭康成)** : =정현(鄭玄)

◎ **정경(正卿)** : '정경'은 상경(上卿)이다. 춘추시대 제후국의 집정대신으로, 권력이 제후 다음으로 높았다.

◎ **정사농(鄭司農)** : =정중(鄭衆)

◎ **정씨(鄭氏)** : =정현(鄭玄)

◎ **정중(鄭衆, ?~A.D.83)** : =정사농(鄭司農). 후한(後漢) 때의 경학자이다. 자(字)는 중사(仲師)이다. 부친은 정흥(鄭興)이다. 부친에게 『춘추좌씨전(春秋左氏傳)』의 학문을 전수받았다. 또한 그는 대사농(大司農) 등의 관직을 역임하였기 때문에, '정사농'이라고도 불렀다. 한편 정흥과 그의 학문은 정현(鄭玄)에게 많은 영향을 주었기 때문에, 후대에서는 정현을 후정(後鄭)이라고 불렀고, 정흥과 그를 선정(先鄭)이라고도 불렀다. 저서로는 『춘추조례(春秋條例)』, 『주례해고(周禮解詁)』 등을 지었다고 하지만, 현재는 전해지지 않았다.

◎ **정현(鄭玄, A.D.127~A.D.200)** : =정강성(鄭康成)·정씨(鄭氏). 한대(漢代)의 유학자이다. 자(字)는 강성(康成)이다. 『주역(周易)』, 『상서(尙書)』, 『모시(毛詩)』, 『주례(周禮)』, 『의례(儀禮)』, 『예기(禮記)』, 『논어(論語)』, 『효경(孝經)』 등에 주석을 하였다.

◎ **제씨(制氏, ?~?)** : 전한(前漢) 때의 사람이다. 이름은 자세히 알려져 있지 않다. 노(魯)나라 지역 출신으로 알려져 있다. 『한서(漢書)』「예악지(禮樂志)」에 따르면, 악가(樂家)로 분류되며, 대대로 악관(樂官)을 맡은 집안 출신이다. 악기 연주 및 춤에 대해서는 능통하였지만, 그 의미에 대해서는 설명을 잘 못했다고 한다.

◎ **조근(朝覲)** : '조근'은 군주가 신하를 만나보는 예법(禮法)을 뜻한다. 군주가 신하를 만나보는 예법에는 조(朝), 근(覲), 종(宗), 우(遇), 회(會), 동(同) 등이 있었는데, 이것을 총칭하여 '조근'으로 부르기도 한다. 한편 '조근'은 신하가 군주를 찾아뵙는 예법을 뜻하기도 한다. 고대에는 제후가 천자를 찾아뵐 때, 각 계절별로 그 명칭을 다르게 불렀다. 봄에 찾아뵙는 것을 조(朝)라고 부르며, 여름에 찾아뵙는 것을 종(宗)이라고 부르고, 가을에 찾아뵙는 것을 근(覲)이라고 부르며, 겨울에 찾아뵙는 것을 우(遇)라고 부른다. '조근'은 이러한 예법들을 총칭하는 말이다.

◎ **조복(朝服)** : '조복'은 군주와 신하가 조회를 열 때 착용하는 복장을 뜻한

다. 중요한 의식을 치를 때 착용하는 예복(禮服)을 가리키기도 한다.

◎ 조빙(朝聘) : '조빙'은 본래 제후가 주기적으로 천자를 찾아뵙는 것을 뜻한다. 고대에는 제후가 천자에 대해서 매년 1번씩 소빙(小聘)을 했고, 3년에 1번씩 대빙(大聘)을 했으며, 5년에 1번씩 조(朝)를 했다. '소빙'은 제후가 직접 찾아가지 않았고, 대부(大夫)를 대신 파견하였으며, '대빙' 때에는 경(卿)을 파견하였다. '조'에서만 제후가 직접 찾아갔는데, 이것을 합쳐서 '조빙'이라고 부른다. 춘추시대(春秋時代) 때에는 진(晉)나라 문공(文公)과 같은 패주(覇主)에게 '조빙'을 하기도 하였다. 『예기』「왕제(王制)」편에는 "諸侯之於天子也, 比年一小聘, 三年一大聘, 五年一朝."라는 기록이 있고, 이에 대한 정현의 주에서는 "比年, 每歲也. 小聘, 使大夫, 大聘, 使卿, 朝, 則君自行. 然此大聘與朝, 晉文霸時所制也."라고 풀이했다. 후대에는 서로 찾아가서 만나보는 것을 '조빙'이라고 범칭하기도 했다.

◎ 조빙(覜聘) : '조빙'은 신하가 군주를 찾아뵙거나 서로 만나볼 때의 예법에 해당한다. 찾아갈 때 딸려오는 대부(大夫) 무리가 많을 때 그것을 '조(覜)'라고 부르며, 무리가 적을 때에는 '빙(聘)'이라고 부른다. 『주례』「춘관(春官) · 전서(典瑞)」편에는 "瑑圭璋璧琮, 繅皆二采一就, 以覜聘."이라는 기록이 있고, 이에 대한 정현의 주에서는 "大夫衆來曰覜, 寡來曰聘."이라고 풀이했다.

◎ 졸곡(卒哭) : '졸곡'은 우제(虞祭)를 지낸 뒤에 지내는 제사이다. 이 제사를 지내게 되면, 수시로 곡(哭)하던 것을 멈추고, 아침과 저녁때에만 한 번씩 곡을 하게 된다. 그렇기 때문에 '졸곡'이라고 부르게 된 것이다.

◎ 종백(宗伯) : '종백'은 대종백(大宗伯)이라고도 부른다. 주(周)나라 때에는 육경(六卿) 중 하나에 해당하는 고위 관직이었다. 『주례』의 체제 속에서는 춘관(春官)의 수장이 된다. 종묘(宗廟)에 대한 제사 등 주로 예제(禮制)와 관련된 일을 담당하였다. 후대의 관직체계에서는 예부(禮部)에 해당하기 때문에, 예부상서(禮部尙書)를 또한 '대종백' 혹은 '종백'이라고도 부른다. 『서』「주서(周書) · 주관(周官)」편에는 "宗伯掌邦禮, 治神人, 和上下."라는 기록이 있다. 또 『주례』「춘관(春官) · 종백(宗伯)」편에는 "乃立春官宗伯, 使帥其屬而掌邦禮, 以佐王和邦國."이라는 기록이 있는데, 이에 대한 정현의 주에서는 "宗伯, 主禮之官."이라고 풀이했다. 한(漢)나라 때에는 태재(太宰)라는 이름으로 관직명을 고치기도 했다. 한편 진(秦)나라 때에는 종실(宗室)의 일들을 담당하는 종정(宗正)이라는 관리가 있었는데, 한나라 때에는 이 관직명을 '종백'으로 고치기도 했다.

◎ 종실(宗室) : '종실'은 종묘(宗廟)를 뜻한다. 『시』「소남(召南)·채평(采苹)」편에는 "于以奠之, 宗室牖下."라는 기록이 있고, 이에 대한 모전(毛傳)에서는 "宗室, 大宗之廟也. 大夫士祭于宗廟, 奠于牖下."라고 풀이하였다. 또한 '종실'은 동성(同姓)인 족인(族人)들을 지칭하기도 한다.

◎ 종인(宗人) : '종인'은 고대 관직명이다. 소종백(小宗伯)으로 여기기도 하며, 일반적으로 제사 및 종묘(宗廟)에서 시행되는 예법을 담당하는 자로 여기기도 한다. 『서』「주서(周書)·고명(顧命)」편에는 "上宗曰饗, 太保受同, 降, 盥以異同, 秉璋以酢, 授宗人同, 拜, 王荅拜."라는 기록이 있고, 이에 대한 공안국(孔安國)의 전문(傳文)에서는 "宗人, 小宗伯."이라고 풀이했다. 또한 『의례』「사관례(士冠禮)」편에는 "徹筮席, 宗人告事畢, 主人戒賓, 賓禮辭許."라는 기록이 있고, 이에 대한 정현의 주에서는 "宗人, 有司主禮者."라고 풀이했다.

◎ 주식(朱軾, A.D.1665~A.D.1735) : 청(淸)나라 때의 명신(名臣)이다. 자(字)는 약섬(若贍)·백소(伯蘇)이고, 호(號)는 가정(可亭)이다.

◎ 주자(胄子) : '주자'는 국자(國子)와 같은 뜻이다. 자 및 공(公), 경(卿), 대부(大夫)의 자제들을 말한다. 때론 상황에 따라 천자의 태자(太子) 및 왕자(王子)를 포함시키지 않는 경우도 있다. 『서』「우서(虞書)·순전(舜典)」편에는 "帝曰, 夔, 命汝典樂, 敎胄子."라는 기록이 있는데, 이에 대한 공안국(孔安國)의 전(傳)에서는 "胄, 長也, 謂元子以下至卿大夫子弟."라고 풀이했다.

◎ 준선(俊選) : '준선'은 준사(俊士)와 선사(選士)를 합쳐 부르는 말이다. 향학(鄕學)의 사(士)들 중에서 덕행과 재예(才藝)가 뛰어난 사를 수사(秀士)라고 불렀고, 수사들 중에서도 뛰어난 사람은 사도(司徒)에게 천거되는데, 그 사람을 선사(選士)라고 불렀다. 준사(俊士)는 선사(選士)들 중에서도 덕행과 재주가 뛰어나서, 국학(國學)에 입학하였던 자들을 뜻한다.

◎ 중문(中門) : '중문'은 내(內)와 외(外) 사이에 있는 문을 뜻한다. 궁(宮)에 있어서는 혼문(閽門)을 뜻하기도 한다. 또 천자(天子)의 궁성(宮城)에는 다섯 개의 문이 있었다고 전해지는데, 가장 밖에 있는 문부터 순차적으로 나열해보면, 고문(皐門), 치문(雉門), 고문(庫門), 응문(應門), 노문(路門)이다. 이러한 다섯 개의 문들 중 노문(路門)은 가장 안쪽에 있으므로, 내문(內門)로 여기고, 고문(皐門)은 가장 밖에 있으므로, 외문(外門)으로 여긴다. 따라서 나머지 치문(雉門), 고문(庫門), 응문(應門)은 내외(內外)의

사이에 있으므로, 이 세 개의 문을 '중문'으로 여기기도 한다. 『주례』「천관(天官)·혼인(閽人)」편에는 "掌守王宮之中門之禁."이라는 기록이 있는데, 이에 대한 손이양(孫詒讓)의 『정의(正義)』에서는 "此中門實不專屬雉門. 當兼庫·雉·應三門言之. 蓋五門以路門爲內門, 皐門爲外門, 餘三門處內外之間, 故通謂之中門."이라고 풀이했다. 한편 정중앙에 있는 문을 '중문'이라고도 부른다.

◎ 진상도(陳祥道, A.D.1159~A.D.1223) : =장락진씨(長樂陳氏)·진씨(陳氏)·진용지(陳用之). 북송대(北宋代)의 유학자이다. 자(字)는 용지(用之)이다. 장락(長樂) 지역 출신으로, 1067년에 과거에 급제하여 태상박사(太常博士) 등을 지냈다. 왕안석(王安石)의 제자로, 그의 학문을 전파하는데 공헌하였다. 저서에는 『예서(禮書)』, 『논어전해(論語全解)』 등이 있다.

◎ 진씨(陳氏) : =진상도(陳祥道)

◎ 진용지(陳用之) : =진상도(陳祥道)

ㅊ

◎ 차국(次國) : '차국'은 제후국(諸侯國)의 등급 중 하나이다. 제후국을 등급에 따라 구분하면, 대국(大國), 차국(次國), 소국(小國)으로 구분된다. 영토의 크기, 보유할 수 있는 군대의 수, 휘하에 둘 수 있는 신하의 수가 각 등급에 따라 달라진다.

◎ 차자(且字) : '차자'는 자(字)의 일종이다. 남자의 경우 관례(冠禮)를 치른 뒤에 자(字)를 받게 되는데, 주(周)나라의 제도에 따르면 20세로부터 50세까지는 이름 대신 자(字)를 붙여서 '아무개 보(甫)'라고 불렀으니, 이것을 '차자'라고 부른다. 50세를 넘기게 되면 형제서열에 따라서 '아무개 백(伯)'이나 '아무개 중(仲)' 등으로 부르게 된다.

◎ 참최복(斬衰服) : '참최복'은 상복(喪服) 중 하나로, 오복(五服)에 속한다. 상복 중에서도 가장 수위가 높은 상복이다. 거친 삼베를 사용해서 만들며, 자른 부위를 꿰매지 않기 때문에 참최(斬衰)라고 부른다. 이 복장을 입게 되는 기간은 일반적으로 3년에 해당하며, 죽은 부모를 위해 입거나, 처 또는 첩이 죽은 남편을 위해 입는다.

◎ 체제(禘祭) : '체제'는 천신(天神) 및 조상신(祖上神)에게 지내는 '큰 제사[大祭]'를 뜻한다. 『이아』「석천(釋天)」편에는 "禘, 大祭也."라는 기록이 있

고, 이에 대한 곽박(郭璞)의 주에서는 "五年一大祭."라고 풀이하여, 대제(大祭)로써의 체제사는 5년마다 1번씩 지낸다고 설명한다. 그러나 『예기』「왕제(王制)」에 수록된 각종 제사들에 대한 기록을 살펴보면, 체제사는 큰 제사임에는 분명하나, 반드시 5년마다 1번씩 지내는 제사는 아니었다.

◎ **체천(體薦)** : '체천'은 제사나 연회 때, 희생물의 몸체를 반으로 갈라서 큰 도마에 올리고, 이것을 통해 제수를 바치는 것을 뜻한다.

ㅌ

◎ **태뢰(太牢)** : '태뢰'는 제사에서 소[牛], 양(羊), 돼지[豕] 3가지 희생물을 갖춘 것을 뜻한다. 『장자』「지악(至樂)」편에는 "具太牢以爲膳."이라는 기록이 있는데, 이에 대한 성현영(成玄英)의 소(疏)에서는 "太牢, 牛羊豕也."라고 풀이하였다.

◎ **태보(太保)** : '태보'는 주(周)나라 때의 관직으로, 삼공(三公) 중 하나이며, 삼공 중 서열은 세 번째이다. 천자를 보좌하여 국정 전반을 다스렸다. 이 관직은 춘추시대(春秋時代) 이후 폐지되었다가, 한(漢)나라 때 다시 설치되기도 하였다.

◎ **태부(太傅)** : '태부'는 주(周)나라 때의 관직으로, 삼공(三公) 중 하나이며, 삼공 중 서열은 두 번째에 해당한다. 천자를 보좌하여 국정 전반을 다스렸다. 『서』「주서(周書)·주관(周官)」편에는 "立太師·太傅·太保, 茲惟三公, 論道經邦, 燮理陰陽."이라는 기록이 있다. 이 관직은 진(秦)나라 때 폐지되었다가, 한(漢)나라 때 다시 설치되기도 하였다.

◎ **태사(太師)** : '태사'는 주(周)나라 때의 관직으로, 삼공(三公) 중 하나이며, 삼공 중 서열은 첫 번째이다. 천자를 보좌하여 국정 전반을 다스렸다. 이 관직은 진(秦)나라 때 폐지되었다가, 한(漢)나라 때 다시 설치되기도 하였다.

ㅍ

◎ **팔음(八音)** : '팔음'은 여덟 가지의 악기들을 뜻한다. 여덟 종류의 악기에는 8종류의 서로 다른 재질이 사용되기 때문에, 붙여진 이름이다. 여기에서 여덟 가지 재질이란 통상적으로 쇠[金], 돌[石], 실[絲], 대나무[竹], 박[匏], 흙[土], 가죽[革], 나무[木]를 가리킨다. 『서』「우서(虞書)·순전(舜

典)」편에는 "三載, 四海遏密八音."이란 기록이 있는데, 이에 대한 공안국(孔安國)의 전(傳)에서는 "八音, 金石絲竹匏土革木."이라고 풀이하였다. 또한 여덟 가지 재질에 따른 악기에 대해서 설명하자면, 금(金)에는 종(鐘)과 박(鎛)이 있고, 석(石)에는 경(磬)이 있으며, 토(土)에는 훈(塤)이 있고, 혁(革)에는 고(鼓)와 도(鼗)가 있으며, 사(絲)에는 금(琴)과 슬(瑟)이 있고, 목(木)에는 축(柷)과 어(敔)가 있으며, 포(匏)에는 생(笙)이 있고, 죽(竹)에는 관(管)과 소(簫)가 있다. 『주례』「춘관(春官)·대사(大師)」편에는 "皆播之以八音, 金石土革絲木匏竹."이라는 기록이 있는데, 이에 대한 정현의 주에서는 "金, 鐘鎛也. 石, 磬也. 土, 塤也. 革, 鼓鼗也. 絲, 琴瑟也. 木, 柷敔也. 匏, 笙也. 竹, 管簫也."라고 풀이하였다.

◎ **포벽(蒲璧)** : '포벽'은 조회 때 천자 및 각 신하들이 잡게 되는 육서(六瑞) 중의 하나이다. 남작이 잡던 벽(璧)이다. '포(蒲)'는 자리를 짜는 왕골을 뜻하는데, 왕골이 만개하여 꽃을 피운 모습을 무늬로 새겨 넣었기 때문에 '포벽'이라고 부르는 것이다. '벽'의 지름은 5촌(寸)이었다.

ㅎ

◎ **향조(享覜)** : '향조'는 향례를 할 때 방문을 한 제후국의 군주를 조회하는 것을 뜻한다.

◎ **헌주(獻主)** : '헌주'는 연회 자리에서 사람들에게 술을 따라주는 자이다. 일반적으로 연회를 마련한 주인(主人)이 담당하였다. 그러나 군주가 주인인 경우, 그 예법을 낮출 필요가 있을 때, 재부(宰夫)를 시켜서 '헌주'로 삼고, 그를 시켜서 빈객(賓客)들에게 술을 따르게 했다.

◎ **헌현(軒縣)** : '헌현'은 악기를 설치할 때 3방면으로 설치하는 것을 뜻한다. 천자는 4방면에 모두 악기를 설치하는데, 이것을 궁현(宮縣)이라고 부른다. '헌현'은 천자에 대한 예법보다 낮춘 것으로 제후에게 해당하는 것이며, 천자보다 낮추기 때문에 4방면 중 남쪽 한 면에 설치하는 악기들을 제외시키는 것이다. 『주례』「춘관(春官)·소서(小胥)」편에는 "正樂縣之位, 王宮縣, 諸侯軒縣."이라는 기록이 있는데, 이에 대한 정현의 주에서는 "鄭司農云, '宮縣, 四面縣. 軒縣, 去其一面. ……' 玄謂軒縣去南面辟王也."라고 풀이했다.

◎ **협제(祫祭)** : '협제'는 협(祫)이라고도 부른다. 신주(神主)들을 태조(太祖)

의 묘(廟)에 모두 모셔놓고 지내는 제사이다. 『춘추공양전』「문공(文公) 2년」에 "八月, 丁卯, 大事于大廟, 躋僖公, 大事者何. 大祫也. 大祫者何. 合祭也, 其合祭奈何. 毁廟之主, 陳于大祖."라는 기록이 있다.

◎ **환규(桓圭)** : '환규'는 조회 때 천자 및 각 신하들이 잡게 되는 육서(六瑞) 중의 하나이다. 공작이 잡던 규(圭)이다. 한 쌍의 기둥을 '환(桓)'이라고 부르는데, 이 무늬를 '규'에 새겼기 때문에, '환규'라고 부른다. '규'의 길이는 9촌(寸)으로 만들었다.

◎ **황간(皇侃, A.D.488~A.D.545)** : =황씨(皇氏). 남조(南朝) 때 양(梁)나라의 경학자이다. 『주례(周禮)』, 『의례(儀禮)』, 『예기(禮記)』 등에 해박하여, 『상복문구의소(喪服文句義疏)』, 『예기의소(禮記義疏)』, 『예기강소(禮記講疏)』 등을 지었지만, 현재는 전해지지 않는다. 그 일부가 마국한(馬國翰)의 『옥함산방집일서(玉函山房輯佚書)』에 수록되어 있다.

◎ **황씨(皇氏)** : =황간(皇侃)

◎ **회동(會同)** : '회동'은 제후들이 천자를 찾아뵙는 예법을 통칭하는 용어이다. 또한 각 계절마다 정기적으로 찾아뵙는 것을 회(會)라고 부르고, 제후들이 대규모로 찾아뵙는 것을 동(同)이라고 불러서, 구분을 짓기도 한다. 각종 회견 등을 가리키는 용어로도 사용된다. 『시』「소아(小雅) · 거공(車攻)」편에는 "赤芾金舃, 會同有繹."이라는 기록이 있는데, 이에 대한 모전(毛傳)에서는 "時見曰會, 殷見曰同. 繹, 陳也."라고 풀이했다.

◎ **효증(殽烝)** : '효증'은 효증(殽脀)이라고도 부른다. 효(殽)자는 뼈에 살점이 붙어 있는 고기를 뜻하고, 증(烝)자는 도마에 올려서 바친다는 뜻이다. 즉 '효증'은 희생물을 삶은 후, 몸체를 가르게 되는데, 뼈에 살점이 붙은 것을 도마[俎]에 올려서, 빈객(賓客)들에게 베푸는 것을 뜻한다. 『의례』「특생궤식례(特牲饋食禮)」편에는 "衆賓及衆兄弟 · 內賓宗婦 · 若有公有司私臣, 皆殽脀."이라는 기록이 있다. 또한 『춘추(春秋)』「선공(宣公) 16년」편에는 "晉侯使士會平王室, 定王享之, 原襄公相禮, 殽烝."이라는 기록이 있는데, 이에 대한 두예(杜預)의 주에서는 "烝, 升也, 升殽於俎."라고 풀이했다.

번역 참고문헌

- 『禮記』, 서울 : 保景文化社, 초판 1984 (5판 1995) / 저본으로 삼은 책이다.
- 『禮記正義』 1~4(전4권, 『十三經注疏 整理本』 12~15), 北京 : 北京大學出版社, 초판 2000 / 저본으로 삼은 책이다.
- 朱彬 撰, 『禮記訓纂』 上·下(전2권), 北京 : 中華書局, 초판 1996 (2쇄 1998) / 저본으로 삼은 책이다.
- 孫希旦 撰, 『禮記集解』 上·中·下(전3권), 北京 : 中華書局, 초판 1989 (4쇄 2007) / 저본으로 삼은 책이다.
- 服部宇之吉 評點, 『禮記』, 東京 : 富山房, 초판 1913 (증보판 1984) / 鄭玄 注 번역에 대해 참고했던 서적이다.
- 竹内照夫 著, 『禮記』 上·中·下(전3권), 東京 : 明治書院, 초판 1975 (3판 1979) / 經文에 대한 이해에 참고했던 서적이다.
- 市原亨吉 외 2명 著, 『禮記』 上·中·下(전3권), 東京 : 集英社, 초판 1976 (3쇄 1982) / 經文에 대한 이해에 참고했던 서적이다.
- 陳澔 注, 『禮記集說』, 北京 : 中國書店, 초판 1994 / 『集說』에 대한 번역에 참고했던 서적이다.
- 王文錦 譯解, 『禮記譯解』 上·下(전2권), 北京 : 中華書局, 초판 2001 (4쇄 2007) / 經文 및 주석 번역에 참고했던 서적이다.
- 錢玄·錢興奇 編著, 『三禮辭典』, 南京 : 江蘇古籍出版社, 초판 1998 / 용어 및 器物 등에 대해 참고했던 서적이다.
- 張撝之 外 主編, 『中國歷代人名大辭典』 上·下권(전2권), 上海 : 上海古籍出版社, 초판 1999 / 인명에 대해 참고했던 서적이다.
- 呂宗力 主編, 『中國歷代官制大辭典』, 北京 : 北京出版社, 초판 1994 (2쇄 1995) / 관직명에 대해 참고했던 서적이다.
- 中國歷史大辭典編纂委員會 編纂, 『中國歷史大辭典』 上·下(전2권), 上海 : 上海辭書出版社, 초판 2000 / 용어 및 인명에 대해 참고했던 서적이다.
- 羅竹風 主編, 『漢語大詞典』 1~12(전12권), 上海 : 漢語大詞典出版社, 초판 1988 (4쇄 1995) / 용어에 대해 참고했던 서적이다.

- 王思義 編集, 『三才圖會』 上·中·下(전3권), 上海 : 上海古籍出版社, 초판 1988 (4쇄 2005) / 器物 등에 대해 참고했던 서적이다.
- 聶崇義 撰, 『三禮圖集注』 (四庫全書 129책) / 器物 등에 대해 참고했던 서적이다.
- 劉績 撰, 『三禮圖』 (四庫全書 129책) / 器物 등에 대해 참고했던 서적이다.

역자 **정병섭(鄭秉燮)**

- 1979년 출생
- 2002년 성균관대학교 유교철학과 졸업
- 2004년 성균관대학교 대학원 유학과 석사
- 2013년 성균관대학교 대학원 유학과 철학박사
- 현재 『역주 예기집설대전』 완역을 위해 번역중이며, 이후 『의례』, 『주례』, 『대대례기』 시리즈 번역과 한국유학자들의 예학 관련 저작들의 번역을 계획 중이다.

예기집설대전 목록

譯註
禮記集說大全 燕義
編 陳澔(元)
附 正義 · 訓纂 · 集解

초판 인쇄 2017년 9월 22일
초판 발행 2017년 9월 29일

역 자 | 정 병 섭
펴 낸 이 | 하 운 근
펴 낸 곳 | 學古房

주 소 | 경기도 고양시 덕양구 통일로 140 삼송테크노밸리 A동 B224
전 화 | (02)353-9908 편집부(02)356-9903
팩 스 | (02)6959-8234
홈페이지 | http://hakgobang.co.kr/
전자우편 | hakgobang@naver.com, hakgobang@chol.com
등록번호 | 제311-1994-000001호

ISBN 978-89-6071-704-6 94150
978-89-6071-267-6 (세트)

값: 26,000원

이 도서의 국립중앙도서관 출판예정도서목록(CIP)은 서지정보유통지원시스템 홈페이지(http://seoji.nl.go.kr)와 국가자료공동목록시스템(http://www.nl.go.kr/kolisnet)에서 이용하실 수 있습니다.
(CIP제어번호 : CIP2017024579)